吉村徳重

民事紛争処理手続

——民事手続法研究 Ⅳ——

学術選書
44
民事訴訟法

信山社

はしがき

この度、論文集「民事手続法研究」の第一巻・第二巻「民事判決効の理論（上）・（下）」および第三巻「比較民事手続法」の刊行に続いて、第四巻「民事紛争処理手続」を刊行することとなった。これによって長い間懸案となっていた論文集全四巻の刊行が完了することになるが、その間に民事手続法のほとんどの分野が大幅に改正されたため、新法に対応した論考となっていないのは、やはり心残りである。

ことに、第四巻第一編「民事紛争処理手続の多様化」、第二編「民事訴訟の機能拡大・非訟化傾向と手続権の保障」、第三編「人事訴訟と家事紛争の処理」、第四編「訴訟促進と弁論の活性化」のどのテーマを取り上げても、執筆当時の法解釈や手続運用だけでは必ずしも解決できない問題であった。すなわち、従来の民事手続法による紛争処理だけでは現代社会の急激な変貌を背景とした多様な民事紛争の処理をめぐる社会的ニーズに対応しえていなかったために、変革を迫られてきた課題であった。いずれの論稿も、そのことを意識して民事紛争処理の現状を検討するとともに、それに基づいて改革の方向を模索した考察である。その一部はその後の法改正によって実現されたものもあるが、なお問題を残しているものも多い。いずれにしても、現時点では、執筆当時の状況を踏まえた改革の提案として受け止めて頂くほかはない。

第四巻は、さらに第五編「判例研究」として民事手続法に関する判例を論評した論考を加えているが、以下では、第四巻に収録した論文の出典を挙げ、簡単にコメントすることにする。

第一編　民事紛争処理手続の多様化

第一章「民事紛争処理の多様性と訴訟機能の展望」九州大学法政研究五一巻一号（一九八四年）

第二章　「裁判外紛争処理の動向と分析」九州大学法政研究五一巻三・四合併号（一九八五年）
第三章　「裁判外紛争処理の現状と将来」三ヶ月章・青山善充編『民事訴訟法の争点〔新版〕』（有斐閣、一九八八年）

第二編　民事訴訟の機能拡大・非訟化傾向と手続権の保障
第四章　訴訟機能の拡大と手続保障（原題「訴訟機能と手続保障――判決効拡張との関連――」）民事訴訟雑誌二七巻（法律文化社、一九八一年）
第五章　「訴訟事件と非訟事件」法学教室第二期二号（有斐閣、一九七三年）
第六章　借地事件の非訟化と当事者権の保障（原題「民事事件の非訟化傾向と当事者権の保障」）日本弁護士連合会・昭和四一年度特別研修叢書下巻（一九六七年）

第三編　人事訴訟と家事紛争の処理
第七章　人事訴訟手続の特徴と家事紛争処理（原題「人事訴訟手続法　総説」）吉村徳重・牧山市治編『注解人事訴訟法〔改訂〕』（青林書院、一九九三年）
第八章　「家事審判手続の当事者主義的運用――争訟的家事審判事件とその付帯申立ての審理手続――」民事訴訟雑誌三五巻（法律文化社、一九八九年）

第四編　訴訟促進と弁論の活性化
第九章　ドイツ民事訴訟法の改革案とその問題点（原題「西ドイツにおける各種訴訟促進案とその問題点」）九州大学法政研究三六巻二～六合併号（一九七〇年）
第一〇章　ドイツ民訴改正法（簡素化法）の成立――その理想と現実――（原題「訴訟促進と弁論の充実・活性化――西ドイツ簡素化法の理想と現実――」）西山富夫・井上祐司編『井上正治博士還暦祝賀　刑事法学の諸相（下）』（有斐閣、一九八三年）
第一一章　「弁論の活性化と訴訟促進」ジュリスト七八〇号（一九八二年）
第一二章　「弁論充実・活性化の実践（Nコート）とその評価」井上正三・高橋宏志・井上治典編『対話型審理』（信山社、一九九六年）

第五編　判例研究

一　代償請求（別冊ジュリスト民事訴訟法判例百選、一九六五年）
二　弁論の更新（別冊ジュリスト民事訴訟法判例百選、一九六五年）
三　国籍訴訟（別冊ジュリスト民事訴訟法判例百選Ⅰ、一九九二年）
四　訴えの変更と時効中断（九州大学法政研究三〇巻二号、一九六三年）
五　消極的確認の訴えの利益（別冊ジュリスト続民事訴訟法判例百選、一九七二年）
六　当事者双方の不出頭と期日指定（判例時報四四七号〔判例評論九二号〕、一九六六年）
七　弁論の併合と併合前になされた証拠調べの結果（判例時報四八〇号〔判例評論一〇二号〕、一九六七年）
八　弁護士法二五条三号違反の訴訟行為の効力（民商法雑誌五六巻三号、一九六七年）
九　相手方の援用しない自己に不利益な事実の陳述（別冊ジュリスト続民事訴訟法判例百選、一九七二年）
一〇　所有権移転登記手続を求める訴訟と必要的共同訴訟の成否（民商法雑誌六二巻三号、一九七〇年）
一一　債権者代位権に基づく給付の訴えと国税滞納処分に基づく取立て（ジュリスト四八二号〔昭和四五年度重要判例解説〕、一九七一年）
一二　管財人の報酬と租税との優劣（別冊ジュリスト倒産判例百選、一九七六年）
一三　民訴法二〇一条一項の「請求の目的物の所持者」に準じた者と確定判決の既判力（判例時報六四三号〔判例評論一五三号〕、一九七一年）
一四　交通事故被害者についての終身定期金賠償判決（判例タイムズ二九八号〔昭和四五年度民事主要判例解説〕、一九七三年）
一五　保証人敗訴判決の確定後に主債務者勝訴の判決が確定した場合（判例時報八五〇号〔判例評論二二一号〕、一九七七年）
一六　訴訟承継と訴訟引受けの申立て（ジュリスト七四三号〔昭和五五年度重要判例解説〕、一九八一年）
一七　親子関係存否確認の訴えにおける被告適格者（判例タイムズ五〇五号〔昭和五七年度民事主要判例解説〕、一九八三年）
一八　破産財団の範囲（別冊ジュリスト・新倒産判例百選、一九九〇年）
一九　死後認知判決に対する再審の訴えにおける亡父の子の原告適格（判例タイムズ七三五号〔平成元年度主

要民事判例解説〕、一九九〇年）
二〇　別訴において訴訟物となっている債権を自働債権とする相殺の抗弁（法律時報別冊・私法判例リマークス六号、一九九三年）
二一　執行文付与の訴え──請求異議の抗弁の適否（別冊ジュリスト・民事執行法判例百選、一九九四年）

第一編の第一章「民事紛争処理の多様性と訴訟機能の展望」は、「現代における裁判の機能＝紛争処理機構の多様化の中で」を統一テーマとする九州法学会のシンポジウムにおいて報告した論考である。現代型紛争の多発を背景として多様化した民事紛争処理手続は、調停や仲裁などの裁判外手続だけでなく、訴訟およびその非訟化した裁判手続においても、当事者の対論手続による合意ないし了解形成過程であると位置づけたうえで、夫々の紛争処理規範としての実体法や条理が、相互に補完しあいながら、当事者の対論手続過程を規律しその指針となるものである、と論じた。

第二章「裁判外紛争処理の動向と分析」は、執筆当時アメリカで活用されるようになった裁判外紛争処理手続（ＡＤＲ）、とくに調停手続の展開状況を紹介し、その分析を行った論考である。短期のアメリカ出張の機会に見聞したことを帰国後内外の文献を参照して検討したものである。

第三章「裁判外紛争処理の現状と将来」は、第一章・第二章の考察を前提に、法社会学者を含む国内の文献を踏まえて、裁判外紛争処理の現状をいかに評価すべきかを検討したうえ、対等な当事者間の自立的交渉過程を促進すべき第三者機関の役割を論じた。

第二編の第四章「訴訟機能の拡大と手続保障」は、「訴訟機能と手続保障」という統一テーマによる民事訴訟法学会のシンポジウムにおいて報告した論考である。環境・消費者訴訟などの現代型訴訟が判決の事実効・波及効などの拡張によってその訴訟機能を拡大している状況の中で、その影響を受ける第三者や公共の利益を保護するための手続保障をどのように考えるかを多面的・重層的に検討した。

第五章「訴訟事件と非訟事件」、第六章「借地事件の非訟化と当事者権の保障」は、訴訟事件の非訟化によって当事者の手続関与権がいかに希釈化されるかを検討したうえで、とくに借地事件の非訟化におけるような争訟的非訟事件においては訴訟事件に準じた当事者権を保障する配慮が必要であると論じた。

第三編の第七章「人事訴訟手続の特徴と家事紛争処理」は、注解人事訴訟手続法（改訂）の総論として、人事訴訟手続法の特徴と家事紛争処理の全体像を論述したものである。その後の法改正によって、新たに人事訴訟法が制定され、家事事件全体が家庭裁判所に移管されたが、それ以前の家事紛争処理手続全体の問題点を指摘したところが多い。法改正によって家事事件の家裁移管を始め立法的に改善された点も多いが、当事者や関係人の手続権保障の問題などなお不十分なところが残されている。

第八章「家事審判手続の当事者主義的運用」は、「民事裁判における制度の論理と現実の運用――架橋の途はあるか――」という統一テーマによる民事訴訟法学会のシンポジウムにおいて報告した論考である。争訟的家事審判事件が人事訴訟において付帯申立てされた場合に、実務上当事者主義的に運用されていることを前提として、その当事者主義的手続過程がどのように形成されるべきかを検討した。ただ、家事事件の家裁移管後の現時点では、審判手続（非訟化）による裁判所の職権探知、とくに家裁調査官による事実の調査（家事審判規則七条の二）と当事者主義的運用とをいかに関連付けるかが今後の課題となろう。

第四編の第九章「ドイツ民事訴訟法の改革案とその問題点」は、最初のドイツ留学の際に、シュトゥットガルト地裁での集中審理の実験（シュトゥットガルト・モデル）を見学したときの知見を基礎として、訴訟促進のための各種のドイツ民訴法改革案を検討した論考である。五月雨審理による訴訟遅延という同じ問題を抱えていた日本民訴法改革の方向を探るためであった。

第一〇章「ドイツ民訴改正法（簡素化法）の成立」、第一一章「弁論活性化と訴訟促進」は、第九章の改革案に基づき制定された簡素化法の実施状況を検討したうえで、その二つの目的とされた訴訟の促進と弁論の活性化が、当事者の訴訟促進義務と裁判所の釈明・指摘義務に支えられて、相互にいかに関連するかを論じ、日本民訴法改正の方向を探った。なお、引用したZPOは、執筆後二〇〇一年改正（八田卓也「二〇〇一年ドイツ民事訴訟法改正について」九州大学法政研究七〇巻三号一五一頁（二〇〇三年）参照）などにより、その一部の変更を受けたため、必要な限りで現行法の条文を付記することにした。

第一二章「弁論充実・活性化の実践（Nコート）とその評価」は、「対話型審理の実践」を統一テーマとして福岡地裁で開かれたシンポジウムで報告した論考である。五月雨審理の問題を抱えていた民事訴訟手続を改善するために大阪地裁で西口判事が実践されていた審理方式をいかに評価すべきかを論じた。福岡地裁で行われていた「福岡方式」とともに、その後の民訴法改正の基本的方向付けをした実践であった。

第五編「判例研究」は、民事手続法に関する判例を論評した論考であり、そのほとんどは編集者の依頼によるものである。全部で二一件の判例研究を三〇年以上にわたって断続的に発表してきたことになる。

こうして、論文集「民事手続法研究」全四巻の刊行をやっと完了することになった。第一巻のはしがきでも述べたように、これもひとえに永い間辛抱強く対処していただいた信山社の渡辺左近さんはじめ編集部の皆さんのお蔭であり、皆さんのご親切なご配慮に対して重ねて厚く御礼申し上げる。また、第四巻の校正作業についても、西川佳代教授（國學院大學）、安西明子教授（上智大学）のご助力を得ることができた。両先生のご協力に対しても、心からの感謝を申し上げる。

二〇一一年五月

吉村徳重

目　次〔第四巻〕

八　弁護士法二五条三号違反の訴訟行為の効力〔最高裁昭和四一年九月八日第一小法廷判決〕……325
九　相手方の援用しない自己に不利益な事実の陳述〔最高裁昭和四一年九月八日第一小法廷判決〕……334
一〇　所有権移転登記手続を求める訴訟と必要的共同訴訟の成否〔最高裁昭和四四年四月一七日第一小法廷判決〕……341
一一　債権者代位権に基づく給付の訴えと国税滞納処分に基づく取立て〔最高裁昭和四五年六月二日第二小法廷判決〕……352
一二　管財人の報酬と租税との優劣〔最高裁昭和四五年一〇月三〇日第二小法廷判決〕……360
一三　民訴法二〇一条一項の「請求の目的物の所持者」に準じた者と確定判決の既判力〔大阪高裁昭和四六年四月八日判決〕……366
一四　交通事故被害者についての終身定期金賠償判決〔札幌地裁昭和四八年一月二三日判決〕……378
一五　保証人敗訴の判決確定後に主債務者勝訴の判決が確定した場合〔最高裁昭和五一年一〇月二一日第一小法廷判決〕……393
一六　訴訟承継と訴訟引受けの申立て〔東京高裁昭和五四年九月二八日決定〕……406
一七　親子関係存否確認の訴えにおける被告適格者〔最高裁昭和五六年一〇月一日第一小法廷判決〕……414
一八　破産財団の範囲〔最高裁昭和六〇年一一月一五日第二小法廷判決〕……423
一九　死後認知判決に対する再審の訴えにおける亡父の子の原告適格〔最高裁平成元年一一月一〇日第二小法廷判決〕……429
二〇　別訴において訴訟物となっている債権を自働債権とする相殺の抗弁〔最高裁平成三年一二

月一七日第三小法廷判決〕……437
二一　執行文付与の訴え――請求異議の抗弁の適否〔最高裁昭和五二年一一月二四日第一小法廷判決〕……446

第一編　民事紛争処理手続の多様化

第一章　民事紛争処理の多様性と訴訟機能の展望

一　民事紛争の多様性と処理機構の多様性

(1)　紛争処理機構の種類

(イ)　社会的紛争の多発に伴い民事紛争を処理する機構も、別紙（次ページ）のように多様である。まず、裁判所内で行われる民事紛争処理として、伝統的にいくつかの処理手続が認められていることは、周知の通りである。裁判所の裁判による紛争処理の中にも、通常の訴訟としての民事訴訟や人事訴訟のほかに非訟事件や家事審判事件があり、訴訟では公開の法廷における対審的な審理が行われるのに対して、非訟や審判では非公開の職権的な手続による処理がなされる。裁判上の和解や調停は、裁判所の裁判によるのではなく、当事者間の合意によって紛争を処理する点に特徴があるが、合意形式に至る手続は対審構造をとらず、非訟的である。

(ロ)　つぎに、裁判所外の紛争処理機構はこのところめざましい展開を示し、その種類もさまざまである。内容的にも、行政庁の行う審判のほか、裁定、仲裁、調停、あっせん、示談仲介ないし代行、相談、助言、苦情処理など、多岐にわたる。紛争処理を行う機関にも多様なものがあり、大きく分ければ、行政型と民間型の紛争処理機関がある。行政型というのは、国や地方公共団体の行っている紛争処理機関であり、民間型というのは、財団法人や社団法人としての公益法人あるいは業界内に設置された機関によって紛争処理を行っているものである。

紛争処理機関の種類

１．裁判所内紛争処理機関
　① 裁判所の裁判――民事・人事訴訟、非訟事件、家事審判
　② 裁判上の和解――訴訟上の和解、起訴前和解
　③ 調停委員会――民事調停、家事調停
２．裁判所外紛争処理機関
　Ａ．公式紛争処理機関
　　１）行 政 型
　　　ⓐ 準司法機関（行政審判）
　　　　・特許庁の特許審判
　　　　・海難審判庁の海難審判
　　　　・公正取引委員会の審決
　　　　・労働委員会の裁定
　　　　・公害等調整委員会の裁定
　　　ⓑ 仲介、調停、仲裁など
　　　　・公害等調整委員会（内閣総理府）のあっせん、調停、仲裁、裁定
　　　　・都道府県公害審査会の苦情処理、あっせん、調停、仲裁
　　　　・建設工事紛争審査会（建設省と都道府県）のあっせん、調停、仲裁、相談
　　　　・消費者苦情処理委員会（各都道府県・市町村）（消費者生活センター）の苦情処理、あっせん、調停、訴訟援助
　　２）民 間 型
　　　ⓐ 公益法人
　　　　・国際商事仲裁協会（社団）のあっせん、調停、仲裁
　　　　・日本海運集会所（社団）の仲裁、調停、相談、助言
　　　　・交通事故処理センター（財団）（東京ほか全国８ヵ所に本・支部）の相談、示談、あっせん、裁定
　　　　・下請取引苦情処理委員会（社団又は財団）（各都道府県や各都市）の相談、調停、あっせん
　　　ⓑ 業 界 型
　　　　・クリーニング賠償問題協議会――業界予算による紛争処理
　　　　・医事紛争処理委員会（各都道府県医師会）――医事紛争の調査、示談代行
　　　　・医師賠償責任審査会
　Ｂ．非公式紛争処理機関
　　　　・保険会社による示談代行
　　　　・債権買取機関による示談代行
　　　　・私的整理による集団的示談
　　　　・示談屋

さらに、このような公式の紛争処理機関として形を整えたものでない非公式の示談代行や示談屋による紛争処理があることはいうまでもない。

(2)　裁判外紛争処理多様化の原因

(イ)　いわゆる現代型紛争の多発とこれら紛争の特性　　民事紛争処理の多様化の原因が、新しいタイプのいわゆる現代型紛争の多発現象に対応していることは明らかである。公害や薬害の多発あるいは消費者問題の高揚にともない公害等調整委員会や消費者苦情処理委員会が生まれ、交通事故や医療過誤紛争の多発を契機として交通事故処理センターや医事紛争処理委員会が生まれるといった調子である。しかし、それにしても、この種の紛争がなぜ従来の訴訟手続によってではなくて裁判外の紛争処理手続によって処理されなければならないのか。それは、この種の現代型紛争が在来型紛争とは異なったさまざまの特性をもっているためと考えられる(1)。

まず、従来の紛争では過去に生じた被害の事後的救済をめぐって生ずるものが中心であったのに対して、今日ではむしろ将来の被害の予防や回避を要求して生じた紛争が増加している。公害訴訟の中心が被害の救済を求める損害賠償請求から将来の被害の阻止を求める差止訴訟に重心を移しつつあるといわれるのはその例である。

つぎに、紛争が二対立当事者間だけにとどまらず、多数の利害関係人の間に拡散する現象がみられる。多数の者が被害をうけたり、あるいは影響をうけるというタイプの紛争が増加しつつある。この場合には個々の事件の処理が他の類似の紛争処理にも波及効を及ぼすことになるから、いわばモデル・ケースとして紛争処理にあたる必要がある。

さらに、紛争当事者間に地位の懸隔があり、相互に互換性のないケースが多い。たとえば、公害、医療過誤、消費者・環境問題などにおいては、通常、一方の被害者は一般の市民であるのに対して、他方は大企業や医師あるいは国家または地方公共団体である。元来、市民社会の法律としての民事訴訟法は、相互に自由・平等・独立の市民としての紛争当事者を前提とし、双方の互換性を予定して構成されているが、その前提が失われているという特性がみられる。

また、救済を求められている被害の態様にも、公害のように深刻なものから消費者問題のように軽微なものまでいろいろあるが、いずれの場合にも救済が緊急を要するという事情がある。あるいは、紛争解決にあまり多くの費用をかけたのでは費用倒れになって引き合わないという問題がある。さらに、薬害や医療過誤のように紛争処理に専門的な知識を必要とするような事件も増えている。

(ロ)　裁判外紛争処理――相談、苦情処理、あっせん、調停、和解、仲裁などの特性　このような新しいタイプの紛争を在来の伝統的な訴訟手続によって処理することは容易ではないことから、在来の訴訟手続以外の紛争処理手続が要請されることになった。そこから新しい紛争処理のやり方として、裁判外の紛争処理手続である相談、苦情処理、あっせん、調停、和解、仲裁などの方式が重用され、多用されているものと考えられる。このような裁判外の紛争処理には次のような特性が認められる(2)。

まず、従来の訴訟手続におけるように一刀両断的な処理ではなく、衡平に基づき具体的な利害調整を行う紛争処理が可能になる。多数の利害関係のからみ合った紛争については、利害調整的な処理が不可欠となる。この場合には、紛争のもつ社会的な影響力の広がりにつれて、あるいは紛争処理のもつ政策形成的機能を考慮に入れるとすれば、法的な処理だけでは必ずしも十分ではなく、政策的処理が必要な場合もある。こうした紛争処理のやり方は、在来型の訴訟手続では難しいが、裁判外紛争処理であれば可能である。

つぎに、この種の紛争処理はつねに紛争当事者の合意を担保とし、合意形成のための手続参加が前提となっている。だから、この種の紛争処理手続の運用の仕方次第では、紛争当事者の自主的な参加による合意形成に基づく紛争処理が可能になるものと思われる。

さらに、重要なことは、在来型訴訟手続の前提とする紛争当事者の武器平等の原則を実質的にも回復するための手続的な工夫が可能であることである。たとえば、行政庁が裁判外の紛争解決に当たる場合には、弱い地位に立つ市民に助言を与え、その代理人的役割を果たしながら、相手企業との示談交渉を進めるという形で両者の実質的な平等を実現することが期待される。

また、在来の訴訟手続がいわば重装備の慎重な手続であるのに対して、裁判外手続は簡易であるために低廉・迅速な紛争処理ができることや、専門行政庁等の関与による情報収集や専門的な知識による助言を期待することもできる。

（１）新堂幸司「現代型訴訟とその役割」岩波講座・基本法学八巻（一九八三年）三〇五頁以下〔同・民事訴訟制度の役割（有斐閣、一九九三年）所収〕参照。

（２）棚瀬孝雄「裁判外紛争処理機関」新実務民事訴訟講座１（一九八一年）一一三頁以下〔同・紛争と裁判の法社会学（法律文化社、一九九二年）所収〕参照。

二　裁判外紛争処理との関連における訴訟の機能

(1)　訴訟目的＝紛争解決の拡散

こうした裁判外紛争処理の特性と対比して、訴訟手続の役割ないし機能をどのように考えるべきかが問題になる。従来から訴訟の機能や目的をめぐってさまざまな議論があるが、わが国の通説はこれを紛争解決であると解してきた。しかし、訴訟の目的を紛争解決とみるとしても、一方では、紛争解決は必ずしも訴訟だけの目的ではなく、裁判外の和解や調停の目的でもあるといえる。他方、訴訟は終局的な紛争解決を目的とするといわれることが多いが、裁判によって紛争が終結するとはかぎらない。市民が紛争にまき込まれ、紛争当事者となれば、紛争を何とか処理するために相手方と交渉を重ね、それでもラチがあかなければ、調停を申し立てたり、訴えを提起したりする。しかし、訴訟となって判決が言い渡されても、紛争が終局的に解決されるとはかぎらず、さらに裁判を契機として、新しい型をとった紛争として展開してゆくことも多い。その意味で訴訟は紛争当事者間の紛争処理過程の一環にすぎないということができる。要するに、訴訟目的としての紛争解決は、訴訟だけに特有の目的機能ではないだけでなく、訴訟における裁判によって終局的な紛争解決の目的が達成されるともかぎらないのである。

(2)　裁判外紛争処理との対置

こうして訴訟目的を紛争解決といっただけでは、訴訟と裁判外紛争処理とを区別するメルクマールは出てこない。そこで従来から、裁判外の調停や和解とは異なった訴訟の特性についてさまざまの見解が述べられてきた。たとえば、訴訟は強制的な紛争解決であるが、裁判外紛争処理は自主的な紛争解決である、つまり、訴訟は当事者の合意が調わなくとも裁判所が公権力に基づく裁判によって強制的に紛争を解決する手続であるのに対し、裁判外の紛争処理は、当事者の自主的な手続関与を経た合意形成によって紛争を解決する手続である、という見解である。

また、訴訟は個人の権利保護を目的とするから、訴訟前に存する権利を訴訟上どのように保護するかが問題になる。だから、訴訟では過去に生じた権利侵害の救済が問題となるのに対して、裁判外紛争処理では、むしろ将来の当事者間の関係をどのように展望するかを配慮して処理することができる。過去志向か将来志向かの対比である。

さらに、訴訟では客観的な法適用による法秩序維持が目的とされるのに対して、裁判外紛争処理においては法の適用にこだわらず、むしろ、紛争当事者間の具体的な利害をいかに調整するかを目ざして紛争が処理される。法秩序維持か具体的利益調整機能かの対比である。

(3)　統一的把握の傾向

こうした訴訟と裁判外紛争処理との対比的把握に対して、それでは紛争処理の全体像の中で訴訟と裁判外紛争処理とは一体相互にどのような関連をもつものと把握すべきかが問題となってくる。こうした視点から、両者を統一的に把握しようとするいくつかの見解がある。大きく分けてこれらの見解には二つの傾向のあることを指摘することができる。

一つは、裁判を中核にすえて紛争処理の全体像を統一的に把握しようとする傾向である。たとえば、小島武司教授の「正義の総合システム」によれば[1]、「裁判（判決）が中心に位し、その周囲に同心円の形で多層的にインフォーマルな諸（救済）ルートが開かれている」。そうして、「裁判と周辺の自主解決とが互いに交流し合っており、一方において裁判が合意内容に影響を与える波及作用があり、他方において相対交渉の内容（和解）が説得的効果を通じて判決内容に組み入れられていく汲上げ作用がある」という。要するに、紛争処理制度の全体構造としては、正義に立脚した法的基準による裁判（判決）が中心となり、しかも判決と自主的解決相互には判決からの波及作用と自主的解決からの汲上げ作用という多重規範相互間の交流作用がみられるというのである。

三ヶ月章教授が「紛争解決規範の多重構造」と呼ばれるものも、同様に裁判を中心とした紛争解決機構の全体像の統一的な把握である[2]。裁判や裁判外紛争処理としての仲裁、調停は、それぞれに裁判規範としての法（狭義）、仲裁規範としての法（広義）、調停規範としての条理による紛争解決であって、これらの紛争解決規範の全体構造は、上限を切りとった円錐の上部の切断面は裁判規範としての実定法であり、底面は調停規範としての条理であって、その中間の切断面が仲裁規範である。「しかもその切断面を常に変動せしめていくものとして構想する立場に立てば、法と条理はもはや異質のものではなく、法の中には条理が宿り、条理の中には法へと昇華して行く萌芽が常に存することが具象的に理解できる。更には、それを上部から眺めれば、裁判規範—仲裁規範—調停規範は、同心円をなしている」として、多重的紛争解決規範相互の立体的構造と相互作用の動態を巧みに具象化されている。そうして、狭義の法の充実と機能拡大につれて、法と社会常識としての条理との距たりが縮まり、条理による解決としての調停における法の役割も増大するというように、裁判規範としての法の波及的作用が強調される。

これに対して、もう一つの統一的把握の傾向は、裁判と裁判外紛争処理手続とを「対論的手続」として統一的に把握しようとする立場である。これは、本シンポジウムのまとめ役である井上正三教授を初めとして、井上治典教授や佐上善和教授が提唱されている見解であって[3]、裁判といい和解、調停といっても、その中心的な機能は、手続形成過程が対論的な手続として確保され、当事者間の対論を通じて合意ないし了解を形成していく過程を保障するところにある、とする。対論的な手続を経た当事者間の了解を通じて具体的な弁論を規律する規範も形成されて行くのであって、そうした当事者間の論争ルールの最も完備しているものが訴訟であるとしても、これは調停や和解と質的に異なるものではないというのである。

（1）小島武司「紛争処理制度の全体構造」講座民事訴訟法一巻（弘文堂、一九八四年）三五五頁以下。

（2）三ヶ月章「紛争解決規範の多重構造――仲裁判断基準について裁判法学的考察」民事訴訟法研究九巻（有斐閣、一九八四年）二三五頁以下。

（3）井上正三「訴訟内における紛争当事者の役割分担――多様化した紛争解決手続の相互関係」民事訴訟雑誌二七号（一九八一年）一八五頁、井上治典「手続保障の第三の波㈠・㈡」月刊法学教室一九八三年一月号四一頁、同二月号一九頁（同・民事手続論（有斐閣、一九九三年）所収）および同論文引用の文献を参照。

三　伝統的訴訟手続の意味と限界

⑴　当事者自治的訴訟手続の意味――処分権主義と弁論主義

このような理論状況の中で、多様な裁判外紛争処理機構と対比した訴訟手続の意味を、一体どのように把握すべきかが問われているわけである。そこでまず、訴訟手続を伝統的な意味で把握する場合にも、これには多くの積極的な意味がある。ことに、民事訴訟法は当事者の自律的な権限あるいは主体的な地位に基づく訴訟追行を基軸とする訴訟構造を前提としているところに最も重要な積極面があると私は考える。民事訴訟法においては基本的な原則として処分権主義、弁論主義が妥当しているが、これは私人間の私的自治の原則の訴訟上の反映であるとみる通説の立場は、この意味で正当である。つまり、当事者は、訴えを提起し、審判の対象を特定し、さらにその基礎となる事実や証拠を提出するについて、これを自由に選択し処分する権限をもつ。場合によっては途中で訴え自体を取り下げあるいは自主的に解決する権限も当事者に委ねられている。このような意味で、当事者はまさに主体的な立場で訴訟を追行する権限をもち、そしてまたそれ故に、その結果である裁判について自己責任を問われて拘束される、という基本構造をとっているのである。

(2)　実体的権利の訴訟上の意味と限界

(イ)　請求特定の問題――新訴訟物論の意味

このような民事訴訟法の伝統的な意味は、さらに訴訟において実体法が適用され、実体法上の権利の存否が確定されるという従来からの理解によって具体化されるものと考えられる。というのは、当事者が審判の対象を特定する場合には、こうして具体化されるべき実体法上の権利を基準として請求を特定すべきものであると考えられてきたからである。つまり、当事者は訴訟前の生活紛争の中から仮定的に実体法上の権利を指標として法的紛争を切り取り、これを裁判所に持ち出すのである。これが審判の対象を特定することの意味である。こうした法的な指標が決まることによって、当事者がいかなる事実を主張し証拠を提出すべきかについての訴訟追行過程における指針が定まると考えられたのである。

この点に関連していわゆる新訴訟物論は、ことに当事者にとっては二つの意味をもっていたと考えられる。すなわち、一方では、新訴訟物論は、訴訟物の範囲を個々の実体法上の権利にかぎらず、ことに請求権競合の場合には給付の内容の同一によって訴訟物を特定し、個々の実体法上の請求権は判決を理由づける法的視点にすぎないとした。その結果、当事者の訴訟物特定の権限が限定され、あるいは当事者は広い範囲でしか訴訟物を特定できないという意味をもった。しかし他方、当事者は通常の場合、生活紛争の中でいったいどのような実体法上の権利が成立するかを必ずしも十分に判断できるわけではない。ことに本人訴訟においては、日常の生活紛争における利害対立の解決を求めてこれをそのまま裁判所に持ち込むことが多い。そういう場合に、これをいちいち実体法上の権利と照応させなければならないというのでは、当事者、ことに原告に酷ではないか。被告との公平の観点からみれば、個々の実体法的視点は訴訟の展開につれて明らかになれば足るとみることもできる。あるいはさらに、場合によっては、個々の実体法上の権利として構成されるものが、むしろ生活の実態を十分に把握していないことがある。個々の請求権的構成が生活実態を十分に把握していないとすれば、当事者としては生活要求をそのまま訴訟に持ち出すことが認められるべきである。新訴訟物論にはこのような積極的な側面があったと評価できるのである。

(ロ)　現代型訴訟――生成中の権利、訴訟による法規範形成　現実の生活紛争と個々の実体法上の権利構成との乖離現象が最も顕著な形で現れるのがいわゆる現代型訴訟ではないかと考えられる。たとえば、日照権や環境権が問題になる紛争が訴訟に持ち込まれる場合は、実はこの種の紛争にはまだ実定法が予定している法規がない、いわゆる法の欠缺の場面であるといわざるをえない。事実、日照権が判例法の中で形成されて行った経過をみれば、実定法が制定当時から予定していたのではない紛争について、新たな法規範が訴訟によって形成されて行ったことが分かる。これは訴訟における法の欠缺補充による法規範の形成作用であって、これがいかなる原則によって行われ、いかなる条件のもとに正統性をもちうるかは、根本的には三権分立との関連においても検討を要するテーマである。ここでこの点に立ち入るゆとりはない。

(ハ)　在来訴訟自体の問題――規範的法律要件など　ところがこのような現象は、必ずしも現代型訴訟にかぎらず、在来訴訟においても同様に問題となる。すなわち、実体法規の規定する法律要件は、複雑多岐な生活紛争からみれば極めて大雑把なものであって、ことにいわゆる一般条項や概括規定においてこのことは顕著である。しかし、一般条項でなくとも、ある法規はつねに解釈・適用を必要とするのであって、法制定当時予想されない事態が生ずると、必ずしも自動的に法規を適用できるとはかぎらない。価値判断を伴う法規のあてはめ作業が必要となり、そのかぎりで、新しい規範の具体的な形成がなされているということができる。

ところで、実体法や実体法上の権利の訴訟上の意味については従来からさまざまな議論がある。たとえば、裁判官の恣意的な判断をコントロールするという機能があることも確かである。さらに、前述のように、処分権主義や弁論主義を介して、当事者の訴訟追行過程における攻撃・防御の指針を提供するという機能をもつ。すなわち、実体法規範は、当事者が訴訟上いかなる権利を主張し、その権利の成立要件や消滅ないし障害要件とされる法律要件に該当する事実としていかなる事実を提出すべきかについての訴訟上の道筋を示す機能をもつものといわれてきた。当事者が訴訟において具体的に何を主張し立証すべきであるかという訴訟追行上の指針を与えるものであるから、当事者の訴訟上の手続保障を具体化するものが、実体法上の法律要件規定の機能であるといえるのである。そのことは、いわゆる証明責任論争の中で議論されたところであった。すなわち、もし証明責任や主張責任分配の原則が実体法規によって規範的にはっきりしないということになれば、当事者は訴訟手続過程において、どのような事実を主張し、どのような証拠を提出すればよいのか、あるいは提出しなければならないのかが分からなくなってしまう。海図なしに航海せよというに等しいという反論が出されたのである。

しかし他方、この証明責任論争を通じて、いわゆる規範的法律要件のあてはめの問題に顕著に現れるように、実体法規が法的評価を経て初めて適用できるとすれば、前述した実体法規のもつ手続保障具体化の機能は、それだけ後退していることもまた明らかになったわけである。このことは、井上正三教授の言葉をかりるならば権利概念の拡散現象のみられるところではことに顕著である。つまり、実体法が予定している法律要件や法律効果が個々の生活紛争の実態に対応せず、具体的な紛争処理の規範たりえないところでは、前述した処分権主義や弁論主義を媒介とした訴訟手続過程における当事者の攻撃・防御の指針はどこに求められるのであろうか。これが現在の訴訟法理論に課された深刻な課題であるということができるのである。

(3)　非訟化傾向の限界――第三の手続

従来から、このような現象は、三ヶ月章教授によれば「権利の分解過程」として、訴訟ではなく、同様に強制的紛争解決手続としての非訟的な処理に委ねた方が適切である、といわれてきたところである。(1) 訴訟事件が非訟化されることによって、実体法的には法律要件が具体的に規定されず、法律効果もまた大幅に裁判官の裁量に委ねる柔軟な処理ができる。これに対応して手続上も、処分権主義や弁論主義が妥当せず、裁判官は当事者の申立てに拘束されず、弁論内容にも拘束されない。裁判所は職権に基づいて自由に手続を進め、裁量的な処分ができるということになる。

しかし、訴訟事件を非訟化することによって、裁判の実体的内容についても、あるいは手続過程についても、もっぱら裁判所の裁量に委ねることになると、当事者の主張や申し分は十分に裁判にくみあげられるのか。当事者は手続の主体としての地位を失い手続の客体になり下がってしまうのではないのか。伝統的民事訴訟法がもっていた前述の積極的意味は、非訟化によって維持できなくなるのではないのか。処分権主義や弁論主義を通じて当事者に訴訟追行上の主体的地位を確保し、訴訟過程における手続権を保障するという伝統的民事訴訟法の積極的機能が失われるという反論が、非訟化傾向に対する批判の中心をなしたのである。そこでかりに、訴訟事件を非訟化する場合にも、たとえば借地非訟事件手続におけるように、当事者の主体的地位を一定の範囲で保障するような第三の手続が必要であるという提唱がなされた。そうして、非訟事件手続が憲法上の裁判をうける権利(憲法三二条・八二条)を侵害することにならないのかという問題をめぐる判例の展開をみたことは、周知の通りである。

(4)　和解、調停、仲裁の活用とその問題点

もう一つの対処策は、前述の和解、調停ないし仲裁などの裁判外紛争処理手続によって、実体法上の規範に拘束されずに生活紛争の実態に即した紛争処理を期待するという方向にみられる。事実、このところ多くの裁判外

紛争処理手続が活用されていることは、前述した通りである。しかし、このような裁判外紛争処理手続における具体的な手続過程がどのように展開されているかは必ずしも明らかでない。たとえば民事調停法をみると非訟事件手続法が準用されているし（民調二二条）、実際上の手続運用においても、非訟事件におけると同様の問題がここにも見られる。もちろんこの場合には、非訟事件とは異なって当事者の合意が調停成立の要件となるわけであるから、調停内容の正当性はこれによって担保されているといえる。しかし、現実には調停委員の説得や調停案のもつ当事者に対する重みを考えると、いわゆる自主的な紛争解決手続の中にも強制的な要素がひそんでいることを看過できない。ことに裁判上の和解における裁判官の説得や和解案においては、裁判をなしうる裁判官の提案であるだけに、さらにその強制的要素は倍加する。したがって、これらのいわゆる自主的紛争解決手続においても、当事者はいかなる形で自己の言い分を十分に主張する機会を保障されているのか、ということが問題になってこざるをえないのである。

（1）　三ヶ月章「訴訟事件の非訟化とその限界」民事訴訟法研究五巻（有斐閣、一九七二年）四九頁以下。

四　訴訟機能の展望

(1)　対論的手続保障説の評価

そこで最後に、このような問題状況の中で、いったい訴訟にはどのような機能を期待することができるのかが、将来の展望として問題にされなければならない。この点については最近の最も注目すべき見解に、いわゆる対論的手続保障説がある。これは、訴訟を調停や和解と同様に対論的手続による合意や了解形成過程であるとして統一的に把握しようとするものとして、前述したように、井上正三教授をはじめ、井上治典教授や佐上善和教授などの提案されている見解である。私自身はことに井上正三教授とは同僚として常に議論する機会をもち、多くの点で教示をうけ、共感するところが多いが、最終的には常に一致しないところが残る。すなわち、私の考えでは、この対論的手続保障説は評価すべき多くの積極面をもっているが、基本的なところでなお賛成し難いところが残されている、ということになる。ここでは、この見解の詳細に立ち入って検討するゆとりはない。ただ、この報告の筋道に即して、二、三の点だけに触れることにする。

まず第一に、積極的に評価すべきだと考えられるのは、この見解が当事者間の私的自治を実質的に回復するための手続を保障するところに民事訴訟手続の役割があり目的があるとみる点である。民事訴訟における弁論主義をめぐっては、これを私的自治の反映とみる本質説と真実発見の手段とみる手段説とが対立しているが、訴訟外の私的自治が弁論主義として訴訟上に反映しなければならない根拠の説明において本質説は必ずしも明確ではなかった。元来、訴訟外の私的自治が行きづまってしまったから紛争を裁判所に持ち込むのではないのか。私的自治ではもはやいかんともしがたいとして裁判所に助けを求めてきているのであれば、裁判所としては積極的に介入して紛争の解決にあたるべきである、という見解も成り立つからである。しかし、これに対しては、訴訟外の私的自治のルートが詰まったからこそ、当事者が実質的に対等の立場で当事者自治を回復すべき手続を保障する必要があり、これがまさに訴訟手続の積極的な役割であるとみるべきである、という反論を展開する。伝統的民事訴訟手続の積極的意味として前述したところをさらに実質化しようとする観点であって、対論的手続保障説の積極面として評価すべきであると考える。

第二に、訴訟を訴訟前・訴訟外の紛争処理過程の一環として位置づけ、訴訟における当事者の攻防過程を規律すべきものは、当事者相互の生活関係を規律する取引交渉ルールと異質のものではない、とする点である。すでに、伝統的民事訴訟の積極的意味は、中立主義・弁論主義を基軸とし、実体法の規律による主張・立証責任の分配を基準として、訴訟追行上の当事者の攻防の筋道を示すことによって、当事者の手続保障を具体化する点にあることは、前述した。しかし、こうした実体法上の権利の体系は、ことに現代型訴訟において顕著な形で現れたように、個別的な生活紛争の実態をカバーしうるとはかぎらない。そこで、むしろ在来型訴訟をも含めて、個別紛争の実態を規律すべき規範は、訴訟過程における当事者の対論を通じてつねに補充され補完されて行くべきものと解される。これが総体として、訴訟過程における当事者の役割分担を規律する弁論規範を構成し、具体的に個別紛争の実態に対応した紛争処理を可能にするものである、という大まかな方向を指し示した点でもまた積極的に評価すべきであると考える。

しかし、第三に、この見解が手続過程の視点を徹底するがためにもはや実体法規範はほとんど意味をなさないというのであるとすれば、そこまでは私としてはついて行けない。たしかに、従来の実体法理論は、事実の存在を前提にした平面的・静止的な思考に立脚し、手続過程における当事者の役割分担をも視野に入れた立体的ないし動態的把握には欠けるところがある。だから、「結果志向から手続志向へ」という標語を徹底する立場からは、実体法を基準とする問題の処理は結果志向に傾くことになるという批判を生むことになった。しかし、実体法が元来私人相互間の生活関係を規律すべき規範であるとすれば、決して平面的・静止的に把握されるべきものではなく、私人間の取引交渉過程を規律すべき動態的ルールの大枠を定めたものと解すべきであろう。そうして、これが訴訟上にも反映して、手続制約上の一定の修正を経たうえで、当事者の手続過程における役割分担を規律する弁論規範の大枠を定めるものとしても機能すると解されるのである。

⑵　当事者自治による権利形成

さらに私は、訴訟において当事者が私的自治を貫徹するためには一体何を対象として自律的な処分をして行くのかという問題を抜きにすることはできない、と考える。これは訴訟物ないし訴訟上の請求の訴訟における役割に関する問題である。つまり、当事者はその訴訟において何をめぐって手続を形成していくのかを提示するために、一定の法的な地位を主張する。この請求の特定の役割を原告の側でどの程度まで分担すべきかは事情によって異なろう。しかしいずれにしても、当事者はこうして仮定的に提示した法的地位をめぐって攻防を展開するのであって、この標的との関連において攻撃・防御方法を自律的に処分するのである。こうした当事者の法的地位の提示がその自律的な攻防の展開につれて変転することも可能であるが、このことを含めた当事者間の自律的な攻防過程を規律し、これに大枠としての指針を与えるものが実体法規にほかならない。もちろん、実体法規は個々の生活紛争の細部までカバーできるわけではないから、つねに補充規範によって具体的なルールを補完せざるをえないことになろう。しかし、それとても当事者の自由で自律的な攻防活動を制約することなしに、当事者の主体的地位を確保し、いわゆる対論的手続保障を具体化するものでなければなるまい。こうして、実体法規範の大枠を指針とした当事者の攻防過程において、実体法の不十分な部分を補充する規範を形成して、当事者の攻防過程を具体化することにより、結果として具体化された権利関係を示す裁判に結実する過程が、訴訟の展開過程にほかならないのである。このような過程を通じて初めて当事者の主体的地位や手続保障も確保されるのではないかと私は考える。

(3)　裁判外紛争処理手続との関連

訴訟をこのように位置づけるとすれば、これは裁判外の紛争処理手続とはいかに関連するのかという問題が最後に残されたことになる。三ケ月章教授は、「紛争解決規範の多重構造」において、裁判外紛争解決としての調停や和解においても、紛争解決規範としての条理による解決でなければならないことを強調されている。私としては、このような条理がまさに裁判外紛争処理手続における当事者の地位を規律し、当事者の手続保障に指針を与えるものとして機能すべきであると考える。つまり、この種の紛争解決ないし処理規範は、裁判外紛争処理においても、やはりその手続形成をコントロールし、あるいは手続形成のルールを提供するものとして位置づけられるべきであると考える。ただ、訴訟手続においては、実体法規範を中心とし、これが不十分なときは規範補充によるルールに従った手続形成がなされるのに対して、裁判外紛争処理手続においては、必ずしも法規範にはかぎらず、さらに社会規範あるいは生活規範が、条理一般として、当事者がいかなる事実を主張し攻防を展開すべきかを規律する基準を提供するものと解されるのである。

（あとがき）　本稿は、一九八三年一一月二六日の九州法学会におけるシンポジウム報告をほぼそのまま原稿にしたものである。当初は、その後の文献にも当たり、検討を加えて発表する予定であったが、筆者の個人的事情によってその時間的ゆとりがなくなってしまった。御了承を乞う次第である。

（九州大学法政研究五一巻一号、一九八四年）

第二章　裁判外紛争処理の動向と分析

一　問題の所在

(1)　裁判所の裁決による以外の紛争処理を裁判外紛争処理とよぶとすれば、これは今や世界的に注目を集めている潮流であるといえる。(1) 市民の利用しやすい紛争処理方法をめざす、いわゆる「正義へのアクセス」運動の第三の波ともいわれるこの動向は、その主唱者たちがいうように、裁判に代るもの (alternatives to the judicial system) となりうるのであろうか。(2)

もちろん、裁判所の裁決以外の紛争処理方法には、裁判上の和解 (settlement)、仲裁 (arbitration)、調停 (mediation)、あっせん (conciliation)、事実調査 (fact finding)、示談交渉 (negotiation)、回避 (avoidance) などさまざまなものがある。これらの諸制度は、ことにわが国では早くから、裁判所の裁判による強制的紛争処理に対する自主的紛争処理として、裁判と並びあるいはそれ以上に紛争処理機能を果してきた。なかでも調停制度は、わが国固有の紛争解決方法としてさまざまな評価をうけてきた。ところが、この調停を中心とする裁判外紛争処理方法が、わが国だけでなく、一九七〇年代以降の欧米ことにアメリカ合衆国においても活用されているのである。

(2)　この裁判外紛争処理の動向は、いかなる背景と特徴をもっているのであろうか。(3) この動向の背景となっているのは、裁判所における事件の山積およびその結果としての大幅な訴訟遅延であり、さらに紛争当事者にとっては、弁護士費用を含む訴訟費用の高騰による裁判利用の困難さである、といわれる。裁判外紛争処理方法の活用によってこれらの難点を解消しようというのである。

しかし、この動向がことに一九七〇年代のアメリカ合衆国において顕著になってきたことについては、さらにその基礎となる社会的な背景があることはいうまでもない。第一は、産業化の進展につれて共同社会（コミュニティ）の崩壊現象がますます進行し、従来は共同社会内で処理されてきた紛争のほとんどが、もはや内部では処理できなくなったことである。家事紛争、借家紛争、近隣紛争のような共同社会紛争が多数裁判所にもち込まれるようになった。第二は、一九六〇年代以降のアメリカ合衆国において、消費者紛争、環境紛争などのいわゆる現代型紛争が連発するようになったことである。裁判所はこれらの事件の対応に追われ、未済事件が裁判所に山積するようになっただけでなく、これらの紛争について救済を求める人々も、多くは弁護士費用を払って裁判所に訴えを起こすだけの経済的なゆとりがないか、あるいは、高い訴訟費用を払っていたのでは費用だおれになる場合が多く、その対応策が求められていたのである。

いわゆる「正義へのアクセス」運動の第一の波が、法律相談や法律扶助などにより、貧しい紛争当事者の訴訟上の救済手段につき助言・助力をするものであり、第二の波は、クラス・アクションなどのように、分散した諸利益を救済するいわゆる「公共利益法」（public interest law）の救済制度を整備しようとする運動であった(4)。これらは、右の社会的背景の展開に対応したものであった。そして第三の波は、在来の裁判制度によってではなしに、裁判外の紛争処理方法によって対処しようとするものである。アメリカ合衆国の裁判外紛争処理は、初め労使関係仲裁や商事仲裁から出発した。しかしやがて、家事紛争、借家紛争、近隣紛争についての調停を含めた処理手続へと展開した。そしてさらに、消費者紛争や環境紛争などについても、調停を中心とした紛争処理手続が工夫されているのである。

同様の社会的背景の変動はわが国においてもみられる。わが国では、古くからの家事調停や民事調停の制度が第一の社会的変動に対応してきたものと思われる。第二の背景に対してはわが国でも、消費者生活センター、公害等調整委員会、交通事故紛争処理センターなどの対応がなされてきたことは、周知の通りである(5)。

(3)　たしかに、紛争が多発し、裁判所に救済を求める事件数が激増したのであれば、在来のままの人的・物的設備による裁判組織ではこれに対応しえないのは明らかである。それにもかかわらず、裁判所がその人的・物的設備の質量を拡充することなしに、あるいは事件数の増加にみあうだけ十分に拡充することなしに、裁判外紛争処理手続によって対応しようとしているのは、なぜか。たしかに国家の財政支出にも限度があろう。しかし、それにもまして、裁判外紛争処理運動の推進者たちは、さらに、従来の裁判制度ではこうした型の紛争には対処しえないという積極的な主張をしているようである。それは一言でいえば、裁判所における法的処理（legalism）には限界があるという認識である(6)。

いわゆる法的処理（リーガリズム）は、社会における政治的、宗教的あるいは道徳的規範とは区別された自立的な法規範を前提とし、これを維持したまま、複雑化した生活紛争にあたろうとする。しかし、現代社会において複雑にからみ合った紛争について、紛争の背景にまで立ち入ることなしに形式的な法規範を基準として紛争の一部だけを表面的に切り取って処理しようとする法的対応（リーガリズム）では、真の紛争の「解決」にはならない場合が多い。そこで、裁判による紛争の法的処理に代えて、裁判外手続による紛争の非形式的処理（informalism）さらには非法的処理（delegalism）によるべきである、というのである。

裁判による法的紛争処理は、組織化された裁判所において官僚的な法律専門家集団により行われる、形式的、非個人的な法的処理（legalism）である。これに対して、裁判外紛争処理は、素人による自発的、個人的、非形式的な紛争処理（informalism）であって、さらに徹底すれば、共同社会志向の非法的な紛争処理（delegalism）となる。そして事実、こうした共同社会志向の裁判外紛争処理手続の試みが具体的にも実施されているのである。

(4)　しかし、一九世紀初頭の比較的小規模な共同社会を理想化した共同社会志向の紛争処理手続が、産業化された現代都市社会にそのまま妥当するとは思われない。(7) 現代都市社会においては、こうした共同社会は崩壊し、共同社会の内部規範もさまざまに分裂しているはずだからである。現代社会において紛争の多発する原因の一端もそこにあったのである。その現代社会において、共同社会志向の非形式的紛争処理、さらには非法的紛争処理の試みをすることは、どのような意味をもつのであろうか。

もっとも、裁判外の非法的紛争処理といっても、これは、裁判による法的紛争処理に対置された一つの理念型であって、現実の裁判外紛争処理は両極の中間にあって、両者の要素をさまざまに併せ備えたものといえる。具体的な裁判外紛争処理手続も、裁判所内に併置されて法律専門家が関与するものから、裁判所とは全く独立した素人関与のものまで、さまざまである。本稿は、その多様な裁判外紛争処理手続の盛況の傾向がみられるアメリカ合衆国を中心に、手続の類型を明らかにしたうえで、紛争処理過程の分析視点とその問題点を検討することを目的とする。(8)

（１）　M.Capelletti, Access to Justice and the Welfare State, 1981, p.1, 14, 147f. 参照。なお、M.Capelletti and B.Garth, Access to Justice : The Worldwide Movement to Make Rights Effective, A General Report : Access to Justice, Vol.1, 1978, p.59ff.（カペレッティ＝ガース、小島武司訳・正義へのアクセス——権利実効化のための法政策と司法改革（有斐閣、一九八一年）二七頁）、カペレッティ編、谷口安平＝小島武司訳・裁判・紛争処理の比較研究（上）（中央大学出版部、一九八二年）三頁も参照。

（２）　cf. F.Sander, Varieties of Dispute Processing, 70 F.R.D. 79, p.111f (1976).

（３）　cf. E.Johnson, Jr., V.Kantor and E.Schwartz, Outside the Courts, A Survey of Diversion Alternatives in Civil Cases, 1977, p.1f.; J.Marks, E.Johnson, Jr. and P.Szanton, Dispute Resolution in America: Process in Evolution, prepared for National Institute of Dispute Resolution, 1983, p.1f.; K.Röhl, Rechtspolitische und ideologische Hintergründe der Diskussion über Alternativen zur Justiz, in Blankenburg, et al., Alternativen in der Ziviljustiz, 1982, S.15f.; J.Lieberman, The Litigious Society, 1982, p.x, 3ff.

（４）　cf. Capelletti and Garth, supra note 1; Capelletti, supra note 1.

（5） わが国における裁判外紛争処理機関の現状を伝えるものとして、青山善充「裁判外紛争処理機関の現状と展望㈠・㈡」自由と正義三二巻九号三二頁、一三号一〇二頁（一九八一年）、米津進「現在の紛争処理システム」自由と正義三二巻九号五六頁（一九八一年）、第二東京弁護士会紛争処理機関等対策委員会「紛争処理機関等の研究1～4」判例タイムズ三五九号四九頁、三六〇号五〇頁、三六一号五一頁、三六二号二一頁（一九七八年）など参照。また、新堂幸司「民事訴訟の目的論からなにを学ぶか⑿」法学教室一二号三五頁以下（一九八一年）〔民事訴訟制度の役割（有斐閣、一九九三年）所収〕が、交通事故紛争処理センター誕生の経過を詳しく分析している。

（6） M. Galanter, Legality and its Discontents: A Preliminary Assesment of Current Theories of Legalization and Delegalization, in Blankenburg, et al. Alternative Rechtsformen und Alternativen zum Recht, Jahrbuch für Rechtssoziologie und Rechtstheorie, Bd. VI, 1980, S.11f. は、新しい社会的な変動に対する対応策として、「リーガリスト」的、「テクノクラット」的、「共同社会」的という三類型の対応があるとして、分析の視点を提供している。裁判外紛争処理手続は、この中での「共同社会」的対応の要素をもつことが多く、本稿ではその視点に立って分析を試みた。もちろんこの類型はあくまで理念型の視点によるものであって、現実の対応はそれぞれの要素を含むものであることはいうまでもない。この点につき、井上正三「現代における裁判の機能——本シンポジウム・テーマの背景と意図」法政研究五一巻一号（一九八四年）一三一頁参照。

（7） その批判的検討として R. Abel, Delegalization, A Critical Review of its Ideology, Manifestation and Social Consequences, in Blankenburg, et al. Alternative Rechtsformen und Alternativen zum Recht, supra note 6, S.27ff. 参照。

（8） 最近のアメリカの裁判外紛争処理を紹介ないし分析するものとして、和田安弘「多元的紛争処理の試み——アメリカにみるひとつの動き」東京都立大学法学会雑誌二二巻一号一頁（一九八一年）、和田仁孝「現代都市社会における紛争処理と法——裁判外紛争処理と戦略的法使用——㈠～㈢」法学論叢一一一巻二号六七頁、六号五八頁、一一二巻三号七二頁（一九八二年）〔民事紛争交渉過程論（信山社、一九九一年）所収〕、樫村志郎「自主的解決」基本法学8紛争（岩波書店、一九八三年）九一頁など参照。

二　裁判外紛争処理手続、とくに調停手続の諸類型

(1)　裁判外紛争処理手続にはさまざまなものがある。[1]最も典型的なものとして、前述の通り、裁判上の和解、仲裁、調停、あっせん、事実調査による苦情処理、示談、回避などをあげることができる。このうち、示談と回避とは、第三者の介在なしに紛争当事者間において、相互の交渉によって合意に達するか、あるいは一方的に争いを避けることによって紛争を処理する方法である。たとえば、近隣紛争では、引越しや転勤などによって争いを回避するのが後者である。事実調査による苦情処理は、苦情処理所が紛争当事者の苦情を受けつけて事情を聞き、相手方とも連絡をとって事実を調査し、その結果を通知ないし公表することなどにより、事実上紛争処理に寄与する手続である。行政庁やマスコミなどの苦情処理機関やオンブズマン（ombusman）などがその例である。

その他の裁判上の和解、仲裁、調停、あっせんは、すべて第三者の関与による当事者間の紛争処理を目的とする手続である。[2]裁判上の和解が、裁判官の仲介により裁判手続における当事者間の合意形成を目ざす手続であるのに対して、仲裁や調停（あっせん）は、裁判官以外の第三者の関与による裁判手続外での紛争処理手続である。もっとも、仲裁や調停（あっせん）が裁判の前段階手続として前置されることもある。[3]この場合には、裁判上の和解と同様に、裁判内容の予測のもとに、これらの紛争処理はきわめて法的処理（リーガリズム）の色彩の濃いものとなる。ことに、仲裁人や調停委員などの第三者機関が法律専門家である場合には、その法的側面はさらに増幅される。

仲裁は、事前の仲裁契約かあるいは仲裁の申立てに応ずる相手方の同意を前提とする仲裁人の裁定による紛争処理である。[4]第三者機関の裁定（adjudication）による紛争処理である点では裁判と異なるところはない。そこで仲裁の専門家が仲裁手続にあたることが多い。アメリカ仲裁協会（American Arbitraion Association）はこうした

仲裁専門家の集まりであるが、伝統的に労働紛争や商事紛争あるいは交通事故紛争の処理にあたってきたし、最近では各地に仲裁による一般事件の紛争処理プロジェクトを設けている。さらに、消費者紛争や地域社会紛争にも仲裁を活用する傾向がある。仲裁専門家による仲裁手続は、たとえば労働仲裁手続におけるように、裁判手続と近似するものとなる傾向があり、この場合にはむしろ法的処理に近いものといえる。

これに対して、調停（あっせん）が、裁判手続とは別個の独立の手続によって行われる場合には、ことに調停（あっせん）委員に専門家でない素人があたることになれば、法的な基準にこだわらない非法的処理（ディリーガリズム）の色彩を帯びることになるものと思われる。したがって、裁判外紛争処理手続としての調停（あっせん）は、これが裁判手続と密接にかかわりあっているか否か、調停（あっせん）委員が法律専門家であるか否かなどによって、法的側面と非法的側面との濃淡の度合いが異なってくるのである。

(2)　調停とあっせんは、第三者が紛争当事者間の示談交渉による合意形成を促すその役割の強弱およびその手続の整備の程度による名称の区別であって、相互に明確な限界はない。(5) 調停は狭義には、調停委員が当事者に調停案を提案するなどの積極的役割を果し、当事者との相互折衝手続がより整備されている場合である、ということになる。

調停（以後、あっせんを含めた広義）が裁判外紛争処理手続として活用される態様はさまざまである。広い地域にまたがる一般事件の処理を行う調停プロジェクトも多いが、家事紛争、借家紛争、消費者紛争、環境紛争のような特定の紛争処理にかぎる調停もある。また、仲裁手続の前提として調停が前置される場合（労働調停）や、調停不調の場合に当事者の同意をえて仲裁手続を接続する場合もある。しかし、ここでは、調停が裁判手続とかかわり合う密接度によって三つの類型を分類し、その典型といえるいくつかの調停プロジェクトを簡単に見ることにしよう。(6) 調停がこの三類型のいずれに属するかによって、その法的側面と非法的側面の濃淡の度合いが異なってくると考えられるからである。

(イ)　裁判所付設の調停　裁判所内に調停を導入して、裁判官以外の素人を含む第三者機関による紛争処理を可能にしたところに、この手続の特徴がある。すなわち、少額事件や離婚紛争のような一定の事件について、裁判所が申立てを受理してこれを調停手続に送付し、調停委員による調停に付し、そこで調停が成立すれば、裁判官がこれを審査したうえで判決として宣告するというものである。これは、アメリカ法に伝統的な裁判官の独自の権限に基づくものとして、格別の規則なしに試みられているものである。

たとえば、サン・ホセの近隣少額裁判所（San Jose Neighborhood Small Claims Court）では、少額裁判手続内において、弁護士からなる調停委員による調停手続を導入し、調停が成立すると裁判官が審査して判決として宣告する手続がとられている(7)。この調停手続は、名目的な手数料と簡単な書式による一方当事者の申立てに基づき、期日を定めた呼出しと申立書の送達をうけた相手方当事者に異議がなければ開始され、異議があれば、通常の少額裁判手続に移行する。この手続には弁護人の出席を認めず、当事者も自然人にかぎることによって、企業の集金機関となることを防止している。また、期日は非公開であり、一般市民の利用の便宜を考え、通常は夕方五時から九時まで、週三日開廷される。少額裁判手続において、相手方に異議がなければ、調停前置が必要的とされているわけである。

さらに、調停が不調となり、当事者の同意があれば、他の仲裁人のもとでの仲裁手続が開かれ、仲裁裁定が言い渡される。当事者が仲裁手続に同意しないか、裁定後五日内に異議を申し立てれば、通常の少額裁判手続に移行することになる。

この調停手続においては、調停委員が紛争の背景にまで立ち入る種類の紛争処理ではなく、その法律専門家としての特質から法的処理の傾向の強い手続となっている。すなわち、紛争当事者双方が事実を陳述し証拠を提出した後に妥協が成立しなければ、調停委員独自の調停案を提出するなど、裁判官による和解勧告手続と類似している。調停成立後の裁判官の関与の点でも、「準司法」手続として顕著な法的処理（リーガリズム）であるといえる。

他方、メイン州の地方裁判所における調停手続（Mediation in Maine's District Court）も、裁判手続内に取り込まれた紛争処理手続である。[8] まず、裁判官が期日において調停の意味を説明したのちに、当事者の同意があれば調停委員による調停手続が開始され、調停が成立すれば裁判官の承認をえて判決となる。ただ、ここでは調停委員に法律専門家でない素人をあてている点に特質がある。これは、調停にもち出される事件は通常の人間関係をめぐるもので法的判断を求めるものは少ないから、人間性のある経験に富んだ一般人の方がふさわしい、と説明されている。だから、サン・ホセに比べてここでの調停手続はより融通性のあるものとなり、それだけ法的側面は後退したといえよう。

メイン州の調停手続も初めは少額紛争にかぎられたが、後に離婚後の家事紛争にも拡げられた。ここでは当事者に弁護人を付すことが許され、離婚後の紛争には弁護人の付くことが多い。そのかぎりで手続の法化（リーガリゼーション）の可能性が生まれるものと思われる。

(ロ)　近隣ジャスティス・センター（Neighborhood Justice Center）[9]　一九七六年のいわゆるパウンド会議（司法・行政に関する民衆の不満原因についての全国会議）を契機にして著しい進展をみた紛争処理手続である。近隣ジャスティス・センター（以後ＮＪＣとよぶ）は、近隣社会ないし地域社会に根ざした紛争処理プロジェクトであって、その一部はやがて連邦司法省のバックアップによりＬＥＡＡ（Law Enforcement Assistance Administration）の財政的支援をうけるようになった。

各地に散在しその名称もさまざまであるＮＪＣは、[10] 第一に、地域社会において小規模な紛争を効率的に処理する手続を設けて、一般の近隣者や地域社会成員の利用しやすいものとするとともに、裁判所における山積事件の解消を目ざしたものといえる。そして第二にＮＪＣは、地域分権的に地域社会内に定着するだけでなく、地域社会内の日常生活を基盤としその成員も一緒に参加した紛争処理をめざしている。[11] この二つの目的を達成するためには、地域社会内の紛争が直接その成員によってセンターに持ち込まれ、地域社会の成員からなる調停委員会によって処理されることが期待される。

しかし現実には、ＮＪＣでは手数料をとらないにもかかわらず、その基盤とする地域社会から直接持ち込まれる事件数はごく少数にかぎられる(12)。そこで、ＮＪＣでは、相当の事件数を確保するために、直接地域住民から申し立てられた事件だけでなく、裁判所に提起された事件を、他の地域の事件も含めてセンターに送付してもらうところが多いのである(13)。この場合、ＮＪＣは、その係員を裁判所に派遣し、裁判所で調停に適するとされた事件につき、当事者の調停手続への同意をたしかめさせたうえで、調停委員による調停手続を開始することにしている。調停が成立すればその旨を裁判所に通知し、事件は処理されたものと扱われる。調停手続の具体的内容については次節で検討するが、調停委員には素人があてられ、調停の進め方などにつき事前にトレーニングをうけるのが一般である。このようにしてＮＪＣは、事件数確保のために裁判所から事件の送付をうけ、裁判所との結びつきを強化し、地域社会との一体化は薄れる傾向にある。その結果、裁判所付設の調停手続と大差はないものとなっているようである。

たとえば、ボストンのドーチェスター都市裁判所（Dorchester Urban Court in Boston）(14)は、一九七五年の開設当初から、ドーチェスター市裁判所の財政と行政機構の中に組み込まれて出発した。場所は商店街にあり、地域社会の成員を調停委員とし、隣人助言委員会をもっているが、裁判長のコントロール下にあった。手続は非形式的であっても、共同体志向ではなく、裁判所の必要性に奉仕するものであった。それでもなお地域社会の範囲内で機能したのは、もともとボストンの裁判所が地方分権的であるためであった。

これに対してマンハッタンの調停紛争処理研究所紛争センター（Institute for Mediation and Conflict Resolution Dispute Center）(15)は、一九七五年の出発当時はハーレムの一定地域社会の紛争処理センターであった。しかし、一九七九年には管轄を全ニューヨーク市に拡げ、事件はマンハッタン全地域の裁判所から送付されるようになった。ＬＥＡＡの基金援助が四年間で打ち切られた後は市の財政に組み込まれている。外部からの財政援助は費用効率を問題にし、効率が悪ければ打ち切られるおそれがあるため、紛争センターは管轄を拡大し受理件数を増加させていったのである。そのために裁判所依存の度合いはますます強まり、地域社会からは遊離することになった。

(ハ)　共同社会委員会プログラム（Community Board Program in San Francisco）[16]　サンフランシスコの共同社会委員会プログラム（ＣＢＰ）は、紛争当事者の住む近隣社会において隣人の参加のもとに集団的に紛争を処理することによって、都市における近隣社会の形成にも寄与しようとする紛争処理機関である。このＣＢＰは、地域社会における草の根運動として評価されているものであって、一方では、組織的に、初めから地域社会の住民が参加して計画し、これを発展させ、遂行し、さらにコントロールすることを不可欠とし、他方では、財政的に大きな特定の基金源、ことに裁判所の予算から独立することを重視する。そうでないと、経費の効率性と事件処理数いかんによってプログラムの成否が評価されることになってしまうからである。

このようにＣＢＰは他のＮＪＣと異なり、地域住民をまき込んだ「下からの計画」である。しかし、多様な価値観をもつ異質的な現代の大都市の近隣社会において紛争を処理するには、そのために必要な統一的な規範的背景を形成する一致点を見出すことが前提となる。ＣＢＰは、この統一できる価値観は伝統的な意識内容ではなく、むしろ紛争社会学や心理学に根ざしたものであるという。その内容は五つの項目にまとめられている[17]。つまり、①社会に紛争が存在すること、②これを平和的に表現すること、③紛争の責任を個人的かつ社会的に引きうけること、④関係人が紛争を自律的に規律すること、これらのことは積極的な価値である。さらに、⑤近隣社会に食違いがあることおよび他の価値観に寛容であることは積極的な価値であるというものである。

この結果、ＣＢＰでは、他の近隣センターとは多くの点で異なった紛争処理が行われている[18]。その特徴は、裁判所に依存した強制的な手続処理を徹底的に避け、近隣社会の中から選出された調停委員会と紛争当事者双方との公開の討論を通じて、近隣社会もかかわった自律的な紛争処理を図ろうとするところにある。具体的には、①ＣＢＰのそれぞれの管轄地域からの事件だけを受けつけ、一度裁判所に訴えられた事件は受けつけない。②関係人を電話や文書で呼び出すことなく、係員が訪問して参加を勧める。③当事者本人が自分で討論をするようにするため、弁護人の関与は歓迎されない。調停委員は三人から五人のパネルからなり、一方当事者だけとの個別的話合いは避け、双方との公開の討論が重視される。④合意に達すれば、当事者双方だけでなく、調停委員会とも一緒に取り決めたものとみなされ、近隣社会自体がこれを守るようにすると考えられる。⑤調停委員会は、調停成立後も当事者を訪問し調停内容の実施状況を尋ねるなどのアフターケアをする。

このようにＣＢＰは、ＮＪＣとは対蹠的に裁判所との関係を切断し、近隣社会内での自律的な紛争処理を徹底する。(19)その結果、紛争の法的処理や効率的な処理の圧迫から解放され、非法化傾向はかなり進んだものといえる。この傾向をいかに評価するかは節を改めて論ずるが、ＣＢＰの当面の最大関心事は運営基金の確保の問題のようである。(20)かなり高額にわたる運営基金（各近隣ごとに毎年＄145,222）を公的支援に頼らず分散的に集めることは容易なことではない。さればといって政府基金に頼るとすれば本来の目的と矛盾することにならないかが問題となる。

(3)　以上のように、第三者関与型の裁判外紛争処理だけを取りあげても、①裁判手続に組み込まれたもの、②裁判手続外でも裁判所と密接に関連しているもの、③裁判所とは全く別個のものなどの類型がある。このうち、第三の共同社会委員会（ＣＢＰ）型はむしろ例外であって、これを維持するためにはボランティア達の熱気ある支えを要するようである。多くは、第一の裁判所付設型か第二の近隣ジャスティス・センター（ＮＪＣ）型である。ただ、ＮＪＣ型の中には、これがもともと「上からの計画」に基づくものであるにもかかわらず、近隣社会との関連を維持するためにさまざまな試みをしているものもみられる。

ロング・アイランドのサフォーク共同社会調停センター（Community Mediation Center, in Suffolk County, Long

Island）は、その例である。[21] まず、ＬＥＡＡからの基金の名目的受領者をＹＭＣＡとし、調停委員と地域社会のリーダーを理事とする独立の監視機関を設立した。ついで、調停委員にはマスコミなどを通じて公募によるボランティアをあてている。事件の多くは裁判所からの送付によっているが、裁判所の強制的要素はできるだけ排除している。仲裁は強制的要素があるから、調停だけを行い、調停が成立しても、裁判所には報告するだけで、裁判所による履行の強制によらず、当事者の任意の履行を待つにとどめる、などである。さらに、二つの支所を設けたが、これを正式の支部としてその地域住民が直接事件を持ち込むように宣伝を強化すれば、共同社会型のものに近づくものと思われる。

そうした方向をたどったものに、ロサンジェルスのヴェニス近隣ジャスティス・センター（Neighborhood Justice Center in Venice, Los Angeles）がある。[22] これはやはりロサンジェルス弁護士協会の後援による「上からの計画」によるものであるが、その実施過程では地域社会リーダーの助力をうけて、すぐれて共同体志向のものとなっていった。調停委員や職員を地域住民から選任し、彼らが第一線に立ってプログラムを地域住民に周知させるように努めて、すべての事件を直接地域社会からの申込事件にしようとしたのである。しかし、他の裁判所従属型に比べて処理事件数が不十分と評価され、基金の再交付を受けることができず閉鎖せざるをえなかったようである。[23]

（1） F. Sander, Varieties of Dispute Processing, 70 F.R.D. 79, p.111f.（1976）; D. McGillis and J. Mullen, Neighborhood Justice Centers, An Analysis of Potential Models, 1977, p.1f.; E. Johnson, Jr., et al., Outside the Courts, A Survey of Diversion Alternatives in Civil Cases, 1977, p.1f. esp.25ff.; L. Nader, No Access to Law, Alternatives to the American Judicial System, 1980, p.3ff. など参照。

（2） 裁判上の和解はトライアルの前段階の紛争処理として活用され、さまざまな工夫がこらされているようである。専任の裁判官だけでなく、非常勤の裁判官や下級裁判官（advocates など）が和解協議（settlement conference）にあたったり、電話による協議をするなど、多彩な試みがなされている。cf. J. Marks, et al., Dispute Resolution in

America; Process in Evolution, 1983, p.29.

（3）たとえば、フィラデルフィアのように、一定額以下の事件につき仲裁前置を必要的とするいわゆる「強制仲裁」をとるところがある。see, E. Johnson, Jr., et al., Outside the Courts, p.41f.

（4）E. Johnson, Jr., et al., supra note 1, p.39ff.; 小島武司「アメリカ合衆国における仲裁法の現状と課題」判例タイムズ三五五号四一頁以下（一九七八年）、同「アメリカにおける仲裁」法律時報五四巻八号（一九八二年）三四頁以下参照。

（5）see, Sander, supra note 1, p.115; McGillis and Mullen, supra note 1, p.10f.; L. Fuller, Mediation, its Forms and Function, S. Cal. L. Rev. 44, p.305（1971）.

（6）W. Gottwald, Streitbeilegung ohne Urteil, 1981, S.82 が調停（Vermittlung）を同様の視点によって分類している。以下の叙述は同書に負うところが大きい。なお、McGillis and Mullen, supra note 1, p.47f. 参照。

（7）R. Beresford and J. Cooper, A Neighborhood Court for Neighborhood Suits, Judicature 61, p.185（1977）; K. Röhl and S. Röhl, Neighborhood Justice Centers in den U.S.A. — eine Alternative zur Justiz?, Deutsche RZ, 58, S.425（1980）; Gottwald, a.a.O.（Fn. 6）, S.89f. 参照。

（8）A. Greason, Humanists as Mediators: An Experiment in the Court of Maine, A.B.A.J. 66, p.596（1980）; Gottwald, a.a.O.（Fn. 6）, S.106f. 参照。

（9）和田安弘「多元的紛争処理の試み」東京都立大学法学会雑誌二二巻一号四頁以下（一九八一年）はこのＮＪＣ運動を詳しく紹介している。

（10）McGillis and Mullen, supra note 1, p.89ff. が個別的に取りあげた六ヵ所のＮＪＣのそれぞれの名称（発足年度、奉仕すべき地域社会）は、①Boston Urban Court Project（1975, Dorchester District in Boston, Mass.）、②Columbus Night Prosecutor Program（1971, Franklin County, Ohio）、③Miami Citizen Dispute Settlement Program（1975, Dade County, Florida）、④Institute for Mediation and Conflict Resolution Dispute Center（1975, Manhattan and Bronx, N.Y.）、⑤Rochester Community Dispute Service Project（1973, Monroe County, N.Y.）、⑥Community Board Program（1976, 4 selected sections in San Francisco）である。このうち①・④・⑥については本稿でも取り上げるが、⑥は他のＮＪＣとは違い共同体志向を徹底しているので、別個に取り扱うべきである。

(11) この二つの視点を強調するものとして、P. Wahrhaftig, An Overview of Community-oriented Citizen Dispute Resolution Programs in the United States, in R. Abel, The Politics of Informal Justice, Vol. 1, 1982, p. 75f.; Gottwald, a.a.O.（Fn. 6）, S. 124参照。

(12) W. Felstiner, "Neighborhood Justice" in Dorchester, Massachusetts, in Blankenburg, et al., Alternativen in der Ziviljustiz, 1982, S. 142によれば、DorchesterのＮＪＣでは一九七六〜七七年にわずかに四件の本人申立てしかなく、City 四（二%）, Los Angeles 二七（五五%）であった。Los Angeles NJCは地域社会の事件に限るように努めたので割合は多いが、後述のように処理件数が不十分であるために閉鎖せざるをえなくなったようである。

(13) Gottwald, a.a.O.（Fn. 6）, S. 125f. 参照。

(14) Wahrhaftig, supra note 11, p. 78f.; McGillis and Mullen, supra note 1, p. 90f.; 和田安弘・前掲注（9）九頁参照。

(15) Wahrhaftig, supra note 11, p. 76ff.; McGillis and Mullen, supra note 1, p. 138ff. 参照。

(16) Gottwald, a.a.O.（Fn. 6）, S. 185f.; Wahrhaftig, supra note 11, p. 89ff. ＣＢＰは、サンフランシスコ大学ロースクールの clinical associate であった Ray Shonholtz によって展開されている計画である。筆者も本部を訪ね、インタビューをして説明を聞き、多くの資料を入手したが、そのほとんどはパンフレット類である。その一つの fact sheet: Community Boards of San Francisco によると、一九七七年に設立され、三八〇名のボランティアがサンフランシスコの二一の異なった近隣地域で活躍している。すでに二千件以上を取り扱ってきたが、事件の種類は、近隣紛争（四五%）、蛮行・暴行（一五%）、借家紛争（一〇%）、家族・婚姻紛争（七%）、同居者紛争（五%）、消費者紛争（三%）、団体間紛争（二%）である、という。also see, Shonholtz, Community Conciliation System, 1984.

(17) R. Shonholtz, The Ethics and Values of Community Boards, Developing Concept Tools for the Work of Community Members, 1981; Gottwald, a.a.O.（Fn. 6）, S. 193.

(18) Gottwald: a.a.O.（Fn. 6）, S. 194ff.; Wahrhaftig, supra note 11, p. 90f.

(19) R. Shonholz, Should Dispute Resolution be attached to the Courts?, Dispute Resolution Forum, 1984, p. 3f. は、「市民が自ら責任をもつことを主張することによって、民主社会における地域社会の本質的な紛争処理機能が回復されるのだ」と結んでいる。

(20) Wahrhaftig, supra note 11, p. 92.

（21）Wahrhaftig, supra note 11, p. 83.
（22）Wahrhaftig, supra note 11, p. 88f.
（23）K. Röhl, Rechtspolitische und ideologische Hintergründe der Diskussion über Alternativen zur Justiz, in Blankenburg, et al., Alternativen in der Ziviljustiz, 1982, S. 18は、これは社会改革よりも効率性を重視する現連邦政府が裁判代替制度について興味を失ったことの結果であると評価している。

三　裁判外紛争処理過程分析の若干の視点

⑴　分析の視点と問題の提起

(イ)　前節においては、裁判外紛争処理手続が裁判といかに密接な関連をもつかを視点として、これを分類した。そして裁判外紛争処理も、理念的には、裁判に近い法的な処理（リーガリズム）がなされる場合と、裁判とは切り離した非法的処理（ディリーガリズム）がなされる場合とがあり、具体的な手続の多くは、この両極の中間にあってそれぞれの側面の濃淡の度合いが異なるものである、と述べてきた。

しかし、この分類視点はなおきわめて曖昧で不明確なところが多い。ことに、ここで法的処理（リーガリズム）というのは、裁判による紛争処理の特徴を一つの理念型として捉える視点であって、形式的法的処理（フォーマル・リーガリズム）であった。ところが、裁判外紛争処理はすでに手続上は非形式的処理（インフォーマリズム）であるのに、なお法的処理がなされるとすれば、法規範は一体いかなるメカニズムによって作用するのであろうか[1]。法規範以外の条理や習俗などの社会的規範はどうか。そして、これらの規範は当事者の主体的な合意形成につきどのような作用を及ぼすのであろうか。

(ロ)　つぎに、裁判外紛争処理においてもなお法的処理（リーガリズム）の作用する余地があるとすれば、これを非形式的手続（インフォーマリズム）によって処理しても、手続保障に欠けるところはないか[2]。ことに法的処理のサンクションの下で行われる調停手続の具体的内容は、当事者の主体的地位を尊重し、自律的討論手続を保障するものになっているのか。

(ハ)　さらに、裁判外紛争処理が共同体志向を徹底して、非法的処理（ディリーガリズム）に転換したとしても、すでに共同社会の内部規範が多様化した現代社会において、何をよりどころとして紛争当事者の合意形成ができるというのであろうか。「共同社会委員会」（ＣＢＰ）型紛争処理は、近隣社会をもまき込んだ調停委員会と紛争当事者双方の討論によってこれが可能であるというが、その際に当事者の合意形成のきめ手となるものは何か。近隣社会における多様な社会規範はそこでどのように作用するのか。

(2)　法的処理（リーガリズム）の意味と限界

(イ)　周知のように、近代市民法を典型とする法的処理（リーガリズム）は、権利・義務の法体系を制定することによって、政治的、宗教的ないし道徳的な強制から、少なくとも形式的には自由・独立・平等な市民の地位を獲得するための法イデオロギーであった。かつて川島教授は、従来のわが国の社会生活においては義理人情などの前近代的な社会規範が支配して、近代的な権利意識が浸透しないことを問題にされたが[3]、それはこのリーガリズムの積極的な評価を背景とするものであった。そして、従来わが国では、調停制度の活用によって、この前近代的な法意識による紛争処理が行われてきたが、共同体社会の解体につれて、次第に「近代的な法意識が形成されれ成長しつつある」から、欧米におけるように、裁判による法的処理が重要となるであろう、と展望されている。

しかし、前述したように、まさにその欧米において、裁判によるリーガリスティックな紛争処理を避け、調停を中心とした裁判外紛争処理を活用する傾向がみられるようになったのである。これは、従来、共同体的規範によって内部的に処理されてきた家事紛争、近隣紛争あるいは借家紛争などについては、法規範による表面的な紛争処理では、紛争の背景となる当事者関係（underlying relationship）にまで立ち入って将来の継続的関係を配慮した紛争の「解決」はできないためである、と主張されている[4]。

(ロ)　それにもかかわらず、裁判外紛争処理において法的処理の色彩が濃いといわれる場合には、法規範はどのような役割を果しているのであろうか。

まず、裁判外紛争処理においても、第三者機関が法規範に従って紛争処理を規律すべきである、という立場が考えられる(5)。つまり、第三者機関は裁判上の和解や調停においても紛争当事者の合意形成のために積極的に関与し、手続法や実体法に従って紛争処理手続を規律すべきであって、適切な時期に事案の仮定的・蓋然的な判断に従って法規範に即した和解案や調停案を提案し、当事者を説得すべきである（説得機能）、というものである(6)。

たしかに、裁判手続と密接に関連する裁判外処理である裁判上の和解や裁判所付設の調停手続においては、このような和解案や調停案は、裁判の予測として当事者に対して強制機能をもつものと思われる(7)。しかしこれでは、法的処理を避け紛争の背景への配慮を求めている紛争当事者を説得することは困難であり、強引な説得では当事者の納得のゆく合意には達し難い。そうして、結局は、当事者の強制された「合意」を担保として、手続保障の十分でない簡易な裁判手続を認めたのと等しいことになろう(8)。

(ハ)　そこで、つぎに、裁判外紛争処理を規律すべき規範は条理であって、実情に即した紛争処理を図るべきである、という考え方がある。これは少なくともわが国では、調停に関する一般的な見解である(9)（民調法一条参照）。そうして、この条理の内容は、法と無関係ではなく、むしろこれと「同心円的に重なり合い、ただ、条理の外延が法の外延より広いという関係にあるにすぎぬ」とし、「法の中には条理が宿り、条理の中には法へと昇華して行く萠芽が常に存する」というように、多重規範相互の間に波及作用と汲上げ作用という交流関係が認められる、という見解が有力である(10)。

たしかに、この見解によれば、複雑な背景をもつ社会的紛争の処理が、法規範だけでなしに条理などの社会規範によって規律されることになり、法的処理のもつ形式的・表面的限界を回避することができよう。しかし、これがいかなる意味で裁判外紛争解決規範として作用するかは、必ずしも明らかでない。

ことに、共同体の崩壊した現代社会においては、条理や社会規範もまた多様化しており、紛争当事者間でその点の了解に食違いがあることが多い。その場合には、弁論過程において当事者双方がそれぞれに主張する社会規範をつき合わせて、いわゆる「日常的弁論規範」を抽出することができるとすれば、これが裁判外紛争処理過程を規律すべき規範となろう。(11) しかし、それが不可能であれば、多様な社会規範を含んだままの利益調整紛争として当事者の自律的調整による合意形成を図るほかない。(12)

しかしその場合にも、当事者としては共通の客観的な基準としての法規範に遡り、(13) これを大枠として多数の社会規範を含む諸利益を調整するための弁論を展開するのが一般であろう。そうして、その弁論過程において法規範と条理ないし社会規範とのいわゆる交流作用により、統一的な紛争処理規範を形成していくものと思われる。つまり、一方で法規範の大枠の中に条理をくみあげて法規を補充・具体化するとともに、他方で法規の大枠を核として多様な社会規範についての合意を形成していくという形での規範統合ないし具体化の過程が考えられるのである。しかし、この過程が煮つめられなければ合意形成ができないということはない。この統一的な規範の具体化についてはある程度曖昧さを残しながらも、なお、すべての事情(14) を背景としたうえで、諸利益を計算した弁論における取引交渉過程をへて合意形成に至ることもできるし、むしろその方がより容易な場合もあるはずである。(15)

(二)　裁判外手続における紛争処理規範であるといわれる条理や法規範は、右のような意味で紛争処理過程を規律するのである。そこで、いずれの場合にも紛争当事者は、裁判外手続では、条理にかかわりのある事情を含めた、いわゆるふくらみのある弁論を行うことになる。その中から当事者に共通の日常規範がまとまればそれによって弁論交渉を展開し、そうでなければ、法規範の大枠をふまえたうえで、諸利益を計算した弁論交渉を進めることにより、合意を形成するわけである。

これに対応して、第三者機関の役割も、一方では、紛争処理過程における当事者の自律的な弁論交渉の促進を図ることにあり（交渉促進機能）、他方では、当事者の合意形成を促すために、共通の社会規範や法規範についての判断を示し、当事者を誘導し説得することにある（誘導・説得機能）(16)。ただ、両者の関係については、説得機能が先行すると当事者の主体的地位をそこない、当事者自身の主体的な参加による納得を得ることが難しくなる。そこで、むしろ交渉促進機能に主眼をおき、当事者の主体的交渉能力を促進するための情報提供として必要なかぎりで、第三者機関の規範的な判断を示すべきものと考えられる（誘導機能）。近隣ジャスティス・センター（ＮＪＣ）における調停手続の進め方をめぐる後述の議論は、第三者機関のこの両機能の役割矛盾を反映したものといえる。

(3)　非形式的処理（インフォーマリズム）の問題点

(イ)　裁判による紛争の法的処理（リーガリズム）は、手続上は訴訟法によって整備された形式的手続によって行われるのに、裁判外紛争処理は融通性のある非形式的な手続によって行われている。それにもかかわらず、裁判手続と不可分に結びついた裁判外紛争処理では、実体的にはきわめて法的色彩の濃い処理が行われている、といえる。つまり、予想される裁判によるサンクションが当事者の合意形成過程を規制するという形での法的処理となるものと思われる。そうであれば、当事者としては裁判外手続においても主体的な自己の法的地位を弁論する対論手続の保障を必要とする(17)。しかし、裁判外の非形式的紛争処理手続では、このような対論手続過程を保障するような何らの法的担保もない。

元来、裁判手続における形式的対論手続の繁雑さと費用高の弊害を避けて、その代替手続として非形式的な裁判外手続を活用しようとしているのであるから、その際のこの非形式的手続において、裁判に近い強制的要素を含む処理をしようとするところに、基本的な矛盾があるのである(18)。それにもかかわらず、第三者機関の関与する裁判外手続が一定の強制的要素を伴うものであるとすれば、裁判手続のように形式化された対論手続ではないが、これに代わる実質的な対論手続を考案すべきことになろう。

(ロ)　ところで、各地の近隣ジャスティス・センター（ＮＪＣ）では、調停紛争処理研究所（ＩＭＣＲ）におけるトレーニングに倣って、調停手続の一般的なマニュアルが確立しているようである。[19]それによれば――

第一段階では、一人または数名（通常は二名または三名）からなる調停委員は、はじめ自己紹介をし調停手続につき説明することなどによって当事者の信頼を得るように努めたうえで、双方当事者がそれぞれに紛争についての自分の考えを中断なしに述べる機会を与える。その際、調停委員は、争点につき当事者と討論をし、必要であれば補充的な質問をして、とくに紛争の原因を問題にするようにする。

第二段階では、調停委員が合議のために退席し、今後の戦術について検討して、今度は当事者のそれぞれと個別に話し合う。この段階では調停委員は、双方の合意をかちとるために、かなり戦術的に行動するようである。一方から同意できそうなことを聞きだせば、これをどのような形で相手方に伝えるかを配慮し、合目的々とみれば全部は伝えないこともある。行きづまったときは、不調の場合の現実的結果などを指摘して、当事者が現実的となることを強調する。

第三段階では、調停委員が合意の徴候を認めれば、再び当事者双方を集め、直ちに合意の結果を書面にし、当事者双方および調停委員がこれに署名をする。

(ハ)　このＮＪＣを中心にかなり一般化しているＩＭＣＲ型調停手続については問題がないわけではない。ことに法社会学者の次のような批判は注目に価する。[20]つまり、この調停手続は、一方で、当事者双方が対話を通じて自ら紛争をコントロールし解決できる能力を身につけるようにするやり方（対話的治療方法）と、他方で、駆引きの術策をつかって合意を形成して行くやり方（売付け方法）との混在物である、というのがその要点である。その結果、調停手続は任意性と強制性とのアンビヴァレンツに陥っている。つまり、一方では、紛争当事者の任意の手続への関与と自主的な合意の形成が強調されるのに、他方、手続の後半では、事情を曖昧にして対立を抑制し、裁判手続への移行の圧力を利用するなどの強制力が行使される。調停委員はこうした異なった行為の要請のもとに役割矛盾に直面することになる、というのである。

これは基本的には、前述のように、第三者関与の裁判外紛争処理手続において、第三者機関の役割として交渉促進機能と説得機能の二面性を反映した矛盾でもある。手続の主導性を当事者と第三者機関のいずれがもつかについての見解の差異にも連なる。しかし、手続的には、非形式的手続における個別的聴問方式の問題でもある。わが国でも調停や和解期日において活用されている個別的聴問方式は、第三者機関への一方当事者の陳述が相手方に十分に伝わらず、効果的な反駁の機会を奪われることになって、対席弁論のもつといわれる「二重の情報の流れ」の長所を失うことになる。(21)

そこで、ＩＭＣＲ型調停手続の第二段階における個別折衝方式を廃止し、これに代えて、調停委員の前での双方当事者間の直接の対論手続を行うべしとの提案がある。(22)これは、調停委員の誘導による当事者双方の直接の討論を通じて、当事者自身が紛争解決技術を習得し、解決能力を備えることによって自ら合意を形成できる、という考え方を背景にしている。サンフランシスコの「共同社会委員会プログラム」（ＣＢＰ）の調停手続はその具体的な試みである。

(ニ)　すでに共同体的サンクションを喪失した現代産業化社会において、法的処理の間接的サンクションをも排除した共同体志向の調停手続が、もっぱら紛争当事者間の直接対論を通じて、いかにして自律的な合意形成を実現できるかは、未だ未知数である。ＣＢＰは、この紛争処理活動を通じて地域社会内に新しく共通の規範的な背景を作りあげようとする一種の街づくり運動であるといえよう。しかし、この運動の将来を展望するためには、さらに非法的処理（ディリーガリズム）の問題点をみる必要がある。

(4)　非法的処理（ディリーガリズム）の問題点

(イ)　裁判外紛争処理手続が、共同体志向を徹底し、非形式的な手続の中になお残されていた法的対応（リーガリズム）の役割をも否定した形で紛争を処理する場合に、これを非法的処理（ディリーガリズム）ということができる。[23] 前述の「共同社会委員会プログラム」はその一つの試みである。一般的に非法化運動（delegalization）は、社会的統制の手段としての国家法の役割を否定し、部族社会や一九世紀初頭の小規模社会における共同体の自律的社会への回帰を説くことから出発する。そうして、最近は、経済への政府の介入・コントロールからの自由を主張する自由化論（libertarianism）の流れにも関連している、といわれる。[24]

(ロ)　しかし、非法的処理の傾向は多面的であり、未だ流動的なところが多い。ただ、その中にもすでに二、三の特徴を指摘することができる。

第一は、紛争当事者が双方の対論（コミュニケーション）を通じてすべての法的規制から自由で自律的な合意を形成する過程を保障しようという考えがみられる。[25] これはいうまでもなく法的処理（リーガリズム）の典型である近代市民法における私的自治の原則と共通するところが多い。ただ、市民法は私的自治を貫徹するために、いかなる政治的、宗教的あるいは道徳的な強制からも自由・独立・平等な権利主体たる地位を保障する法体系を整備して、これらの法外的強制に対する武器を提供しているのである。[26]

これに対して、非法的処理は、紛争当事者の自由で自律的な合意形成を保障するために、これら法的規制のすべてを否定し、当事者間の対論手続の保障だけを置き換えるというのであろうか。しかし、その場合に、当事者間の対論による自律的な合意形成の手続を保障するものは何であろうか。裁判手続における対審主義（アドヴァーサリー・システム）の保障は、少なくとも形式的には自由・平等な対論手続を保障するものであった。この形式的な対論手続の法的保障をも否定したうえで、一体何を担保として実質的な対論手続を保障しようというのであろうか。また、実体法規は、そうした対論手続において、当事者の権利主体としての地位を具体化するための武器である攻撃・防御方法の大枠を規定する役割を果してきた。いまその大枠をも放棄して、これを非法化するとすれば、結局は、形式的な武器すら奪われて、裸のままで政治的、社会的あるいは経済的力にさらされることにならないのだろうか。[27]

(ハ)　第二に、非法的処理は、共同体志向による紛争処理を目ざしているという特徴がある。[28] 紛争当事者が自由な対論による自律的な合意を形成する過程は、共同体における集団的な紛争処理手続の中で保障される、というのである。

しかし、すでに共同体が崩壊し、多様な社会規範の対立がみられる現代産業化社会において、紛争当事者間の実質的に自由な対論を保障し統一的な規範を形成して行くという合意が存在するといえるだろうか。あるいは、共同体志向の紛争処理機構を通じて、共同体内にそのような統一的な規範を形成して行けるという確かな見込みがあるのか。[29] この多様な社会規範の対立があるからこそ、法規範は最低限の形式的対論手続を保障し、当事者間の自律的な合意形成を担保するとともに、最低限の統一的な実体規範を定めて、合意形成を規律するのである。いま、これらの法的処理機構を否定して、非法的紛争処理がなされるとすれば、非法的処理手続においては、譲歩と合意が強調され、事実上は共同体内の最も強力な政治的、宗教的あるいは道徳的な規範が直接支配して、少数派の発言を抑えることにならないのか。[30]

(ニ)　第三に、非法的処理は、法的処理による公式の強制的コントロールではなく、非公式の社会的コントロールによって紛争を処理できるという概念を前提としている。[31] だから、非法的処理はすべての公式の強制力の行使を拒否する処理手続を作る傾向がある。しかし、このような非公式の社会的コントロールを可能にするような社会的機構は、一部の特殊な例を除けば、もはや存在しない。だから、非法的処理が、すべての国家的強制力の行使を拒否する処理手続によったとすれば、紛争処理能力を欠くがために縮小して行き、無力な手続に終ることが多い。[32] それにもかかわらず、非法的処理が多様な価値観の対立の中で、公式の強制的コントロールなしに、非公式の社会的コントロールを形成して行こうとするのであれば、(ハ)で論じたと同じ問題に直面することになろう。

（1）　和田仁孝「現代都市社会における紛争処理と法――裁判外紛争処理と戦略的法使用――(三)完」法学論叢一一二巻三号八八頁以下（一九八二年）〔民事紛争交渉過程論（信山社、一九九一年）所収〕が、「フォーマル―インフォーマル」要素と「法的―非法的」要素を軸として紛争処理メカニズムの諸類型を分類しその特徴を分析しているところを参照。

(2) わが国でも調停手続における当事者権ないし手続保障として論じられてきたところである。例えば、「座談会・調停制度改正法をめぐって(1)・(2)」民商法雑誌七一巻二号二九三頁、三号四七九頁（一九七四年）、竹下守夫「調停制度における非訟的処理をめぐる課題」法律のひろば二七巻八号一一頁（一九七四年）、萩原金美「民事調停における当事者権の保障」民事調停の諸問題（別冊判例タイムズ四号）三九頁（一九七七年）、上田徹一郎「民事調停と直接主義、口頭主義」同四五頁（一九七七年）参照。

(3) 川島武宜・日本人の法意識（岩波書店、一九七六年）。

(4) たとえば F. Sander, Varieties of Dispute Processing, 70 F. R. D. 79, p. 115, 120f.（1976）参照。

(5) vgl. M. Wolf, Normative Aspekte richterlicher Vergleichstätigkeit, ZZP 89, S. 260ff.（1976）.

(6) M. Wolf, Rechts- und Verfahrensgarantien beim Prozessvergleich, in W. Gottwald, et al., Der Prozessvergleich, 1983, S. 153, bes. 154f. は、社会規範が和解提案の基礎となりうるのは、社会規範に関連する事情につき争いがない場合でしかもその社会規範が双方に認められているために提案を受け入れる可能性が高い場合であるとしている。

(7) そうした強制機能につき、棚瀬孝雄「裁判外紛争処理機関」新実務民事訴訟講座Ⅰ（日本評論社、一九八一年）一二三頁、とくに一四四頁以下〔紛争と裁判の法社会学（法律文化社、一九九二年）所収〕参照。

(8) K. Röhl, Der Vergleich im Zivilprozess—Eine Alternative zum Urteil?, in Blankenburg, et al., Aternative Rechtsformen und Alternativen zum Recht, 1980, S. 279, 282.

(9) たとえば、萩原金美「調停理論の再検討」講座民事訴訟一巻（弘文堂、一九八四年）二七三頁。

(10) 三ヶ月章「紛争解決規範の多重構造――仲裁判断基準についての裁判法学的考察」民事訴訟法研究九巻（有斐閣、一九八四年）二三五頁、小島武司「紛争処理制度の全体構造」講座民事訴訟一巻（弘文堂、一九八四年）三五五頁参照。なお、吉村徳重「民事紛争処理の多様性と訴訟機能の展望」法政研究五一巻一号一五三頁・一五九頁（一九八四年）（本書九頁・一八頁）参照。

(11) 棚瀬孝雄・本人訴訟の研究（弘文堂、一九八三年）五二頁、とくに五九頁以下参照。

(12) 棚瀬・前掲注(11)八〇頁以下参照。

(13)　和田仁孝「現代都市社会における紛争処理と法(二)」法学論叢一一一巻六号八〇頁（一九八二年）以下〔民事紛争交渉過程論（信山社、一九九一年）所収〕は、法規範は社会外在的なシンボル化のため、当事者の利益追求のための戦略的武器として機能する、という興味ある指摘をする。これは、法規範が裁判手続過程における攻撃・防御の大枠を定めるという意味で、当事者の利益追求の武器となり、これが裁判外手続にも一定の作用を及ぼすかぎりにおいて評価できる、と私は考える。

(14)　たとえば、訴訟費用、裁判利用可能性の難易、当事者間関係（継続的関係か一時的関係か）などさまざまの事情が考慮される。和田仁孝・前掲注(1)七二頁以下がこの諸要因を詳論するのを参照。

(15)　規範対立の調整は困難であるがこれを利益対立におきかえると妥協が容易になるという社会学者の指摘が参考になる。W. Aubert, Competition and Dissensus: Two Types of Conflict and of Conflict Resolution, J. of Conflict Resolution, 7, p.26 (1963).

(16)　棚瀬・前掲注(7)一二九頁・一三五頁以下参照。

(17)　調停手続における当事者の手続権の保障についての前注(2)の文献参照。

(18)　そのような指摘として、R. Abel, Delegalization, A Critical Review of its Ideology, Manifestations, and Social Consequences, in Blankenburg, et al., Alternative Rechtsformen und Aternativen zum Recht, 1980, S.38 参照。

(19)　W. Felstiner and L. Williams, Mediation as an Altenative to Criminal Prosecution: Ideology and Limitations, in Bankenburg, et al., Alternative Rechtsformen und Alternativen zum Recht, 1980, S.195, esp. 198f.; W. Gottwald, Streitbeilegung ohne Urteil, 1981, S.129f.; K. Röhl u. S. Röhl, Alternativen zur Justiz?, Deutsche RZ 57, S.33, bes. 37f. (1979).

(20)　R. Rosellen, Mediation: Verfahren zwischen Gesprächstherapie und Hard Selling, in Blankenburg, et al., Alternative Rechtsformen, 1980, S.215f.; W. Felstiner, "Neighborhood Justice" in Dorchester, Massachusetts, in Blankenburg, et al., Alternativen in der Ziviljustiz, 1982, S.129f.

(21)　上田・前掲注(2)四七頁、棚瀬・前掲注(11)五三頁以下参照。

(22)　W. Felstiner, a.a.O. (Fn. 20), S.132; Rosellen, a.a.O. (Fn. 20), S.216.

(23)　vgl. M. Galanter, Legality and its Discontents: A Preliminary Assessment of Current Theories of Legalization and Delegalization, in Blankenburg, et al., Alternative Rechtsformen, 1980, S.16.

(24) R. Abel, supra note 18, p.29f.

(25) ギャランターが共同体的対応（communal response）の中に自発性（spontaneous）をその特色としている点がそれである（Galanter, supra note 23, p.16）。

(26) R. Abel, The Politics of Informal Justice, vol.1, 1982, Introduction, p.10.

(27) R. Abel, supra note 18, p.41 は、その結果、弱者保護の手段が奪われることになる、と説く。

(28) K. Röhl, Rechtspolitische und ideologische Hintergründe der Diskussion über Alternativen zur Justiz, in Blankenburg, et al., Alternativen in der Ziviljustiz, 1982, S.21.

(29) R. Abel, supra note 18, p.40 は、すでに、非法化運動には法制度外に行為規範についての実質的な合意があることが前提とされているという。しかし、そうではなく、規範の対立を認めたうえで、なお統一的規範形成の可能性を前提にしている、といえる。

(30) R. Abel, supra note 18, p.42.

(31) R. Abel, supra note 18, p.40f., 42.

(32) 前述したロサンジェルスのＮＪＣのたどった途がそのことを象徴している。K. Röhl, a.a.O.（Fn. 28）, S.18, 22 は、だから共同体におけるインフォーマル・コントロールによる裁判外手続は現実性が乏しいとする。

四　むすび

(1)　法社会学者によれば、紛争概念として、客観的紛争概念と主観的紛争概念とがあるようである[1]。客観的紛争概念によれば、裁判に持ち込まれる紛争は社会的な対立に基づくものであり、たとえば、労働紛争は労働者対使用者間の対立、借地紛争は借地人対土地所有者間の対立に由来する。そして、これらの紛争は根本的には構造的な対立状態の除去なしには解決しないことになる。

しかし、裁判手続はこうした社会的な対立の広がりからみれば表面的現象のみを把握する主観的紛争を取り扱うのであって、個人対個人あるいは個人対組織の間の緊急の紛争だけを取り上げ、これが終息すれば紛争は解決したといわれる。裁判外紛争処理が裁判の代替手続として紛争の原因にまで立ち入って解決を図るといっても、紛争当事者の周辺事情に遡るというにすぎず、構造的な対立状態自体にまでふみ込んだ解決を図るわけではもちろんない。裁判外紛争処理もその意味では表面的解決である。

(2)　それにもかかわらず、裁判外紛争処理が裁判手続による法的処理の限界性をカバーして、より生活に密着した、より速い、より安い、より近づきやすい、将来志向の紛争処理手続を提供する途を開いたことは、疑いがない。その意味で、裁判外紛争処理手続は裁判手続にとって代るものではないが、その限界を補完して、総体としては相互に補充し合った紛争処理の体系を形成することになるものと思われる(2)。

ただその際に、裁判手続と裁判外手続とを、一方は強制的紛争処理手続であり、他方は自主的紛争処理手続であるとして対比しただけでは、両者の関連を明らかにしたことにはならない。裁判外紛争処理手続は、基本的には紛争当事者の任意の手続関与と自律的な合意を担保とする手続であるとしても、なお、その手続過程において法的要素が当事者の合意形成を規律して行く強制的なサンクションとして作用するのである。

しかし、それにもかかわらず、裁判外手続は、法規範のもつサンクションだけでなく、多様な社会規範を含めた諸利益をも計算に入れた当事者の自律的取引交渉過程を保障する手続である。当事者双方は弁論過程において十分の情報収集に基づいた諸事情をふまえて対論交渉を展開したうえで、主体的な合意形成に至るのである。裁判外手続における対論手続をいかに具体的に保障するかは、このような意味で今後の重要な課題になるものと思われる(3)。ただ、裁判手続における対審手続の繁雑さが、その代替手続を求める契機であったことを考えると、それとは異なった実質的対論手続の工夫が要請されるのである。

(3)　裁判外手続における紛争当事者の主体的地位を保障するためには、第三者機関の役割をいかに解するかが重要である。第三者機関は説得機能よりもむしろ交渉促進機能を主眼とすべきことはすでに述べたが、さらに、双方当事者との関係で中立的・補助的役割にとどまるべきか、あるいは、さらに後見的・補充的役割をも果すべきかという困難な問題がある(4)。裁判外手続の基本は、紛争当事者双方が対論手続による取引交渉を回復し促進するなかで、みずから紛争処理能力を備え自律的に合意を形成して行くところにある。そこで、第三者機関としては、こうした当事者の交渉能力を補助し助力するかぎりでの役割を果せばよく、中立的・補助的役割にとどまるのが原則である。

しかし、紛争当事者が真に主体的な交渉能力を備えるためには、十分な法的情報などの提供をうける必要がある。ことに両当事者の社会的・経済的な地位に大きな隔差があるときには、これをいかに補充して実質的に平等な交渉能力を備えるように調整するかが問題となる。対論手続自体によって補償的機能を充足できるのであれば格別、そうでなければ外部からの保障が必要となる。しかし、第三者機関としては、当事者の交渉能力を補助・促進するために必要な最少限の情報提供にとどめ、後見的・補充的機能までも果すべきではあるまい。第三者機関の過度の介入は、その中立性に対する当事者の信頼をそこなうだけでなく、当事者の主導的な手続関与の意欲をそぐことにもなりかねないからである。この点ではむしろ、アクセス運動の第一の波が目ざした法律相談や法律扶助制度の充実・完備による情報提供が必要となるものと思われる。

(4)　このように裁判外紛争処理手続は、法的志向—非法的志向、形式性志向—非形式性志向、裁判所志向—共同体志向、第三者機関主導—当事者立導などさまざまな矛盾・対立要素をはらんでいる。具体的な手続は、この多面的なベクトルの複合の中のいずれかに位置づけられることになろうが、いずれか一方的な要素だけで割り切ることは無理であると思われる。矛盾的要素をはらんだものを総体としていかに有機的に構成して行くかが今後の課題であろう。

(1)　K. Röhl, Rechtspolitische und ideologische Hintergründe der Diskussion über Alternativen zur Justiz, in Blankenburg, et al., Alternativen in der Ziviljustiz, 1982, S. 20.

（2） サンフランシスコの「共同社会委員会プログラム」（CBP）も、決して裁判所による処理にとって代ろうとするものではなく、むしろ裁判所の地位を強化するものだと主張している。つまり、元来、紛争が重大になる前に、第一の駆込み場所（the first resort）として、近隣社会内で自律的に解決することを目ざすものであって、裁判所はこれによって却って最後のよりどころ（the last resort）として本来の任務を果す能力を回復できることになるからである、という。W. Gottwald, Streitbeilegung ohne Urteil, 1981, S. 188f.; N. Peirce, San Francisco's Court of First Resort, S. F. Sunday Examiner and Chronicle, June 20, 1982 参照。

（3） M. Rosenberg, The Adversary System in Dispute Processing by Adjudication and Alternative Mechanisms, an unpublished paper, 1984, p. 1ff. は、裁判外手続が任意的な合意を目ざすものであれば、当事者＝弁護人の立場も対立的なものでなく協力的なものとなり、裁判外手続は法的・形式的要素を後退させる、と説く。しかし、それに代わるべき実質的対論手続の展望は示されていない。

（4） これは裁判手続における裁判官の役割をめぐる見解の対立であるが、裁判外手続における第三者機関の役割についても同様の対立が考えられる。裁判手続について R. Wassermann, Der soziale Zivilprozess, 1978, S. 89f., 155ff., 177 は、裁判官の後見的・補償的役割、つまり当事者の地位の不平等から生ずる欠陥を補充して実質的な武器平等を実現すべき役割を強調する。これに対して通説は、裁判官は中立性を維持するために、両当事者から一定の距離を保つべきであるとする。vgl. R. Stürner, Die richterliche Aufklärung im Zivilprozess, 1982, S. 22ff.

〔あとがき〕　本稿では裁判外紛争処理手続について、とくに調停手続を中心に、アメリカ合衆国での最近の試みの展開状況を紹介するとともに、その手続過程の若干の分析を試みた。これは、筆者が短期のアメリカ合衆国出張の機会に見聞したところを、手元にある資料によって確認したものである。帰国後、時間的なゆとりがないままにまとめた、さしあたっての中間報告であり、今後の補完を期する次第である。

（九州大学法政研究五一巻三＝四合併号、一九八五年）

第三章　裁判外紛争処理の現状と将来

一　裁判外紛争処理の盛行とその背景——問題の所在

(1)　現代社会の都市化と産業化の進展にともない、そこに生起する紛争もまた多様化し変貌をとげてきた。大量生産・大量消費のあおりをうけて、交通事故、公害、消費者被害をめぐる紛争が激増し、都市化による共同体社会の崩壊につれて、日照・近隣紛争や借地・借家紛争、さらには家事紛争が増加している。しかし、これらの紛争は、必ずしも裁判所ではなく、むしろ裁判所外で処理されることが多い。ことに、裁判所外に設けられた公的・私的紛争処理機関、たとえば交通事故紛争処理センター（交通事故相談センター）、公害等調整委員会・公害審査会（公害苦情相談員）、消費生活センターなどに持ち込まれて処理される傾向が増大している（後掲文献②）。

(2)　それにしても、このような紛争はなぜ裁判所ではなく裁判所外の紛争処理機関に持ち込まれるのであろうか。その背景として指摘されている事情はさまざまである（文献①～③）。

まず第一に、これらの紛争処理機関では、裁判所の手続にくらべて、簡易・迅速かつ低廉な紛争処理が可能だからであるといわれる。いいかえれば、裁判所の手続があまりに時間と費用をとり煩雑にすぎるための裁判所離れの結果であるということになる。ことに、この種の紛争が深刻な被害をめぐるときはこれを迅速に救済する必要があり、逆に少額の被害に関するときは費用だおれにならない処理を要するからである。

さらに第二に、この種の紛争が伝統的な訴訟手続では適切に処理できない特質をもっているからであるともいわれる。つまり、在来の訴訟手続による裁判が過去の事実に法規範を適用した一刀両断的な紛争処理であるのに対して、裁判外の紛争処理は法規範にこだわらず具体的状況に即した利益調整による紛争処理を可能にするからであるというわけである。

要するに、裁判外紛争処理機関が活用されるのは、そこでは簡易・迅速かつ低廉な手続により具体的状況に即した柔軟な紛争処理が可能だからであるということになる。

(3)　たしかに、裁判外紛争処理を裁判と対比すれば、裁判が強制的解決であるのに対して、裁判外紛争処理である調停や仲裁は自主的解決であるとされるのが一般であり、前者の決定性・規範性に対し、後者の合意性・状況性が特徴であるといわれる（文献④）。さらに、最近の裁判外紛争処理の傾向を、公式的・法的紛争処理である裁判の非公式化（インフォーマリゼーション）・非法化（ディリーガリゼーション）の傾向とみる視点もある（文献⑤・⑥）。

しかし、一方、法規範による強制的裁判においても具体的状況の配慮がなされることも多く、他方、裁判外の任意的紛争処理である調停や仲裁においても、強制的要因や規範的要因の作用することを否定できないことは、しばしば指摘されるところである（文献⑦）。ことに、裁判外紛争処理には、当事者間の和解（示談）のほかに、第三者の関与する斡旋、調停、仲裁、裁定（審決）など多様な態様があるから、任意的合意性といっても、その程度はさまざまである。

(4)　本稿では、課されたテーマに即して、裁判外紛争処理の現状を分析し（二）、その将来の展望を示す必要がある（五）が、その前提として、裁判外紛争処理の傾向をいかに評価するのか、とりわけその非法化・非公式化の傾向に限界はないのか（三）、そして第三者機関はいかなる役割を果すべきか（四）を問うことにする。

二　裁判外紛争処理の現状——処理態様と処理機関

(1)　もともと私人間の利害対立をめぐる民事紛争は、裁判所外における当事者間の自主・自律的な交渉を経て示談・和解により解決されるのが原則である（私的自治の原則）。裁判所に持ち込まれる紛争はまさに氷山の一角にすぎない。かりに当事者間交渉による自律的な紛争処理が行きづまっても、これを裁判所に持ち込むにいたるのはごくわずかである（文献③・⑧）。

ことに、都市化された現代社会では、紛争当事者の「調和的関係回復」という意味で紛争を「解決」することは必ずしも必要でないばかりか、場合によっては紛争の回避ないし継続という形で紛争を「処理」することも少なくない（文献⑤・⑧・⑨）。しかし、紛争当事者が紛争の回避や継続による泣き寝入りの負担（コスト）に耐えられないときには、再び当事者間交渉のルートを開くために第三者の関与を求めることになるのである。

(2)　第三者機関の関与による裁判外紛争処理の態様は、相談、苦情処理、斡旋、調停、仲裁、そして裁定など多様である（文献①・⑩～⑬など参照）。

相談や苦情処理は、第三者機関が紛争当事者の相談や苦情を聞き、法律問題を初めとする紛争処理方法についての情報を提供し、場合によっては事実を調査して相手方と折衝する。こうして情報の偏在を是正し、紛争当事者間の対等な交渉力を回復させる役割を果しているといえる。近年、消費生活センターを初めとして、国や地方公共団体、弁護士会、警察などの各種相談機関における相談件数の増加はいちじるしい。とくに相談件数の多い紛争類型としては、借地・借家を含む土地・建物紛争、サラ金・信用販売等の消費者紛争、家事・相続紛争、交通事故紛争などがある。交通事故紛争処理センターなどの裁判外紛争処理機関でも、調停などの紛争処理よりはむしろ相談件数の方が多いといわれる。

斡旋と調停はともに第三者機関が当事者間の交渉による合意形成を仲介する紛争処理態様であるが、調停の方が、調停案を提示するなど第三者機関の役割がより積極的で、その手続もより整備されている。斡旋や調停はほとんどの裁判外紛争処理機関における最も中心的な紛争処理態様である。

仲裁と裁定はともに紛争処理を第三者機関の判断に委ねる点で共通であるが、仲裁は事前に当事者間の仲裁の合意があることを前提とする。裁定には事前の合意はないが、事後的にその解決案の一方的な拒否（交通事故紛争処理センターの裁定の場合）や異議または提訴（公害等調整委員会の責任裁定の場合）による失効を認める場合がある。

仲裁・裁定をする第三者機関の中立性・公正性への信頼の有無によってその利用度も左右されるといわれるが、たとえば、労働委員会の仲裁・裁定はその信頼度も利用度も高いケースであるといえる。ただ、一般の紛争処理機関による仲裁は、個人的な信頼に基づくものではないから、仲裁の合意調達は難しく、あまり利用されているとはいえない。仲裁の合意調達を容易にするための標準約款化が、四会連合約款による建築請負契約の仲裁条項などで採用され、これに基づく建設工事紛争審査会の仲裁手続はかなり利用されている。しかし、実質的な合意があるとはいえないのに裁判手続への途が閉ざされるのは問題であり、この仲裁手続でも和解による解決が多いといわれる。

(3)　裁判所外の紛争処理機関は多種多様であって、大きく行政型と民間型に分けることができる（文献①・⑩～⑭など参照）。

行政型は国や地方公共団体に設置されている紛争処理機関であって、労働委員会（労働省・都道府県）、公害等調整委員会・公害審査会（内閣・都道府県）、建設工事紛争審査会（建設省・都道府県）、建築紛争調停委員会・調整室（都道府県・市町村）、国民生活・消費生活センター（内閣・都道府県）などがある。

民間型には、財団や社団の公益法人として、国際商事仲裁協会（社団）、日本海運集会所（社団）、交通事故紛争処理センター（財団、東京ほか全国八か所）、交通事故相談センター（財団、各弁護士会所在地）、下請取引苦情処理委員会（社団または財団、各都道府県・都市）などがあり、業界の設置するものとして、医事紛争処理委員会（都道府県医師会）やクリーニング賠償問題協議会（クリーニング業界）などがある。

これらの紛争処理機関のなかでも、とくに、労働委員会、建築紛争調停委員会（同調整室）、消費生活センター、交通事故紛争処理センター（同相談センター）などでは、それぞれに労働、建築、消費、交通事故の各紛争につき利用度が高く、結果的にも満足のゆく処理が行われているといわれている。

(4)　これらの公式の紛争処理機関のほかに、法律専門家の弁護士や準法律家である司法書士の関与によって裁判所外の紛争処理がなされることはいうまでもない。しかしさらに、非法律家である民間業者や企業が裁判外の紛争処理にのり出すケースも多い。民間の債権取立業者、倒産企業の整理屋、離婚調停業者、保険業者、運送会社の事故係、自動車修理業者、不動産業者などが非公式に裁判外の紛争処理に当たる例がみられるのである。そうして、いずれの場合にも処理手続の公正さが問題となり、民事介入暴力の入り込みやすい場面であるといえる（文献①・⑮）。

三　裁判外紛争処理の評価と限界

(1)　裁判所外における紛争処理の現状はこのように多様であるから、これを一律に評価することは難しい。たしかに一般的には裁判外の紛争処理は、公式的法的処理である裁判にくらべ、インフォーマルな非法的処理の傾向をもつといえるが、その程度は千差万別である。

かつて川島武宜教授は、日本人が近代法の普遍的法規範による裁判を避け、裁判外のインフォーマルな非法的紛争処理を好むのは、その前近代的な法意識によるものとされた（文献⑯）。そうして、日本の近代化の進展につれ、「近代的な法意識が形成されつつある」から、人々は「より頻繁に、訴訟＝裁判を利用するようになるであろう」と展望されている。しかし、日本だけではなく欧米においても、裁判外紛争処理の傾向はますます増大する勢いにある（文献⑥）。このことは、裁判所におけるリーガリスティックな対応だけでは、現代社会における複雑多様な民事紛争には対処できないことを示している。

(2)　これに対して、訴訟の非訟化とその推進論は、裁判手続自体を非公式化・非法化することによって、現代の複雑な民事紛争に対処しようとしたものといえる（文献⑰）。裁判所は実質的には行政機関と同様に、個別紛争の背景となる具体的諸状況を考慮して、政策的に最も効率的・合目的的な裁量判断によって紛争を処理できることになるのである。同様の政策的対処は、裁判外紛争処理においても、ことに行政機関の裁定によって実現することができる。たとえば、公正取引委員会の審決や公害等調整委員会の裁決などではそのことが可能である。

しかし、この非訟的紛争処理は、その強制的決定性を維持したままの非法化・非公式化であるが故に、裁判の公開対審手続と普遍的法規範による紛争処理という正統性の担保を失うことにならないのかが問題となる。ことに、非訟手続における当事者の弁論権を初めとする当事者権保障の必要性が提唱され（文献⑱）、これが裁判をうける権利や手続権保障の意味をめぐる手続保障論展開の契機となったことは周知の通りである（文献⑲・⑳）。

(3)　ところで、裁判外紛争処理において、当事者の自主的・自律的紛争処理が可能であるとすれば、非訟手続において失われた当事者の手続主体としての地位を確保する途が開かれるようにみえる。しかし、裁判外の自主的解決といわれる斡旋や調停においても、具体的状況によっては強制的要因に左右されることも多い。まして仲裁や裁定においては、その任意的合意性はかぎられていて、第三者機関の裁量判断に委ねる強制的決定性の要素が強い。ことに現代社会においては、当事者の仲裁人に対する個人的信頼による仲裁の合意はかげをひそめ、裁判外紛争処理機関による仲裁もまた、機関仲裁として、強制的決定である裁判と近いものになっているのである。

(4)　三ヶ月章教授の「紛争解決規範の多重構造」の理論は、裁判外紛争処理の裁判と共通の側面に着目し、仲裁や調停もまた当事者を説得するためには、裁判と同様に、法を中心とする紛争解決規範による解決でなければならないとする（文献㉑）。そうして、この紛争解決規範は、裁判規範としての法を中心に、仲裁規範としての「善と衡平」、調停規範としての「条理」が同心円をなして重なり合い、ただ後者の外延が順次に前者の外延より広く、しかも相互に作用し合うという多重構造をなしている、というのである（文献㉒も同旨）。

たしかに、この見解によれば、裁判―仲裁―調停という紛争処理態様における強制的決定性―任意的合意性の程度の段階的移行に応じて、狭義の法―広義の法（善と衡平）―条理へと法規範の属性もまた段階的に後退した紛争解決規範による紛争処理が可能となる。しかし、この説では、紛争処理機関としての第三者機関は、当事者に対する説得性・納得性を調達するために、法と同心円をなす「善と衡平」や「条理」からなる紛争解決規範を基準として紛争を解決するのであって、ここでも「上からの説得」という垂直関係だけが問題とされているといえる。これでは、紛争当事者は、紛争処理機関により説得され納得させられる受働的地位をもつにとどまることになろう。

(5)　わたくしは、この多重構造の紛争解決規範は、裁判外紛争処理過程においては当事者間交渉に対する状況要因による不当な影響力をチェックして、当事者間の自主的・自律的紛争処理を確保する機能を果すべきものであると考える（文献㉓・㉔）。つまり、この種の紛争解決規範は、裁判外紛争処理機関の当事者に対する説得性・納得性を調達する機能ではなく、当事者間の自主的交渉過程において当事者相互間の合意ないし了解を形成する機能を果すべきではないか、垂直関係ではなく水平関係において機能すべきではないかと考えるのである（文献⑳・㉕・㉖参照）。

たしかに、裁判外紛争処理過程においては、具体的状況に即した当事者間の取引交渉が行われる。しかし、この場合にも、紛争当事者はさまざまの紛争解決規範を動員して、具体的状況要因をとりあげる枠を決め、自己の利益要求を抑制すると同時にこれを根拠づけることによって、相手方の対応に影響を及ぼして、当事者間の合意ないし了解を調達していくものと思われる（文献㉗）。つまり、裁判外紛争処理過程においても、状況要因は裸のままではなく、紛争解決規範によって透過された形で、当事者間交渉による合意ないし了解形成に影響を及ぼすことになる。こうした規範の作用によって、裁判外交渉に入り込みやすい不当な状況要因による影響力を排除することも可能になるものと思われるのである（文献⑮参照）。

ただ、この紛争解決規範が当事者間交渉にどの程度の影響力をもつかは、この規範の妥当性について当事者間にどの程度の共通の認識があるかに左右される。裁判外紛争処理における第三者機関の関与は、当事者間のこの認識の食違いを是正して、当事者間の自主的交渉を促進する機能を果すべきものと思われる。

四　裁判外紛争処理における第三者機関の役割

(1)　裁判外の当事者間交渉が行きづまれば、第三者機関の関与によって合意ないし了解形成を図るほかはない。この場合の第三者機関の役割は多面的である。棚瀬孝雄教授の分析によれば、第三者の関与による裁判外紛争処理過程は、「第三者の判断を核に、その説得を通じて積極的に当事者の合意形成を図っていくというプロセス」（傍点付加）であり、そこでは、第三者の判断による「上からの合意誘導と、当事者の自発的同意とのバランス」が問題となる（文献②）。

たしかに、裁判外の当事者間交渉が行きづまり、第三者機関の関与による合意形成が図られているのであるから、第三者機関は当事者間の主張の是非について判断を示し、当事者を説得してその合意形成を誘導する機能を果す必要がある（判断・説得・誘導機能）。また、第三者機関がその判断の妥当性を強調すれば、その一般的権威の外観や行政機関としての規制権限を背景として、当事者間の合意形成を強制する機能をもつことになる（強制機能）。しかし、第三者機関の判断による説得と強制機能が先行すると、当事者は主体的紛争解決の意欲を失い、当事者間の主体的交渉による納得のゆく合意に達することも困難になろう。

(2)　そこで、裁判外紛争処理における第三者機関の関与は、むしろ、行きづまった当事者間交渉にルートをつけ、その自律的交渉を活性化して合意形成を促進する機能を果すことを主眼とするものと解すべきであろう（交渉促進機能）。したがって、第三者機関は、当事者の主体的交渉能力を増進するために完全な情報を提供し、場合によっては当事者に代って相手方と交渉したり、当事者の主張を体系立てて相手方に伝えるなどの仲介機能を果すことによって、対等な当事者間交渉の活性化を図るべきである。

第三者機関の相談や苦情処理のほか斡旋や調停もまた、このような当事者間交渉を促進して合意形成を図る役割を果すべきことになるが、それでもなお決着がつかないこともある。その場合には紛争処理機関としては、公平な第三者としての評価を示して当事者間の合意を誘導する役割を果す必要がある。しかし、これも第三者機関の当事者に対する情報提供の一環であって、当事者は第三者の評価を含んだ判断資料の提供をうけて、自己の主張を再検討し、さらに交渉を進めて合意形成にいたることになる。

(3)　これに対して、仲裁をする第三者機関の役割は、当事者間の合意を誘導する必要はなく、解決案としての仲裁判断を示せば足るようにみえる。この場合には、すでに当事者間において事前に、紛争処理機関の解決案を受諾する旨の合意が成立しているからである。しかし、裁判外紛争処理機関による仲裁は、個人的な信頼を基礎としない機関仲裁であるから、「善と衡平」を含む仲裁規範による判断であるというだけで、当事者間の納得を得ることができるかは疑問である。

そこで、仲裁手続を公式化・法化して訴訟手続と近いものにすること（訴訟手続化）によって仲裁判断の正当性を確保することも一つの方向である。しかしこれでは、仲裁手続の簡易・迅速性や柔軟性というメリットを失うことになる。もう一つの方向は仲裁手続の調停手続化である。仲裁判断ないし裁定の効力を片面的あるいは不完全なものとして、当事者の一方または双方に解決案を受諾するか否かを選択する機会を留保するのは、その一つの方法である。交通事故紛争処理センターの裁定は、被害者（申立人）だけの拒否によって失効し、公害等調整委員会の責任裁定は、当事者のいずれか一方の提訴によって失効する（公害紛争処理法四二条の二〇）。しかし、こうした制度的担保のない仲裁や裁定手続においても、第三者機関としては、当事者間の弁論交渉を促進して相互間の了解形成を図るべきであると考える。したがって、裁判外紛争処理としての仲裁・裁定手続も基本的には調停手続に近いものとして運用されるべきである。

五　結語——将来の展望

(1)　すでにみたように、裁判外紛争処理の態様は多様であり、その現状に問題がないわけではないが、裁判所の手続を補完しあるいは代替するものとして大きな役割を果していることは否定できない。そうして、これらの裁判外紛争処理が、基本的には、紛争当事者間の自主的・自律的交渉を推進し、相互の合意ないし了解形成による紛争処理を可能にするものであれば、これを積極的に評価すべきものであると考える。

たしかに、行政機関の関与する裁判外紛争処理は、業者に対する監督規制作用を活用して、消費者保護などの一般公共的機能をも果している。しかし、これを個別紛争の処理過程としてみれば、紛争当事者間の交渉力を対等にしてその合意形成を推進する役割を果しているものと評価できる。したがって、行政機関としての国民生活センターや消費生活センターに調停制度を導入するという提案（文献㉘）はそのかぎりで評価することができる。

(2)　裁判外紛争処理のこのような機能を十分に発揮させるためには、裁判所内外における各種の紛争処理手続が紛争当事者の接近しやすいものであることが前提となる。裁判外紛争処理の盛行が裁判手続の利用し難さによる裁判所離れの結果であってはならない。紛争当事者は個別紛争の特性や成熟度に応じて最も適切な処理手続を選択して利用できることが望ましい。

したがって、裁判外紛争処理手続だけでなく、裁判所内の紛争処理手続の再検討が不可欠である。まず、裁判所内に少額裁判手続を新設して、少額紛争の簡易・迅速かつ低廉な処理を可能にすべきであるという提案がなされていることは、周知の通りである。

ついで、裁判所内の調停制度の運用を工夫すれば、裁判外紛争処理とほぼ等しいメリットをもった紛争処理が可能であると思われる。しかもこの場合には手続の公正さに問題が少ない点でも、裁判外紛争処理には代え難い長所がある。

さらに、通常の訴訟手続自体をもっと利用しやすいものにすることによって、紛争当事者がいつでも訴訟を選択できるようにすることが重要であることは、いうまでもない。

(3)　最後に、裁判外紛争処理手続における法曹、ことに弁護士の関与をさらに強化する必要がある。すでに各種の裁判外紛争処理手続が弁護士の参加によって運用されているが、なお十分ではないように思われる。各種の裁判外紛争処理機関における相談件数の激増がそのことを示している。法曹としては、紛争当事者があまり費用をかけずに接近しやすい情報提供のシステムを開発すべきであると考える。裁判外紛争処理過程における法規範を中心とする紛争解決規範の機能を重視する本稿の立場からは、とくにそのことが強調されるべきである。

〔参考文献〕
①日本弁護士連合会・国民の裁判を受ける権利㈠——民事紛争解決の現状（日本弁護士連合会、一九八五年）
②棚瀬孝雄「裁判外の紛争処理機関」新実務民事訴訟講座⑴（日本評論社、一九八一年）〔紛争と裁判の法社会学（法律文化社、一九九二年）所収〕
③六本佳平「裁判所外の紛争解決」法社会学講座⑹（岩波書店、一九七二年）
④棚瀬孝雄「準裁判過程の基礎理論」法社会学講座⑹（岩波書店、一九七二年）〔紛争と裁判の法社会学（法律文化社、一九九二年）所収〕

⑤和田仁孝「現代都市社会における紛争処理と法――裁判外紛争処理と戦略的法使用――(一)～(三)」法学論叢一一一巻二号・六号、一一二巻三号（一九八二年）〔民事紛争交渉過程論（信山社、一九九一年）所収〕
⑥吉村徳重「裁判外紛争処理の動向とその分析」法政研究五一巻三・四合併号（一九八五年）〔本書第二章〕
⑦井上正三「現代における裁判の機能――本シンポジウム・テーマの背景と意図」法政研究五一巻一号（一九八四年）
⑧和田安弘「日常の中の紛争処理――一般人を対象とした調査の分析――(一)・(二)」都立大法学会雑誌二四巻二号、二五巻一号（一九八三・八四年）
⑨樫村志郎「自主的解決」基本法学(8)紛争（岩波書店、一九八三年）
⑩青山善充「裁判外紛争処理機関の現状と展望(一)・(二)」自由と正義三二巻九号・一三号（一九八一年）
⑪米津進「現在の紛争処理システム」自由と正義三二巻九号（一九八一年）
⑫座談会「紛争処理機関の実情と問題点」自由と正義三二巻一三号（一九八一年）
⑬萩原金美「訴訟外の紛争解決制度について」民事訴訟法の争点（旧版）（一九七九年）
⑭第二東京弁護士会紛争処理機関等対策委員会「紛争処理機関等の研究(1)～(4)」判例タイムズ三五九号～三六二号（一九七八年）
⑮六本佳平・民事紛争の法的解決（岩波書店、一九七一年）
⑯川島武宜・日本人の法意識（岩波書店、一九六七年）
⑰三ヶ月章「訴訟事件の非訟化とその限界」民事訴訟法研究(5)（有斐閣、一九七二年）
⑱山木戸克己「訴訟における当事者権――訴訟と非訟の手続構造の差異に関する一考察」民事訴訟理論の基礎的研究（有斐閣、一九六一年）
⑲伊藤眞「学説史からみた手続保障」新堂編・特別講義民事訴訟法（有斐閣、一九八八年）
⑳井上治典「手続保障の第三の波」新堂編・特別講義民事訴訟法（有斐閣、一九八八年）
㉑三ヶ月章「紛争解決規範の多重構造――仲裁判断基準についての裁判学的考察」民事訴訟法研究(9)（有斐閣、一九八四年）
㉒小島武司「紛争処理制度の全体構造」講座民事訴訟(1)（弘文堂、一九八四年）
㉓吉村徳重「民事紛争処理の多様性と訴訟機能の展望」法政研究五一巻一号（一九八四年）〔本書第一章〕

㉔山本克己「訴訟と調停・仲裁――三ヶ月章『紛争解決規範の多重構造』論文をめぐって」シンポジウム「裁判外紛争処理」（一九八七年）
㉕井上正三「訴訟内における紛争当事者の役割分担――多様化した紛争解決手続の相互関係」民訴雑誌二七号（一九八一年）
㉖田中成明・現代法理論（有斐閣、一九八四年）
㉗和田仁孝「裁判外交渉過程の構造と制御――当事者の行動と規範の役割――㈠・㈡」民商法雑誌九二巻四号・五号（一九八五年）（民事紛争交渉過程論（信山社、一九九一年）所収）
㉘竹下守夫ほか「消費者紛争解決過程の実態⑴～⑷」ジュリスト七〇九号～七一二号（一九八〇年）（三ヶ月章・青山善充編・民事訴訟法の争点〔新版〕有斐閣、一九八八年）

第二編　民事訴訟の機能拡大・非訟化傾向と手続権の保障

第四章　訴訟機能の拡大と手続保障

一　判決効拡張の諸態様と訴訟機能

私に課されました課題は、訴訟機能と手続保障との関係を、判決効拡張との関連において検討するということであります。

(1)　判決の事実効の拡大傾向

その場合に、単に判決の法的効力だけではなくて、先程から鈴木教授のご説明のように、判決の事実上の作用である事実効が当事者を越えて第三者にも拡張されるという最近の顕著な傾向がありますが、これをどういうふうに把握するかが、特に問題になろうかと思います。

(2)　環境・消費者訴訟における判決効拡張の諸態様

そこで初めに、判決の効力、ことに、判決の事実効としての証明効や波及効が、環境訴訟や消費者訴訟のようないわゆる現代型訴訟においてどのように作用するのか、ということをみておきたいと思います。

(a)　損害賠償請求訴訟　まず、たとえば薬害による損害賠償請求におきまして、第一の被害者グループによる損害賠償請求が提起され、これを認める判決が出ますと、第二・第三のグループによる訴訟においても、先の判決の事実効としての証明効が及んでいくということができます。また、他の被害者グループは、訴えを提起しなくても、判決を基準として加害企業と自主交渉をして、判決内容に準じた救済を実現しています。さらに、判決は、加害企業に対する制裁的機能とか違法行為の抑止的機能をもつということも指摘されているところであります。私たちは、これを判決の波及効と呼ぼうというわけであります。このような事実効の拡大は、薬害のような多額多数の被害だけではなく、消費者訴訟にみられますような少額多数の損害賠償においても認められます。ただ、少額多数の被害におきましては、先ほど福永教授からもご紹介がありましたように、クラス・アクションを導入したらどうかという提案がございます。これを導入することになりますと、代表者がクラス総員の損害をまとめて訴えるということになるわけでして、その判決の法律的な効果がクラス総員に拡大されることになるということは、すでに周知のところであります。

(b)　差止請求訴訟　次に、差止請求訴訟におきましても、差止判決がなされますと、当事者を超えて多数の関係人に事実効を及ぼすことになるということは、いうまでもないことであります。法律的に考えてみますと、被告が差止命令に服しない場合には強制執行が問題になるでしょうが、原告の申出によって強制執行がなされた以上は、訴外の関係人も事実上はその作用をうけることになろうかと思います。たとえば、大阪空港の差止判決が出まして、その結果、結局国側が自主的に服したために、当事者でなかった広範な地域住民に事実上の有利な効果を及ぼしている。それのみならず、同様に当事者でなかった航空会社にも、事実上夜九時以降は空港を利用できないという不利な効果を及ぼしているということも、また明らかなことであります。さらに、学説の中には、この種の環境差止訴訟の判決について、片面的な法的効果の拡張を認めようとする立場（松浦馨「環境権侵害差止仮処分訴訟における当事者適格と合一確定の必要性」山木戸克己教授還暦記念論文集・実体法と手続法との交錯(上)（有斐閣、一九七四年）二八三頁・二九六頁以下）があることも、皆様すでにご存じの通りであります。この立場によりますと、差止判決にだけ対世効が認められることになると思われますが、このような差止判決の事実的な効果のほかに、法的効果の拡張というのはどういう内容なのかということが、おそらく問題になろうかと思います。

ひとつ考えられることは、被告が差止命令に服しないで、しかも原告も執行申立てをしないというときに、判決効の及ぶ第三者が執行の申立てをすることができるという意味をもっているのだろうと憶測するわけでございます。そして、この点につきまして、西ドイツの普通取引約款法（ＡＢＧＢ）の二一条をみますと、団体訴訟による約款使用差止めの判決についてだけ、第三者による片面的な援用を認めております。これは、第三者が、差止判決が自分に有利に作用するという場合にはその効果を利用できるという意味ですから、第三者に有利にのみ選択権を使えるということになろうかと思います。

(c)　行政訴訟　行政訴訟につきましても、たとえば、環境開発計画や運賃値上げの認可処分の取消訴訟におきまして——もっとも、この場合に一般の被害住民が原告適格をもつのかという点では、非常に難しい議論があるわけですが、仮にこれが認められた場合に、取消判決が言い渡されたとき——、この判決に対世効を認めることができるかということが問題になろうかと思います。通常、我々は、取消判決の形成力の対世効が生じるのではないかと考えております。そうすると、判決効の片面的な拡張ということになろうかと思いますが、行政事件訴訟法三二条の取消判決の判決効につきましては、判例によりますと、申立人の権利救済との関係でのみ限定的に解すべきであるとされているようであります（東京地決昭和四〇・四・二二行集一六巻二号七〇八頁）。運賃値上げ認可処分取消判決のような事例におきましては、結局、勝訴した原告との関係でだけ値上げの認可が取り消されたことになり、一般の利用者はこの判決を利用できないといわれているようであります（渡辺等「取消判決の効力」別冊判例タイムズ二号〔一九七六年〕一七三頁、阿部発言—同一二九頁参照）。もっとも実際には、こういう判決が出ますと行政庁は認可をやり直すことになろうかと思いますが、そういう場合に一般利用者のうける効果というものは、これもまた事実上の効果に止まるということになろうかと思われます。

(3)　民事訴訟の目的・機能との関連

いずれにいたしましても、これら新しい紛争をめぐる訴訟におきまして、民事訴訟の目的・機能というものは、単に原告の権利・利益の保護・救済に止まることなく、同じ地位にある第三者の権利救済の機能、さらには、一般的な環境保全、あるいは一般的な消費者の保護といった公共的な機能に及んでおります。また、被告企業の違法行為に対する制裁的・抑止的機能、ひいては行政・立法に対する政策形成的な機能が指摘されていることも、ご存じの通りであります。他方、このようにみてまいりますと、民事訴訟の目的・機能をいわゆる紛争解決という観点からみましても、従来、判決の法的効果は紛争を完結的に解決することにあると考えられてきたわけですが、実は、社会的な紛争解決過程の一環として、判決の法的・事実的な作用が利用されているということが、窺われるわけであります。

二　判決効の拡張と手続保障

(1)　判決効拡張の正当化根拠——実体関係か手続保障か

判決効の拡張と手続保障の関係をめぐりまして、従来から、判決の法的効果の第三者への拡張を正当化する根拠は何かということが、いろいろといわれてきたわけでありますが、必ずしも統一的な視点があったわけではないと思います。ただ、通説によれば、訴訟担当者は実体法上の管理・処分権限をもっておるとか、あるいは、当事者と第三者の実体法上の依存関係があることが、判決効拡張の根拠であるといわれてきました。しかし、近年、判決効の拡張をこのような実体法上の関係によって根拠づけることに対しましては、多くの批判がみられるところであります。つまり、実体法上、判決内容通りの当事者の処分があれば第三者がこれに従わなければならないという地位にあるとしても、従わざるをえないのはその処分が有効な場合にかぎられるから、処分が無効であることは第三者も主張できるはずである。したがって、このような関係があっても、判決効が拡張されて当然に争うことができないことにはならないのではないか、ということであります。そこで、判決効を第三者に拡張するためには、さらに第三者の手続保障が確保されねばならないというように、訴訟手続法上の根拠が必要になるのではないかというわけであります。

もっとも、ここで必要とされます手続保障の内容につきましては、従来からいろいろと説かれていますが、きわめて多義的であります。すでに谷口教授が、手続保障の機能や発現形式について詳しくご報告下さいましたが、私の理解します手続保障の内容も、ほぼこの谷口教授のご報告と似通っているわけであります。ただ若干ニュアンスの違いもあるように思いますので、報告者間の見解を調整するための説明をさせていただきたいと思います。

私は、判決効の拡張をうける第三者にとって、手続保障は次の二つの側面をもって発現するのではないかと考えております。その一つは、第三者が自ら訴訟手続に直接関与して、自己の権利・利益の保護・実現に寄与する機会を保障されなければならないという側面であります。具体的には、通知や呼出しによって参加の機会を与える形で第三者の手続関与権を保障するということであります。二つ目は、第三者が自ら訴訟手続に関与するのではなく、それ以外の手段によって第三者の権利・利益を実質的に保護する手段を保障するという側面であります（この点につき、吉村徳重「判決効の拡張とデュー・プロセス㈠・㈡」法政研究四四巻一号・二号〔一九七七年〕〔同・民事手続法研究Ⅲ・比較民事手続法〔信山社、二〇一一年〕所収〕各所、たとえば㈡二一九頁参照）。谷口教授が「間接的参加」として代表による参加とされたものの中で、選定当事者や任意的訴訟担当は、第三者たる利益主体が授権して、それに基づいて担当者が訴訟追行をする場合でありますから、これが第三者の直接の手続関与権の当然の代替物になるということは、いうまでもないことであると思います。

しかし、クラス・アクションの代表当事者によるクラス・メンバーの利益の適切な代表となってきますと、もはやこのような授権はないわけですから、質的に何か違ったものになってきているのではないかと思われます。さらに、裁判所の職権的な介入とか、他の利害関係人の訴訟参加による代表当事者の訴訟追行の補充や監視とかいったものが、すべて第三者の直接の手続関与権に代わりうるのかということが問題にされるわけであります。

この代表者・裁判所・参加人などの訴訟活動は、第三者たる利益主体の権利・利益を実質的に保護するための手続保障であるとも考えられますが、そもそも、第三者の直接の手続関与権というものは、憲法上の裁判をうける権利としての権利章典でありますから、単にそのような権利・利益保護の手続さえあればいいというより以上の意味をもっていたのではないのかという問題があります。

この点につきまして、西ドイツの審問請求権についての二つの見解が示唆的ではないかと思われます。第一に、審問請求権の消極的な理解によりますと、第三者の手続関与権というものは、不当判決の防止のためにあると説明されております。つまり、第三者には、将来不当判決によって自己の権利・利益が侵害されるおそれがあり、これを防止するために予め手続に関与して自分の利益の法的保護を求める機会が保障されなければならない、という考えであります。これに対して、第二の積極的な見解によりますと、第三者の手続関与権というものは、そのように単に消極的に不当判決による権利侵害を防止するためというだけではなく、積極的に自ら訴訟手続に関与して訴訟上自分の法的地位を形成する権限であると考えられております。これは、谷口教授が権利保護機能と正統性機能として対比されたものと、どこか似通ったものがありますが、やはりどうも少し違うのではないかと思われます。いずれにいたしましても、この二つは、第三者の手続関与権の根拠をめぐる議論でありますが、第一の消極的機能説によれば、不当判決の防止が強調されますので、判決が正当で、第三者の権利が実質的に保護されるということになれば、別に第三者が自分で手続に関与する必要はないという結論に導きやすい考え方だろうと思います。これに対して、第二の積極的機能説は、さらに直接の手続関与にそれ以上に独自の価値を認めようとしておりますので、そうはならないと思います（以上につき、吉村徳重「判決効の拡張と手続権保障」前掲山木戸還暦記念論文集(下)〔一九七八年〕一一八頁〔同・民事手続法研究Ⅱ・民事判決効の理論(下)所収〕参照）。

(2)　判決効の片面的拡張と全面的拡張――手続保障との交錯

このような視点から、二、三の具体的な問題に及びたいと思います。まず、債権者代位訴訟・取立訴訟の判決効が債務者に及ぶかという問題があります。有利にのみ及ぶという片面的拡張説〔三ヶ月章「わが国の代位訴訟、取立訴訟の特異性と判決の効力の主観的範囲」民事訴訟法研究六巻〔有斐閣、一九六二年〕一頁〕があるのはご存じの通りでありますが、これは、債権者の管理処分権が不完全であるとか、あるいは、債権者・債務者間に利害の対立があるから代表の適切性がないということが根拠にされているわけであります。アメリカ法のいわゆる在廷期日の法則によりますと、この場合、第三債務者はすでに十分に手続権を保障されたのに対し、債務者は保障されていないから、片面的にのみ及ぶのだということになるわけであります。もっとも、これに対しましては、様々な反論があります。第三債務者に一方的に酷な結果にならないか、あるいは、当事者間の平等な取扱いに反するのではないか、等であります。私は、この場合には、非当事者である債務者に参加責任を認めるのか、あるいは、第三債務者に引込責任を認めるのかのいずれかによって、判決効が全面的に及ぶかどうかを決めることができるのではないかと考えております。これは、当事者・非当事者間の役割分担の考え方になるわけで、のちに両井上教授から、この点についての基本的問題が解明されるかと思います。私の結論だけを申し上げますと、この場合には、まず、第三債務者は、債務者に対する通知または引込みの責任を負い、これを怠れば片面的拡張もやむをえない。しかし、第三債務者が債務者に引込みの呼出しをした場合、あるいは、通知をしたというだけの場合でも、それ以後は債務者に参加責任が生ずるのではないでしょうか。債務者が参加をすれば、独立当事者参加〔民訴七一条〔現四七条〕〕か共同訴訟的補助参加になると思われますが、債務者が参加を怠った場合にも、全面的な判決効の拡張をうけるものと考えます。この場合の債務者は、手続関与の機会があっただけでなく、その責任を果さなかった結果についての自己責任を問われることになるからであります。

次に、会社関係訴訟の取消・無効判決や、行政訴訟の取消判決の場合に、対世効が認められるとしますと、片面的な判決効の拡張ということになります。これもまた、非当事者の手続保障のためということが根拠とされることがあります。しかし、考えてみますと、取消判決の対世効によって利益をうける第三者もありますが、反対に不利益をうける第三者もあるわけですから、やはり、第三者の手続保障はこの場合にも問題になるわけであります。また、身分判決の対世効の場合には双面的拡張でありまして、結局、有利・不利に判決効が及ぶということになり、やはり利害関係人の手続保障が問題にならざるをえません（詳細は吉村・前掲山木戸還暦論文集(下)一一八頁以下参照）。

(3)　判決の事実効・波及効の拡張と手続保障

さらに、環境訴訟等の現代型訴訟におきましては、一部の見解を別にしますと、判決効が第三者に拡張されるというのは、もっぱら事実効であるということになろうかと思います。これは事実上の作用ですから、非当事者に不利に及ぶことも避けられないという現実がございます。しかし、これに対しては、何らかの制禦方法ないし安全弁となるものが必要になると考えられます。この安全弁の一つとしての第三者の手続保障とはこの場合いったい何かということが問題になります。ここでも、先ほど申し上げました、手続関与権の保障と、その他の方法による権利の実質的な保障という二つの面があると思います。のちの井上治典教授の報告に出てきますように、事実上の効果が及べば参加の利益があると解することができると思いますが、それには、第三者が訴訟係属を知ることが前提となります。そこで訴訟係属を知らせる必要がありますが、判決の事実上の効果、あるいは波及効の及ぶ第三者の範囲は予測が困難でありまして、個別的な通知をすることはおよそ不可能であろうと思います。そうしますと、通知を当事者の負担にするわけにはいかない。判決が、言い渡された場合にも、法的な効力が拡張されるわけではないので、第三者が自分から別個に訴えを提起して判決内容を争うこともできるわけですが、事実上の効果が及ぶことになれば、再度争う機会をもつということは極めて難しいだろうと思われます。

そこで結局、こういう場合には手続関与権が保障できないわけですから、それ以外の実質的な利益保護が問題になろうかと思います。

そこで、実質的な手続保障の方法が問題になりますが、二つの方法が考えられます。一つは、現に当事者として関与している者の間での当事者主義的訴訟構造による充実した訴訟追行に期待するという方法かと思います。これは、当事者主導型と呼べると思います。もう一つは、裁判所が積極的に介入・関与するという裁判所主導型であります。この両者をどのように組み合わせるかは、難しい問題であります。近時、公共訴訟という把握が、現代型訴訟について出されております（小島武司「公共訴訟の理論」民訴雑誌二三号（一九七七年）一頁、シェイズ〔柿嶋美子訳〕「公共的訴訟における裁判官の役割」アメリカ法一九七八―I（一九七八年）一頁参照）。この立場ではどうも裁判所の主導性にアクセントが置かれているのではないかと思いますが、そうだとしますと、この傾向をどのように評価するかということが次の問題になります。

三　民事訴訟の機能拡大と判決効の拡張

時間が切迫してきましたので、三の問題はかなりとばしてお話しせざるをえないのではないかと思います。

(1)　現代民事紛争類型の多様化

現代の民事訴訟の紛争類型には、古典的な紛争から現代型紛争まで多種多様のものがありますが、現代型紛争では、個人的利益に関してのみならず、公共的色彩をもつ利益をめぐっても紛争が生じていることがわかります。そこで、こうした紛争をどのように処理するのかということが問題になります。

(2)　権利救済的機能から公共的機能への拡大と両機能の関係

本来の司法権の作用は、具体的な事件に法を適用して、個人の権利を救済すると同時に、客観的な法秩序を維持することにあるといわれてきたわけで、現代型紛争につきましても、やはり個人の権利・利益の保護ということを介して、公共的な色彩を帯びた法秩序の維持が考えられているのではないかと思います。たとえば、石油カルテル訴訟（独禁法二五条の損害賠償請求）の場合をみますと、闇カルテルによる個人の損害賠償請求がなされているわけですが、これも個人の権利救済を通して「公正且つ自由な競争を促進し……一般消費者の利益を確保する……」（独禁法一条）という目的をめざすものではないかと思います。

ところで、いわゆる公共訴訟の理論というものは、現代型訴訟が、その役割を個人的な利益保護機能から公共的な機能へと拡大し、その性質をしだいに転化しつつあると考えているのではないかと思われます。しかし、ここで個人の利益とされるものと、これを超えた公共の利益とされるものとの関係をどのように解するかが問題となります。とりわけ、もしこの立場が、このことを理由に当事者主導型の訴訟手続から裁判所主導型の訴訟手続への移行を強調するものであるとしますと、そこにはなお多くの検討すべき問題があるように思われるわけであります。ここでは特に、裁判所の支配・介入によって、当事者のイニシアティヴによる積極的な訴訟活動を抑制することになるのではないかという危険性だけを指摘させていただきます。

このような難点に対応する方法としては、二つのことが考えられます。一つは、公共訴訟の一部をいわば伝統型訴訟から分離いたしまして、場合によっては行政機関が当事者として関与する方法であろうと思います。クラス・アクションについての最近のアメリカ司法省による連邦規則改正の法案（クラス・アクション立法研究会「アメリカにおけるクラス・アクションの実情――その２――」ジュリスト七〇三号〔一九七九年〕一三三頁にその翻訳紹介がある）は、この方向をめざした立法的解決策であると思われます。もう一つは、従来からある個人の権利・利益を救済するための当事者主導による対審的な訴訟構造を生かしながら同時に公共的な機能をも果していこうという方向ではないかと思います。私は、この方向を現代型訴訟の重層的把握と呼ぶことができると思いますが、この重層的把握の有効性と限界性が検討されなければならないでしょう。この立場からは、裁判所の関与は、あくまでも当事者の主導性を発揮させるための後見的な関与として位置づけられると思います。各種の公的な法律扶助の制度も、その狙いは同様であって、ことに現代型訴訟におきましては当事者間に力のアンバランスがあるわけですから、これを補充して、当事者の対等な訴訟活動を担保することによって、対審的訴訟活動を充実化するためのものと考えられます。のちに井上正三教授がご報告されます、当事者間の役割分担の再構成というものも、この場面では、当事者間の公平な役割分担によって対審的な訴訟活動を活性化するための方策であると考えることもできようかと思います。

(3)　機能拡大と判決効の拡張との関連

最後に、このような現代型訴訟の機能拡大傾向に対して、判決の法的効力を拡張して対応する必要があるのか、という問題に一言触れておきたいと思います。学説のなかには、環境差止訴訟について、判決効の片面的拡張を主張し（松浦・前掲論文）、あるいは紛争管理権を媒介として判決効の全面的拡張を説く見解（伊藤眞・民事訴訟の当事者〔弘文堂、一九七八年〕二一七頁以下）があります。しかし、すでに述べましたように、差止判決が執行されれば、第三者も判決の事実上の作用をうけることになるわけですから、あえて法的効力を拡張する必要があるかは疑わしいと考えます。たしかに、この立場によれば、審理過程において第三者の利益をも含めて差止めの可否を審判することができることを説明し易くなるかと思われますが、判決の事実効の拡大を考えた場合にも、やはりこれによって事実上影響をうける第三者の利益を考慮せざるをえないのではないかと考えられます。紛争管理権説によれば、訴訟当事者が紛争当事者全体の利益について訴訟追行をすることになるものと思われますから、審理過程において紛争にかかわりのある第三者の利益を考慮することは当然ということになります。ただ、この意味での紛争管理権は、紛争当事者が紛争の処理・交渉過程のなかで訴訟当事者となる個人や団体に紛争処理や訴訟追行を委ねたものと推認できるかぎりにおいて是認できるものではないかと考えられます。これは結局、任意的訴訟担当を緩和された型で認めるという趣旨になるかと思われますが、そのかぎりにおいては、差止請求だけではなく、紛争当事者の損害賠償請求をもまた、紛争管理権者においてまとめて請求する途が開かれることになります。また、そのかぎりにおいて判決の法的効力の拡張が是認されることになると思われます。しかし、この範囲を超えてまで判決の法的効力を拡張して、現代型紛争の全面的一挙的解決を図ることは、必ずしも必要ではないと考えます。それにもかかわらず現実には判決の事実上の作用が第三者にも及び、現代紛争処理に一定のインパクトを与えていることは否定しえない事実であり、それ故にこそ前述の重層的把握による手続保障が要請されるのであります。

（原題「訴訟機能と手続保障――判決効拡張との関連――」民事訴訟雑誌二七巻、一九八一年）

第五章　訴訟事件と非訟事件

一　問題の所在

訴訟事件と非訟事件との関係がとくに重要な論議の焦点とされるようになったのは、いわゆる「訴訟事件の非訟化」傾向が顕著となったことによるところが大きい。すなわち、非訟事件手続法によって処理される事件が、一連の立法によって著しく拡大され、従来は訴訟手続によって処理されていた争訟的な事件までも非訟事件手続にとり込まれるようになったためである。ことに、第一次および第二次世界大戦後の社会関係の変遷につれ、国家の私人に対する後見的機能が増大し、裁判所が私人間の紛争事件を解決するために職権的に介入できる幅の広い非訟手続によらせようとする立法が相次いで現れた。この傾向はドイツにおいて顕著であるが、わが国においてもその例が少なくない。戦前においては借地借家臨時処理法（昭和七年法一六号）、金銭債務臨時調停法（昭和七年法二六号）第七条以下および戦時民事特別法（昭和一七年法六三号）一九条などが紛争事件を非訟手続によって処理した。戦後においては、罹災都市借地借家臨時処理法（昭和二一年法一三号）や接収不動産に関する借地借家臨時処理法（昭和三一年法一三八号）のほか、家事審判法（昭和二二年法一五二号）により多数の訴訟事件が非訟化され、さらに借地法改正（昭和四一年法九三号）による借地事件の非訟化においては、新しい争訟的な非訟手続（借地法一四条ノ二〜一四条ノ一五および借地非訟事件手続規則）が導入された。こうして、従来から非訟手続によって処理される事件の性質は種々さまざまであったが、さらに新たに争訟的な事件をも含むことになったのである。

学説もまた、かつてナチス時代に、民事訴訟を廃止してこれをすべて非訟化すべしとする暴論があったことを別としても（この点の紹介として吉川大二郎「独逸における民事訴訟法廃止をめぐる論争」法律時報一二巻一号〔一九四〇年〕三九頁）、なお、訴訟事件の非訟化は時代の趨勢であるとして、この「非訟事件の勝利の行進」（ハープシャイト）を肯定的に評価するもの、あるいは非訟化の肥大化傾向への反省から、非訟化の限界を論じてその客観的な基準を探ろうとするものなど、さまざまの反応を示している。こうして、非訟手続によっては処理できない、いわゆる真正訴訟事件とは何か、さらに、非訟化された争訟的な事件については、民事訴訟に近い手続上の地位を関係人に保障する必要はないか、ことにわが国では、憲法上の裁判をうける権利（三二条）により、公開による対審と判決（八二条）を保障しなければ憲法違反にならないか、などが問題となる。そして他方、非訟事件の本質にもかかわらず、非訟事件手続法では、法治国家の要請、ことに審問請求権の保障に欠けるところはないかが問われるに至っている。

しかしこれらの問題に立ち入るまえに、一体非訟手続と訴訟手続とはどのように異なるのか、そしてこの非訟手続によって処理さるべき非訟事件とはいかなる特性をもち、訴訟事件とどのように区別されるのかを明らかにする必要がある。

二　訴訟手続と非訟手続との差異

訴訟手続と非訟手続は、それぞれに現行法上、民事訴訟法と非訟事件手続法においてその典型的内容を具体化している。そこに示されたかぎりでも両手続の特徴はきわめて対照的である。これは、民事訴訟法が一般に契約自由の原則の尊重という時代的法思想を背景として私的自治の原則を反映した手続であるといわれる（たとえば、三ヶ月・後掲文献①一三〜一四頁参照）のに対して、非訟事件手続法が「権威主義的時代の思考構造により形作られ、自由主義の新思潮の影響をうけたことがない」（コルホザー）と評価されることからも明らかである。両手続の重要な相違点を列挙すれば次の通りとなろう。

(イ)　二対立当事者構造・当事者権　基本的には民事訴訟では二対立当事者の構造がとられ、手続の主体としての当事者の地位が保障される。とりわけ、当事者の手続上の諸権利である弁論権、立会権など、山木戸教授のいわゆる当事者権（文献②参照）が十分に保障されている。これに対し非訟手続では、二対立当事者の構造を必ずしも前提とせず、利害関係人は「関係人」（Beteiligte）として、裁判所の職権による審理手続にかかわるにすぎない（文献③一八七頁以下参照）。つまり非訟手続の関係人については、手続の主体としての地位が後退し、当事者権の保障も薄れる（以下の(ロ)〜(ニ)はその詳論である）。

(ロ)　処分権主義　非訟手続においては、民事訴訟を支配する処分権主義が排除され、職権主義が妥当する。非訟手続の開始自体、申立てによるとはかぎらず、職権によることも少なくないし、申立てによる場合にも裁判所は必ずしも申立内容に拘束されるとはかぎらない（民訴法一八六条〔現二四六条〕参照）。職権開始手続においては、申立ての取下げや放棄・認諾も考えられず、さらに和解も認められない。申立開始手続においては、申立ての取下げは認められるが、申立ての放棄・認諾は排斥される。和解については見解が分かれる（文献④三七一〜三七二頁参照）。

(ハ)　弁論主義・職権探知主義　民事訴訟においては、当事者が弁論期日において事実や証拠を提出する権能をもち（山木戸教授の弁論権――文献②六一頁）、裁判の基礎にできる資料は当事者の提出した事実や証拠にかぎられる（弁論主義。山木戸・文献⑤はこれを弁論権の消極的効果という）。これに対して非訟手続においては、職権探知主義がとられ、裁判所が職権によって事実を探知し、証拠調べを行って（非訟手続法一一条）、裁判の基礎にすることができる。民事訴訟における裁判上の自白（民訴法二五七条（現一七九条））や擬制自白（民訴法一四〇条（現一五九条））も認められない。さらに、事実の探知が行われるから、民事訴訟におけるような法定の証拠調べ（厳格な証明）による事実の証明の必要はなく、自由な証明が認められる。

(ニ)　当事者公開主義　民事訴訟においてはさらに、当事者の弁論権を十分に行使させるために、弁論期日に当事者双方を呼び出し、その立会権を保障して弁論や証拠調べを行う。また、立会権を補充するものとして――欠席の場合などに――記録閲覧権が保障される（民訴法一五一条（現九一条三項））。これに対し非訟手続においては、関係人の陳述や証拠調べを行う審問期日に関係人双方を呼び出す必要はないとされ、その立会権は保障されない。事実の探知において関係人の立会権が認められないのは当然とされ、その結果を関係人に提示してその意見陳述の機会を与える必要もない（人訴法一四条但書（現二〇条後段）との差異参照）。また記録閲覧権も認められず、その前提となるべき記録＝調書の作成すら必要とされていない（非訟法一四条）。

(ホ)　一般公開主義　民事訴訟においては、当事者の弁論や証拠調べは、必ず口頭弁論期日を開いて、口頭により公開の法廷で行われる（憲法八二条）。非訟手続においては、関係人の陳述や証拠調べ（審問）は非公開で行われる（非訟法一三条）。

(ヘ)　裁判の方式・効力　民事訴訟では裁判もまた、必要的口頭弁論を経たうえで「判決」によることを要するが（民訴法一八二条（現二四三条一項））、非訟手続においては「決定」による（非訟法一七条）。したがって、上訴方法も、民事訴訟では控訴、上告の三審制をとるが（民訴法三九三条（現三一一条））、非訟手続では、実質的に抗告だけの二審制となっている（非訟法二〇条）。また、民事訴訟では、判決を言い渡した裁判所は、のちにこれを不当として取消し・変更することはできないが（羈束力。但し、民訴法一九三条の二（現二五六条）の例外）、非訟手続においては、決定を告知したのちでも、裁判所がこれを不当と認めれば取消し・変更することができる（非訟法一九条）。さらに、裁判後に事情の変更が生じて原決定を維持することが不当となれば、裁判所はその決定を取消し・変更することができる（詳細は文献③一〇四頁）。

三　訴訟事件と非訟事件との区別

(1)　非訟事件手続法によって処理されてきた事件には、もともと種々雑多なものがあったが、訴訟事件の非訟化によってさらに多くの争訟的な事件が非訟的に処理されるようになると、訴訟事件と非訟事件を区別する基準を定めることはますます困難となった。そこで、両者の実質的な区別を放棄して、非訟事件か否かの区別をもっぱら形式的に実定法の規定に求める、いわゆる法規説が有力となってきた（文献⑥、三ヶ月章・民事訴訟法〔弘文堂、一九八五年〕四六頁参照）。しかしこの立場でも、形式的な非訟事件のなかに、実質的には訴訟事件に属する、いわゆる真正訴訟事件（echte Streitsache）のあることを否定しない（文献⑦・⑧）。

(2)　実質的な訴訟事件と非訟事件を区別する基準は何であるか。これについても多くの見解が主張されてきた（文献③六頁以下、⑥七二頁など参照）。ここでは、わが国において有力に主張されている二、三の見解をとりあげるにとどめる。

(イ)　まず第一に、「訴訟＝権利確定、非訟＝権利形成」とみる見解がある。鈴木判事（文献③一〇頁）や小野木博士（文献⑨、ただし文献⑩で一部改説）の見解である。鈴木判事によれば、訴訟事件は当事者間の具体的な権利または法律関係の存否を確定する事件であり、非訟事件は裁判によって権利または法律関係を形成する事件である。したがって、形成訴訟と非訟事件は実質的には差異がなく、国家機関の介入による権利形成を訴訟として判決によらせるか、非訟として決定によらせるかは専ら立法に委ねられる、という。

しかしこれでは、形成要件の明確化されている形成訴訟と裁判官の合目的な裁量処分に委ねられている非訟事件との区別が見失われるだけでなく、形成訴訟と非訟事件とをいかなる手続によらせるかを全く立法者の専権に委ねるとするのも不当である。実質的非訟事件といわれる、共有物分割訴訟や境界確定訴訟などの、いわゆる形式的形成訴訟は、その争訟的性格の故に訴訟手続により処理するのも合理的といえるが、逆に、形成訴訟をすべて非訟的に処理できるかは疑わしい〔平賀健太「人事訴訟」民事訴訟法講座Ｖ〔有斐閣、一九五六年〕一二八九頁は人事訴訟の非訟化を唱える〕。

(ロ)　第二に、「訴訟＝司法、非訟＝行政」とみる見解があり、わが国における通説の立場である〔兼子一・民事訴訟法体系〔酒井書店、一九六五年〕四〇頁、中田淳一・民事訴訟法講義（上）〔有信堂、一九五四年〕一一頁、斎藤秀夫・民事訴訟法概論〔有斐閣、一九六九年〕二九頁ほか、文献⑪〜⑬〕。これは国家作用の性質による区別であって、訴訟は抽象的法規を具体的事件に適用する民事司法であるのに対して、非訟は国家が端的に私人間の生活関係に介入するため後見的な命令処分をする民事行政であるとする。これに対しては、(i)行政といえども法治国家のもとでは法律による必要があり、司法との区別は専門家の間でも争いがあって必ずしも明確でない、(ii)非訟事件は行政事件の本質をもち、すべて行政庁に移管できるとするのは、歴史的背景を無視することになる、などの反論がある。

(ハ)　第三に、非訟事件の諸特性と手続的保障との相対化論ともよぶべき見解がある〔文献⑭〕。鈴木教授によれば、非訟事件の古典的領域には、(a)裁判官の裁量を要する事件、(b)継続的な事件で、事情に応じて裁判の取消し・変更を要する事件、(c)迅速な解決を要する事件、(d)公益的要素の強い事件があり、これらの諸特性によって、非訟手続における関係人の手続上の地位の弱体化が是認される場合に、非訟事件とみとめうるとする。この見解は、従来の「権利形成」や「民事行政」という基準がややもすれば技術的ないし抽象的になったのに対し、具体的かつ実質的に評価すべき要素を抽出した点に意味がある。しかしこの立場では、個々の事件において、立法者・解釈者（ことに裁判官）は、右の諸要素の検討衡量を強いられ、ひいては、広い自由裁量の余地を認められることになって、関係人の利益を強く侵害することになる、との難点を含むことは、論者自ら自覚されるところである。

四　民事事件の流動化と非訟的処理の限界

(1)　民事事件が訴訟であるか非訟であるかを、権利確認か権利形成かにより、あるいは司法作用か行政作用かによって二者択一的に区別しようとしても、かえって技術的ないし抽象的となって、必ずしも具体的に明確・単純な基準を得ることはできない。さればといって、非訟事件のあれこれの特性を手続的保障の稀薄さと衡量しただけでは、問題を相対化したにすぎず、ひいては、対象となる事件の実体的本質を見失い、単なる手続法上の政策的問題に解消してしまうおそれすらある。やはり、訴訟事件や非訟事件の典型的事例が、歴史的かつ社会的背景において実体法上いかなる本質をもつかをさらに明確化する必要があるし、通説の司法か行政かによる区別も、そのような大まかな方向を示すものとして評価できよう。しかし問題は、訴訟事件の非訟化傾向にみられる両者の流動化現象であって、この限界領域にある事件を訴訟か非訟かのいずれかに割り切ろうとするところにもともと無理があったように思われる。

(2)　まず、非訟事件の古典的領域として当初から非訟事件手続法の対象とされてきた事件については、「争訟的要素を最も少くもち、性質的には行政に近い」という一般的特性が指摘されてきた（文献①一六頁）。とりわけ後見事件において典型的にみられるように、裁判所による私人の生活関係に対する国家的監護（staatliche Fürsorge）としての性格は、近年沿革的にも解明されつつあり（文献⑮・⑯、とくに後者参照）、通説が非訟事件の本質を民事行政として把握するのも、この認識の一般化であるといえる。

しかし、(i)この特性は、いわゆる古典的非訟事件については妥当するとしても、新しく非訟化された、いわゆる争訟的非訟事件にもそのまま妥当するとはかぎらない。(ii)のみならず、民事行政の本質をもつ典型的非訟事件についてみても、行政作用であればなぜ、関係人の手続上の地位をほとんど無視するに等しい非訟手続によって処理できるのかは、必ずしも明らかではない。非訟事件手続法成立当時の「絶対主義的ないし官憲的」な観念によるのであれば格別、法治国家の理念を基礎とする近代国家においては、再検討の迫られている問題である。西ドイツにおいては、基本法（一〇三条）における審問請求権を非訟手続においても直接認めようとする傾向が圧倒的であるが（たとえば文献⑰参照）、わが国においても、憲法上の裁判をうける権利（三二条）は、事案にふさわしい適正手続による裁判を保障したものと解すべきであって、非訟手続においても関係人の審問請求権の保障が配慮さるべきであろう（文献②六五頁、④二五九頁、とくに二九一頁以下、および⑱のほか、拙稿「民事事件の非訟化傾向と当事者権の保障」日弁連昭和四一年度特別研修叢書（下）一三五頁以下〔本書第六章「借地事件の非訟化と当事者権の保障」九〇頁以下〕で強調したところを参照）。のみならず、かりに行政庁の処分に委ねた場合にも、その処分の適法性の事後的なチェックとしての行政訴訟は、現行法上は非訟手続よりもはるかに当事者権の保障に厚いことになった。事後的に行政訴訟による救済を予定しない非訟手続による処分においても、行政訴訟に準じて当事者権の保障が要請されよう（この点で、最大決昭和四一年一二月二七日民集二〇巻一〇号二二七九頁が非訟手続による過料の裁判と抗告手続を合憲としたのが注目される）。さもなければ、裁判官による裁量権行使の違法性をチェックするために当事者権の保障された手続上の担保がないことになるからである。こうして、もともと枠のみを定めた大綱法（Rahmengesetz）といわれてきた非訟事件手続法は、手続法の一般原則に従い時代に即応した補充ないし具体化を要求されているのである（文献④三二二頁、とくに三七五頁、および西ドイツでこの点を強調する文献⑲参照）。

(3)　ついで、視点をいわゆる「訴訟事件の非訟化」現象に据えれば、その実体的本質が何であり、どこに「非訟化の限界」を画すべきかが問題となる。この点についてはすでに、三ヶ月教授（文献①）や小島教授（文献⑬）の鋭い分析がある。借地事件の非訟化において典型的にみられたように、社会関係の変動につれてこれまで実体私法の予定した市民相互の画一的な権利義務関係では個別的な事態に適切に対処しえなくなったときに、訴訟事件の非訟化の要請が生まれる。実体法上は、はじめ一般条項を適用して相当性の判断を行い、具体的に妥当な解決を図るのが一般である。これは三ヶ月教授のいわゆる実体私法上の権利の分解現象（過程）であって、この実体私法の新しい展開にタイアップして手続上の非訟的処理が要請されるようになる（この実体と手続の照応関係につき、前掲拙稿一三九頁〔本書九五頁〕参照）。そして逆に、こうした権利の分解現象が未だ生ぜず、あるいは新たに権利関係が固定化したところでは、その非訟的な処理の必要はなく、むしろそうした処理を避けるべきであろう。そこで結局、実体私法上の一般法理によって権利として承認されているか否かを非訟化の限界点と解すべきことになる。つまり、「市民相互間における権利義務関係として実体法上定型的かつ普遍的に承認されている限り、市民のかかる権利主張は原則として公開の対審及び判決によって裁判されなければ、憲法上の要請を無視することになる」（文献⑬三八頁）。

しかしながら他方、いわゆる権利の分解現象の領域にあっては、これをすべて民事行政に属するとして、当事者権の保障に薄い非訟手続による処理に委ねてしまうことも適切ではない。こうした事件においては、実体権の変容現象にもかかわらず、あるいはかえってそのために、関係人の利害はするどく対立し、一般にその争訟性は古典的非訟事件とは比すべくもなく熾烈である。ここでは国家的監護思想もさることながら、争訟的事件の紛争解決的要素がむしろ前面に現れるのであって、こうした実体的紛争性に照応して非訟手続よりもより厚く当事者権を保障した第三の裁判手続が要請される（文献⑳の提唱するところである。⑬四一頁、⑭二八頁参照）。けだし、このような当事者権の保障なしには、関係人の実質的利害関係を適正に反映する公正な裁判のための手続的な担保がないことになろう。また、関係人がこうした裁判手続に積極的に関与することを通じて、具体的事態に適した新しい判断の枠組（判例法）を形成することも可能となろう。ことに争訟的な非訟事件においては、このような客観的判断基準の具体化によって、可及的に裁判の予測可能性を確保することが期待されていることも見逃しえない（借地非訟事件の適用におけるこの趣旨の期待として、青山正明「借地非訟事件の受理状況と処理状況」ジュリスト三九九号〔一九六八年〕二六頁参照）。

五　その他の問題点

訴訟事件と非訟事件に関連して論ずべくして残された多くの問題のうち、紙数の制約から、一、二につき論点を示すにとどめざるをえない。

(1)　最高裁判例

最高裁判所はまさに、いわゆる争訟的非訟事件を非訟手続によって処理することが、公開による対審および判決を保障する憲法（三二条・八二条）に違反しないかについて、一連の判例を現わした（小山昇「訴訟事件と非訟事件」ジュリスト五〇〇号〔一九七二年〕三一〇頁参照）。最高裁判例の基本的立場を要約すれば、(i)権利・義務の存否の確定は訴訟事件であるが、その具体的内容（履行の時期、場所、態様など）の形成は非訟事件であるから、非訟手続によって処理しても違憲ではない、(ii)前提としての権利・義務の存否については、非訟手続で判断しても既判力を生ぜず、民事訴訟の途を閉ざすことはないから違憲とはならない、というにある。しかしこれに対してはいろいろの批判がある。つまり、(イ)権利・義務の存否とその具体的内容の形成との区別が極めて不自然ないし不可能な場合にも、前提としての権利・義務の存在を擬制している、(ロ)同じ生活関係から生ずる事件につき、非訟手続と民事訴訟の二重の裁判手続をみとめ、しかも、民事訴訟で権利・義務が否定されれば非訟事件の裁判は効力を失うとされるから（最大決昭和四一年三月二日民集二〇巻三号三六〇頁）、折角の労力が無駄となって現実的でない、というのである。ここから、非訟手続において権利・義務の存否が審判される場合にも一回限りで済ますためには、当事者権の保障された第三の裁判手続を構想すべきである、との提唱がなされる（文献⑬四一頁、

⑭二六頁。なお最大決昭和四〇年六月三〇日民集一九巻四号一一一四頁における田中裁判官の意見参照）。これは、具体的権利内容の非訟的形成を離れて権利自体の存否を想定することができないという(イ)の批判のあたる事例については妥当するが、非訟事件の裁判の前提問題として権利の存否の判断を要する事例一般に妥当するとはいえない。前提問題たる権利の存否の判断に既判力を生じないのは、裁判理由中の判断として（争点効を別とすれば）むしろ当然である。その後民事訴訟の確定判決によって権利の存在が否定されれば、これを前提としていた非訟事件の裁判が、事情変更により取消し・変更される余地を生ずるとしても、当然に効力を失うことはない（文献㉑五五頁）。

(2)　憲法三二条

最高裁は、家屋明渡事件におけるいわゆる強制調停について、はじめはこれを合憲とした（最大決昭和三一年一〇月三一日民集一〇巻一〇号一三五五頁）が、のちに見解を改めて違憲と判示した（最大決昭和三五年七月六日民集一四巻九号一六五七頁）。憲法三二条に保障された「裁判」が、(イ)裁判所の裁判であればどんな裁判でもよいとの見解から、(ロ)純然たる訴訟事件については公開の法廷における対審および判決による裁判でなければならない（八二条）との見解に変わったからである。これはわが国の通説の立場でもある（詳細につき、芦部信喜「家庭裁判所の審判と憲法第三二条及び第八二条」続憲法演習〔有斐閣、一九六七年〕一二六頁参照）。これに対して、(ハ)憲法三二条は、事件の類型に応じてこれに最も相応しい審理手続による裁判を保障したものとする見解がある（文献⑬・⑭・⑳）。憲法三二条を固定的・形式的に八二条と同一視するのでなく、一般的・弾力的な適正手続として、当事者権の保障された手続による裁判を求める権利と解する立場である。訴訟事件を非訟手続によって裁判することは憲法三二条に反するという場合にも、(ロ)と(ハ)の立場では意味する内容を異にすることになる。さらに、ある種の訴訟事件の特質から公開主義を制限するが、当事者権を保障する手続による処理を認める場合には、(ハ)説によれば適正手続の保障ありといえるかが問題となる（文献①四六頁参照）。事案に相応しい適正手続の具体的基準は何かが問われていることになる。

〔参考文献〕

①三ヶ月章「訴訟事件の非訟化とその限界」実務民事訴訟講座(7)（日本評論社、一九六九年）三頁〔民事訴訟法研究(5)（有斐閣、一九七二年）所収〕
②山木戸克己「訴訟における当事者権」民事訴訟理論の基礎的研究（有斐閣、一九八八年）六〇頁
③鈴木忠一・非訟事件の裁判の既判力（弘文堂、一九六一年）
④鈴木忠一・非訟・家事事件の研究（有斐閣、一九七一年）
⑤山木戸克己「弁論主義の法的構造」中田淳一先生還暦記念・民事訴訟の理論（下）（有斐閣、一九七〇年）一頁
⑥石川明「非訟事件理論の限界」法学研究三〇巻一二号（一九五七年）六九頁
⑦石川明「非訟事件の定型分類」法学研究三一巻二号（一九五八年）一四頁
⑧飯倉一郎「所謂真正訴訟事件について」法学志林五八巻二号（一九六〇年）一三六頁
⑨小野木常「訴訟事件と非訟事件」訴訟法の諸問題（有信堂、一九五二年）三三頁
⑩小野木常「非訟事件の本質」民訴講座五巻（有斐閣、一九五六年）一三八三頁
⑪山木戸克己「訴訟事件と非訟事件との差異」法学教室〔旧版〕七号（一九六三年）八二頁
⑫戸根住夫「非訟事件の裁判における判断の対象と民事訴訟」民訴雑誌一三号（一九六七年）一一八頁
⑬小島武司「非訟化の限界について」中央大学法学部八〇周年記念論文集（一九六五年）三〇一頁
⑭鈴木正裕「訴訟と非訟」小山昇ほか編・演習民事訴訟法（上）（青林書院新社、一九七三年）一九頁
⑮飯倉一郎「非訟事件の変遷とその分析」国学院法学五巻四号（一九六八年）一八七頁
⑯佐上善和「古典的非訟事件研究の序説㈠㈡」民商法雑誌六七巻四号二七頁、五号（一九七三年）二八頁
⑰P. Jansen, Wandlungen im Verfahren der freiwilligen Gerichtsbarkeit, 1964.
⑱紺谷浩司「審問請求権の保障とその問題点」民訴雑誌一八号（一九七二年）一四三頁、同「いわゆる審問請求権とはなにか」法学教室〈第二期〉一号（一九七二年）一三六頁

⒆ H. Kollhosser, Entwicklungstendenzen im Verfahrensrecht der freiwilligen Gerichtsbarkeit, Fam RZ 1970, 235.

⒇ 我妻栄「離婚と裁判手続」民商法雑誌三九巻一・二・三号（一九五九年）一頁

㉑ 小山昇「訴訟事項と家事審判」小山ほか編・演習民事訴訟法（上）（青林書院新社、一九七三年）五一頁（法学教室〈第二期〉二号〔有斐閣、一九七三年〕）

第六章　借地事件の非訟化と当事者権の保障

一　民事事件の非訟化傾向

(1)　借地法改正における非訟事件手続の導入

皆様よく御存じのように、このたびの第五一回の国会におきまして、借地法の一部が改正され、借地事件の一部が非訟事件の手続によって処理されることになりました。きょうは、この改正法をきっかけにいたしまして非訟化という問題を皆さんと一緒に考えてみたいと思います。ことに、非訟化された事件の処理手続において、紛争当事者の弁論権を中心としますところの諸権利、これを神戸大学の山木戸教授の命名に従いまして当事者権と呼びたいと思いますが（山木戸克己「訴訟における当事者権」民事訴訟理論の基礎的研究（有斐閣、一九六一年）五九頁以下参照）、この権利が手続の中でどのように保障されているかという問題につきまして、いささか考えてみたいと思います。

きょうの午前中のお話で、あるいは出てきたと思いますが、改正法によりまして非訟的に処理されるようになった事項は、借地事件の全般についてではなく、次の二点に限られておるわけであります。第一点は、改正法の八条ノ二（現借地借家法一七条）でありますが、借地権につきまして建物に関する借地条件を事情変更などを考慮しまして変更する裁判をすることができるという点であります。それから第二点は、この借地権の譲渡または転貸しが適当であるという場合には、裁判所は賃貸人の承諾に代ってこれに許可を与えることができるとした点であります（九条ノ二～四〔現借地借家法一九条・二〇条〕）。いずれの場合におきましても、従来は、当事者間の私的自治に委ねられた事項でありまして、次のような形で処理されていたのであります。すなわち、当事者間にもし協議が調わない場合には、借地人のほうで、堅固な建物に建て変えたり賃借権を譲渡あるいは転貸ししたりすることを、結局諦めてしまう。あるいはまた、契約に違反して増改築をしたり、あるいは無断転貸しを強行してしまう。その結果、これを理由に契約が解除されまして、土地明渡しの訴訟というようなことになっておったのであります。裁判所はこういう場合には、従来は、契約解除を認めて土地の明渡しを認容するか、あるいは、解除権の行使は権利濫用であって認められないとして、土地明渡請求を退けるか、この二つの方法しかなかったわけであります。こういう解決では必ずしも合理的とはいえない面のあることは避けられません。改正法はこの点について合理的な解決を計るために、いま申し上げましたように、訴訟になる前に裁判所が後見的な立場で私人間の契約に関与するという道を開いたわけであります。しかも、裁判所が、借地条件を変更したり、あるいは賃貸借の譲渡または転貸しの承諾に代る許可の裁判をする場合には、いろんな事情を考えた上で、当事者間の衡平という見地から、諸々の附随的な処分をすることができる、と定めたわけであります。つまり、裁判所がこの種の裁判をします際には、その要件につきましても、あるいは裁判の内容につきましても、非常に幅のある自由な裁量権が認められているわけであります。こういうふうにしまして、従来は私人間の私的自治に委ねられていました借地契約の内容につきまして、裁判所の裁量に基づく大幅な国家的な関与が認められることになりました。これによって新しい権利関係を形成することが可能になったわけであります。そして、このような広汎な裁量権の行使によりまして権利関係を形成する裁判をするにつきましては、従来ありましたような、客観的な権利関係を確認するための訴訟手続、すなわち通常の民事訴訟手続はあまり適当ではないのではないかということで、非訟事件手続法の第一編の規定を準用すると改正したわけであります（一四条ノ三〔現借地借家法四二条〕）。

以上が大体今次の改正法の概要でありますが、このような現象を一般に民事訴訟の非訟事件化、あるいは単に民事事件の非訟化と呼んでおるわけであります。これは、従来、対立する当事者間の紛争として、訴訟手続によって処理されておったものを、新たに非訟事件に改めまして、非訟手続によって処理しようという現象であります。すなわち、もう少し細かく分析してみますと、ここで非訟化といわれているものは、第一に、手続面において、従来の伝統的な訴訟手続上のいろいろの原則であります処分権主義とか、あるいは弁論主義、そういうものをとらない手続、つまり職権主義的色彩の強い手続である非訟事件手続によって事件を処理するという意味であります。つまり、そういう意味では、手続面での裁判官の裁量が従来よりも大幅に広げられたことを意味します。第二に、通常、非訟化といわれるものは、このように手続上、非訟手続で処理することを意味するだけでなくて、実体法自体も一定の変容を伴う場合が多いようであります。すなわち、実体法上の権利関係におきましては法律要件が明確に決まっておりまして、それに対して法律効果が規定されておるわけですが、こういう要件や効果が概括化される、つまり一般的・抽象的な基準でもって規定されることになります。したがいまして、裁判官が広汎な自由裁量権によって権利形成的な処分をすることができるように実体法そのものが変更されるというのが一般であります。こういう実体法そのものの変更を伴う場合には、あとで説明しますけれども、実質的に事件が非訟化したと呼ばれることになるわけであります。

(2)　非訟化の一般的傾向

ところで、こういう訴訟事件の非訟化という現象は、ひとりわが国の借地事件に限らず、広く一般的な傾向としてこれを認めることができるわけであります。ことに第一次大戦後、社会関係が推移しますと共に、国家が私人間のいろんな生活関係につきまして後見的に関与する作用を増大していく、そういう現象につれまして、従来は訴訟手続で処理しておった私人間の紛争事件を非訟手続によって処理しようという立法が数多く作られるようになってきたわけであります。この傾向は、特にドイツにおいて顕著でありまして、従来の紛争事件を新たに非訟事件手続によって処理しようという特別法が枚挙にいとまがないように出てまいります。一例を上げてみますと、戦後のドイツにおきまして貨幣切替え、日本でもありましたけれども、通貨切替えが行われたわけですが、これはいわば債務者の責めに帰しえないような事情変更であるといえます。そういう事情変更によって債務の履行が期待できないような場合には、双方の利益を考慮しまして、履行の期限を猶予するとか、あるいは債務額を減額するとかいうように、契約内容自体を変更する裁判をすることができるようにする。そして、こういう裁判の手続を非訟事件手続によって処理すると規定する一連の立法が見られます。通常この種の立法を契約補助法（Vertragshilfe）と呼んでいますが、契約を裁判所がそういう形で変更するという意味であります。こういう契約補助法は非訟化の典型的な一例であるといえるわけであります。

わが国においても同様の事例は少なくないのでありまして、そういう事例を列挙してみることにします。戦前におきましては、まず大正一三年の借地借家臨時処理法がありましたし、さらに昭和七年の金銭債務臨時調停法、および、この金銭債務臨時調停法の七条で認められたいわゆる強制調停をその後小作調停にも準用した昭和一三年の農地調整法がありました。それからさらに、昭和一七年には戦時民事特別法が制定され、この強制調停を借地借家調停および商事調停にも拡張して準用することにしました。こういう規定はいずれも紛争事件を非訟手続によって処理し、かつ裁判をする道を開いたものであったのであります。戦後になりまして、当然のことながら戦時民事特別法は廃止され、さらに金銭債務臨時調停法を含む各種の調停制度も廃止されました。これに代わって昭和二六年に民事調停法が成立し、いわゆる強制調停というものは存続しないことになりました。戦後におきましても新たに紛争事件を非訟手続によって処理することが認められる立法が幾つかあります。罹災都市借地借家臨時処理法と、それから、接収不動産に関する借地借家臨時処理法という、いわば戦後処理法的な立法がそれであります。さらに、昭和二二年に成立しました家事審判法によりまして、従来、民事訴訟やあるいは人事訴訟の訴訟手続によって処理されておりました多くの紛争事件が、家事審判手続、つまりこれも非訟手続でありますすが、この非訟手続によって処理されるようになったわけであります。このたびの借地法の改正は、このような訴訟事件の非訟化傾向をさらに一歩前進させ、拡張・拡大するという傾向の端緒をなすものであるといえると思います。しかも、従来のわが国の非訟化立法は、通常は単に非訟事件手続法を準用するという規定を置くにとどまっておりましたが、今度の借地法の改正におきましては、事件が非常に争訟性を帯びる、つまり、お互いに対立して争っているという性格が強いということにかんがみまして、この非訟事件手続法を若干修正する幾つかの手続規定を置きますとともに、その他の修正的な規定も最高裁判所の規則に委ねることにしております。これは、ドイツにおいてこの種の、さきほど申しましたような特別立法が例外なしに、そういう修正的特別手続をもっているということにかんがみても、非常に注目に値いするものと思います。改正借地法の立案者がしばしば指摘しておりますように、本件の手続が今後類似の事件処理について先駆的な意味をもつということになりますれば、これはさらに、今後のモデルケースとしても重要な意味をもっているということになるわけであります。

(3)　非訟化の諸原因

ところで、このような非訟化立法は、それぞれの立法におきまして、独自の社会経済的な背景のもとで立法に至った理由があることは、申すまでもありません。たとえば、金銭債務臨時調停法によって認められました強制調停という制度は、満洲事変後の、昭和七年の立法ですから、次第に戦時体制に突入している、そういう臨戦体制を背景にしてできた制度であります。つまり、当時農村は相当に疲弊しておったわけですが、これを安定させる必要がある。そのためには、正直な債務者に対して苛酷に債権を追求する高利貸し債権者の追求をある程度抑制するという必要性があったわけであります。そういう必要性に応えるために、権利実現のための通常の訴訟ではなく、強制調停が設けられたといわれております。それから、このたびの借地法の改正につきましては、立案者の説明によりますと、現在のように経済が高度に発展した段階のもとでは、いわば資本の投下の対象となっておる土地の利用をもっと高度化し、もっと合理化しなければならない、その社会的な必要性が、この立法の背景をなしていると説明されておるわけであります。

こういうふうにそれぞれの立法に社会的な背景があることはもちろんだと思いますが、一般的に紛争事件を非訟化しようという傾向の理由を考えてみますと、それぞれの立法に共通な原因も指摘できるように思われるのであります。その共通な原因と思われるものを二、三ここで挙げてみたいと思います。まず第一に、どうしても考えなければならないことは、実体法自体の変容であります。従来、実体法自体が権利・義務を中心にして法律を定めておったわけですけれども、社会関係が次第に複雑になってきますと、社会の実態に適応するような具体的に妥当する規制をするためには、どうも権利・義務だけを基準とする解決ということが適切ではない面が生じてきた。したがって、実体法自体の中に裁判官が紛争を解決する際に広汎な裁量権を行使できるという余地が認められる。そうしますと、始終変化する具体的な事件を具体的に妥当な形で解決することができるというわけであります。そういう傾向が一般的にみられることが第一であります。そして、第二番目にいえることは、こういうふうに裁判官の広汎な裁量権が行使されるような事件につきましては、従来の伝統的な訴訟手続ではいろいろと不都合が出てくるということであります。まず第一に、その不都合の一つとして、民事訴訟法の従来の処分権主義は、この種の事件にとってはあまり適切ではないといえます。ことに民事訴訟法の一八六条〔現二四六条〕には、裁判官は当事者の申立事項に拘束されるという規定がなされておるわけですが、これはたとえば、この度の借地事件におきますように、裁判所は借地条件を自由に変更することができるし、さらに借地条件を変更するにつきましても、いろんな付随的な処分ができる、というように実体法自体が改められますと、どうも民訴法の申立主義とはそぐわない結果になる。つまり、裁判所は広汎な自由裁量でいろんな処分ができるわけですけれども、これをいちいち当事者が申し立てなければならないということになると、裁判所の裁量権の行使も自由にできないということになるわけであります。第二に考えられることは、民事訴訟法の弁論主義が必ずしもこの種の事件には適切ではないという面であります。すなわち、この種の事件では法律要件が非常に一般化されますので、もろもろの事情を考慮して相当であればこのような処分ができるということになります。ところが、もともと弁論主義というのは、法律要件が明確に規定されておって、それに当るような要件事実を当事者が提出しなければならないということを前提にしておりますので、法律要件を概括化するという実体法の傾向にそぐわない面がどうしても出て来るということになります。

最後に、こういう理由よりも、もっと根本的な原因として指摘しなくてはならないと思いますことは、従来の民事訴訟法が社会のいろんな矛盾の結果にともないまして次第に紛争解決の機能を失いつつあるという現象であります。もともと、口頭主義や弁論主義、あるいは当事者主義を根幹としております現在の民事訴訟法の体系というものは、私権を保護して裁判の適正を図るという目的をもっとも徹底して手続面で保障・実現する、そういう近代市民法の成果であったということができると思います。しかし他面、この手続ではいろいろの原則によって非常に複雑な手続上の規制がある。そのために当事者や国家の費用が次第に過大になるということが考えられるし、あるいはまたそれが訴訟遅延の原因をなしておるともいわれております。もちろん、この費用だとか、あるいは訴訟遅延という問題は、民事訴訟法の手続だけの結果ではなしに、裁判官の絶対数の不足などもろもろの事情に規制されている面が大きい。しかし、それにしても、現在の民事訴訟法は、たとえば低額な訴訟とか、単純な内容の訴訟を大量に処分するという場合には、必ずしも適合しないのではないか、という考え方が次第に強く主張されるようになった。要するに、この弁論主義とか当事者主義を基礎とした民事訴訟の厳格な手続によるのではなしに、もっと融通性があって迅速な処理ができるような手続が要求されておるともいえるわけでありま す。そして非訟事件手続というものは、このような手続に該当するものであるということで、紛争事件の処理にも拡大適用される傾向にあるといえるのであります。かつてドイツのナチス時代に、民事訴訟などは全部廃止してしまえ、そして、すべての事件について統一的な手続を作って、すべての訴訟事件を非訟事件化すべきである、という提案がなされております。この提案はいわばこういう傾向のもっとも極端な現れであるということができる。わが国においても現に、人事訴訟で処理している事件のすべてはこれを非訟事件として審判手続によって処理すべきであるという提案が行われておるわけであります。

確かに、紛争事件をこういうふうに非訟事件によって取り扱うということになりますと、融通性のある手続が導入されまして、裁判所は自由な裁量権を行使して、みずから具体的な事案にもっとも適していると考える手続によって紛争を解決することができる。これは確かであろうと思われます。しかしながら他面、そういうことになりますと、近代市民法としての民事訴訟法が、従来から当事者の主体的な権利を中心にしまして裁判の適正を図るために確立してきましたいろいろな手続上の保障はどうなるのか、こういう点もまた無視するわけにはいかないのであります。ことに、新たに非訟手続に編入されることになります紛争性のある事件につきましては、従来、民事訴訟法の訴訟手続で保障されておりますルール、つまり、当事者のもついろいろな権利がどの程度維持されなくてはならないのかということが、やはり考え直されるわけであります。そしてわが国の場合には、ことに憲法上、裁判を受ける権利を保障する三二条および裁判の対審、判決は公開の法廷で行うという八二条の規定がありますので、これとの関連におきまして、はたして紛争事件を訴訟手続によらずに非訟手続でもって裁判するということが許されるであろうか。そういうことが重要な論点になってきたわけであります。

二　非訟手続および非訟事件の特性

(1)　非訟手続の特性

このような論点に立ち入ります前に、一応、非訟手続とか、あるいは非訟事件といわれるものの特性は何であるか、そういう点を明らかにしておく必要があろうかと思います。非訟事件と広くいわれますけれども、いろいろの特別法によって規定されておりまして、処理される対象の種類に応じて若干の特則があって、必ずしも同じ内容ではありません。しかし、基本的な構造を決めますものは、伝統的に非訟事件といわれてきたものを処理する非訟事件手続法であります。この現行の非訟事件手続法を見ますと、非訟手続というものがいかに多くの点で民事訴訟手続と異なった原理に支配されているかということが明らかになるわけであります。

非訟手続の基本的な特性といえますことは、訴訟手続におきましては、当事者の対立を構造的な前提にしておるわけですが、非訟手続ではそういうことがないということであります。非訟手続におきましては、裁判所が職権をもって手続を開始することができる場合がある。そうでなくても、申立てによって手続が開始される場合にも相手方がいないような場合がある。したがいまして、こういう手続のもとでは、その基本的な構造を訴訟手続のように当事者対立の原則に基づいて構成することができない。これは当然であるということにもなります。すなわち、訴訟におきましては、裁判の資料を集めるについても、対立当事者がお互いに攻撃・防禦の方法を提出する、そして、その攻撃・防禦方法の中から、事案の真実を追求するということを予定しておるわけですが、非訟手続ではそういうことが考えられない。非訟手続で当事者主義の原則が行われずに職権主義が支配するというのは、以上のような基本構造から出てきておるわけであります。

ただ、非訟手続におきましても、民事訴訟におけるように、当事者といわれるものに対比できるような手続主体として、関係人とか、あるいは対立当事者といわれるものがいるわけであります。しかし、これがどれほど手続の主体として非訟手続を進める地位をもっているかということは問題であります。少なくとも、訴訟手続の当事者に比べますと、その手続主体性は著しく後退するといわなければならないわけであります。このような非訟手続と訴訟手続との基本的な相違によりまして、当事者の対立抗争を前提とする民事訴訟において認められておりますいろいろの基本的な諸原則は、非訟手続では適用されないということになってくるわけであります。

そこで、二、三の非訟手続の特色を上げますと、第一に非訟事件においては、さきほども触れましたように、民事訴訟にいわゆる処分権主義の適用がないということであります。職権によって手続が開始されるという場合には、これは手続の開始におきましても処分権主義が適用されないということになりますし、中立てで手続が開始されるときにも裁判所は当事者の申立てに拘束されない、つまり民事訴訟法一八六条〔現二四六条〕のさきほど申し上げました処分権主義の適用がないということになります。これによって裁判所は、裁判の内容を当事者の申立てに拘束されないで自由に決めることができる。そういう余地がでてくることになります。

第二に、裁判の基礎になるような資料を集めるにつきまして、民事訴訟法の原則である弁論主義の適用がなくて、逆に職権探知主義が支配することになります（非訟法一一条）。したがいまして、当事者の提出しないような資料を斟酌することができますし、職権によって証拠調べをすることもできるわけです。そういう点では、人事訴訟における職権探知と異なるところはない。ただ、通常訴訟手続といわれている人事訴訟と非訟手続における職権探知が異なるのは、次の点にあると思われます。すなわち、非訟手続における職権探知においては、いわゆる事実の探知あるいは事実の調査という裁判資料収集の方法が認められるということであります。これは、自由な証明と呼ばれておるものと内容は大体同じものでありまして、裁判所はこれによりますと、民訴の証拠調べにおきますように一定の方式に従う必要はない。証拠調べのいろんな方式から自由に事実の探知ができる。したがって、たとえば私人や官庁に対して書面や口頭で事実につきましていろいろ照会をすることもできますし、あるいは、自由に書類を調査したり、物や現場を実見することもできることになるわけであります。

第三に指摘できますことは、民事訴訟におけるように、必要的口頭弁論というものが貫かれていないということであります。この必要的口頭弁論という原則は、当然のこととして、公開の法廷で弁論が行われること、および口頭によって行われることを予定しております。すなわち、公開主義、口頭主義を含んでいるといわれております。非訟手続では、まずこの公開主義が排斥される。非公開になるわけであります（非訟法一三条）。

ついでに、口頭主義によるか書面主義によるかも、これは裁判所が裁量によって決めればよろしいということになっているわけであります。

さらに、口頭弁論が必要的であるかどうかという点についても、非訟事件手続法には特別の規定はないわけですが、一般に非訟手続では必要的な口頭弁論は認められないといわれております。それでは任意的な口頭弁論は考えられるかといいますと、これにつきましても、判例の中で積極に解するものも見られますが、通説はむしろ否定的であります。つまり、非訟手続においては、関係人、当事者の地位というものは、訴訟当事者とは全然違う。だから非訟手続では口頭弁論という観念はもともと存在しない。仮に口頭弁論と呼ばれているとしても、その実質は口頭審問にほかならないというわけであります。

この点と関連しまして、いま口頭審問と申しましたけれども、裁判上の審尋を求める権利というものが一般的に非訟手続でも認められるのかどうかということが問題になるわけであります。

ところで、この裁判所における審尋を求める権利というのは、要するに、関係人が裁判所に対して裁判の基礎になるような事実関係につきましていろいろと陳述をする機会を保障されるということであります。非訟事件手続法を見てみますと、各則の中に二、三、関係人は陳述をすることができるとし、あるいは関係人の陳述を聴かなければならないとする規定があります。しかし、そういう規定がなくても、非訟手続において一般的にこの権利を認めうるのかどうかということは問題になるわけであります。

この点につきましては、のちに詳しく説明しますように、最近におきましてドイツではこの権利を再評価しまして、拡大強化しようという傾向が見られるわけでありますが、従来の伝統的な考え方によりますと、こういう審尋を受ける権利、あるいは審問請求権を一般的に認めることは否定されてきました。これは要するに、さきほど申し上げましたような、事実の探知の一つの方法に過ぎない。あるいはまた、非訟手続の職権的な原則から見て、関係人の審尋をするかしないかというのは、これは裁判官の裁量に属するという考え方が有力であったわけであります。

しかし仮に、ドイツにおきますように、非訟手続において一般的に審尋を受ける権利を認めるにしましても、そのことから直ちに関係人は収集された事実のすべてについてこれを十分に知る機会を保障されているということにはならない。さらに、必ずしも訴訟の経過に応じて十分に関係人あるいは当事者の陳述をする機会が保障されるということにもならない。しかし、考えてみれば、関係人は自分の陳述を求める権利を行使するためには、証拠調べとか、あるいは事実探知の内容や経過を逐一知るという地位にない以上は、ただ形式的に審尋を受ける権利が与えられるにしましても、あまり実質的な意味はないといわざるをえないわけであります。

そこで、非訟事件手続の特質についての最後の問題として、関係人は、証拠調べが行われる時とか、さきほどの事実の探知が行われる場合に立会権を認められるかどうか、あるいは、いろんな記録を閲覧する権利を保障されているかどうか、ということが問題になってくるわけであります。通常、これを当事者公開の原則と呼んでおりますが、これが認められるかということが問題になるわけであります。証拠調べにつきましては、非訟事件手続法が、証人尋問および鑑定については民事訴訟法の規定を準用するといっております（非訟法一〇条）。そこで、民事訴訟法の規定が準用されますと、これはもちろん立会権や尋問権というものが保障されるように思われます。しかし、判例や一部の学説は、非訟というものは職権主義に支配されている、したがって、関係人の立会いを認めるかどうかは裁判官が裁量で決めればよろしいので、そういう権利があるとはいえないといっておるのであります（大判昭和三年六月二九日民集七巻五九八頁）。

ドイツ法におきましても、従来の通説・判例は証拠調べについて立会権を否定していたのであります。つまり、方式に従った証拠調べが行われる場合にも、当事者はこれに立ち会う権限はないということになるのみならず、重要なことは、そういう証拠調べ以外に事実の探知という制度が認められるということはさきほど述べた通りですが、この事実の探知が行われる場合には立会権を認めないということであります。これは、問題にならないほどに支配的な見解であるといえます。もともと、この種の事実の探知においては、関係人が立ち会うという余地が考えられない場合もある。たとえば、非常に非公式な事実調査であれば、関係人がいちいち立ち会うということは考えられない。しかし、たとえば、口頭による審問といいますか、そういうものが探知の方法として行われる場合には、一応立ち会うということも考えられるわけですが、しかし、こういう場合にも立会権は認めないという点では争いはないようであります。

それから記録閲覧権につきましても、わが国の非訟事件手続法にはその手続の規定がないようですけれども、ドイツでは認めております。わが国においても、この権利を認めるべきだという見解があります。しかし、非訟手続では原則として調書の作成が必要でないとされております（非訟法一四条参照）。したがいまして、調書が作成されない以上は、閲覧権を認めておってもあまり意味がないということになります。

(2)　非訟事件の特性

以上説明しましたように、非訟手続におきましては、当事者ないしは関係人の手続主体としての地位あるいは権能というものは、非常に後退していることが明らかであります。ことに弁論権とか立会権を中心とする当事者権の保障は、ほとんど認められていないといってよろしいかと思います。しかし、そういうことは、非訟手続がいわゆる古典的な非訟事件といわれているものを予定している手続であることを考え合わせてみますと、決して理由がないわけではない面があるのであります。つまり、もともと非訟事件手続で処理された事件というものは、たとえば後見人の選任とか、あるいは相続人の不存在の場合の相続財産の管理とかにみられますように、私人や財産について国家が後見的に保護作用を行う場合、あるいはいろんな種類の登記、公証事務といった事項に限られておったわけであります。したがいまして、このような紛争的な性格をもたない事件につきましては、裁判所が職権をもって迅速に処理するために、いま申し上げましたような手続が、まさに適合しておったといえるわけであります。

しかし、さきほど申し上げましたように時代の進展につれまして、対立当事者の間におきまして紛争が生じておるものを解決するためにもこの非訟手続が利用されるようになってきました。そういう段階になりますと、非訟手続で処理される事件の範囲が非常に拡大してくるわけでありまして、非訟手続で処理されるいろんな事件をいかにして訴訟事件と区別するかという問題、あるいは非訟事件の本質は何かという問題は、必ずしも容易に解決できなくなってくるわけであります。

そこで、訴訟事件と非訟事件の区別を何を基準にして考えるかということが問題になってくるわけですが、しかし、この点についての見解は非常に多岐に分かれております。そして、あんまりいろんな考え方がありますので、結局、非訟事件と訴訟事件を理論的に区別することはできないのではないかという見解が生まれてきます。こういう考え方によりますと、要するに、ある事件を非訟手続によって処理すると実定法が決めている以上、これによって処理される事件が非訟事件だということになります。こうして、いわゆる法規説といわれるこの見解が非常に有力になってまいります。

しかしながら、非訟手続によって処理される事件の中には、さきほどから言いましたように、いろいろ実質的に性格を異にするものを含んでおりまして、法規説といえども、このことを当然認めるわけであります。むしろ、そういう性質の違いを積極的に明らかにする、そして非訟事件をいろんな特質に応じて分類してみて、その際にいろいろ類型が違うものについては、従来の伝統的な非訟事件とは違うような特則を認める必要がある、とする考え方が次第に強くなっておるのであります。このような見地から形式的に非訟手続で処理される事件を分類しまして、その事件が実質的に考えてみて、訴訟事件であるか、あるいは非訟事件であるかによって、これを固有の非訟事件、あるいは真正訴訟事件として区別をするのが一般であります。したがいまして、法規説によれば、非訟手続によって処理される事件はすべて非訟事件だということになりましても、なお、その中には非訟事件とは異質の真正訴訟事件が含まれることを認めます以上は、やはりこの非訟事件なり訴訟事件なりの本質的な意義とか、あるいは両者の理論的な区別ということが問題にされざるを得ないことになります。ことにわが国の場合には、さきほど申し上げましたように、憲法上、公開の法廷における対審、および判決の保障というものがありますから、この区別がとりわけ重要になってきます。すなわち、この憲法上の規定は、本質上訴訟事件に属する事件は訴訟手続によって処理されなくてはならないという意味に解されております。つまり、訴訟手続において予定されているような公開の法廷における対審構造の手続によって処理されなくてはならないと考えられておりますので、本質上訴訟事件に属するものを非訟手続によって裁判するのは、これは憲法に違反するということになるからであります。

そこで、この訴訟事件と非訟事件との理論的な差異が問題になってきます。多岐に分かれる学説をいちいちここで申し述べる時間的なゆとりがありませんので、特に重要と思われる二、三の考え方を指摘するにとどめておきたいと思います。

まず第一の考え方は、裁判所が裁判によって権利関係を形成するものが非訟事件であって、すでに存在する権利関係の存否を確認する、あるいは確定することを目的とするものが訴訟事件である、という考え方であります。その考え方によりますと、現在訴訟手続で処理されております形成訴訟、これもまた本質的には非訟事件であるということになります。したがって、形成訴訟を訴訟手続で処理するか非訟手続で処理するかは、立法上自由であるということになってきます。それからまた、形式的な民事訴訟といわれております境界確定の訴えとか共有物分割の訴え、そういうような事件は通常の形成訴訟となんら変るところはない。ともに本質上、非訟事件であるということになってきます。

しかし、通常の形成訴訟といわゆる形式的形成訴訟は内容が違うということも否定できない。形成訴訟の場合には、裁判によって権利を形成する前提として実体法上一定の法律要件が明記されています。つまり形成要件が決まっておりまして、それに基づきまして形成権というものが考えられる。したがって、裁判所が法を適用する司法の作用という点ではなんら普通の確認訴訟や給付訴訟の場合の法適用と異ならないということになります。これに対しまして形式的形成訴訟においては、いわゆる形成要件というものがないわけでありまして、両者はやはり異なるといわざるを得ないのであります。

そこで第二番目の考え方は、二つの事件の区別を結局、国家作用の差異に求める。つまり、国家作用が司法作用であるか行政作用であるかということによって、訴訟事件であるか非訟事件であるかを区別しようとするわけであります。つまり、訴訟事件における裁判は、実体法に決まっておる法律要件を事実に適用するという司法作用である。これに対して非訟事件における裁判は、国家が私法関係に積極的に介入するために権利形成的処分をするという行政作用であると考えられるわけであります。

したがいまして、非訟事件は、司法作用つまり法を適用するような作用ではなくて、目的的な裁量処分をするという特性をもつわけであります。そこで、この見解によりますと、さきほど申しあげました非訟化の場合、つまり、従来は訴訟事件として、法律要件が明確であったのを、新たに法律要件を概括一般化しまして、裁判官の裁量権の行使によって権利形成処分を認めるようになった場合には、これは従来の訴訟事件が実質的な非訟事件になったと考えられます。しかし、こういう事件は非訟手続に組み入れられましても、なお争訟的な性格をもっておる場合が多いわけであります。これを実質上の非訟事件だとみる見解によれば、この種の事件と従来から古典的に非訟事件とされておったものとはなんら区別せずに同視するということになります。すなわち、一方、争訟的な性質が非常に強い、いわゆる争訟的非訟事件と、他方、古典的な非訟事件との区別が、ここでは出てこないということになるのであります。

そこで第三番目の考え方は、いま申し上げました争訟的非訟事件と従来の古典的な非訟事件との差異に着目する。そして、本来の司法作用としての真正訴訟事件と、この争訟的な非訟事件を含めて、広義の真正訴訟事件の中に入れようとするわけであります。つまり、この司法作用を目的とする訴訟事件も、それから争訟的な非訟事件というものも、結局は、従来は訴訟手続によって処理されておったものが非訟手続に移されたというに過ぎない。そして、ただ、実体法の規定の仕方が若干異なる。つまり、一方は権利要件が明確であってこの確認をすればよろしいが、他方は概括化されて、裁判官の裁量によって権利形成が行われる。しかし、共に私人の権利関係をめぐる争いにほかならない。そうであればむしろ、これをひっくるめて考えたほうが適切である、という点に着目するわけであります。そして、この種の事件につきましては、これが共に非訟手続によって処理される場合にも共通の手続的な特則を考える必要があると説明するわけであります。

今の関係を塗板に書いてみます。

〈第二説〉		〈第三説〉
一、真正訴訟事件	（司法作用）	広義の真正訴訟事件（一、二）
二、争訟的非訟事件	（行政作用）（二、三）	
三、古典的非訟事件		非訟事件

これをどこで区切るかということについて、第二説と第三説が分かれてくるわけです。第三説は、古典的非訟事件と争訟的非訟事件との間の差異を重視する。そして、訴訟事件と争訟的非訟事件とは共に紛争性の強い事件であるという点に着目して、この二つを一緒にして真正訴訟事件と呼ぶことになります。そこで、いわゆる真正訴訟事件といわれるものの概念は、見解の違いによって、司法作用の行使される訴訟事件だけに限る見解と、そうではなくて、訴訟事件と争訟的非訟事件の両者を含む見解とに分かれてきます。狭義と広義に分かれてくるわけであります。

しかし、第三説の考え方は、第二説が指摘するような司法作用と行政作用の違いを見失うことになります。ことにわが国におけるように、憲法が訴訟事件つまり司法作用を行う事件については公開の法廷における対審および判決を保障しなければならないと規定しております所では、この事件については、非訟手続で処理することは違憲であるということになりますので、その点からみますと、司法作用と行政作用を区別する第二説の考え方が、わが国の憲法の規定との関連では妥当であると考えられます。

もちろん、第三説が真正訴訟事件と争訟的非訟事件がともに争訟的な性格をもっておるということに着目して、むしろ両方の事件を処理する手続は大体共通の内容をもつべきであるとするのは、見落し得ない指摘ではないかと思われるわけであります。特に、わが国におきますように真正訴訟事件については、これが非訟手続で処理される場合には違憲になるが、争訟的非訟事件が非訟手続で処理されましても違憲にはならないとしますと、第二説によれば、この争訟的非訟事件は古典的な非訟事件と同じだということになりますので、ともにおしなべて非訟手続によって処理することができることになります。これでは争訟的な非訟事件の特殊性が見失われますので、やはり争訟的非訟事件には真正訴訟事件に類する手続的な保障がいるということを指摘する点では、第三説は重要な問題を提起していると考えるわけであります。

三　非訟手続における当事者権の保障

(1)　非訟事件一般における当事者権（弁論権、立会権など）の保障

まず、非訟事件手続一般においてどのように弁論権ないし立会権などの当事者権が保障されているか、ことにドイツにおける最近の傾向を参照しながら、この点を考えてみたいと思います（ドイツ制度の最近の変遷については、主にJansen, P., Wandlungen im Verfahren der freiwilligen Gerichtsbarkeit, 1964を参照）。さきほど非訟手続の特性を説明しましたときに、伝統的な非訟手続におきましては、当事者の弁論権や立会権を中心とする当事者権はほとんど保障されていないと申し上げたわけであります。したがいまして、こういう手続のもとでは、裁判所は審理の範囲をどの程度にするかということを、全く自由に判断することができる。しかも関係人は、自分自身の利益とか権能が問題になっておる手続に対して、あるいはその裁判に対しまして、なんら影響を与えることができないということになる。これでは、昔の糺問的な、あるいは官憲的な手続となんら異なるところがないといわ

ざるを得ないわけであります。

そこで、このような古典的な非訟手続の特性に対して、特に紛争性の強い事件が非訟化される傾向が強くなってきますと、根本的に反省が加えられることになります。とりわけドイツにおきましては第二次大戦後にナチス時代の反省もともなって法治国家思想が再評価されました。そして、この再評価に基づきまして、ドイツ基本法一〇三条一項が、裁判上の審尋を求める権利を基本権として保障するに至りまして、非訟手続における当事者権に関する判例や学説の中にも顕著な進展が見られることになるわけであります。

一九六一年には、ドイツ法務省で編集したドイツ民事訴訟法改正準備委員会の興味ある報告が出されました（Bericht der Kommission zur Vorbereitung einer Reform der Zivilgerichtsbarkeit, 1961）。この報告書も、こういう学説や判例の動向に立脚して積極的な改正意見を示していますが、これは注目に価すると思います。

こういう進展の中で、当事者の弁論権とか立会権を中心とする当事者権というものが、その後どういうふうに進展したのかということを、若干説明したいと思うわけであります。

まず第一に、このようにして裁判上の審尋を求める権利は、さきほど申し上げましたように、従来の伝統的な立場では、非訟事件の関係人には認められていなかった。しかし、基本法一〇三条一項が、これを憲法上の権利として保障したのですから、その影響によりまして、基本的な変動が生まれます。この基本法の成立以来、判例や学説は、すべての手続において関係人にも裁判上の審尋を求める権利を保障しなくてはならないと考えるに至ったわけであります。しかも、連邦の憲法裁判所の判例によりますと、現行の手続法には必ずしも審尋を求める権利を保障していない手続がいくつもある。しかしそういう場合には、憲法上の規定によって直接審尋をする義務が生ずることになる（Jansen, a.a.O., S.16f.）。上級裁判所とか、あるいは学説は、このようにおしなべて、審尋を求める権利を認めております。しかし、下級の裁判所の中には、具体的な処理に際してこれを十分に尊重しておるとはいえないものもある。そこで、さきほどの改正準備委員会の報告書は、この審尋を求める権利を尊重すべきことを具体的に非訟事件手続に適した方法で明規すべきであるという意見を出すに至っておるわけでありますBericht, S.380f.)。

しかし、このようにして裁判上の審尋を求める権利が保障されたとしても、これは決して必要的口頭弁論を認めたことにはならないのであります。審尋をするといいましても、関係人に対して一度だけ自分の事件について陳述をする機会を与えることで終ってしまうことも可能であります。そこで学説は、それだけではこの権利を十分に保障したことにはならない、手続の経過の中で新たにいろんな事実や資料が集められた場合には、逐次これに対して意見を陳述するという権利が保障されなくてはならない、と主張しています（vgl. Jansen, a. a. O., S.21）。このことは、ことに注目に価すると思うわけであります。

わが国の非訟事件手続法の解釈としましては、従来はほとんどこの審尋を求める権利を認めてこなかったわけですが、わが国においても同様の権利を認めるべきであるという考え方が、一部において次第に有力になってきていると思います（たとえば、山木戸・前掲論文六五頁参照）。わが国では、御承知のように、審尋を求める権利という憲法上の規定はないわけであります。しかしながら、ドイツのこの規定の背景をなした近代法治国思想、あるいは同様の考え方でありますす適正手続の保障、つまりデュー・プロセスといいますかそういう憲法上の保障は、近代国家の共通の原則であります。したがって、わが国においても、この裁判所において審尋を求める権利を認めることによって、当事者の弁論権を保障する必要がある。しかも、単にただ一度だけ意見を聴けばよろしいということではなくして、やはり審理の過程において終始陳述をする機会が与えられなくてはならない。わが国においても、このようにいえると思うわけであります。

そこで第二番目に、このような弁論権を実質的に保障する前提としましては、さきほどちょっと申し述べましたように、非訟手続における関係人の立会権の保障が問題になるわけであります。この点でもドイツ理論のその後の展開がやはり参考になると思います。

この立会権は、特に証拠調べにつきまして問題にされてきました。ドイツにおきましては、二〇世紀初頭、ライヒスゲリヒトの判例がこれを認めないという立場をとりまして、それ以後これを認めないというのが判例の立場であったわけであります。しかし、一九六二年カンマゲリヒトは、こういう従来の判例は今日ではもはや通用しないと述べて、立会権を保障すべきだといっております。学説もまた今日では、もはや従来の判例を支持することはできないという方向に次第に固まってきているといえます（vgl. Jansen, a. a. O., S. 34ff.）。そして、さきほどの改正準備委員会の報告書もまた、証拠調べにおける立会権および尋問権についての民事訴訟法の規定が非訟手続においても準用さるべきであるという考え方を支持しているのであります（Bericht, S. 381）。

ところで、こういう証拠調べにおける立会権が、ドイツの学説の一部が言っておりますように、さきほどの陳述を求める権利から当然に導き出されるかどうかという点は、いろいろ問題があると思います。しかしながら、陳述を求める権利といい、あるいは立会権といいましても、いずれも法治国家の観点から、関係人に対して適正な手続が保障されなければならない、そして手続の主体としての当事者権を認めなければならないという考え方から出ておるわけであります。いずれにしましても、そういう根拠からすれば、わが国においてもこれを認めることができるのではないかと思うのであります。ことにわが国では非訟事件手続法におきまして、証拠調べの中で証人尋問や鑑定につきましては民事訴訟法を準用するという規定があります。ですから、この非訟事件手続法の解釈から、このような証拠調べは通常の民事訴訟法の手続によって行われることになり、立会権や尋問権はここでも保障されるのではないかと考えられます。それにもかかわらず、従来は、非訟手続が職権主義を採っていることから、一般にはこれらの権利を否定していたのであります。しかし、この点についても、最近は少なくとも関係人に立ち会わせる方が適当であるとする見解が有力でありますので、むしろ積極的に立会権を認めるべきではないかと考えたわけであります。

しかし、こういうふうに証拠調べにおける関係人の立会権を認めるにしましても、非訟手続ではさきほど言いましたように、証拠調べの方式によらずに、いわゆる事実の探知あるいは事実の調査という制度が認められているわけであります。したがいまして、事実の探知の場合にも立会権を保障することができるかということが問題になります。この場合に立会権を保障するという考え方は、現在でもあまり見られません。しかも、裁判所が証拠調べをするか、あるいは事実の探知をするかは、結局は裁判所の自由な裁量に委ねられておるわけであります。そこで、資料の収集についての関係人の立会権は裁判所の裁量に左右されることになって、法規上関係人の弁論権が実質的に保障されたことには必ずしもならないのであります。したがいまして、証拠調べをするか、あるいは事実の探知をするかという点の裁判所の裁量権の限界といいますか、そういうことが問題になってこざるを得ないのであります。たとえば、この点につきましてはドイツ法においても同様でありまして、この点を強調するヤンセンという人の説明によりますと、次の通りになります。すなわち、関係人間で争いのある重要な事実については、必ず方式に従った証拠調べをする必要がある。そうして、その場合に、事実の探知、つまり自由な証明が考えられるのは、証拠調べによって本質的な事実関係が解明された場合だけである。ただそれを補充する手段として自由な証明が考えられるに過ぎない、と述べておることが印象に残るわけであります（Jansen, a. a. O., S. 32f.）。

そこでつぎに、こういう裁量権がその限界を超えて行使される場合には、それではどういう保障があるのかということが問題になります。結局、この場合には、上級審によってチェックされるということしか考えられない。つまり、上級審が不当な裁量権行使であったということで原審の裁判を破棄するということしか考えられない。そこで、そういう限度からしますと、結局、関係人の弁論権とか立会権というのは、実質上は裁判所の裁量いかんにかかっている。したがって、実質的に法規上の担保が与えられておるかというと、必ずしもそうはいえないことになります。こういう点に非訟事件における審尋と必要的口頭弁論の差異というものが認められると思うわけであります。

(2)　真正訴訟事件についての保障

次に、真正訴訟事件においては当事者権がどういうふうに保障されているのかという問題を考えてみたいと思います。この問題はわが国では、さきほども申し上げましたように、単に手続法上の問題ではないのでありまして、これは憲法上の問題ということになります。

みなさんご存じのように、この点につきまして最高裁判所大法廷は、私のレジュメの資料Ⅱの所で挙げております五つの判例において、一定の考え方の展開を示したのであります。まず第一に挙げております昭和三一年の判例（最高決昭和三一年一〇月三一日民集一〇巻一〇号一三五五頁）におきまして、憲法三二条の裁判を受ける権利は、要するに何らかの裁判所の手続の保障があればよろしいという意味であって、その手続の内容はどうであろうと、これは全く立法に任せられているとしたのであります。したがいまして、訴訟事件を非訟手続によって処理しようとも、これは憲法違反の問題にはならないとして、家屋明渡しの請求に関するいわゆる強制調停は合憲であるという決定をしたわけであります。

しかし、この判例はその後、資料Ⅱの(3)に挙げた判例によって覆されました（最高決昭和三五年七月六日民集一四巻九号一六五七頁）。この昭和三五年の決定によりまして、強制調停は違憲だということになったわけであります。つまり、当事者が主張する権利・義務の存否を終局的に確定するような裁判は、これは純然たる訴訟事件についての裁判であって、これを非公開の非訟手続で――調停には非訟手続の準用があるわけですが――行うことは違憲である、と判断したわけであります。

この三番目の決定で確立した原則は、昭和四〇年六月三〇日の同じ日に出された、家事審判法乙類の審判事件を合憲とする二つの最高裁判所の決定によっても維持されております（民集一九巻四号一〇八九頁、同一一一四頁）。ただこの決定の場合には、公開の法廷における対審および判決を要求する憲法上の規定は、審判事項の前提をなす同居義務、すなち実体法上の権利・義務自体の確定についてのみ保障される、しかし、この権利・義務を前提として、その内容を具体的に定めるような処分は、これは家庭裁判所が後見的な立場から裁量権を行使する形式的処分であって、本質上非訟事件の裁判であり、これは非訟手続によって処理できる、と言っております。言い換えますと、結局、権利・義務自体の確定というものと、これを前提とする具体的な内容を定める処分というものとを区別いたしまして、仮にこの審判が決まってしまった後にも、本質上は訴訟事件である権利・義務自体についてはなお公開の法廷において対審手続を求める道が開かれている、と説明することによって、違憲論を回避したわけであります。ここで権利・義務の存否自体とその具体的な内容を決定する問題とをこのように区別できるのかということは、少数意見が指摘していますように、若干疑問が残るわけであります。しかし、権利・義務自体の問題に関する限りは、依然として対審および判決の公開が必要であるという原則を貫いた点では、この判決は評価できると思うわけであります。

こういうわが国の憲法上の保障は、ドイツの憲法にはないわけでありまして、真正訴訟事件について特有の違憲問題というのは、ドイツでは考えられない。しかし、やはりこの真正訴訟事件が非訟的な手続で処理される場合がある。そういう場合を個別的に規定している特別法の多くは、非訟手続を民事訴訟手続に非常に近い形で修正しておりまして、一定の特則を認めております。そこで、この特則を見ますと、特に当事者権の保障についてけ十分の配慮がなされておりまして、多くは必要的口頭弁論が保障される。また、証拠調べについての立会権や尋問権、さらに証拠調べの結果についての弁論権もこれを保障する規定をもっているものが多い。したがって当事者権の保障に関しましては、民事訴訟法に非常に近い対審的な構造が認められているということができます。

さきほどの改正準備委員会の報告書も、真正訴訟事件について個々的に存在するこのような特別法の規定をまとめて、すべての真正訴訟事件についてこれを保障すべきであるし、こういう手続を統一的に非訟手続法自体の中に取り入れるべきである、と勧告しているのであります（Bericht, S.325f. 392）。しかも、報告書はこのお話の最初に、ドイツの非訟化の典型的事例として説明しました契約補助法のような場合も、真正訴訟事件に含めています。そこで、いわゆる争訟的非訟事件もこの中に含むわけでありまして、この場合にも、同様の手続的な保障が認められているといえるわけであります。

(3)　争訟的非訟事件における特別配慮の必要

ところで、ドイツにおけるこのような傾向がわが国にどういう示唆を与えるかということが問題であります。わが国では、いわゆる純然たる訴訟事件につきましては憲法上の保障があることは、すでに説明いたしました。したがいまして、ドイツのような対審的な構造の必要性が特に問題になるのは、むしろ争訟的非訟事件の手続についてであると思われるわけであります。さきほど言いましたように、争訟的非訟事件と真正訴訟事件との間には多くの共通点があります。ともに対立当事者がある。そして対立当事者間で紛争関係が存在する。これを解決するために訴えが提起される。これを解決するための手続が問題になっておるというわけであります。しかも、真正訴訟事件と争訟的非訟事件とに分類しておりますが、実際は実体法の規定をちょっと変えますと、従来の真正訴訟事件が争訟的非訟事件になるのでありまして、両者の区別は非常に曖昧であります。

こういう点をとらえまして、前に述べました家事審判事件についての最高裁判所の決定の中で、田中二郎裁判官の少数意見が次のようなことを述べているのは、注目に価すると思います。つまり、

「民事事件と非訟事件の区別、限界が必ずしも明確でなく、時に非訟事件として取扱うことによって憲法違反の疑の生ずる余地がある。」

だから、この種の事件をまとめて対審公開の手続で処理するような立法的な処置がいるのではないか、と指摘しているのであります（民集一九巻四号一一一七頁参照）。したがいまして、いわゆる争訟的非訟事件は、むしろ真正訴訟事件と非常に近いような手続的な保障がいると思われるわけであります。

さきほどは、非訟事件一般につきまして、近代法治国家思想を背景にしていろいろと当事者権の拡張が行われていることを述べました。争訟的非訟事件につきましては、まさにこの傾向は徹底されなくてはならない。そし

て、むしろ真正訴訟事件に近いような対審構造を加味した手続が必要であると思うわけであります。

四　改正借地法の非訟手続における当事者権の保障

(1)　一般的位置づけ

そこで今度の借地法の改正でありますが、これはまさに今まで説明しました争訟的非訟事件の典型的な事例でありまして、ここでどのような手続的な保障がなされているかという点が具体的な素材として問題になってくるわけであります。

そこで、初めに述べましたように、借地事件の一部を非訟手続によって処理する場合には、その争訟的な性格にかんがみまして、できるだけ民事訴訟法に近い手続規定が望ましいわけであります。改正法に設けられました手続の規定を若干資料Ⅰに抜萃していますが、そこに設けられている規定は非常に少数でありまして、これだけでは手続の詳細は必ずしも明らかではない。この細目に関しましては、一四条ノ三〔現〈借地借家法——以下省略〉四二条〕が規定していますように、あげて最高裁判所の規則に委ねられているわけであります。私はまだ最高裁判所規則が成立したとは聞いていませんが、ただ改正法の立案にあたった人々が、論文や座談会の説明などで、最高裁規則の内容となるものをある程度推測できるような発言をしておられます（井口牧郎「いわゆる争訟的非訟事件手続における問題点」判例タイムズ一七九号〔一九六五年〕一二頁・一八〇号〔同年〕七頁および山木戸克己ほか「借地事件の非訟的処理」民商法雑誌五三巻六号〔一九六六年〕三頁における香川参事官の発言など参照）。

これを手続上の問題に限りましても、いろいろと議論すべき問題等があるわけですが、ここでは時間の関係とテーマの性質からも、当事者の弁論権や立会権を中心とする当事者権に限って問題にしたいと思います。

まず、個々的な問題を説明します前に、改正法における当事者権の保障はどのように位置づけられるのかが問題であります。ドイツ法では、さきほど述べましたように、争訟的非訟事件と真正訴訟事件とを手続上は非常に近似したものとして規定する特則があるわけでありまして、一般的には必要的口頭弁論が保障されているわけであります。この度のわが国の借地法の改正は決してドイツ法のこのような傾向には則っていないといわざるをえない。むしろ、非訟手続一般について審尋を求める権利が憲法で保障されて以後、一定の進展があったことを説明しましたが、その線に近い。ドイツでは近時非訟事件一般に認められるようになった保障が、この借地法の非訟手続の特則であるというように思われるわけであります。このことは、本体がむしろ真正訴訟事件に近いものであって争訟性が非常に強い事件である点から考えますと、当事者権の保障という点に関しまして、ドイツ法におけるほどには十分ではないといわざるを得ないのであります。

(2)　弁論権の保障

そこで個別的に二、三の問題を検討してみたいと思います。まず弁論権に関しまして、当事者の陳述を聴く機会が保障されております。一四条ノ六〔現四五条〕で、当事者の陳述を聴く機会を保障するために審問期日が開かれることになっております。さきほど申し上げましたように、ドイツ法では、本件のように争訟的な性質の強い事件については概して必要的口頭弁論が保障されているわけであります。その点にかんがみまして、審問というものと必要的口頭弁論というものがどのように違うのかということが問題になります。

ここで保障されております当事者の審問期日においては、相手方の立会権が認められております。そこで、これに出席した相手方にも、陳述権や反対尋問権というものが考えられるとしますと、これは公開でないわけでありますから、口頭弁論が公開であるという点を除けば、大体口頭弁論に近い実質をもつことになるといわれております。しかし、この条文を見ましても、当然に反対尋問権が保障されるかどうかもはっきりしませんし、また尋問期日において第三者を尋問する場合には立会権があるかどうか、必ずしも条文上は明記されていない。しかし、何よりも審問について問題になりますのは、非訟事件における審理は必ずしも審問期日においてなされる必要はないということであります。この条文では、審問期日を開き、当事者の陳述を聴くことを要すとして、必要的審問という形になっておりますが、立案者の説明によりますと、これは結局、手続の進行過程で少なくとも一度は当事者双方に陳述の機会を与える必要があるということを意味するに過ぎないようであります。

そこで、いわゆる事実調査とか、あるいは自由な証明というものが、あとで述べますように、この場合にも認められておりますから、これによれば審問期日を開かなくてもいいわけであります。すでに述べましたように、その際には立会権も問題にならないことになる。結局、審問期日を開かなくてはならないとしても、一四条ノ八〔現四七条〕で予定されている最終の審問期日だけを開いて、ここで当事者双方の陳述を聴く。しかし、そこで陳述を聴けば、一応は要件を満たしたことにもなりかねないわけであります。

ですから、審理の過程に応じて逐次双方が陳述をするという見地から見ますと、どうもこれでは十分の弁論権の保障にはならない。ことに必要的口頭弁論の場合ですと、こういう審理がすべて口頭弁論期日において行われなければならないという原則でありまして、それとこれとは非常にへだたるところが大きいといわざるを得ないようであります。

(3)　証拠調べと事実の探知

それから一四条ノ七〔現四六条〕は、職権による事実の探知と職権または申立てによる証拠調べを規定しまして、証拠調べにつきましては、民事訴訟法の例によると規定しております。申立てによる証拠調べを認め、証拠調べ全般に民訴法を適用する他は、非訟事件手続法の規定と基本的には異ならない。すなわち、事実の探知によって、いわゆる自由な証明ができるのでありまして、証拠調べのいろいろな方式に従わないで、自由に事実認定の資料を調べることができるということになっております。

立案者の説明によりますと、証拠調べと事実の探知の配分の問題については、重要な事実については証拠調べをするが、それほど重要でない事実については、事実の探知ないし自由な証明によるとされています。しかし法規上は、必ずしもそういう制限はない。そこで、たとえば、関係人からいろいろの事情を聴く場合を考えますと、証人として聴く場合には、民訴の規定によるわけですから当事者は当然の立会権が認められますし、反対尋問権も保障される。しかしながら、事実の探知の一つの方法としての審問ということになりますと、こういう立会権等の保障はない。そして、いずれによるかは、結局、裁判官の裁量に委ねるということになりまして、この裁量権の行使が不当である場合については、抗告審でこれをチェックするという説明がなされているに過ぎないのであります。

この点につきましては、弁護士会の委員会によって、事実の探知のできる事項を限定すべきであるという提案がなされております。つまり、関係人に対していろんな事情を聴取することを事実の探知によって認めるべきではない、事実の探知の内容としては、官公署その他、信用ある所に調査嘱託する事項に限るべきではないかというのであります。こういうことになれば、当事者権が十分に保障されるかどうかが、結局、裁判官の裁量に左右されるということはなくなると思うわけであります。

(4)　当事者公開の問題、当事者の立会権など

次の問題は、当事者の立会権等を中心とした、いわゆる当事者公開の問題であります。審問期日や証拠調期日のように、期日が開かれる場合には、当事者の立会の機会は与えられるというふうに説明されております。ですから、この期日は当事者に告知されて、この機会が与えられるということになるのだと思います。ただ、当事者がその期日に出席しなくても審問ができなくなるということはないわけで、機会だけを与えておけばよろしいという趣旨になってくると思われます。立ち会った場合に、陳述権や反対尋問権があるかについては、必ずしも明らかではない。もちろん、この点についての明文はないわけであります。ただ、証拠調期日の場合には、民訴の例によるということですから、陳述権や反対尋問権は認められると考えられるのであります。

ここでも、前に述べましたように、審問期日とか証拠調期日というのがどの限度で開かれるかということが非

常に重要になってきます。すなわち、事実の探知によっても裁判の資料収集が認められ、これは期日を開かずに自由に行われるのであるから、裁判官が裁量によってどの範囲で事実の探知を行うかということが、当事者権の保障という見地から見れば、決定的な問題になってくる。事実の探知による場合には、立会権や当事者の陳述権は保障されないからであります。

同様のことは鑑定委員会の鑑定（一四条ノ五〔現四四条〕）についても考えられるわけでありまして、鑑定委員会の鑑定について、鑑定委員がいろいろ調査する場合に当事者が立ち会うという意味の立会権は保障されていませんし、鑑定委員に対して反対尋問をする権利も認められない。これは、鑑定委員会が鑑定人という性質よりも裁判所の諮問員であるという性質が強いことからくる結果であるといわれております。しかし、鑑定委員の意見は、鑑定としての面も当然に持っておるわけですので、その信用性を検討する機会を当事者に与える必要がある。そのためには、その意見を当事者に知らせる。どういう意見が出されたかを公開する。そして審問期日において、そういう意見に対して当事者が陳述する余地を認める必要があると思われます。

同様のことは、職権で収集した資料とか、当事者の提出した書証というようなものにつきましても、問題になります。すなわち、これらを当事者に公開して、それについて審問期日で意見を述べる機会を与えるということが必要になります。この場合に問題は、どういう形で当事者に公開するかということになってくると思います。

この法律が予定していますのは、一四条ノ一四〔現五三条〕におきまして、これらの結果を記録に綴っておきまして、これについて記録閲覧権を認めるということであります。ただ、記録閲覧権という場合には、当事者の提出した資料とか、あるいは裁判所が収集した資料はいつ集められるかわからない。そこで当事者は、終始記録を調べておかなくてはならない。そうしないと、どういう資料が集まっているのか全く見当がつかないという結果にもなってくるわけであります。

以上申しあげました点が、改正法の下で、特に当事者の弁論権、当事者権との関連において問題になると思います。立案者がこの改正法を立案するにあたって考慮したといわれる立法趣旨によりますと、まず、本件は争訟的性格が非常に強い、そこでその点を重視して当事者の主体的な地位を認める、そして陳述の機会を十分に与えるように工夫することが重要なポイントであるというのであります。しかし、結局出された具体的な規定を検討してみますと、当事者の陳述の機会を実質的に保障するかどうかは多分に裁判所の裁量いかんにかかっていることが明らかになったと考えます。当事者の弁論権の保障というものが、結局、裁判官の裁量に委ねられるということで不徹底に終ったというのは、この点について別の要請があったためであります。つまり、この種の事件においては、手続をできるだけ融通性あるものにしたいという要請と同時に、もっとも重要な立法理由であった、この種の事件処理の迅速性の要請が強調されたためであることは、明らかであります。つまり、当事者に十分な弁論権や立会権を認めることは、多くの場合、手続を迅速に処理するということとマッチしない、これと矛盾する場合が少なくない、と考えられたためであります。

しかしながら、逆に考えてみますと、仮に当事者権を保障しないで融通性あるものにしておけば迅速な処理が実現できるかというと、必ずしもそうではない。このことはすでに全く同じ事件について、非訟事件手続によっております罹災都市借地借家法の規定が必ずしも迅速に処理されなかったということからも明らかであります。その原因については、いろいろ説明されております。もしこれが一般にいわれますように、この種の事件については当事者間の利害対立が深刻であって、紛争の適正・妥当な解決のためには、当事者の陳述を十分に聴取して詳細な証拠調べをする必要がある、そういう原因によるのであるとすれば、本件の場合といえども全く同じことが考えられる。のみならず、迅速な処理を実現するためには、こういうふうに手続を変えて当事者権を制限するということもさることながら、基本的にはそれ以外のいろんな案件の整備を要することを忘れてはならないと思います。たとえば、裁判官の絶対数が不足しておる、あるいは、裁判所の設備などの客観的な条件を整備する必要がある。このような問題の解決によって充たされる余地も大きいことを考えてみる必要があると思います。
私もこの種の事件について迅速な処理が要請されていることを認めるにやぶさかではないつもりであります。しかし、訴訟促進のための基本的条件を整えるための努力を抜きにして、もっぱら審理手続において当事者権を制限することによってこれを解決しようとすることには、疑問を感ぜざるをえないのであります。これによって、仮に迅速な事件処理が可能となったとしましても、裁判の適正とこれに対する国民の信頼が害われることにならないかを惧れるからであります。したがいまして、この改正法の運用に際しましても、以上指摘してまいりました問題点については、当事者権を保障するための十分の配慮がなされることを希望したいと思います。ことに、制定を予定されております最高裁判所規則の中にこの点の配慮が可及的に法制化されることを要請して、私のお話しを終りたいと思います。

【資料Ⅰ】　借地法等の一部を改正する法律（昭和四一年六月三〇日法律九三号）

第一四条ノ二（現〈借地借家法―以下省略〉四一条）　第八条ノ二第一項、第二項若ハ第五項、第九条ノ二第一項（第九条ノ四ニ於テ準用スル場合ヲ含ム）若ハ第三項（第九条ノ三第二項及第九条ノ四ニ於テ準用スル場合ヲ含ム）又ハ第九条ノ三第一項（第九条ノ四ニ於テ準用スル場合ヲ含ム）ニ定メタル事件ハ借地権ノ目的タル土地ノ所在地ノ地方裁判所ノ管轄トス但シ当事者ノ合意アリタルトキハ其ノ所在地ノ簡易裁判所之ヲ管轄スルコトヲ妨ゲズ

第一四条ノ三（現四二条）　特別ノ定アル場合ヲ除キ前条ノ事件ニ関シテハ非訟事件手続法（明治三一年法律第一四号）第一編ノ規定ヲ準用ス但シ同法第六条、第七条、第一五条及第三二条ノ規定ハ此ノ限ニ在ラズ

第一四条ノ四（現四三条）　裁判所職員ノ除斥、忌避及回避ニ関スル民事訴訟法（明治二三年法律第二九号）ノ規定ハ本法ニ定ムルモノノ外前条ノ事件ニ関シ必要ナル事項ハ最高裁判所之ヲ定ム

第一四条ノ二ノ事件ニ之ヲ準用ス

第一四条ノ五（現四四条）　鑑定委員会ハ三人以上ノ委員ヲ以テ之ヲ組織ス
鑑定委員ハ左ノ者ノ中ヨリ各事件ニ付裁判所之ヲ指定ス但シ特ニ必要アルトキハ其ノ他ノ者ニ就キ之ヲ指定スルコト

ヲ得

一　地方裁判所ガ特別ノ知識経験アル者其ノ他適当ナル者ノ中ヨリ毎年予メ選任シタル者

二　当事者ガ合意ニ依リ選定シタル者

鑑定委員ニハ最高裁判所ノ定ムル旅費、日当及宿泊料ヲ支給ス

第一四条ノ六〔現四五条〕　裁判所ハ審問期日ヲ開キ当事者ノ陳述ヲ聴クコトヲ要ス

当事者ハ他ノ当事者ノ審問ニ立会フコトヲ得

第一四条ノ七〔現四六条〕　裁判所ハ職権ヲ以テ事実ノ探知ヲ為シ及職権ヲ以テ又ハ申出ニ因リ必要ト認ムル証拠調ヲ為スベシ

証拠調ハ民事訴訟ノ例ニ依リ之ヲ為ス

第一四条ノ八〔現四七条〕　裁判所ハ審理ヲ終結スルトキハ審問期日ニ於テ其ノ旨ヲ宣言スベシ

第一四条ノ一三〔現五二条〕　民事訴訟法第一三六条及第二〇三条（和解ニ関スル部分ニ限ル）並ニ民事調停法第二〇条ノ規定ハ第一四条ノ二ノ事件ニ之ヲ準用ス

第一四条ノ一四〔現五三条〕　当事者及利害関係ヲ疎明シタル第三者ハ第一四条ノ二ノ事件ノ記録ノ閲覧ヲ裁判所書記官ニ請求スルコトヲ得但シ記録ノ保存又ハ裁判所ノ執務ニ支障アルトキハ此ノ限ニ在ラズ

民事訴訟法第一五一条第三項及第四項ノ規定ハ前項ノ記録ニ之ヲ準用ス

【資料Ⅱ】　非訟手続による裁判の合憲性（憲法三二条・八二条）に関する裁判例

(1)　最高裁昭和三一年一〇月三一日大法廷決定（民集一〇巻一〇号一三五五頁）

戦時民事特別法一九条二項により借地借家調停に準用される金銭債務臨時調停法七条一項による調停に代る裁判（強制調停）は合憲である。

(2)　最高裁昭和三三年三月五日大法廷判決（民集一二巻三号三八一頁）

罹災都市借地借家臨時処理法一五条による借家権設定に関する裁判は合憲である。

(3)　最高裁昭和三五年七月六日大法廷決定（民集一四巻九号一六五七頁）

純然たる訴訟事件である家屋明渡訴訟についてした調停に代る裁判（強制調停）は違憲である。

(4)　最高裁昭和四〇年六月三〇日大法廷決定（民集一九巻四号一〇八九頁）
家事審判法第九条第一項乙類第一号の夫婦の同居その他夫婦間の協力扶助に関する処分の審判は合憲である。

(5)　最高裁昭和四〇年六月三〇日大法廷決定（民集一九巻四号一一一四頁）
家事審判法九条一項乙類三号の婚姻費用の分担に関する処分の審判は合憲である。

（原題「民事事件の非訟化傾向と当事者権の保障」、日本弁護士連合会・昭和四一年度特別研修叢書下巻、一九六七年）

第三編　人事訴訟と家事紛争の処理

第七章　人事訴訟手続の特徴と家事紛争処理

一　人事訴訟手続法の意義と性質

(1)　人事訴訟手続法の意義

人事訴訟は、婚姻、養子縁組、親子関係という基本的な身分関係に関する紛争を処理する特別民事訴訟手続である。そうして、人事訴訟法ないし人事訴訟手続法は、この種の身分関係事件の特色に応じて人事訴訟を規律する手続法の総体を意味するが、特に狭義では、人事訴訟手続法の名称のもとに制定されている法典を指す。通常の民事訴訟法も人事訴訟に適用されるかぎりでは人事訴訟法に属することになるが、ここではとくに民事訴訟法の特別法としての人事訴訟手続法をとりあげる。

ところで、身分関係ないし家族関係として親族法や相続法のいわゆる身分法によって規律される法律関係は多岐にわたる。そのうちでもとくに、婚姻関係、養子縁組関係、親子関係という基本的な身分関係だけを人事訴訟事件とし、通常の民事訴訟法の特別法としての人事訴訟手続法によって処理することにしたのはなぜか。もともとこうした基本的な身分関係は、愛情による合意や自生的関係によって形成された社会関係であって、社会存立の基礎的単位をなすものであるから、実体私法上も、経済的な利益に関する財産関係とは異なった規律をうけている。財産関係が私的な利害に属し、その主体の自由な処分による私的自治にゆだねられるのに対して、身分関係は、その主体だけではなく多数の関係人の利害にかかわり、さらに社会一般の公的関心事でもあるから、当事者の自由な処分にゆだねるわけにはいかない。たとえば、婚姻、養子縁組、認知のように、当事者の自由な意思表示ないし合意によって成立することが認められる場合にも、戸籍届出という要式性が要求されるとともに、この届出があれば、その効果は画一的・一般的に一応有効なものと推定され、その無効や取消しは、常に訴訟によって判決で宣言されるまでは、何人との関係でもこれを否定することはできないことにしている。また、出生に基づく親子関係の発生についても、嫡出子の場合には推定を設け、否認の訴えで判決されないかぎりは、親子と取り扱われる。だから、身分関係については、訴訟手続のうえで、財産関係のように当事者の自由な訴訟追行による相対的な解決にゆだねることなく、客観的事実に基づいて対世的にも画一的な処理が適当とされることが多い。夫婦や親子関係という基本的な身分関係を相対的に確定していたのでは、多数の関係人の身分関係が混乱して収拾がつかないことになるからである、といわれている（たとえば、兼子一「人事訴訟」中川善之助編・家族問題と家族法Ⅶ（酒井書店、一九五七年）一七四頁参照）。そこで身分関係をめぐる人事訴訟では、通常の民事訴訟におけるように私的自治の原則に照応して訴訟上も当事者の自由な処分を許容する処分権主義や弁論主義などの諸原則とは異なった手続上の取扱いが要請される。特別訴訟手続としての人事訴訟が認められているのは、身分関係のこのような特質によるのである。

(2)　特別民事訴訟法としての性質

人事訴訟法は民事訴訟法の特別法であるから、人事訴訟ではその規定が優先して適用されるが、そのほかは通常の民事訴訟法によって規律される。したがって、人事訴訟は非訟事件手続とは異なり、基本的には訴訟の構造をもつ手続である。すなわち、人事訴訟においても、手続の主体としての当事者が対立的に関与して訴訟を追行するのであって、まず訴えの提起によって訴訟が開始され、審判の対象も当事者の申し立てた事項にかぎられるとともに、その審理についても、当事者は弁論期日における主張・立証の権利をもつなど、その主体的地位が保障されている（一四条但書〔現二〇条〕参照）。また、判決は弁論の全趣旨と証拠調べの結果に基づいて認定された事実に法律を適用してなされ、審理および判決は公開の法廷で行われなければならない。要するに人事訴訟は、対審・公開の訴訟構造をとる点において、同じ家事紛争を非訟手続によって処理する家事審判手続とは根本的に異なるのである。

他方、人事訴訟手続法は民事訴訟法の特別法として、通常の民事訴訟とは異なった取扱いをする特則を規定している。その主要な特則には、当事者適格者の法定（二条・四条・二〇条〔現削除〕・二五条・二六条・二八条・二九条・二九条ノ二・三〇条・三二条〔現一二条・一四条・四一条・四二条・四三条一項・二項〕）、被告とすべき者を欠く場合の検察官等の被告適格（二条三項・四項・六項・二六条・三二条二項・四項〔現一二条三項・四二条一項・四三条二項〕）、無能力者の訴訟能力の承認（三条・二六条・三二条一項〔現一三条〕）、検察官の訴訟関与（五条・六条・二二条・二六条・三一条一項・三二条一項〔現二三条〕）、当事者の直接関与（一一条〔現削除〕・一二条・二六条・三二条一項〔現二一条〕）、処分権主義・弁論主義の制限と職権探知主義の採用（一〇条・一四条・二六条・三一条二項・三二条一項〔現一九条・二〇条〕）、訴訟集中を図るための措置と別訴禁止（七条・八条・九条・二六条・三二条一項・三項〔現一七条・一八条〕）、判決の対世的効力（一八条・二六条・三二条一項〔現二四条〕）と失権的効果（九条・二六条・三二条三項〔現二五条〕）および離婚訴訟等における付随的措置（一五条〔現三二条〕）などがある。

二　人事訴訟の基本的特則

人事訴訟手続法は、このように民事訴訟の特別法として、身分関係の特質に対応した特則を規定するが、その基本的な特則は、職権探知・実体真実主義、本人直接関与主義、全面的解決主義であるということができる。

(1)　職権探知・実体真実主義

身分関係は単にその主体たる当事者の利益だけでなく、多数の関係人の利害にかかわり、さらに社会一般の公的利益にも影響するところから、人事訴訟では当事者の自由な訴訟追行にゆだねることなく、検察官の訴訟関与を認め、当事者の処分権主義や弁論主義を制限し、裁判所の職権探知主義を採用して、真相を究明し実体真実の発見を図っているといわれる。すなわち、人事訴訟では、公益の代表者としての検察官が弁論に立ち会ってその意見を述べ（五条・二六条・三二条一項〔現二三条一項〕）、事実や証拠を提出することができる（六条・二六条・三一条一項〔現二三条二項〕）。また、弁論主義の要請である民訴法の規定、つまり自白の拘束力（民訴一四〇条一項〔現一五九条一項〕）、攻撃・防御方法提出の制約（民訴一三九条・二五五条〔現一五七条・一七四条〕）および当事者の懈怠による真実の擬制（民訴三一六条・三一七条〔現二二四条一項・二項〕）の規定の適用を排除し、処分権主義による請求の認諾の規定（民訴二〇三条〔現二六七条〕）も適用しないことにした（一〇条・二六条・三二条一項〔現一九条。現三七条・四四条参照〕）。さらに、裁判所は職権により証拠調べを行い、当事者の提出しない事実を斟酌することができるとした（一四条・二六条・三一条二項〔現二〇条〕）。このうち、職権による証拠調べと事実の斟酌が、婚姻事件や養子縁組事件においては婚姻や縁組を維持するためになされると規定されているのは（一四条・二六条。親子事件についてはそのような制限はない。三一条二項）、協議離婚や協議離縁を認めるわが国では問題である〔現二〇条参照〕（検察官の職権探知についても同様の問題がある。六条・二六条〔現二三条参照〕）。また、請求の放棄・認諾および訴訟上の和解に関する規定（民訴二〇三条〔現二六七条〕）のうち請求の認諾だけの適用を排除するのも（一〇条一項）、同様の理由で疑問である〔現三七条・四四条参照〕。ここではこれ以上立ち入れないが、少なくとも離婚訴訟と離縁訴訟では、請求の放棄・認諾および訴訟上の和解を認めてよいと解されるし（たとえば、山木戸克己・人事訴訟手続法〔有斐閣、一九五八年〕一二五頁、小室直人「形成訴訟における処分権主義・弁論主義の制限」西原寛一先生追悼論文集・企業と法〔有斐閣、一九七七年〕(上)三五四頁、中村英郎「人事訴訟における和解」実務民事訴訟講座⑹〔日本評論社、一九六九年〕二四一頁。反対、岡垣学「人事訴訟における弁論主義の制限」人事訴訟の研究〔第一法規出版、一九八〇年〕一九六頁）、弁論主義を認める余地もなくはないと思われる（立法論として、兼子・前掲一八〇頁、山木戸・前掲書一二二頁参照）。しかし、親子関係事件ではもちろん、婚姻や養子縁組の無効・取消訴訟でも、全面的に職権探知をなしうるし、請求の放棄・認諾および訴訟上の和解も排斥されるものと解すべきであろう（山木戸・前掲書一二三頁・一二四頁、中村・前掲論文二三五頁、岡垣・前掲論文一八九頁・一九二頁など）。

いずれにしても、人事訴訟のこれらの特則は、多数の関係人の身分関係の基本となる婚姻や親子関係を対世的・画一的に確定するためには裁判所と検察官の職権による真相究明が要請されるという趣旨に基づくものであるといわれている（山木戸・前掲書二頁、岡垣学・人事訴訟手続法〔第一法規出版、一九八一年〕二頁など）。たしかに、これらの規定が裁判所の職権探知と検察官の関与によって実体的真実を明らかにし、これを基礎にして基本的身分関係の画一的な確定を図ろうという趣旨に基づくものであったことは疑いがない。しかし、検察官の関与は実際上は形式的であって余り効果がないようであるし、裁判所の職権探知も実務上どこまで実体的真実発見に役立っているか疑問である。そうであれば、こうした職権探知を基礎にして、多数関係人の利害を左右する基本的な身分関係の対世的確定を当然に正当化することは必ずしもできないように思われる。ただ、当事者の自由な訴訟追行にゆだねるだけでは十分にくみ尽くすことのできない関係人の利益を、検察官や裁判所の職権探知を通じてできるだけ多く訴訟手続に反映させようとする工夫であると評価すべきであろう。そして、より根本的には、重大な利害関係人がみずから訴訟手続に関与できる機会を保障するために強制参加（家審一二条、行訴二二条）のような訴訟手続上の手当てが必要であるというべきであろう。

⑵　本人直接関与主義

人事訴訟においては、審判の対象となる身分関係の主体が当事者となって直接審理手続に関与するのが原則である。まず、身分関係の主体が生存しているかぎりは、原則としてこれが人事訴訟の当事者たるべき適格者として法定されている（二条一項・二項・六項・二〇条・二六条・二九条ノ二・三〇条〔現一二条・四二条・四三条〕）。ただ、禁治産者は心神喪失の常況にあるから、当事者として自ら訴訟追行には当たれないので、後見監督人（または後見人）がこれに代って当事者となる（四条・二八条〔現一四条〕）。他方、未成年者や準禁治産者については、訴訟能力を認めて、法定代理人による代理または保佐人の同意なしに自ら訴訟行為をすることができることにした（三条一項・二六条・三二条〔現一三条一項〕）。これは、身分上の行為は、財産上の行為と異なり、本人自身の意思を尊重し、他人の意思によって決定されるべきでないから、意思能力あるかぎり本人が単独でこれをなしうるとされることに対応する。ただ、訴訟追行を本人にやらせるとしても、弁論能力が十分でないおそれがあるので、裁判所は申立てまたは職権によって、弁護士を訴訟代理人として付き添わせることができる（三条二項・三項〔現一三条二項・三項〕）。訴訟代理人であれば、法定代理人と異なり、本人の意思によってコントロールできる（民訴八一条二項・八三条〔現五五条二項・五六条〕参照）から、本人を無視することにはならない。

さらに、被告や反訴の被告が第一審の最初の期日に出頭しないときは、答弁書の陳述を擬制することなく（民訴一三八条〔現一五八条〕参照）、さらに期日を定めて本人の出頭を求めなければならない（一一条・二六条・三二条〔現削除〕）。また、事情によっては当事者自身に強制的に出頭を命じて本人尋問をし、本人が出頭できないときには受命・受託裁判官に尋問させるとしている（一一条・二六条・三二条〔現二一条〕）。これらはいずれも本人の直接関与主義の現れであるということができる。

(3)　全面的解決主義

財産関係をめぐる紛争は、対象ごとに部分的、当事者ごとに相対的な解決で足るものも多いが、身分関係をめぐる紛争がひとたび訴訟になれば、対象や当事者ごとに繰り返して争われることがないようにして、その全面的安定を図ることが要請される。そこで、この要請を充すためには、一方で、同一身分関係についてのあらゆる紛争を一つの訴訟手続に集中して処理できるようにするとともに別訴の提起を防止し、他方で、ひとたび身分判決が確定すれば、訴訟に関与しなかった第三者にも判決効を及ぼすとともに、同一の身分関係についての新たな訴えを排除することが考えられる。人事訴訟手続法が、一方で、訴えの併合・変更、反訴の範囲や時期などの要件を緩和して幅広くこれを認めるとともに（七条・八条・二六条・三二条〔現一七条・一八条〕）、いわゆる別訴禁止の原則をとり（九条・二六条・三二条三項〔現二五条〕参照）、他方で、確定判決に対世的効力を認めて第三者に対しても効力を及ぼすとともに（一八条・二六条・三二条一項〔現二四条〕）、いわゆる失権的効果を広く認めて、前訴で主張できた事由による新訴の提起を許さないことにしたのは（九条・二六条・三二条三項〔現二五条〕）、この趣旨に基づくものである。

しかし、身分関係の全面的解決のためにこのように強力な法手段を講ずることには疑問がないわけではない。まず、同一身分関係についての紛争の集中的処理の方法にもおのずから限界があるから、広範な失権的効果を認めることは問題である。当事者が訴えの併合や反訴を提起する可能性があったというだけで、当事者の主張しなかった事由により別訴を提起することを当然に失権させるという失権的効果を正当化することは、困難である。もっとも、裁判所が当事者の申立てを超えて審判できるか、あるいは訴えの変更命令を出すことができれば別であるが、これはそもそも人事訴訟の訴訟としての基本構造になじまないだけでなく、そうした裁判所主導による事件処理が当事者の納得を得ることになるかも疑問である。また、身分関係に利害関係をもつ第三者は、訴訟係属中に共同訴訟参加（民訴七五条〔現五二条〕）や独立当事者参加（民訴七一条〔現四七条〕）あるいは共同訴訟的補助参加（民訴六四条〔現四二条〕参照）などによって直接訴訟手続に関与して自己の利益を主張する可能性がないことはない。しかし、第三者がそうした訴訟の係属中であることを知ることができなければ、その可能性すらないことになる。したがって、係争の身分関係につき利害関係をもつ第三者が、たとえば強制参加（家審一二条・二〇条、行訴二二条）や少なくとも必要的訴訟告知（民訴七六条〔現五三条〕参照）などによって訴訟に関与する機会が保障されていないのに、当然に確定判決の対世的効力を受けることになるのは不当と考えられる場合も少なくない。人訴法一八条二項〔現二四条二項〕は、そのような場合に対世的効力が及ばないことを例示したものと解される（吉村徳重「判決効の拡張と手続権保障」山木戸克己教授還暦記念論文集・実体法と手続法の交錯(下)（有斐閣、一九七八年）一三九頁〔民事手続法研究Ⅱ・民事判決効の理論(下)二三五頁所収〕）。したがって、全面的解決主義を徹底することは相当に問題である（同旨、山木戸・前掲書四頁）。

三　人事訴訟事件の範囲と類別

(1)　人事訴訟事件の範囲

身分関係について親族法や相続法のいわゆる身分法によって規律される法律関係は多様であるが、人事訴訟手続法が人事訴訟事件として列挙している事件は限られている。すなわち、婚姻事件として婚姻無効の訴え、婚姻取消しの訴え、離婚の訴えおよび離婚取消しの訴え（一条一項〔現二条〕）、養子縁組事件として養子縁組無効の訴え、養子縁組取消しの訴え、離縁の訴えおよび離縁取消しの訴え（二四条〔現二条〕）、親子関係事件として子の否認の訴え、認知の訴え、認知無効の訴え、認知取消しの訴えおよび父を定める訴えである（二七条〔現二条〕）。

これは、人事訴訟の特則によって処理するのを妥当とする人事訴訟事件は、身分法の規律するすべての事件を含むものではなく、人事訴訟事件手続法に列挙する事件にかぎられるという趣旨であると解される。だから、身分法の規定する請求でも、相続回復請求（民八八四条）や遺留分減殺請求（民一〇三一条）のような相続法上の請求や、扶養料請求（民八七七条）のような親族法上の請求は、人事訴訟事件ではない。また、離婚に基づく慰藉料請求や子の監護・財産分与請求は、人事訴訟手続において併合して審判されることがあるが（七条二項・一五条〔現一七条・八条・三二条〕参照）、やはり人事訴訟事件ではない（慰藉料請求は民訴事件であり、子の監護・財産分与請求は家事審判事件である〔現一七条・八条・三二条〕）。

しかし、人事訴訟手続法に列挙されている事件でなくとも、なお人事訴訟事件と同様に職権探知や全面的解決の要請される事件については、人事訴訟手続法を適用した方が妥当と考えられる場合がある。そこで、離婚無効の訴えや離縁無効の訴え、さらには夫婦・養親子および親子関係確認の訴えなどを準人事訴訟として認めるのが一般である（兼子一「親子関係の確認」民事法研究(1)〔酒井書店、一九五〇年〕三六三頁、山木戸・前掲書三七頁・八一頁、岡垣・前掲人訴法三六頁・三九六頁、大判昭和一一年六月三〇日民集一五巻一二八一頁、最判昭和二五年一二月二八日民集四巻一三号七〇一頁）。ただ、夫婦・親子関係以外の親族関係（たとえば兄弟姉妹・嫡孫関係、伯叔父母と甥姪関係、姻族関係など）についての身分関係確認の訴えを人事訴訟として取り扱うべきかについては問題がある。夫婦・親子以外の親族関係は、親子関係や夫婦関係を基礎として決まる派生的な身分関係であるから、まず基本的な身分関係が決まらなければならないものとして、直接人事訴訟の対象とはならないものと解すべきである（兼子・前掲家族問題と家族法Ⅶ一七六頁、山木戸・前掲書九二頁など）。ただ、親子関係や夫婦関係の主体が死亡した後にはその存否確認の訴えを提起しえないとすれば、この種の派生的親族関係確認の訴えが問題になりうるが（最判昭和三四年五月一二日民集一三巻五号五七六頁は傍論で伯父姪関係不存在確認を認める）、死亡後は検察官を相手に親子・夫婦関係確認の訴えが許される以上は（最判昭和四五年七月一五日民集二四巻七号八六一頁）、派生的親族関係確認の訴えを認める必要はない。もっとも、相続や扶養請求の前提問題としてこの種の親族関係の存否が問題になる場合には、基本的身分関係の存否が人事訴訟で確定されていないかぎり、通常の訴訟における前提問題として相対的に判断することは許される（兼子・前掲民事法研究(1)三六〇頁）。こうして、結局は、基本的な身分関係である夫婦・養親子・親子関係の存立に関する身分関係者間の紛争は、人事訴訟事件として人事訴訟事件手続法の特則によって処理すべきであるが、これらの基本的身分関係にもとづいて生ずる法律関係に関する紛争は人事訴訟の特則によって処理する必要はないということになる（同旨、最判昭和三九年三月一七日民集一八巻三号四七三頁）。

他方、民法改正と家事審判法の制定によって、従来人事訴訟事件と認められていた夫婦の同居を目的とする訴え、親権もしくは財産管理権の喪失または失権取消事件、相続人廃除事件、禁治産・準禁治産宣告事件、失踪宣告事件はすべて家事審判事件とされた。また、隠居事件は民法改正により廃止されたので人事訴訟事件ではないことになった。

(2)　人事訴訟事件の類別

人事訴訟手続法は人事訴訟事件を婚姻事件、養子縁組事件、親子関係事件の三つの種類に類別して規定しているので、明文の定めはないが解釈上人事訴訟事件と認められる各種の訴えも、いずれかの種類に類別する必要がある。というのは、身分関係についての紛争の全面的解決のための措置として、人事訴訟手続法の規定する訴えの併合要件の緩和と別訴禁止および失権的効果は（七条・八条・九条・二六条・三二条〔現一七条・一八条・二五条〕）、同類の事件相互間にかぎられるのであって、他の類別の事件には及ばないからである。たとえば婚姻事件と養子縁組事件との間にはそうした効果を生じない。もっとも、婚姻事件に附帯して縁組の取消し、離縁またはその取消しの請求をし（七条二項但書・二四条但書参照）、また養子縁組事件に附帯して婚姻の取消し、離婚またはその取消し請求をすることができるが（二六条・一条一項但書参照）、この場合にも両事件相互の間には失権的効果は及ばない。

解釈上人事訴訟事件と認められる各種の訴えのうち、離婚無効の訴えが婚姻事件に属し、離縁無効の訴えが養子縁組事件に属すると解する点では異論がないが、身分関係確認の訴えについては問題がある。一般的には、夫婦関係確認の訴えは婚姻事件に、養子関係確認の訴えは養子縁組事件に、親子関係確認の訴えは親子関係事件に属するものと解される（山木戸・前掲書五頁・三八頁・五五頁・八三頁、岡垣・前掲人訴法三六頁・三七頁・三九八頁）。いわゆる身分関係の全面的解決の要請は、特定の婚姻事件、養子縁組事件ないし親子関係事件のそれぞれの身分関係事件についての各種の訴え相互間に認められるべきものであって、他の類別の身分関係にまで及ぶべきものではないからである。ただ、この分類によって同一類別に属するとされたり事件相互間で訴えの併合を緩和した規定が準用されることには問題はないが、当然に失権的効果をも生ずるとみる必要はないのではなかろうか。身分関係の全面的解決のための措置のうちとくに失権的効果については前述のような疑問があるからである。

四　人事訴訟手続法の沿革と今後の問題点

(1)　人事訴訟手続法の制定

人事訴訟手続法は明治三一年六月一五日に制定され（同二一日に公布、法一三号）、明治三一年七月一六日、民法の施行とともに施行された。それより前にすでに旧民事訴訟法（明治二三年法二九号、明治二四年一月一日施行）が施行されていたが、人事訴訟手続に関しては特段の定めをせず、その施行条例（一〇条、明治二三年法五〇号）により「婚姻離婚及養子ノ縁組ニ関スル訴ニ付テハ特別ノ慣習アルモノハ当分ノ内其慣例ニ従フ」とされていた。しかし、旧民訴法の制定後まもなく「婚姻事件養子縁組事件及ヒ禁治産事件ニ関スル訴訟規則」（明治二三年法一〇四号）が制定・公布された。この規則は、当初ドイツ人ヘルマン・テッヒョーが一八七七年ドイツ民訴法に依拠して起草し明治一九年五月に提出した訴訟法案を中心に進められた民訴法案編纂作業の結果として作成された民訴草案の第九編「婚姻事件養子縁組事件及ヒ禁治産事件」（全文二章四〇ヵ条）とほとんど異ならない。したがって、この規則はわが国における最初の統一的人事訴訟法典であり、形式的には旧民訴法の補則として、実質的には旧民法人事編（明治二三年法九八号）の附属法典としての意義をもつものであって、旧民法とともに明治二六年一月一日から施行すべきものとされた。旧民法はいわゆる民法典論争の結果その施行が延期されたが、本規則は民訴法の補則として予定通り施行されたようである（岡垣・前掲人事訴訟の研究四〇五頁参照）。

この規則を現行人事訴訟手続法と比較すると、次のような点で特徴がある。この規則には、①親子関係事件に関する規定がない。②婚姻事件として、婚姻不成立、婚姻無効、同居の訴えのみを認め、養子縁組事件として、縁組不成立、縁組無効、離縁の訴えのみを認めていた。検事は婚姻・縁組無効の訴えを提起できるとした。③判決の対世的効力（一八条〔現二四条〕）、別訴禁止および失権的効果（九条〔現二五条〕参照）については規定がない。

人事訴訟手続法は、この「婚姻事件養子縁組事件及ヒ禁治産ニ関スル訴訟規則」を廃止し、これに代わって明治民法の附属法典として、明治民法と同時に施行されたものである（同附則旧八一条・八二条参照）。これは、明治民法草案の第五編親族および第六編相続の成案が完成した前後に、その起草と審議にあたってきた法典調査会が人訴手続法の起草委員を任命して作成させた人訴草案に由来する。

この人訴草案は、明治三一年五月法典調査会における審議を経て、政府の人訴法案となり、これが両院において審議・可決された。この人訴草案は、前述の規則およびその母法である一八七七年のドイツ民訴法第六編「婚姻事件および禁治産事件」を参照し、旧非訟事件手続法（明治二三年法四五号、未施行のまま廃止）から親子関係事件、相続人廃除事件および失踪事件の規定を移入して作成されたものであった。その結果、人事訴訟手続法は、当初、「第一章　婚姻事件及ヒ養子縁組ニ関スル手続」、「第二章　親子関係事件、相続人廃除事件及ヒ隠居事件ニ関スル手続」、「第三章　禁治産及ヒ準禁治産ニ関スル手続」、「第四章　失踪ニ関スル手続」の四章八〇条からなる独立の法典として成立したものである。ドイツ法と異なって単行法の形式をとったのはこのような沿革上の理由によるものであった（詳細は岡垣・前掲人事訴訟の研究三九九頁以下参照）。

(2)　人事訴訟手続法の改正

人事訴訟手続法は制定後数回にわたる改正をうけた。大正一五年（法六六号）には、民事訴訟法の改正に伴い必要となった改正が行われ（一〇条・一一条〔現一九条〕）、昭和一七年には、民法が死後認知を認めるに至ったのに伴い、認知の訴えについて被告たる父または母の死亡後は検察官を相手方とする旨の規定（二九条ノ二・三二条二項〔現四二条〕）が追加された（法七号）。これは、戦死者の子にも認知を受ける途を開くための改正であった。戦後になり、昭和二二年には、法文中の「検事」が「検察官」に改められ（法六一号）、さらに同年、民法の改正と家事審判法の制定に伴って重要な改正が加えられた（法一五三号）。ことに、従前人事訴訟手続法によって処理していた夫婦同居を目的とする訴訟、親権もしくは財産管理権の喪失または失権の取消事件、禁治産および準禁治産事件および失踪宣告事件が家事審判手続に移され、推定家督相続人廃除事件と隠居事件が改正民法により廃止されたので、これらの事件に関する規定が削除された。また、改正民法の新規定に応じて離婚・離縁の取消しの訴えが人事訴訟事件として新設された。他方、家事審判法（昭和二二年一二月六日法一五二号）の制定によって、人事訴訟事件を含むすべての家庭に関する訴訟事件について調停前置主義をとり（家審一八条）、離婚・離縁以外の人事訴訟事件につき調停手続において合意に相当する審判を行うことになった（家審二三条・二五条）。これらの改正は、後述するように人事訴訟事件の処理手続にとっては最も重大な改正であった。昭和二三年には、家事審判所が家庭裁判所と改められたことに伴う改正があり（法二六〇号）、さらに昭和五一年には、妻の地位の実質的向上を図るために婚姻事件に関する管轄規定が改正され（一条〔現四条〕）、管轄の合理化を図るための職権移送の規定（一条の二〔現七条〕）を新設した（法六六号）。なお、平成元年には、民事保全法の制定に伴う一部規定（一六条〔現三〇条〕）の改正があった（法九一号）。

(3)　人事訴訟手続法の問題点

人事訴訟手続法は、制定当時のドイツ民訴法第六編を範としてかなり早急に立法されたこともあって、形式的にも内容的にも問題点が多い。その後の改正も、民法や民事訴訟法の改正あるいは家事審判法の制定に伴う必要最小限のものであり、根本的な検討を経たものではない。ことに家事審判法の制定によって家事事件の取扱いは大きく変貌したのに、ひとり人事訴訟手続法のみは取り残された感がなくはない。立法論としては、すでに触れたように、検察官の関与、片面的職権探知主義、関係人の手続権保障と失権的効果や対世的効力などには問題となる点が多い。また、身分関係確認訴訟については規定を欠き、この訴えの性質や適格者ないし判決の対世的効力などにつき疑問が多い。

他方、母法国たるドイツ民訴法第六編はその後も着々と改正を重ねてきたが、ことに①一九七〇年七月一日施行の改正と②一九七七年七月一日施行の改正とが重要である。前者は、親子関係訴訟において強制参加（Beiladung）の制度（§640e ZPO）などを導入して、関係人の手続権保障を整備した点で重要であり、後者は、家庭裁判所（区裁）に婚姻事件とその関連事件（財産分与や扶養料請求など）の集中を図り（§621 ZPO）、離婚事件と関連事件との同時審判による一挙的解決を図った（§623 ZPO）点に特徴がある。

わが国でも何度か改正案が出されたが、戦後では昭和三四年七月に法制審議会民法部会小委員会の公表した仮決定および留保事項は、親族法改正に関連して人事訴訟の取扱いに触れている。ことに離婚裁判の管轄および手続について、次のような諸案を検討課題としている点が注目される。すなわち、「⑴訴訟手続によるとする案。⑵家庭裁判所の審判手続によるとする案。丙案　審判に不服のある当事者の一方は他の一方を被告として審判の取消又は変更の訴を高等裁判所（又は地方裁判所）に提起することができるとする案。丁案　審判に不服のある者は即時抗告をすべきものとする案（現行の乙類審判事件に準ずる）」。ここで提案されている各種の案については、さらに人事訴訟事件一般を家庭裁判所に移管する案や家事審判（非訟）化する案とともに項を改めて検討することにする。

甲案　地方裁判所の管轄とする案（現行法どおり）。乙案　家庭裁判所の管轄とする案。

さらに、平成三年一一月に法制審議会民事訴訟法部会の審議を経て公表された民事訴訟手続に関する検討事項（第一七の五）は、「人事訴訟において判決の効力を受ける第三者の救済方法について、改正すべき点があるか」という問題提起をしている。そしてその例として、「⑴　裁判所は、人事訴訟において、訴訟の結果により権利を害される第三者で知れているものに対し、訴訟が係属したことを通知するものとするとの考え方 (2) 訴訟の結果について利害関係を有する者は、補助参加の申出と同時に再審の訴を提起して、第四二〇条第一項各号に該当する事由を主張することができるものとするとの考え方」の立法化が検討されている。その成り行きが注目される。

五　人事訴訟と家事紛争の処理

(1)　家事紛争の処理手続

身分関係や家庭関係に関する紛争（家事紛争）をいかなる手続によって処理するかは、身分関係や家庭関係の特質との関係で重要な立法政策上の課題である。現行法はとくに家事審判法の制定によって、従来人事訴訟や民事訴訟によって処理されていた多くの事件を家事審判事件として処理するとともに（非訟化）、調停前置主義をとって、家庭に関する事件で訴訟を提起できるものはすべてまず家庭裁判所における調停に付すことを要求することになった（家審一七条・一八条・一九条）。その結果、家庭に関する事件として家庭裁判所に調停の申立てをしなければならない家事事件は、基本的な身分関係に関する人事訴訟事件およびその他の家庭に関する民事訴訟事件ということになる。家事審判事件のうち乙類審判事件については調停の申立てができるが（家審一七条但書参照）、訴訟の提起は予定されていないから調停前置の適用はない。しかし、現実には乙類審判事件の申立てがあっても、多くの場合には特別の事情がないかぎり調停に付しているのが実情であるから、調停前置と同様の運用がなされている（斎藤秀夫＝菊池信男・注解家事審判法〔青林書院、一九九二年〕六六四頁〔石田敏明〕参照）。

まず、人事訴訟事件については、離婚や離縁以外の婚姻・養子縁組事件および親子関係事件では、当事者の任意処分が認められないから、調停手続において合意が成立しても、直ちに調停を成立させることができない。そこで、家庭裁判所はこの場合は合意に相当する審判をすることができ、この審判に異議の申立てがなければ、確定判決と同一の効力を生ずることにした（家審二三条・二五条）。これは、元来私的自治の認められないこの種の人事訴訟事件について調停を前置したことからくる矛盾を解消する方策として考え出された制度である。調停手続において合意が成立しないか、あるいは合意に相当する審判が異議の申立てによって失効した場合には、当事者はあらためて人事訴訟を提起することになる（家審二六条二項参照）。他方、離婚や離縁は元来当事者間の協議によって処理のできる事件であるから、調停が成立すれば確定判決と同一の効力を生ずる（家審二一条）。当事者間に合意が成立しないか、成立した合意が相当でないと認める場合に、家庭裁判所が相当と認めるときは調停に代わる審判をすることができる（家審二四条、家審規一三八条の二）。この審判が異議の申立てによって失効した場合にも、人事訴訟を提起することになる。

ついで、家事審判事件については、甲類審判事件は調停を経ずに審判の申立てをすることになるが（家審一七条但書）、乙類審判事件は、調停の申立てをするか、あるいは審判の申立てをしても調停に付された場合には、調停が成立すれば、確定した審判と同一の効力を生ずる（家審二一条）。調停が不成立の場合には、調停申立ての時に審判の申立てがあったものとみなす（家審二六条一項）。その他の家事に関する民事訴訟事件も、まず家庭裁判所における調停の申立てをしなければならない。たとえば、離婚による慰藉料請求、婚約・内縁の不当破棄による損害賠償請求、親族間の金銭・建物などの貸借関係請求、相続回復請求、遺言無効確認請求、遺留分減殺請求などである。調停が成立すれば確定判決と同一の効力を生ずるが（家審二一条）、調停が不成立かあるいは調停に代わる審判が異議の申立てにより失効した場合には、通常の民事訴訟が提起されることになる（家審二四条・二五条・二六条二項）。このように同じ家事紛争でも、調停不成立か二三条・二四条審判失効の場合には、それぞれの事件の帰属に従って、家庭裁判所の審判手続か地方裁判所の人事訴訟あるいは民事訴訟手続によって処理されることになるのである。

(2)　人事訴訟における他の家事事件の付帯的申立て

このように同じ家事紛争でも、調停不成立の場合には、事件によってそれぞれ異なった手続で処理されることになるのは、場合によっては不便かつ不経済であり、同じ手続で統一的に解決することが望ましい。たとえば、離婚事件において慰藉料請求と子の監護および財産分与請求が問題になる場合には、それぞれを別個に、人事訴訟、民事訴訟あるいは家事審判手続によって処理することは、いかにも不都合である。そこで人事訴訟手続法は、人事訴訟において訴えの原因たる事実から生じた損害賠償請求の併合を認め（七条二項但書・二六条・三二条一項〔現一七条一項〕）、婚姻取消しや離婚の訴えにおいて、子の監護や財産分与の処分につき付帯的申立てをすることを認めている（一五条〔現三二条〕）。しかしさらに、たとえば離婚訴訟において、婚姻費用分担や扶養料の請求を付帯して申し立てた場合にも、これを人事訴訟手続において併合審判できるかについては、問題がある。判例は、一部下級審判決を除きこれを否定的に解しているが（最判昭和四四年二月二〇日民集二三巻二号三九九頁参照）、付帯申立ての相手方の利益を不当に侵害しないかぎり、一律に否定すべきではあるまい（肯定説、中村英郎「人事訴訟における和解」実務民事訴訟講座六巻〔日本評論社、一九七一年〕二四八頁、佐々木吉男「家事事件と人事事件の再検討」現代家族法大系Ｉ〔有斐閣、一九八〇年〕二九二頁。反対、岡垣学「婚姻事件訴訟における附帯申立」前掲人事訴訟の研究二五九頁）。

(3)　人事訴訟の非訟化論

人事訴訟を廃止して、これをすべて家事審判手続により非訟的に処理すべきであるとの提案がなされてすでに久しい（平賀健太郎「人事訴訟」民事訴訟法講座(5)〔有斐閣、一九五六年〕一二八九頁など）。社会存立の基礎としての身分関係に対する裁判所の後見的機能を強化するには、人事訴訟のような公開・対審の訴訟手続はふさわしくないという理由である。公開の法廷で対立当事者間の争訟として攻防をたたかわせれば、かえって当事者双方が感情的に対立し緊張関係を激化させることになって、家事紛争の人間関係調整機能を果せない、というのである。

しかし、これに対しては反論も強い。つまり、人事訴訟事件は、基本的な身分関係の発生・消滅・変更にかかわる法的訴訟であって、これを家事審判の裁量的処分に委ねたのではその権利性が稀薄化するし、審判手続は非訟手続であるから、当事者の主張・立証の権限が認められないなど当事者権の保障に乏しい、というものである（山木戸克己「審判」家族問題と家族法Ⅶ〔酒井書店、一九五七年〕二三一頁など）。

しかし、人事訴訟の非訟化をめぐる従来の議論がこのように訴訟と非訟を二元的に対立させてきたことには疑問がある。実際の家事事件は訴訟と非訟の両極の間にあって、両要素の交錯する広い中間領域に属するものが多いため、結局は、具体的事件の裁量性や争訟性の度合いに応じて手続的対応を図るべきであると考えられるからである（新堂幸司「訴訟と非訟」民事訴訟法の争点〔有斐閣、一九七九年〕一二頁参照）。同じ家事審判事件であっても、争訟性の弱い甲類審判事件では対審的手続をとる必要はほとんどみられないが、乙類審判事件では、たとえば個別的には争訟性の強い遺産分割事件や、争訟性も法規性も強い相続人廃除事件（民八九二条参照）などについては、対審的手続による処理が要請される。事実、家事審判手続の実務でも、必要に応じて、当事者の立会権や記録閲覧権などの当事者権の保障が図られているようである（小山昇ほか座談会「家事審判の対象と手続の特質」ケース研究一五一号〔一九七五年〕一二二頁以下、吉村徳重「家事審判手続の当事者主義的運用」民事訴訟雑誌三五号〔一九八九年〕一四二頁〔本書第八章〕参照）。他方、人事訴訟事件でも、たとえば離婚事件では、一般公開によるプライバシー侵害防止の必要があるだけでなく、相対的離婚原因主義ないし破綻主義をとれば、裁判所の裁量の幅は大きくなり、家事審判事件との差違は小さくなる。こうして、訴訟と非訟の中間に対審的当事者権の保障されたいわゆる第三の手続が提唱されているが（我妻栄「離婚と裁判手続」私法学論集㊤〔有斐閣、一九六〇年〕一頁など）、これは家事事件の多様な手続処理の必要性を示すものといえる。だから、こうした家事事件を二分して、一部を訴訟事件として地方裁判所で、他を審判事件として家庭裁判所で二元的に処理することには、立法政策として疑問がある（佐々木・前掲論文二九四頁参照）。

(4)　人事訴訟の家庭裁判所への移管論

そこで、人事訴訟事件を家庭裁判所へ移管して、家庭裁判所が家事事件を統合的に管轄する裁判所として再構成されるべきである、という提案が注目される。これによって、家庭裁判所はすべての家事事件を、具体的事件の内容に応じて、調停・審判・訴訟手続、さらには第三、第四の手続によって、統合的に処理することができることになるからである。この場合に、人事訴訟の非訟化を優先させる移管論に徹する（有地亨「家事紛争とその法的処理」講座民事訴訟(1)〔弘文堂、一九八三年〕二五〇頁参照）のでなければ、最近の論調はほとんど異論なしに家事事件の家庭裁判所における統合的処理を肯定する方向に進んでいるといえる（三ヶ月章「家庭裁判所の今後の課題」民事訴訟法研究(8)〔有斐閣、一九八一年〕二八四頁以下、とくに二九一頁参照。岡垣学「人事事件の管轄権」前掲人事訴訟の研究二四頁は肯定説の論拠を詳論する）。具体的な家事事件が訴訟から非訟に至るまでの多様な事件を含むとすれば、それに応じて多様な手続を選択する余地を家庭裁判所における手続にも用意しておくべきであろう。その方が具体的な家事事件の実態に即応した手続の展開を期待できるからである。

（注解人事訴訟手続法〔改訂〕〔青林書院、一九九三年〕）

第八章　家事審判手続の当事者主義的運用
――争訟的家事審判事件とその付帯申立ての審理手続――

一　はじめに

共通テーマである「制度の任意化」という観点からいたしますと、家事審判手続は、元来裁判所の職権的で柔軟な処理を認めている非訟手続であるのに対して、これを当事者がもっと主体的に左右できるような手続にしたらどうかという意味で、当事者による任意的ないし自主的な手続化ということになると思います。

二　家事審判手続の当事者主義的運用

(1)　審判手続における職権探知と当事者主義的要素の導入

(イ)　この問題が提起されますのは、まず、家庭裁判所における家事審判手続に関してであります。とりわけ遺産分割であるとか財産分与などの争訟的な乙類審判事件の審理について、実は実務家の側から、当事者主義的な運用をせざるを得ないという提唱がなされているのであります。それは、要するに、家庭裁判所による職権探知、あるいは家庭裁判所調査官による事実調査というものが、必ずしも、このような財産的な争訟的事件においてはうまくいかないということから、出発しているわけであります。たとえば、裁判所の家事事件担当裁判官会同(1)であるとか、あるいは若干の判例(2)の中に、すでにそのような当事者主義的運用あるいは当事者による資料の提供を求める要請が具体的に出されているのであります。

(ロ)　そして、このような要請の中に提唱されております当事者主義的要素の導入というものを、私なりに分析いたしますと、まず第一は、いわゆる当事者権の保障という問題であります。これを具体的に申し上げますと、山本戸克己教授が提唱されましたように、弁論権、立会権、および記録閲覧権のような当事者の手続権を審判事件においても認めるべきであるという提唱でございます(3)。これは、いわゆる非訟事件、特に家事審判事件をめぐりまして、憲法違反の主張についての判例が積み重なっていく中で、非訟手続における当事者についてももっと手続保障がいるのではないかという問題提起であり、さらに、我妻栄教授によるいわゆる「第三の手続」という提唱にも連なる問題提起でございます(4)。

しかし次に、このような問題が実務家から出ておりますのは、家庭裁判所による職権探知だけでは事件の実態がわからないということから、具体的に提唱されているわけでありまして、実態がわかるためには、当事者に資料を出してもらわなくてはならないという側面が強調されているのであります。もっとも、そういう側面が強調されます場合にも、当事者のいわゆる事案解明義務あるいは協力義務というような義務化を承認しているわけではない。しかし、何しろ職権探知だけでは事案がわからないので当事者の協力がいるのだという発想でございます。

この点について、有紀新教授は、「非訟事件における手続関係人の手続協力義務」を提唱されております(5)。これは、要するに、当事者に手続主体としての当事者権が保障されている以上は、同時に裁判所の事案解明のために協力すべき手続協力義務もある、という見解でありまして、いわば、裁判所と当事者の垂直関係における把握の仕方であるといえるのであります。しかし、なぜ当事者が裁判所に対してそのような協力義務を負うのかという点については、今ひとつ納得できないところがあります。当事者が相手方との関係で、一定の場合に、自分の持っている資料を提供することによって、対等な立場で交渉あるいは協議を行うことができるようにする。こうした当事者相互間の対等な交渉ないし協議を行うための前提として、ある程度、手のうちを示す必要があるという趣旨であれば、よく理解できると思いますけれども、裁判所に対する協力義務ということでは、その責任範囲の限度を示しえないことになるのではないかと、私は思います。[6] ですから、私としては、当事者間のこのような水平関係を基軸としてこの問題を考えていくべきであると思います。と言いますのも、元来ここで問題にしております乙類家事審判事件というのは、原則的には当事者間の協議ないし処分に委ねられている事項でありまして、たまたま当事者間で協議が成立しない場合に審判手続になるというのが、この事件の特徴であります。したがいまして、元来、当事者間の協議に委ねられる事項であるならば、これが審判手続になる場合にもやはり、当事者間の協議ないし処分とその際に妥当するルールをできるだけ尊重するということが必要ではないか、それがむしろこの種の乙類家事審判手続の基礎をなしていると思うからであります。

(ハ)　しかしそうであるとすると、いったい職権探知はどういう位置を占めるのかということが、次に問題になると思います。これは要するに、家事審判の対象が当事者間の協議事項であるという側面と、他方、同時に、第三者の利益あるいは公的利益がそこに介在しているという側面とが、相互にいかにかかわり合うのかという問題であります。審判事項について当事者の協議が調わず、審判手続になった場合には、裁判所が積極的に職権探知を行って、当事者自治に対する後見的な役割を果たすと同時に、第三者あるいは公的な利益についても配慮をするということが職権探知の基礎であると理解します。そういたしますと、当事者間の協議あるいは処分を尊重するという当事者主義的運用だけでは問題は解決しないわけでありまして、場合によっては、この第三者の利益を反映させるためには、さらに家事審判法や家事審判規則が認めております第三者の強制的参加であるとか（家審一二条）、あるいは関係人への通知（家審規一二条の二）ないし任意的参加（同一四条）というような制度をもっと活用しなければならないと思うわけであります。

(2)　付帯申立てによる審判事件の審理手続

(イ)　ところで、こういう家事審判事件が特に人事訴訟に付帯申立てされる場合の例をとりあげてみたいと思います。[7]ご存知のように、そういう場合につきましては、いわゆる人訴説、あるいは併存説、折衷説というような議論があります。要するに、この人事訴訟で審判事件を付帯申立てする場合に、いったい人事訴訟手続と審判手続がどう関係するのかという問題であります。一番問題なのは、人事訴訟には家庭裁判所におけるような職権探知のためのさまざまな手続、つまり、調査官あるいは技官による事実の調査等々の手段がない点であります。そこで、審判手続と訴訟手続とが併存しているのであれば、人事訴訟でも調査官等の調査嘱託、あるいは調査官の鑑定が可能になる。しかし実際上は、これはさまざまな隘路のために具体化していないようであります。

(ロ)　そこで折衷説は、人事訴訟手続の枠内で審判手続を使うべきであるというわけでありまして、これがどうも実際の実務運用の具体的な内容ではないかと思うわけであります。

（1）　昭和四四年度家事審判官会同概要・家裁月報二一巻一二号（一九六九年）六六頁以下、昭和四七年度家事事件担当裁判官協議会概要・家裁月報二四巻九号（一九七二年）三〇頁以下、昭和五三年度高等裁判所管内別家事事件担当裁判官会同概要・家裁月報三一巻一一号（一九七九年）一二頁以下、昭和五四年度高等裁判所管内別家事事件担当裁判官会同概要・家裁月報三三巻一一号（一九八一年）四五頁以下、昭和五七年度高等裁判所管内別家事事件担当裁判官会同概要・家裁月報三六巻四号（一九八四年）一一頁以下参照。

（2）　東京高決昭和五四年六月六日家裁月報三二巻三号（一九八〇年）一〇一頁、鹿児島家審昭和五六年八月二一日家裁月報三五巻一号（一九八三年）九九頁参照。

（3）　山木戸克己「訴訟における当事者権——訴訟と非訟の手続構造の差異に関する一考察」民事訴訟理論の基礎的研究（有斐閣、一九六一年）五九頁。

（4）　我妻栄「離婚と裁判手続」民法研究Ⅶ２（有斐閣、一九六九年）一五三頁。

（５）有紀新「非訟事件における手続関係人の手続協力義務」青山法学論集一四巻四号（一九七三年）一頁。

（６）同旨、佐上善和「利害調整紛争における手続保障とその限界」法律時報五二巻七号（一九八〇年）二八頁、同「非訟事件手続における手続権保障と関係人の事案解明義務」吉川追悼・手続法の理論と実践下（法律文化社、一九八一年）二二頁、同「家事審判における当事者権」新実務民事訴訟講座８（日本評論社、一九八一年）七三頁、同「利益調整紛争における当事者責任とその限界㈠」家裁月報三七巻四号（一九八五年）一頁参照。本稿はこれらの論文、ことに最後の二編の示唆に負うところが大きい。

（７）岡垣学「婚姻事件訴訟における附帯申立」人事訴訟の研究（第一法規、一九八〇年）二〇五頁、同「婚姻事件訴訟における親権者の指定」同書二六七頁、高野耕一「財産分与をめぐる諸問題」新実務民事訴訟講座８（日本評論社、一九八一年）三三三頁、叶和夫「財産分与の処分」注解人事訴訟手続法（青林書院、一九八七年）一七〇頁、丹宗朝子「子の親権、監護者指定等の定め」同書二〇六頁など参照。

三　付帯申立ての審判手続における審理

⑴　問題の提起

そういたしますと、いったいそのような付帯申立ての審判手続における審理はどう行われるべきかということが問題になると思うのです。つまり実務上は、財産分与等の付帯申立ての審理はできるだけ当事者主義的に運用しようというのであれば、とりわけ人事訴訟手続では、人事訴訟の対審構造の下でその枠内でのみ審判手続を当事者主義的に運用していこうということになりますから、当事者とすれば、どういう申立てをし、どういう弁論を提出しなければならないのかということが問題になると思うわけです。ご存知のように、このような審判事件についての実体法規範は抽象的・概括的な内容しかもたないわけでありまして、たとえば財産分与に関して言えば、「当事者双方がその協力によって得た財産の額その他一切の事情を考慮して、分与をさせるべきかどうか並びに分与の額及び方法を定める」という規定（民法七六八条三項）があるだけであります。ところが、実際の審判例やそれをめぐる学説の蓄積を見ていきますと、このような抽象的規範を具体化する実体的な基準というものが多数用意されております。それはいったい当事者の申立てや弁論の具体化の指標となるのかということを問題にしたいわけであります。そしてまた、仮にそれがある程度の指標となるとしても、いったい誰が、どういう形で申立てをし、弁論を具体化するのかという問題も次に出てくるわけでありまして、それを決める基準は何かが問題にならざるを得ないと思います。

(2)　申立ての特定

まず申立てに関して申し上げますと、財産分与の申立てについても抽象的申立てがなされることはしばしばであります。そういう場合にいったいこれをどう取り扱うのか。

ご存知のように、財産分与につきましては、清算的、扶養的、慰謝料的要素という三つの要素が混在したものが財産分与であるという考え方が一般的であります。[1]けれども、抽象的に財産分与を申し立てている場合に、いったい離婚慰謝料をも含んで審判の対象になるのかが問題になります（包括説か限定説か）。

この点につき、最高裁の三つの判例は、次のような判例法をうち立てております。[2]つまり、財産分与請求権と慰謝料請求権は本来性質を異にするから、別個に請求することができる。しかし、財産分与の申立てにおいて、慰謝料的要素をも考慮して財産分与の額と方法を定めることもできる。その際に、慰謝料的要素を十分に考慮して財産分与を認めた場合には、もはや別個に慰謝料を請求することはできないが、慰謝料的要素を十分に認めなかった場合には、別個に慰謝料を請求できる、というものであります。この判例によれば、財産分与の申立ては、当初は抽象的である場合でも、審理過程における当事者双方の弁論によって次第に具体化されていき、審判の対象を清算的要素と扶養的要素に限るのか、あるいはさらに慰謝料的要素をも含めるのかが決まってくる、という趣旨と解されるのであります。[3]だから、このようにして決まった審判対象の範囲によって、後に別個の慰謝料請求ができるかどうかも決まってくるのであります。

財産分与の額や方法についても、これを特定することなく抽象的な申立てをすればよいとされています。[4]しかし、この場合にも弁論過程において当事者双方による額や方法の具体的な提案のやりとりがなされて、次第に申立ての内容が具体化されていくのであって、このように具体化された申立てにつき審判がなされるものと考えるのです。[5]

要するに、審判手続の過程自体が、当事者間の対等で自律的な協議過程に代わるものとすれば、将来展望的な審判の申立内容も、審判手続過程において当事者双方が具体化したところによって決まると考えるのであります。[6]

(3)　弁論の展開

(イ)　ついで、弁論の展開について話を進めますと、当事者はこのような申立てについての弁論を展開するために、どのような主張や立証をしていけばよいのか。たとえば、財産分与については、清算的、扶養的、慰謝料的要素のそれぞれについてさらに細かい実体的な基準ができていますし、[7]親権者指定についても、子供側の事情、親側の事情などについての多様な実体的基準があるわけですけれども、[8]これはいったいどういう意味をもつのか。これらの実体的基準は、もともと裁判官の判断基準として審判例や学説によって蓄積されてきたものですけれども、ここで私が問題にしているのは、弁論の経過において当事者が具体的に事実を主張し、証拠を提出するについて、何らかの指標になるのかということであります。その際に特徴的なことは、まずこのような実体的基準というものは多様かつ多元的であるということであります。しかも、具体的なケースをとりあげてみれば、必ずしもそういう実体的基準だけでは処理できないさまざまな具体的な状況が出てくる。そういう場合には当事者は、実体的基準によることなしに、事実や争点を選択し形成していかざるを得ない、ということになります。このように実体的基準というものは、当事者が弁論によって事実や争点を選ぶ一つの手掛りにはなるけれども、それが決定的な基準というわけではないということになります。具体的には、そういう形で当事者双方はさまざまな論点を選んで、事実を主張し、あるいは証拠を提出していく。そうして、当事者の主張については、相手方がこれを争えば争点となるわけですが、相手方が特にこれを争わないかあるいはこれを認める場合には、その点はもう争点にならないという形で、事実や争点が具体化していくものと思われます(9)。

いずれにしましても、当事者双方がこのようにして形成する事実や争点は、多元的な実体的基準を指標とするところから、重層的なものとなると思われます。しかも、必ずしも実体的基準によって一定の有利な効果を約束するとは限らないという特性をもつことになります。そのために、いったいどちらの当事者が問題の事実や争点を提起し、証拠を提出する責任を負うべきかが、必ずしも明らかにならないということになるのであります(10)。

(ロ)　そこで、当事者のうちのどちらが、弁論過程において事実や争点を提起し、証拠を提出する責任を分担するのか、ということが問題となります。ここでも、まずは抽象的実体法規範を具体化する実体的基準に手掛りを求めざるをえません。

たとえば財産分与の申立てについては、いわゆる前提事項となる財産分与請求権が離婚の成立だけによって当然に発生するか否かにつき争いはありますが(11)、その内容が「一切の事情」にあたる清算的、扶養的、慰謝料的要素をなす多様な実体的基準を考慮した審判によって具体化されるとする点では異論はありません(12)。ですから、その審理過程において、いずれの当事者がどの事実や証拠を提出する責任を分担するかにつき、これらの実体的基準がどの程度の指標となりうるかが問題となるのであります。

この点については、すでに審判例(13)が遺産分割事件につき一つの指針を与えていると考えます。つまり、遺産についての固定資産税等の管理費用の負担は、遺産分割の際に考慮されるべき実体的要素と解されるわけですが（民法八八五条参照）、遺産分割申立ての相手方（抗告人）は、「同人……が右費用を分担したと抽象的に主張するだけで、具体的に誰が、いつ、いくら支出したか等抗告人だけが知っている事実につき、後日立証すると述べたまま何ら証拠を提出しない。従って原審判においてこの点が考慮されなかったのもやむを得ない」と判示しています。これは要するに、当事者が実体的基準を指標として事実を提出する際には、①これを自己に有利に援用する当事者が、抽象的に主張するだけでなく、②これを理由づける具体的事実についても、③これを知っているときには提出すべき責任を負い、④その当事者がこの具体的事実について何ら証拠を提出しない場合には、審判においてこの点を考慮する必要はない、という趣旨と解することができるのであります。

これは家事審判手続においても、当事者は、①自己に有利な要件事実の主張責任と、②その理由づけ責任および証拠提出責任を負うという民事訴訟における主張・理由づけ・証拠提出責任の分配法則と異なるところがないようにみえます。しかし、それ以上に、③当事者がその具体的事実を知っていてその事実や証拠の提出を期待できることも提出責任の要件としていると解することができる点で、注目に値すると考えます。

ところで、家事審判事件においては、一方当事者に有利な具体的事実や証拠がその手元になく、かえって相手方に握られているために、これを提出できない場合が、しばしば問題になっています。たとえば、財産分与の申立てにおいても、清算の対象となる実質的共同財産の状況（ことに相手方名義の預金、証券、退職金、年金など）について夫婦の一方だけが情報を握っている場合や、遺産分割における特別受益についてこれを受けた者だけが、その具体的内容を知っている場合などが考えられます。これらの場合には、これを自己に有利に援用する当事者まず抽象的な事実を主張したうえで、さらにこの主張を理由づける具体的事実は相手方だけが知っていることを示したときは、自己の主張の合理的なことの「手掛り」を述べておけば、それ以上は相手方がその具体的事実の提出責任を負うことがあると考えます[14]。

もともと、財産分与につき当事者間で協議をする場合にも、一方当事者だけに情報が偏在しておれば、そのままでは実質的に対等でフェアな協議をすることはできないことになると思います。協議に代わる審判手続においても、実質的に対等でフェアな当事者間の弁論展開を保障するためには、一定の場合には、相手方当事者が自己に不利な具体的事実や証拠を提出する責任を分担する場合があると考えるのです。このことは審判手続における当事者間の信義則ないし実質的平等の原則から導き出せるものと私は考えております。[15]

しかしながら、他方、家事審判事件では、当事者の形成する事実や争点が多元的であるばかりでなく、実体的基準を欠くことがあるために、この事実や争点が一体いずれの当事者に有利な効果をもたらすかをあらかじめ明らかにできない場合が少なくありません。この場合でも、当事者間の協議においては、当事者双方はこれらの多元的な争点を踏まえて交渉を行い合意を形成すればよいわけです。しかし、協議に代わる審判手続においては、当事者は実体的基準がなくとも、具体的状況から事実や争点を選びとらざるをえません。当事者としては、この事実や争点の選択的形成によって、自己に有利な効果をもたらす新しい実体的基準を主張しているといえると思います。[16]しかし、もともと実体的基準自体が多元的であるために、これを指標として当事者が形成する争点も重層的となり、必ずしも有利な審判内容を約束するとはかぎらない場合が残ることは否定できないと思います。[17]

(ハ)　さらに、これらの事実や争点が単に当事者間の利害だけでなく第三者の利益ないし公的利益に関するものであるときは、裁判所は当事者の主張の有無にかかわらず積極的に職権探知をすべき場合が考えられます。たとえば、親権者指定において考慮すべき子の事情（特に子の意向など）につき、いずれの当事者の主張も抽象的で、これを具体化する事実や証拠の提出が期待できない場合、などが考えられます。この場合には職権による子供の証人尋問は不適当でありますから、調査官嘱託による事実調査の活用が望まれるところであります。ただ、その結果については当事者の陳述の機会を保障すべきであると思います（人訴一四条但書〔現人事訴訟法二〇条後段〕）。

（１）　さしあたり、栗原平八郎・注解家事審判法（青林書院、一九八二年）三四五頁（九条一項乙類五号）ほか、前節注(7)引用文献参照。

（２）　最判昭和三一年二月二一日民集一〇巻二号一二四頁、最判昭和四六年七月二三日民集二五巻五号八〇五頁、最判昭和五三年二月二一日家裁月報三〇巻九号七四頁。

（３）　もっとも、一般的には、財産分与に慰謝料的要素を含めるか否かは裁判所の裁量にゆだねられると解されているが（栗原・前掲注(1)書三六五頁）、当事者双方が具体化した申立内容を尊重して審判すべきではないかと私は考える。

（4）最判昭和四一年七月一五日民集二〇巻六号一一九七頁参照。

（5）一般には財産分与の額および方法を特定する申立てには裁判所は拘束されないと解されている（叶・前掲前節注(7)書一八〇頁）。申立人の特定的申立てを固定的に前提とすれば、これに拘束力を認めることは不合理であるが、当事者双方により具体化された申立てであれば、これを尊重すべきであろう。岡垣・前掲前節注(7)論文二二〇頁参照。

（6）ただ、親権者指定については、裁判による離婚の際に職権で定めるべき事項であるから（人訴一五条五項〔現人事訴訟法三二条三項〕）、たとえば、当事者の一方だけを親権者とする具体的申立てには拘束されないと解される（東京地判昭和三〇年二月一八日下民集六巻二号二七四頁、丹宗・前掲前節注(7)論文二〇八頁）。親権者指定は当事者双方の利益だけでなく、非当事者である子の利益や社会的利益に関するからである。

（7）たとえば、栗原・前掲注(1)書三四九頁以下参照。清算的要素については、清算の対象となる共同財産の範囲（共有名義財産のほか一方名義の不動産、預金、株券、退職金、年金など）、清算の割合（寄与度の評価・割合など）などの基準があり、扶養的要素については、申立人側の扶養の必要性を示す事情（資産、収入、職業、将来の就労・再婚の可能性、要扶養者の有無など）、相手方側の扶養可能性を示す事情（資産、収入、職業、将来の資産取得能力、負債の有無など）および共通の事情（婚姻期間、婚姻中の生活程度、有責性の有無など）などの基準がある。また、慰謝料的要素については、精神的損害額の算定基準を立てるのは難しいが、破綻の原因・経緯、有責行為の態様、責任の割合、婚姻期間、相手方の資産、収入、職業その他の社会的地位および申立人の生活状態などの基準がある。

（8）たとえば、丹宗・前掲前節注(7)論文二一五頁以下参照。子側の事情として、乳幼児の場合の母または母に代わる養育者優先、子の意思の尊重、兄弟姉妹の未分離、成育状況や現状の継続性などの基準があり、親側の事情として、親の監護能力、監護意欲、愛情、性格、親族からの支援期待度などの基準がある。

（9）もっとも、このような当事者による事実や争点の選択的形成の余地は、自白の拘束力を否定し（人訴一〇条二項〔現人事訴訟法一九条〕）、当事者の提出せざる事実を斟酌できる（人訴一四条〔現人事訴訟法二〇条〕、家審規七条、非訟一一条）職権探知のもとでは、法律上は否定されるようにみえる。しかし、当事者主義的に運用される家事審判事件の付帯申立ての審理においては、職権探知は後見的配慮から公的利益を考慮するための補充的職権関与であると解されるから、通常の実務では、当事者による事実や争点の選択的形成によって弁論は展開するものと思われる。鹿児島家審昭和五六年八月二一日家裁月報三五巻一号九九頁は、遺産分割申立事件につき、相続人ら全員が特別受益を遺産の範囲から除外する旨の陳述をしておれば、審判でもこれに従うのが相当である、として自白類似の効力を認めた。

(10) この点につき、佐上・前掲前節注(6)法律時報論文三一頁、同・前掲前節注(6)家裁月報論文三六頁参照。なお、渡瀬勲「乙類審判手続の模索」家裁月報二八巻五号（一九七六年）八頁もこの点を指摘するが、しかし、そこから当事者の全面的な手続協力義務を認めることには疑問がある。

(11) たとえば、栗原・前掲注(1)書三四八頁参照。肯定説として山木戸克己「審判」民事訴訟理論の基礎的研究一八〇頁、最判昭和五五年七月一一日民集三四巻四号六二八頁など。

(12) 我妻栄・親族法（有斐閣、一九六一年）一五六頁以下参照。

(13) 東京高決昭和五四年六月六日家裁月報三二巻三号一〇一頁。

(14) 証明責任を負わない当事者の解明義務の発生要件としてシュトゥルナーの説くところ（Sturner, Die Aufklärungs-pflicht der Parteien des Zivilprozesses, 1979, S. 106ff.）を参照。なお、春日偉知郎「証拠の蒐集および提出過程における当事者行為の規律——事実解明義務を中心として」民訴雑誌二八号（一九八二年）六〇頁以下参照。

(15) 吉村徳重「判決の遮断効と争点効の交錯」新実務民事訴訟講座2三七三頁（同・民事判決効の理論(上)（信山社、二〇一〇年一四五頁）所収）。なお、アーレンス「民事訴訟における証明責任を負わない当事者の解明義務について」民訴雑誌二九号（一九八三年）九〇頁参照。また、広尾勝彰「訴訟資料の収集に関する当事者の役割(一)」九大法学五二号（一九八六年）一五一頁以下が、この見解では問題状況すべてをカバーできないと批判し（一九一頁）、当事者の主張や否認の理由づけ責任のもつ対論を成り立たせるための応答誘発機能を分析しているところを参照。

(16) 倉田卓次「一般条項と証明責任」法学教室（二期）五号（一九七四年）六九頁・七一頁が一般条項における具体的事情の多様性・複合性というのと似ている。

(17) 佐上・前掲注(10)論文は、このために非訟手続では当事者に提出責任を負わせることはできないと結論する。

四　む　す　び

時間が少なくなってきましたので、最後に、ここで問題にしておりますことを要約してみたいと思います。さきほど申し上げましたように、家事審判事件は元来当事者間の協議事項であります。しかも、当事者間の協議によって将来の関係を展望的に形成することが予定されております。そして、これが審判手続となったときにも、当事者ができるだけ主体的な立場から申立てを定立し、弁論を展開することを尊重しようとする実務の傾向が認められます。私は、審判手続を当事者主義的に運用しようとするこの実務の傾向を踏まえ、これを当事者間の協議事項としての審判事件の特質によって根拠づけることができると考えます。つまり、家事審判事件が当事者間の協議事項である以上は、これが審判手続にもち込まれた場合にも、できるだけ当事者間の協議を生かすような形で審判手続を展開すべきであると考えるのです。もちろん、協議が調わないから審判手続となっているわけですけれども、当事者が主体的で対等な立場から申立てを定立し弁論を展開できるように審判手続が運用され、そのうえで予想される当事者間の協議内容に即して将来展望的な審判がなされるべきであると考えるのであります。

しかし、他方、家事審判事件についての実体法規範を具体化する多様な実体的基準がすでに形成されており、個々の審判においても次々に形成されていきます。この裁判所の審判例の形成は、裁判官の裁判理由として示され、判断基準として機能するものですが、これは当事者主義的に運用される審判手続過程とどのように関連するのか。私は、すでに申し上げましたように、審判例によって形成されました実体的基準は、審判手続過程における当事者の申立てや弁論の展開の背景の指標となり、そのかぎりでいわば手続過程化していると考えております。しかし同時に、この実体的基準は多元的であり、かつ不完全であって、当事者の弁論過程を経てたえず新たに形成されるだけでなく、これを指標とする事実や争点も重層的であるために、必ずしも有利な審判内容をもたらすとは限らないことも、すでに述べた通りです。したがって、こうした実体的基準の手続過程化も不完全であり、かつ開放的構造をもつということができるのであります。

しかし、それにもかかわらず、当事者主義的に運用される審判手続の大筋としては、当事者双方はやはり実体的基準を指標として、あるいは新しい実体的基準を主張して申立てを具体化し、事実や証拠を提出することになるものと思われます。裁判所もまた、そのような実体的基準や当事者間の実質的平等の原則を考慮して、いずれかの当事者に事実や証拠の提出を促す釈明を行い、こうして当事者双方が具体化した申立てにつき、提出した事実や証拠に基づいて審判をすることになるものと考えます。両者の関連は以上のような意味で、当事者双方の主体的な審判手続形成過程においてその接点をもつものと考えるのであります。以上です。

（民事訴訟雑誌三五巻〔法律文化社、一九八九年〕）

第四編　訴訟促進と弁論の活性化

第九章　ドイツ民事訴訟法改革案とその問題点

一　序　言

民事訴訟手続の遅延が重大な社会問題とされ、これを何とか解消しなければならないといわれている点では、西ドイツでもわが国と異ならない。どのような場合に訴訟手続が遅延しているといえるかについては、人によってその基準を異にするが、(1)西ドイツの訴訟遅延の状況は相当に深刻であって、ことに近年その事態はさらに悪化しつつあるように見える。(2)この事態が真剣に受けとられ、いろいろの対処策が考えられてきたことはもちろんである。とりわけ、一九六七年一一月に西ドイツ司法省が、訴訟促進のための民事訴訟法改正草案を発表して、(3)各方面の批判を仰いだことを契機として、この問題が再び西ドイツの関係者間の議論の焦点となった。

この西ドイツの民訴改正草案の審議に大きな影響を与えているものに、シュトゥットガルト地裁において行われている集中審理の実験がある。(4)Stuttgarter Modellといわれるこの手続は、一九六七年一月初頭から同地裁民事第二〇部のベンダ（Bender）裁判長によって始められたが、現行のドイツ民訴法を活用して迅速な訴訟審理を実現することに成功したために、各方面の注目を浴び、(5)西ドイツ各地の裁判所でも（ほぼ二〇の部にのぼる）これに従うものが現れてきた。

ここにいわゆるシュトゥットガルト・モデルと民訴改正草案とは、従来から西ドイツにおいて訴訟促進策として提案されてきた二つの典型を承継している。一つは、バウア教授の提案に始まるが、(6) 期日前にあらかじめ準備書面の交換を尽くし、十分の準備を整えたうえで主要弁論期日を開く方法である（先行手続前置方式）。他は、一九六一年の民訴法改正準備委員会報告案に由来するものであって、(7) まず、第一回期日をできるだけ早く開くのを原則とし、ここで解決できない事件についてさらに準備を整えて主要弁論期日を開く方法である（早期第一回期日方式）。シュトゥットガルト・モデルは前者を具体化し、民訴法改正草案は後者を原則とするが、なお先行手続前置方式を選択する余地を認める折衷案となっている。

もちろん、訴訟遅延をもたらす原因は広範にわたっており、これが単に民訴法規の改正だけで解消されるものでないことはいうまでもない。シュトゥットガルト・モデルが集中審理を実現できたのも、当地の弁護士会の熱心な協力を得られるなど、いろいろの前提条件を備えてのことであった。したがって、民訴法改正草案のように、訴訟遅延の理由をもっぱら当事者が早めに訴訟資料を提出しない点にありとして、遅れた資料提出の排除を厳格にするよう民訴法を改正するだけで、訴訟促進を実現できるかについては、多くの反論がなされている。(8) 本稿は、訴訟促進方策をめぐって、西ドイツに現れた最近の論争(9)を整理して、そこに含まれている基本的な問題点に及ぶことによって、同様に訴訟遅延現象に悩んでいるわが国における問題解決への視点を提供することを目的とする。

(1)　理想的審理期間の絶対的基準などありえず、たとえば、Vollkommer, Die lange Dauer der Zivilprozesse und ihre Ursachen, ZZP 81, 102 (124), 1968 が紹介する従来からの各種の基準も、地裁についてだけでも最長一ヵ年から最短三ヵ月と分れているが、標準的には六ヵ月を超えればすでに遅延と見るものが多い。

(2)　統計の示すところでは、地方裁判所では、判決までの審理期間が六ヵ月以上にわたる事件が、一九五七年の五二パーセントから次第に増加して一九六八年には六二パーセントになった。詳細は、六ヵ月以上審理期間を要した事件の割合（%）についての下表参照。

	1957	1961	1965	1967	1968
AG	24.7	28.7	32.5	34.3	38.3
LG	52.3	54.0	62.1	57.0	62.2

（3） Entwurf eines Gesetzes zur Änderung der ZPO（Stand: 17, November 1967）. この民訴法改正第一草案の要点については、木川統一郎「訴訟促進のための具体的諸方策とその評価」実務民事訴訟講座Ⅰ（日本評論社、一九六九年）一三九頁に簡単な紹介がある。一九七〇年一月二九日の最終草案については、柏木邦良「訴訟促進と西ドイツ民訴法改正の動き」ジュリスト四四九号（一九七〇年）九八頁に詳細な紹介がある。これらの改正草案の参照について、西ドイツの連邦司法省およびリュケ教授の御好意を得た。ここに深甚の謝意を表したい。

（4） この実務についても、木川統一郎「西ドイツ民訴法改正問題と三ヶ月裁判」ジュリスト四四六号（一九七〇年）八五頁、小山昇「事態がそのように惨めなところはどこにもない」ジュリスト四四九号（一九七〇年）九六頁に紹介がある。私は一九六九年六月、機会を得て数日にわたりこの実務を見学し、ベンダ裁判長はじめ民事第二〇部および第二一部を構成する裁判官および事件に関与していた弁護士数名から、この実務について話を聞くことができた。ことにベンダ裁判長には、多数の資料の提供はじめいろいろの御好意をうけ、感謝に耐えない。ベンダ判事作成の多数の資料のうち、公版されたものとして、Bender, Die "Hauptverhandlung" in Zivilsachen, DRiZ 1968, 163; ders., Beschleunigt die Beschleunigungsnovelle, Zeitschrift für Rechtspolitik, 1969, 58 がある。

（5） たとえば、週刊誌 "Spiegel" は二度にわたってこの実務を取り上げ（Der Spiegel, Nr. 34/1968, 27; Nr. 8/1970, 36）、改正草案理由書も、第二次草案（Stand: 15, Juli 1969）以降はこの実務への対応を示さざるを得なかった。その後の改正問題に関する論評のほとんどがこの実務に触れているといえる。

（6） Baur, Wege zu einer Konzentration der mündlichen Verhandlung im Prozess, 1966. 本書については、上田徹一郎「バウア著『訴訟における口頭弁論集中への道』」法と政治一八巻三号（一九六七年）五五頁に詳細な紹介と論評がある。

（7） Bericht der Komission zur Vorbereitung einer Reform der Zivilgerichtbarkeit, 1961. 中務俊昌「弁論の準備と西独における論議」法学論叢七五巻四号（一九六四年）一頁に委員会提案の紹介がある。

（8） vor allem, Deutscher Anwaltverein, Stellungnahme des Ausschusses für Zivilprozess und Gerichtverfassung des deutschen Anwaltvereins zum Entwurf eines Gesetzes zur Änderung der Zivilprozessordnung（27.9.1968）, Anwalt B. 1968, 334; H. Merkel, Gute oder schnelle Justiz, Anwalt B. 1969, 275; ferner vgl. auch Stötter, Lange Prozessdauer und ihre Ursachen, NJW 1968, 521; Lancelle, Unwelt und Recht – Richtermacht oder Parteifreiheit, NJW,

1968, 1959; Redeker und Seeliger, Beschleunigung des Prozesses, ZRP 1969, 108; Bruns, Zur bevorstehenden Novellierung der Zivilprozessordnung, JZ 1969, 127.

（9）上掲のほかに、民訴改正草案やその他の訴訟促進方策を論じたものとして、Lauterbach, Konzentration oder Gleichwertigkeit der Terminen, JZ 1967, 137; Baumgärtel, Welche Anregungen vermag das neue griechische Zivilprozessgesetzbuch für die in Deutschland geplante Prozessbeschleunigung zu geben?, ZZP 81, 6, 1968; Habscheid, Richtermacht oder Parteifreiheit, ZZP 81, 176, 1968; Deubner, Über Massnahmen zur Beschleunigung des Zivilprozesses, ZZP 82, 257, 1969; Lorenz, Zur Reform des deutschen Zivilprozessrechts, JR 1968, 47; Haase, Randbemerkungen zum Entwurf eines Gesetzes zur Änderung der Zivilprozessordnung, JZ 1969, 419; Baur, Weitere Anregungen zur Beschleunigung der Zivilrechtspflege, JZ 1969, 482 参照。

二　バウア案とシュトゥットガルト・モデル――先行手続前置方式

(1) バウア案

テュービンゲン大学のバウア教授が一九六五年一〇月にベルリン法律家協会で行った講演の中で提案したものである。[1] これがその前提として訴訟遅延の主な原因とみるのは、次のような事情である。すなわち、西ドイツ民事訴訟法のもとでは、当事者が小きざみに資料を提出し、裁判所も少しずつこれを知るにすぎないために、無駄な期日が繰り返され、弁論期日の他に証拠調期日を開かざるをえないことになる、という事情である。そこで、この実務を許している現行民訴法を改めて、弁論も証拠調べも一回の主要弁論期日（Hauptverhandlungstermin）で集中的に行うようにしなければならない。そのために、主要期日前に先行手続をおき、あらかじめ十分の準備を整えさせることにしたのである。[2]

先行手続は先行期日をもって完了するが、その前に三ヵ月を超えない期間内で準備書面の交換を行う。裁判所の釈明権はこの段階にも拡張され、当事者に対し提出期限を定め、解明すべき点を指示して、すべての申立て、事実主張および証拠の提出を尽くさせるようにする。当事者の資料提出を強制するために、答弁を怠った被告に対しては、先行手続内で欠席判決を言い渡す。また、先行手続完了後の新しい資料提出は原則として排除され、ただ自己の過失によらずにこれを提出できなかったことを証明した場合に限り提出が認められるにすぎない。先行手続をしめくくる先行期日においては、訴訟要件について審理し、判決（訴え却下や移送）を下すが、さらに、準備書面によって提出ずみの当事者の主張、争点、証拠方法などを整理する。そのために、当事者本人の事情聴取（Anhörung）もこの段階で認められる。先行期日では、当事者も裁判所も事実や証拠方法について十分の知識を得ることになるので、和解を試みる最も適当な時期でもある。和解が成立せず、欠席、認諾または放棄判決のいずれも問題にならなければ、裁判所は証拠決定をすることになる。

そこで証拠調べと口頭弁論を行う主要期日が指定されるが、この期日の中心となる証拠調べがまず一挙に行われ、次いで当事者の最終弁論、裁判所の判決が続くことになる。期日の続行は原則として認められないが、例外的にその必要がある場合には、一〇日以内に限られる。一〇日以内に続行できねば、証拠調べをも含めて、すでに行われた主要期日をもう一回繰り返さなければならないとして、集中審理の間接的な強制が図られている。

バウア案の骨子は以上の通りである。時間的に期間の定められた先行手続での主張段階と、主要期日における証拠調べ段階とに手続が区別され、主要期日における新しい主張を原則として排除する失権効を伴う点からみて、同時提出主義への復帰とみられる(3)。随時提出主義をとる現行法からみれば、かなり思い切った改革案である。一九六一年の民訴法改正準備委員会の報告書は、委員の一人であったバウアの主張と思われる同様の提案をかなり詳細に検討し、これによっては手続の改善は期待できないという多数意見を報告している(4)。

(2)　シュトゥットガルト・モデル

一九六七年初頭からシュトゥットガルト地裁民事第二〇部において行われている集中審理は、このバウア案を基礎として、これを具体化し、迅速な訴訟処理に成功した。(5) もっとも、ここでは、現行のドイツ民訴法を前提とし、これを十分に活用して集中審理を実現したわけであるから、法律改正を前提とするバウア案とはいくつかの点で異なってこざるをえない。しかし、主要期日前に準備書面交換を尽くして準備を整えるという基本構造では共通である。そこでここでも、後述のように主要期日までには十分の時間的な余裕をおく必要があるが、これはＺＰＯ二六一条と衝突する。同条によれば訴状送達後二週間の応訴期間を保障する限度でしか時間的ゆとりを認めていないからである。しかし、これは他方、同じＺＰＯ二七二条ｂが、「訴訟をできるだけ一回の弁論期日で解決するために、口頭弁論期日前に、適当と思われるあらゆる処置をとらねばならない」と規定するのと矛盾する。裁判所は二週間余りの期間に、同条二項に例示されているような、(6) 弁論準備のための「あらゆる処置」をとれるはずがないからである。いずれか一方を遵守するためには他方を無視せざるをえない。ベンダ裁判長は、ＺＰＯ二七二条ｂを優先させ、同条を十分に活用して、シュトゥットガルト・モデルを作りあげたのである。(7)

シュトゥットガルト・モデルによる手続は、開始以来三年余りの経験に基づいて若干の改良を経ているが、大略次のような経過をとる。初めは、訴状の受理後、裁判長が直ちに二ヵ月から二ヵ月半後の口頭弁論期日を定め、同時に三週間位の答弁書提出期間を裁定し、以後は報告裁判官（Berichterstatter――わが主任判事に近い）が準備書面交換手続を主掌した。(8) しかし、現在行われている改良後の手続では、訴状の受理、答弁書（Klageerwiderung）・再答弁書（Replik）の提出期間の設定とその受理手続はすべて書記局に委ねられ、裁判官の時間が節約される。(9) 書面交換手続が終った段階で初めて書類が報告判事（主任判事）に廻され、その報告の下に事前合議にかけられる。これに基づき準備に必要な期間をおいて弁論期日が指定されるとともに、ＺＰＯ二七二条ｂにより、期日のために必要な準備的処置がとられることになる。すなわち、主任判事は当事者に対して、書面交換では不十分であった主張や証拠を、提出期間を定めて補充するよう指示し、必要な証人や鑑定人を期日に呼び出す。鑑定人には、鑑定事項を示して期日前に簡単な鑑定書の提出を依頼し、あらかじめ期日に出頭できることを確かめておく。双方の当事者本人を期日に呼び出しておくことはとくに重要である。[10]

弁論期日は、請求の趣旨の陳述後、双方当事者本人の事情聴取によって開始される。当事者は関連ある出来事について詳細な説明を求められる。これによって、準備書面に現れた問題が解消してしまったり、新たな問題が生じたりする。多少とも事実関係に変更を生ずる場合が多いし、場合によっては新しい請求原因事実や抗弁事実を生ずることもある。裁判所は中間合議を行い、これらの点を整理したうえで、適当な場合には和解の提案をする。そうでなければ直ちに証拠調べに入る。証人訊問が裁判官の主導によって行われることはわが国と対照的である。[11] 弁護人の訊問は補充的である。鑑定を要するときは、出廷している鑑定人に、提出ずみの鑑定書の理由を詳しく口頭で聞くことになる。証拠調べ後、再度の中間合議を聞くが、その結果、和解提案を理由つきで示し、[12] あるいは暫定的な判決（das vorläufige Urteil）を理由を付して説明する。[13] 和解提案が拒否されれば、双方代理人による最終弁論（Plädoyer）が行われる。これは一種の控訴理由に近いので、裁判所は自己の見解の問題点を知ることができる。その結果、問題があれば再度合議し、在廷しない証人の訊問が必要となったりすれば、当事者にできるだけ早い第二回期日を指定することになる。[14] 判決は原則として一週間後に言い渡される。

シュトゥットガルト・モデルは、このようにして、バウア案の具体化に成功した。しかも、ベンダ判事の作った統計によれば、ほとんどの事件を訴提起後平均三ヵ月以内で処理しているのである。[15] 一件書類が裁判官に渡されてから判決言渡しに至るまで、実質的に裁判官自身が事件に関与する期間に限れば、現在では平均的には一ヵ月ないし一ヵ月半に短縮されていることになり、裁判官の負担を軽減するところ大である。[16] 法改正によらずに現行ZPOの運用によってこれを可能にした背景には、単にベンダ判事の創意工夫に富んだ精力的かつ果敢な努力があっただけではなく、それ以外にもいくつかの前提条件が必要であった。[17]

第一に、シュトゥットガルト地裁民事第二〇部が初めからこの実験のための新件部として、未済の旧件をもたずに発足したことである。[18] 同地裁民事第二一部も、一九六七年一〇月一日から同じ目的で新設された新件部であった。しかし、他の裁判所でも、この方式に従うものが増加しているし、この手続の採用の一般化が問題になってくると、現に係属中の未済事件の処理をいかにするかが、今後の重要な問題となる。

第二に、新しい手続開設にあたって、あらかじめ、手続に関与する弁護士に手続の内容を詳細に説明して、弁護士側からの協力を得ることができたことである。[19] ことに現行法上は、バウア案の提案するような、当事者や弁護士の協力を強制する規定（書面手続中の欠席判決や失権規定の強化）がないのだから、弁護士側の協力がなく、資料の提出期間や関係人の出頭が履行されないことになれば、直ちにこの実験は失敗することになろう。ベンダ判事自身このことを認めて、実定法の根拠なしに行っているシュトゥットガルト・モデルを "Trapezakt ohne Netz"（安全網のない曲芸ブランコ）に等しいという。彼がその実務経験を基礎にして提案している民訴改正のための、いわゆるベンダ草案の目的は、シュトゥットガルト・モデルを法規的に保障することであった。[20]

このベンダ草案の内容は、現在のシュトゥットガルト・モデルの手続経過を法規化し、若干の新たな工夫を加えて、その実現を容易にしようとするものであった。まず、財産権上の請求については、裁判所は、再答弁書（Replik）提出後に期日を指定するシュトゥットガルト方式の他に、いわゆる早期第一回期日方式による手続を選択することができることにして（二五二条a）、争いのない事件や簡単な事件を早めに解決する途を開いた。この場合に、第一回期日で終局判決に至らず、あるいは証拠決定を経て直ちに次回期日を指定できないときは、それぞれ二週間以上の提出期間を裁定する答弁書および再答弁書の交換手続に入ることになる（二五二条c）。他方、直ちに期日を指定しないシュトゥットガルト方式をとる場合には、被告はまず訴状受理後二週間内に応訴意思の有無を陳述しなければならず（Erklärungsfrist）、さらに、二週間内に答弁書を提出しなければならない（Klagentgegnungsfrist）（二五二条d）。答弁の期間を二分することにより、被告が早目に弁護士に相談することを強制して、十分な準備を可能にする趣旨である。再答弁書提出後に、書記局から一件書類の送付をうけた裁判所は、事前合議を経て、必要な準備的処置とそのための期間をおいた弁論期日を定めることになる（二五二条i）。いずれの場合にも、これらの準備書面提出期間を守らせるために、ベンダ草案の予定している期間徒過に対する制裁は、書面手続における欠席判決（二五二条g）および相手方の主張の自認推定（後に争う場合には挙証責任を負う――二五二条h）である。提出期間を徒過した主張を却下すべきことを裁判官に強制するのは、実体真実に反することになるとして、これをとらない点で、バウア案や後述の民訴改正案と異なっていることに注目しなければならない。

(3)　先行手続前置方式の特質と問題点

このように、バウア案とシュトゥットガルト・モデルはいくつかの点で異なっているが、刑訴のHauptverhandlungstermin に準じた主要弁論期日を行うために、その前に準備書面交換を中心とした先行手続をおく点で共通である。その結果、主要期日における一回限りの集中審理が実現し、現行実務において形骸化した直接主義、口頭主義が現実化されることになった[21]。ただ、訴訟手続は、時間的に期限の付された先行手続＝主張段階とこれに続く口頭弁論手続＝証拠調べ段階とに大きく二分されることになり、これは同時提出主義への復帰に他ならないとみられることになった。ことに先行手続終了後の新たな主張の排除を厳格にするバウア案ではこの特徴が顕著である。ここで指摘される問題点は[22]、この種手続の左のような特質に由来する。

(イ)　まず、これはある種の書面による準備手続を導入したことになって、失権を惧れる当事者が、重要でない事項についても書面交換を行い、書類が不当に拡大して訴訟を複雑にすることになろう[23]。裁判所の釈明権によって指導できるとしても、書面手続において目的を達することは容易ではない。この危険を取り除くためには、どうしても、先行手続で提出できなかった主張に対する失権効の制裁をゆるめることによって、ある程度当事者の危惧を除去せざるを得なくなってくる。ベンダ手続が、弁論期日における当事者の主張補正を可能にして、厳格な排除効をとらないゆえんであろう。

(ロ)　さらに、先行手続の時間的制約のあるところで、当事者が十分の準備を整えて主要期日に臨めるか疑問である。[24] 刑訴の検察官のように公権力による捜査能力をもたず、しかも英米における程に事前の準備活動に熱心でない西ドイツ弁護士制度の下では、ことに複雑な事件について、三ヵ月内に十分な準備が整うとは考えられない。とすれば、ベンダ手続におけるように、準備書面提出期間を延期する余地を認めるか、[25] さもなくば、準備の整わないまま主要期日に臨むしかない。のみならず、事実の主張や証拠調べの必要性は、相手方の陳述や証拠調べの結果に強く左右されるのだから、主張段階と証拠調べ段階を厳格に区別するのは適当ではない。ここでも、主張手続段階から裁判官の釈明権を活用して、当事者に必要な資料や証拠を出させ、必要と考えうるすべての証人や鑑定人を職権で呼び出しておくことが、この方式による対応策であろう。しかし、裁判所の釈明の前提となる知識も、双方の準備書面を基礎とするだけで限界がある（したがって、一方では、必要なすべての証人や鑑定人の呼出しを期待できず、他面、無駄な証人を呼び出してその時間と労力および費用を空費させることになる）。そこで当事者には、主要期日において証拠調べの結果について十分に考慮して態度決定をするための事前の準備も時間的ゆとりもないことになりかねない。これでは当事者は陳述する機会を十分に保障されたことにならないのではないか、という基本的な疑問を生ずることになる。この点については、いわゆる審問請求権との関係で、さらに節を改めて詳論する必要がある（四(3)参照）。

(ハ)　最後に、主要弁論期日前に、三ヵ月に及ぶ先行手続を置くことは、簡単に解決する事件についても決着を遅らせることになる。[26] 早めの第一回期日で、欠席、放棄、認諾判決や和解などによって解決する事件が全事件の相当部分（簡裁で四分の一、地裁で六分の一）を占めることから、この批判は重要である。改正準備委員会報告案や民訴改正草案が、いわゆる早期の第一回期日方式を採るのは、この論拠からである。ベンダ草案もまた、早めに第一回期日を指定する手続の選択権を裁判所に委ねることにしたのである。[27]

（1）　Baur, Wege zu einer Konzentration der mündlichen Verhandlung im Prozess, 1966 参照。
（2）　Baur, a.a.O. (N.1), S.13 は、この点で、裁判官が事前の知識なしに主弁論に臨み、期日の準備の全責任を訴訟代理人が負うイギリス方式をとり得ない、とする。裁判所が事前に事実状態を知り期日の準備をも指導する裁判所主導型の従来の慣行を継承すべきであるという。

(3) vgl. Baur, a.a.O. (N.1), S.17f.

(4) Bericht der Kommission zur Vorbereitung einer Reform der Zivilgerichtbarkeit, 1961, S. 197ff. 詳細な問題点については「(3) 先行手続前置方式の特質と問題点」を参照。

(5) Rolf Bender, Die “Hauptverhandlung” in Zivilsachen, DRiZ 1968, 163ff. 木川統一郎「西ドイツ民訴法改正問題と三ヵ月裁判」ジュリスト四四六号（一九七〇年）八五頁はこの内容を詳細に紹介している。ベンダ判事は、さらに、この実務の実施状況や問題点について詳細な報告を形成し（A4判タイプ印刷で三〇頁前後の報告書八部――以下、Benders Bericht, Teil I-Teil VIII と引用）、各方面にその採用を呼びかけている。ここでは残念ながら一々その詳細に及ぶゆとりがない。

(6) ZPO二七二条bは、わが民訴法二三一条（現一五一条、釈明処分）および二六二条（現一八六条、調査嘱託）を、期日前に職権で実施するのに近い。木川・前掲注(5)九五頁参照。

(7) Bender, a.a.O. (N.5), 165; Der Spiegel 1967 Nr. 34, 28; derselbe 1970 Nr. 8, 41; Benders Bericht, Teil II “Ausblicke auf die Zivilprozessreform (Auf Grundlage der bei der 20. Zivilkammer des Landgerichts Stuttgart gemachten Erfahrungen)”.

(8) Bender, a.a.O. (N.5), 164ff.; Benders Bericht, Teil I “die ersten Ergebnisse eines Versuchs der 20. Zivilkammer des Landgerichts Stuttgart, nach der Zivilprozessordnung zu verfahren”.

(9) Der Spiegel 1970 Nr. 8, 38ff., insb. 39. 小山昇「事態がそのように惨めなところはどこにもない」ジュリスト四四九号（一九七〇年）九四頁は本誌内容の詳細な紹介である。改められた主な点は準備書面手続であり、私の見学した時はすでにこの手続によっていた。後述のベンダ草案はこれに基づいて立案された。Bender, Beschleunigt die “Beschleunigungsnovelle”, ZRP 1969, 58.

(10) この当事者本人の出頭と事情聴取とは、訴訟促進にとってきわめて有益であることが強調される。Der Spiegel 1970 Nr. 8, 38f. 小山・前掲注(9)九五頁参照。その詳細な検討がBenders Bericht, Teil II にある。なお、木川・前掲注(5)九四頁参照。

(11) 証人の供述調書作成について、西ドイツに一般的な裁判官による要約口述の方式（Richterdiktat）をとらず、関係人の同意の下、供述のままを録音した録音調書（Tonbandprotokoll）によっている。これによって弁論時間が四分の一に短縮され、弁論における速記官が全く不要になる。Bender, a.a.O.（N.5）, 166, 木川・前掲注(5)八七—八八頁。vgl. Benders Bericht, Teil IV "Richterdiktat oder Tonband-Wortprotokoll".

(12) 和解提案があれば、当事者と弁護士は相談のため一時退廷する。一般的に同じ内容の判決が予測できるので、成立の可能性が高い、という弁護士の説明を聞いた。

(13) これも録音され、後日ほとんどそのまま判決内容に利用されることが多い。

(14) 実際上はこの事例は少ない。やむを得ない場合には一週間か二週間後に開かれる。そうすれば裁判官の記憶が新鮮だから、新しく記録を調べ直す必要がない。

(15) Bender, a.a.O.（N.5）, 165; Der Spiegel 1970 Nr. 8, 36.

(16) vgl. Bender, a.a.O.（N.9）, 59.

(17) 以下に指摘する点以外にも、いくつかの有利な条件があった。まず、物的施設がこの部にとって有利に備わっていた。判事室、会議室、書記局、合議室を備えた法廷などが隣接しており、時間の節約ができたこと、録音設備が他の部より多く十分に備えられたこと、次いで、鑑定人を得ることが考えたよりも容易であったことなどである。vgl. Benders Bericht, Teil I（N.8）.

(18) Bender, a.a.O.（N.5）, 163, 166f.

(19) ドイツ弁護士協会の依頼で、一九六九年一月にシュトゥットガルト弁護士協会の行ったアンケート調査によれば、左の結果が報告されている。関与した弁護士の平均八〇％は、この手続が弁護士にも有利であるとしてこれを支持している。

	支　持	中　間	不支持
10回以上この手続に関与した弁護士群	33（85％）	2（5％）	4（10％）
3～10回にわたり関与した弁護士群	60（75％）	10（13％）	9（12％）
1～3回にわたり関与した弁護士群	65（80％）	5（6％）	11（14％）

(20)　Bender, a.a.O.（N.9）, 58. ベンダ判事は、一九六九年三月二一日付で、"Der Entwurf einer Kurznovelle（mit Begründung）"（A4判タイプ印刷で一一頁の民訴改正草案と四四頁の理由書）を発表した。以下の説明はこれによるが、括弧内の条文はベンダ草案の条文を示す。

(21)　Bender, a.a.O.（N.5）, 163; Baur, a.a.O.（N.1）, 22. ことにベンダ判事は、判決に熟するまでの全手続を単独判事に委ねる南部ドイツの実務の下では直接主義が全く無意味となっていることを強調する。vgl. Benders Bericht, Teil III "Kollegial- oder Einzelrichtersystem?".

(22)　上田徹一郎「バウア著『訴訟における口頭弁論集中への道』」法と政治一八巻三号（一九六七年）六三頁以下はバウア案の問題点を鋭く批判しているので、これを参照。

(23)　Bericht der Kommission（N.4）, S.197.

(24)　Bericht der Kommission（N.4）, S.197f.; Stötter, Lange Prozessdauer und ihre Ursachen, NJW 1968, 521, 525f.; Vollkommer, Die lange Dauer der Zivilprozesse und ihre Ursachen, ZZP 81, 1968, 102, 129f. が以下の疑問点を指摘する。ferner vgl. auch H.Merkel, Gute oder schnelle Justiz, Anwaltblatt 1969, 276, 286.

(25)　改良後の Stuttgarter Modell（Der Spiegel 1970 Nr.8, 39）およびベンダ草案 Kurznovelle §252c(2) 参照。

(26)　Bericht der Kommission（N.4）, S.200; Lauterbach, Konzentration oder Gleichwertigkeit der Terminen, JZ 1967, 137, 139.

(27)　Benders Kurznovelle §252a(2); Bender, a.a.O.（N.9）, 59. 改良後の Stuttgarter Modell でも、被告が二週間内に弁護人を選任しないときは、早期の第一回期日を指定して欠席判決ができるようにした。Der Spiegel, 1970 Nr.8, 39.

三　民訴法改正準備委員会案と民訴法改正草案――早期第一回期日方式

(1)　準備委員会案の概要

一九五五年に司法省に設置された民訴法改正準備委員会は、一九六一年に報告書を提出した[1]。その多数意見は、前節で説明した先行手続前置方式による手続を却けて、いわゆる早期第一回期日方式を提案した。すなわち、訴提起後できるだけ早く第一回期日を指定して、実質的に争いのない事件を早期に解決したうえで、答弁書提出期間を定める。答弁書提出後に第二回期日を指定して、そのための準備的処置をとることになる。その手続の概要は次の通りであろう。

訴状を受理した裁判所は、第一回の弁論期日を、応訴期間の経過予定時から二週間以内に指定する。この期日においてまず実質的に争いのない事件が除かれるが、そうでない場合にも、訴訟資料について当事者の釈明を聞くことにより、事案を解明するに必要な期間を定めることが可能になる。すでに被告の答弁書の提出があれば、この期日において証拠決定ができるが、そうでなければ裁判所は答弁書の提出期間を設定すべきである。この期間が徒過されたときには、原告の申立てにより、書面手続において欠席判決を言い渡さなければならない。のみならず、設定された提出期間を徒過した当事者は、その遅延を十分に釈明しない限り、後になって資料を提出することを排除される。答弁書が提出されれば、裁判所は第二回期日を指定するが、この期日準備のためにＺＰＯ二七二条ｂの規定を活用して準備的処置をとらねばならない。裁判所は、適切な事件では既に期日前に証拠決定をし、必要な証人や鑑定人をあらかじめ期日に呼び出し、場合によっては、受命裁判官に証人尋問を命ずることができる。さらに、当事者に事件に関係するすべての書証を早めに提出させるようにすべきである。こうして、事件をできるだけ第二回期日で解決しようというわけである。

(2)　民訴法改正草案の成立とその内容

民訴法改正準備委員会の示した大綱を前提として、一九六四年に正式に民訴法改正委員会が設立され、とくに訴訟促進の問題を中心に審議を重ねた。そこで、一九六七年一一月には第一次草案を示し、ついで一九六九年七月に第二次草案が発表され、さらに一九七〇年一月二九日には、最終草案が西ドイツ連邦政府により採用されて政府草案となり、二月六日に連邦議会の審議に付されたといわれる(2)。この民訴法改正草案が、改正の前提として訴訟遅延の主な原因としている事情は、次の通りである。すなわち、まず、当事者が訴訟資料を不完全に、少しずつ、しかも時機に後れて提出し、さらには不必要な期日や期間の延期を申し立てることによって訴訟を遅延させている。これは、当事者、弁護人の懈怠にもよるが、引延しの意図によることも多く、これに対しては相手方弁護人の側でも同業者意識から応じやすい。裁判官の方でも、当事者に主張や証拠を早く完全に出させるように、早くから訴訟資料を検討しようとはしない。このような事情が重なって、無駄な期日が繰り返され、訴訟遅延を来している。そこで民訴法改正草案は、(イ)口頭弁論の準備を十分にする。(ロ)後れた攻撃・防御方法の却下を容易かつ確実にする。(ハ)期日の延期を困難にするという三つの目的をもって起案された。

(イ)　まず、弁論の準備がより適切に行われて弁論の集中を実現するために改正草案のとった方策は、第一次案から第二次案を経て最終案に至って大きく変遷した。第一次草案ではいわゆる早期第一回期日方式をとり、そのうえで答弁書提出期間を定めて十分な弁論の準備を行おうとした。書面手続による欠席判決は認めないが、その他の点では準備委員会報告の方式であった。しかし、これではベンダ方式による手続の余地はなくなる。その間に、ベンダ草案やこれを支持する弁護士会の意見などが影響を与えたことは明らかである(3)。果せるかな、民訴法改正草案は、第二次案に至り、ことに政府草案では明確に、財産権上の訴訟については、いわゆる早めの第一回期日方式によるか、あるいは準備書面交換前置の方式によるかを裁判所の選択に委ねることにしたのである(4)。

(a)　早めの第一回期日方式　　まず、裁判所が適当と認めた時には、早めの第一回期日を指定することができる（二一六条Ⅱ・二六〇条ａ・二六一条ａ）。非財産権上の訴訟については常に早めの第一回期日を指定する。この第一回期日は弁論の準備の他に、争いのない事件を片づける機能をもつ。認諾、欠席判決、訴取下げ、和解により解決できる事件がここで取り除かれる。争いがあっても事件が簡単であれば、判決に熟することもありえよう。しかし、この期日で、被告が答弁をしないか、あるいは答弁が不十分な場合には、裁判所は少なくとも二週間の余裕をもった答弁書提出期間を指定しなければならない（二七五条・二七六条Ⅰ）。また、訴状自体から答弁に要する期間が明らかなときは、第一回期日前でも、答弁書提出期間を定めることができる（二七四条Ⅱ１）。

この答弁書提出期間を守らせるための制裁として、民訴法改正草案は、欠席判決をとらない。これは、被告が全く答弁書を出さない場合にしか考えられず、形式的に答弁書を出しさえすれば、その不完全さを直ちに判断はできず、制裁を免れるとせざるをえないからである。そこで、期間を徒過した答弁事項には失権効の制裁を認めることにしたのである（二八〇条Ⅰ）。すなわち、期間を徒過した答弁事項については、これが訴訟を遅延させるものであれば、被告の方でこれが訴訟引延しの意図や重大な過失によるものではないことを証明した場合に限り、許容することができる。期間内に全く答弁のなかった場合だけでなく、答弁が内容的に不十分な場合にも作用することは、いうまでもない。しかし、期間に遅れた答弁は、訴訟遅延を来す以上、原則的に却下が強制されるとなると、手続の最初の段階では問題にならない答弁事項までも提出しておかねばならぬことになって、適切ではない。これでは、一方、被告に過大な要求をすることになるし、他方、資料が不必要に増大して、却って訴訟を遅延させることにもなる。そこで改正草案は、「被告が注意深くかつ訴訟促進に協力して訴訟追行をする場合には、訴訟状態に応じて期待されざるをえない限りにおいて」答弁事項を記載しなければならないことにしたのである（二七六条Ⅱ）。

(b)　準備書面交換前置方式　　財産権上の訴訟について、早めの第一回期日が適当でないと考えられるときは、裁判長は、被告に対して、訴状送達後二週間以内に応訴意思の有無の返答を求めるとともに、少なくとも二週間の余裕をもって、答弁書提出期間を定めることができる（二六一条ａⅠ）。被告が応訴意思のない旨を返答し、あるいは期間内に返答しないときは、原告の申立てにより、書面手続上の欠席判決を言い渡し（三三一条Ⅲ）、被告が認諾の意思を明らかにすれば、同じく申立てにより認諾判決ができる（三〇七条Ⅱ）。

被告がこの期間内に争う意思を表明したときは、裁判所は答弁書提出期間の経過を待たなければならないが、提出期間の経過後は直ちに弁論期日を指定しなければならない（二六一条ａⅣ）。これは、被告が答弁したかどうかにかかわらない。期間内に提出されない答弁事項については、早期第一回期日方式によった場合と同様に、失権効が生ずる（二八〇条Ⅰ）。被告の答弁があれば、これによって、さらに原告の再答弁を要するかどうか、あるいはその他の準備的処置を要するかを考慮して期日指定がなされる。この期日指定により、一方、準備書面交換が限りなく続く危険が避けられ、他方、早期第一回期日方式による場合の第二回期日と同じ段階に至ることになる。

(ロ)　一般的訴訟促進義務　民訴法改正草案は、弁論準備のための答弁書提出期間が定められた場合の外にも、一般的に攻撃防御方法の提出時期について基準を設定した。すなわち、当事者は、「注意深くかつ訴訟促進に協力して訴訟追行をする場合には、訴訟状態に応じて当然に期待せざるをえない」ような時期には、その攻撃防御方法を提出しなければならない（二七七条）。つまり、随時提出主義を制限する基準を、このように一般条項的に表現したわけである。

この一般的訴訟促進義務が守られるようにするために、民訴法改正草案は、この義務に違反して提出された攻撃防御方法にも失権効を結びつけた（二八〇条Ⅰ）。すなわち、促進義務違反の攻撃防御方法は、これが訴訟を遅延させる場合には、提出の遅延が訴訟引延しの意図や重大な過失によるものでないことを証明しない限り、却下されねばならない。失権効の要件を厳格化するとともに、これを義務規定として、裁判所の裁量を排除し、要件の存する以上必ず失権させることにしたわけである。

さらに控訴審との関係で、もし一審で排斥された主張が控訴審で許されるならば、控訴事件が増大し、審理の重点が控訴審に移ることになる。そこで、一審で正当に排除された資料は、控訴審で訴訟遅延をもたらさなくとも、排斥されることにした（五二七条Ⅱ）。

(ハ)　延期の濫用を防止するために、延期を困難にすることが、改正案のもう一つの目的であった。そこで、十分に弁明のできない当事者の欠席や準備の不十分なこと、あるいは当事者の同意のあることは、延期申立ての理由とならないことにした（二二七条Ⅰ）。

(3)　早期第一回期日方式の特質と問題点

民訴法改正草案は、準備書面交換手続を前置する途を開きはしたが、準備草案と共に、早期の第一回期日方式を原則としている（非財産事件についてはこの方式だけ）。そして、この方式において共通にいえることは、訴訟促進の有力な手段として、強力な失権効と結びついた答弁書提出期間を設定することにした点である。こうして、手続に段階的な区分を設けて、当事者の資料提出を促し、一回の期日で処理できない事件についても審理の促進を図っているわけである。ことに提出期間に遅れた攻撃防御方法の失権効を強化したことが、従来の手続に比べて顕著な特質である。遅れた攻撃防御方法が訴訟を遅延させる以上、当事者の側で無過失を証明しない限り却下を強制することにした点がこれである。民訴法改正草案は、この場合、単に提出期間に遅れただけでなく、当事者の訴訟促進義務として提出の期待できる事項だけを却下するとして、同時提出主義への逆行を防ごうとしている。しかし、準備委員会案と異なって、改正草案のいわゆる訴訟促進義務は、提出期間の設定された場合に限らず、一般条項的に法規化されるとともに、この一般的な促進義務違反の攻撃防御方法にも、右の強化された失権効が結びつくことになった。したがって、この方式による手続の問題点も、この手続の右のような特質（提出期間の設定、失権効の強化、訴訟促進義務規定）との関連で指摘されることになる。

(イ)　準備書面の提出期間を定めて、訴訟手続に段階的な区分を設けることが、訴訟促進に役立つことはいうまでもない。しかし問題は、この期間を守らせるためにどのような制裁を設けるかという点にある。期間徒過の攻撃防御方法に対する失権効の強化が、この種手続に共通の方策であった。しかし、これでは、それぞれの手続段階では予期できないような資料まで提出しておかなければ失権することになり、不適切であることは、改正草案理由書も指摘した通りである。これは同時提出主義に加えられる批判と異ならないが、改正草案はこの難点を緩和するために、いわゆる訴訟促進義務を規定したのである。提出期間が定められている事項でも、この促進義務の要求する限度で提出しておけば足りることになるからである。しかし、ここに訴訟促進義務という概括的な規定をもち込むことは、後述するように、問題をさらに複雑にすることになった。提出期間を徒過した攻撃防御方法につき、さらに促進義務の違反を問う限りでは、この規定はなお限定的な作用をもつに止まったであろう。しかし、改正草案は、訴訟促進義務を提出期間の定めのない攻撃防御方法についても一般的に拡大して規定したために、この規定の提起する問題はさらに深刻となった。

(ロ)　改正草案は、いわゆる一般的訴訟促進義務を規定し、この義務に違反するすべての攻撃防御方法に厳格な失権効を結びつけたが、この点で準備委員会報告書を一歩超えることになった(5)。すなわち、報告書におけるように、厳格な主観的要件による却下を、提出期間の裁定された特定の攻撃防御方法に限定せず、一般的に拡げたわけである。訴訟促進義務規定の提供する概括的な基準は、しかしながら、この際の問題解決にはならず、単に問題を置き換えたにすぎない(6)。すなわち、訴訟促進義務が概括的な規定に止まる以上、これが一定の手続段階においていかなる内容をもつかが、具体的に検討されねばならない。具体的内容の義務に違反したかどうかは、当事者の責任に基づいて初めて吟味できるものであり、これは現在でも当事者の過失の有無の判断において行われていることに他ならない。無過失の証明を当事者の負担としたことでは、問題は解決されていないことが明らかである。

このことは、いわゆる訴訟促進義務という一般条項的規定の要件が、概括的にすぎ、曖昧である点に問題のあることを示している(7)。この結果、促進義務違反の判断はもっぱら裁判官の裁量に委ねられることになり、手続に不明確性、不安定性をもたらすことになる。ことに、裁判所と当事者との間で訴訟状態の理解に食違いがある場合などは、訴訟上附随的な問題に時間を費やさざるを得ないだけでなく、訴訟の要請する明確性や予測可能性も失われることになろう。

(ハ)　一般的促進義務の問題点は、義務違反の攻撃防御方法の却下が強制される場合に（Mussschriften）、さらに倍加されることになる。まず、却下の義務がある以上、相手方に申立権を与えることになり、義務違反を理由に上訴することも許さるべきことになろう。(8)こうなれば、曖昧な促進義務の要件をめぐって、附随的な手続が増加し、却って訴訟遅延の原因となろう。さらに、必要的却下規定のもつより重要な問題点は、実体真実を犠牲にしてでも、促進義務違反の主張を排除することが、裁判官に強制されることである。(9)訴訟促進主義と実体的真実主義との関連は、民事訴訟の本質に連なる根本問題であって、前者による後者の制約の根拠と限界については節を改めて詳論しなければならない。

（1）Bericht der Kommission zur Vorbereitung einer Reform der Zivilgerichtbarkeit, 1961, insb.S. 178f., 194ff. 中務俊昌「弁論の準備と西独における論議」法学論叢七五巻四号（一九六四年）一頁以下参照。

（2）Bericht aus Bonn, Beschleunigungsnovelle, ZRP 1970, S.68 によれば、この改正草案の基本方針は、連邦議会におけるすべての政党によって支持されているというから、若干の修正の下に成立が予想される。

（3）第二次および政府草案の理由書が、ベンダ方式による手続の余地を与えるためと明言していることから明らか。前述のベンダ草案と政府草案の内容的類似性を見よ。

（4）以下の説明は民訴改正の政府草案とその理由書（A４判タイプ印刷二一三頁）によるが、括弧内の条文は政府草案の条文を示す。なお詳細には、柏木邦良「訴訟促進と西ドイツ民訴法改正の動き」ジュリスト四四九号（一九七〇年）九八頁以下参照。

（5）vgl. Bericht der Kommission, a. a. O.（N. 1）, S. 206f.

（6）Henckel, Prozessrecht und materielles Recht, 1970, S. 113 にこの点の指摘がある。

（7）So z. B. Merkel, Gute oder schnelle Justiz, Anwaltblatt 1969, S. 281.

（8）Deutscher Anwaltverein, Stellungnahme des Ausschusses für Zivilprozess und Gerichtsverfassung des deutschen Anwaltvereins zum Entwurf eines Gesetzes zur Änderung der Zivilprozessordnung, Anwaltblatt 1968, 334, bes. 339.

（9）Merkel, a. a. O.（N. 7）, S. 281f.; Deutscher Anwaltverein, a. a. O.（N. 8）, SS. 375, 337; Bruns, Zur bevorstehenden

Novellierung der Zivilprozessordnung, JZ 1969, 127（129）.

四　訴訟遅延の諸原因と訴訟促進案をめぐる基本的問題点

⑴　西ドイツにおいて、民事訴訟の促進策として具体的に提案され、さらに現在もなお問題とされているいくつかの典型の特質と問題点の概要は、以上によって明らかである。そこで訴訟遅延の主な原因とされているものは、何よりも、当事者の資料提出がこま切れであり、かつ時機に後れること、さらには、不必要な期日延期を申し立てることなどによって訴訟引延しが図られ、無駄な期日が繰り返されるということである(1)。裁判所もまたこれらに安易に対応して、訴訟促進のために積極的に取り組まない。このような事態に対処するためには、この結果を許している民事訴訟法を改正する必要があるというのである。しかし、西ドイツにおける民事訴訟の遅延が、これら訴訟促進案の提案するいくつかの法規の改正だけによって解消しうるものかどうかについては、訴訟遅延の原因についての右の前提との関係でも、なお多くの問題が残されている。

元来、訴訟の審理期間を規定する要因としてはいろいろのものが考えられる。何よりも、訴訟は個々単独の現象ではなく集団現象であって、受理される多数の事件を裁判官の間で分担して大量に処理しなければならない。一方で個々の訴訟には裁判官の一定の事務量と事務時間を要し、他方で個々の裁判官の事務の量と時間には限りがあるとすれば、訴訟に要する審理期間は、受件数とこれを処理する裁判官の数との相関関係に規定されることになる(2)。受件数に比べて裁判官の数が不足すれば、裁判官の負担加重となり、事件処理は停滞せざるをえない。この意味での裁判官の負担加重が唱えられて既に久しく、その間に相当の改善がなされたといわれるが、なお、裁判官の負担軽減のための合理的な調整が要請されている点では、わが国におけると異ならない(3)。しかし、わが国におけるそれと顕著な対照を示すのは、裁判官の絶対数とその人口比である。一九六七年の統計によれば、西ドイツの裁判官数はすでに一二、六二〇名であって、わが国のそれ（二、五八〇名）のほぼ五倍に達し、人口比においては一〇倍近いことになる。(4) それにもかかわらず、裁判官の負担加重が問題になるのは、わが国とは比較にならない程に受件数が多いことを意味するが、(5) それに応じてさらに裁判官数を増員することについては、むしろ抵抗が多い。(6) 西ドイツの裁判官の人口比は、これを他国と比較してみても、すでに限界に達しており、これ以上の増員は、現在でも問題のある裁判官の質をさらに低下させることになる、という配慮からである。

一方では裁判官の数を現状に止め（あるいはさらに減少させ）るとともに、他方では裁判官の負担を軽減し訴訟促進を図るためには、個々の事件に費される裁判官の事務量と時間を減少させる以外に方法はない。裁判官の個々の事件処理に要する事務量と時間は、まず、その事件の質、つまり事実関係の複雑さや適用さるべき法規の性質によって左右される。ついで、これを処理する裁判所の物的・人的設備や内部的事務配分の方法、さらには、当事者、弁護人による訴訟準備活動や審理への協力活動の強弱などによって規定される。社会の進展につれて紛争を生ずる事実関係が複雑化してくることはいうまでもないが、これに適用される実体法規の変遷も、訴訟遅延に影響を与えている。すなわち、新しい立法政策の下に実体法上の法律要件が一般条項化する傾向がみられるが、これは、関連する訴訟資料を限りなく拡大することを意味する。立法が厳格な要件規定を放棄して、その解決を裁判官の衡平的裁量判断に委ねることは、裁判官に事実関係の広範な吟味を要請し、裁判官の負担をますます増加させ、ひいては訴訟遅延の大きな原因をなしているといえる。(7) それにもかかわらず、裁判官を増員せずに訴訟促進を図るとすれば、何ができるであろうか。

第一の方法として考えられることは、裁判所の物的設備を充実するとともに、裁判官の外に事務局や裁判官補助官などの人的設備を拡充することによって、裁判官の負担している事務量の一部を軽減するという方向である。(8) これらのいわば司法行政上の設備の不完全さが訴訟遅延の重大な理由となっていることを指摘するものは多い。(9) 物的設備としては、裁判官に未だ個室が確保されていないためにその事務能率を妨げていること、裁判に必要な文献設備が必ずしも十分に整備されていないことなどはその例である。また、事務局の構成が量的・質的に不十分であるために、迅速な訴訟行為ができない場合があるといわれる。裁判官の事務を補充する秘書（Schreib-kraft）にしても、行政部門に比べれば貧弱であり、そのために証拠調べ調書を永い間待たねばならなくなったり、判決の告知と言渡しの間に時間的に間隔が生ずることになる。事務局の不備のために、判決の言渡しと送達との間に数ヵ月を要することもある。これらの不備を改めるだけでも事態は相当に改善される筈である。のみならず、ベンダ裁判所が実施しているような録音装置の活用や電話の十分な利用などは直ちに行いうることであろうし[10]、さらには、コンピュータの導入や電気機械による目録作成など積極的な設備充実による裁判官の負担軽減の努力こそまずなさるべきである。

他の方法は、当事者および弁護人に、十分な訴訟準備活動とこれに基づいた早めの資料提出を督促して、弁論を一挙に終らせ、無駄な期日の繰返しによる裁判官の事務労力と時間の空費を免れさせる方向である。前述の各種訴訟促進案、ことに民訴法改正草案が、この最後の方向に添うものであることはいうまでもない。ただ、その方法として、準備書面提出期間の裁定と時機に後れた攻撃防御方法の原則的かつ強制的な却下という民訴法規の変更だけで十分であるかについては、なお疑問が残されているわけである。

(2)　もともと民訴法改正草案が、随時提出主義を制限し、いわば適時提出主義（ないし緩和された同時提出主義）とも呼ぶべき訴訟法規の改正を図るのは、そこで訴訟遅延の主な原因とされている当事者の訴訟引延し策を封じるという目的に出た側面が大きい。当事者の訴訟引延し策によって訴訟遅延がもたらされているという理解は、改正草案理由書だけではなしに、たとえばハープシャイトなどによっても強く唱えられている[11]。敗訴しそうな被告は、手続を長びかすことによって、支払期間の猶予をかちとろうとする。勝訴しそうな原告側も、とくに弁護士間の同業者意識（Kollegialität）のために、被告側の遅延策に安易に応ずる傾向にあるというのである。しかしながら、この前提に対しては、これが事実の歪曲であって、実際上は当事者および弁護士は共に訴訟の迅速な処理に利益をもち、自ら訴訟遅延を図ることはない、という実務家の反論が目立つ。[12] 敗訴しそうな被告でも、できるだけ早く裁判によって明確な結論を得て、将来の取引や投資の基準を確立することに利益をもつ。弁護士については、ことに弁護士報酬規定によって、その受けるべき報酬は審理期間や期日の繰返しにかかわりなく定められている。したがって、この支払をできるだけ早く受けるため、訴訟が一気に解決することに最も利益をもっているのは弁護士に他ならない、というのである。

それにもかかわらず、資料の提出が小きざみに遅れがちであり、期日の延期の申立てが多いとすれば、これは弁護士側において、弁論集中のために事前に準備活動をする十分な態勢が備わっていないことを意味するであろう。このことは、陪審制度との関係から集中審理を不可欠とする英米法における弁護士の十分な準備活動と対比して、しばしば指摘されてきた。[13] ここでは、英米におけるように、弁護士があらかじめ事実資料の収集に努め、事前に証人に面接してその証言内容を録取するような実務慣行はなく、ましてやこれを公的に担保する開示（discovery）や証言録取書（deposition）などの制度はみられない。証人の事前面接はむしろさしひかえ、ただ依頼人の説明に基づいて弁論の準備をするのが一般である。こうして開かれた弁論期日において、相手方の新たな主張や証拠に接し、あるいは証拠調べの結果、予期しなかった新しい主張や証拠の提出が必要となることは、避けられないであろう。イギリスの同僚がすでに訴えの準備のために集める資料を、ドイツの弁護士は証拠調べの間に初めて手にすることになる。[14] このことはもちろん西ドイツに伝統的な弁護士制度の慣行に由来するものであって、にわかに改められるとは期待できない。したがって、このような制度上の基本的問題をみすごして、遅れた資料提出を厳しく排除し、期日の延期を困難にすることだけによって事態に対処しようとしても、果して実際上も訴訟促進の効果を導き出しうるかはなはだ疑わしいことになる。

しかし、問題はこれだけではない。さらに次のような基本的な疑問点を提起することになったのである。すなわち、もし集中的弁論のための事前準備活動が制度的・慣行的に十分に保障されないままに、ただ後れた攻撃防御方法を排除する失権効の強化だけによって集中審理を強行しようとすれば、その結果、適正な判決の保障が失われることにならないであろうか。もともと、英米法における事前準備の徹底は、集中審理の結果生ずる不意打ちを避けるために要請されたものであった。今、十分な事前準備をぬきにして、弁論の集中だけを強行すれば、当事者は予測しない判決をうけて、裁判上の審問をうける権利を侵害されることにならないであろうか。あるいは、必要な資料を排除して判決を言い渡すことになれば、当事者は実体に即しない判決を甘受せざるを得ないことにならないであろうか。裁判の適正と迅速とは民事訴訟において調和さるべき至上の理念であり、ここでも、訴訟促進主義と実体真実主義あるいは審問請求権ないしデュープロセスの保障との相互関係をどのように調整するかという問題として、解決が迫られているわけである。

(3)　適正な裁判のためには、まず、手続的に当事者の陳述する機会が十分に保障されていなければならない。このデュープロセスの保障は法治国家原理の要請であって、ことに西ドイツでは、ナチス時代の苦い経験にかんがみ、裁判所に審問を求める権利、つまり審問請求権（Anspruch auf rechtliches Gehör）として憲法上の保障にまで高められたものである。(15) 訴訟における不意打ちの禁止はこの審問請求権の最も重要な機能の一つである。ことに重要なことは、この憲法上の保障が、十分に準備を整えたうえでの陳述と口頭弁論における不意打ち禁止という保障を含んでいるとされる点である。(16) したがって、口頭弁論において新たな申立てや事実が提出され、あるいは新しい証拠調べが行われ、当事者が予期しなかった新しい事態に直面した場合には、その場で陳述の機会を与えただけでは十分ではなく、適切な時間的余裕をおいた後の期日における機会を与えなければならないことになる。この場合に期日の延期の申立てを拒否することは審問請求権違反とされるわけである。

従来のドイツ民事訴訟において、口頭弁論における不意打ちの危険が、英米法におけるほどに重大な問題とされなかったのは、一回だけの期日による集中審理が行われないためであった。期日を重ねるうちに事案を解明して行けばよいのだから、当事者としても前もって弁論の準備を万全にしておく必要性は必ずしも存しない。裁判所外における当事者による事前の事実発見（discovery）の要請が現実的とならない理由の一半はここにあるというのが、ドイツ民訴制度を観察した英米の学者の分析である。(17)当事者は、期日で明らかになった状況に対応し、あるいはそれに基づく裁判所の釈明に応じて、新たな主張や証拠を次回期日までに準備すればよいからである。しかし、まさにこの点に訴訟が不当に長びく原因があることは、同じ観察者の指摘をまつまでもないところであった。

前述の西ドイツにおける各地の訴訟促進策が、まさにこの点を改めて集中審理を実現しようとしていることは、いうまでもない。しかしながら、その前提として、当事者や弁護人による事前の資料収集など活発な準備活動の行われる慣行もなく、これを担保する制度的な機構を整える手当も何らなされていない。このような条件のもとで集中審理を強行しようとするならば、どのようにして当事者の不意打ちを防ぎ、審問請求権を保障することができるであろうか。そこでは何よりも、裁判所の釈明権の行使を中心とする積極的な職権活動が強調される。(18)しかも、この裁判官の釈明活動を、すべての手続段階、ことに弁論の準備段階においても活用しようとするのである。英米法の当事者主導型に対して、裁判所主導型による弁論準備活動ということができる。

ここではもともと、英米法におけると異なり、裁判官はすでに弁論の準備段階から、積極的に一件書類を調べ、自ら準備を整えて弁論期日に臨んできた。(19)いわゆる先行手続前置型の改革案は、すでに先行手続の段階から裁判官の釈明権を活用して、その準備活動をさらに徹底させることにしたのである。つまり、裁判官は当事者に対してすでに準備書面手続において心証を示し、主たる弁論期日前には必要な資料をすべて提出させるようにしようというわけである。また、裁判所が、先行期日において当事者本人から事情聴取をするというバウア案や、主要弁論期日前に考えうるすべての証人を職権によって呼び出しておくというシュトゥットガルト方式は、裁判所の積極的関与による準備活動の他の側面である。しかし、裁判所が積極的に事件についての心証を披瀝して釈明活動を行うといっても、自ら事件を調べるわけではなく、当事者の提出した訴状や答弁書に基づいて評価判断を下すにすぎないわけだから、そこには自ら限界がある。ことに、主要弁論期日で初めて当事者本人の事情聴取をするシュトゥットガルト・モデルの経験によれば、準備書面によって示された事実や法律問題とは異なった事情が陳述されることが多いといわれる[20]。この場合には、相手方弁護人はこれに即座に対応することを強制される。そうでなくても、一般的に、証拠調べの結果、新しい事実の主張や証拠調べが必要となることが多いわけであって、この場合には、先行手続では現れていない資料の補充的な提出を認めねばならないであろう。しかし、当事者が同じ期日内で、これらの状況に即応して新しい資料を提出することは、簡単な事件では問題ないとしても、複雑な事件では必ずしも容易ではない。もちろん、裁判所は弁論期日中にも積極的に事実および法律問題あるいは証拠調べの結果について心証を披瀝し、ことにシュトゥットガルト・モデルにおけるように、当事者の最終弁論前には、予定する判決内容をその理由を付して予告することになれば、その限りで不意打ち判決を防ぐことはできる。しかし重要なことは、前もって予測できなかった新たな訴訟状況が生じた場合に、これに対応して新たな事実や証拠を提出するための時間的なゆとりが当事者側に与えられることである。もし、このような時間的なゆとりが否定され、即座の対応が強制されるとすれば、かりにあらかじめ判決内容が示されたとしても、何ら審問請求権が保障されたことにはならないのである[21]。したがって、この意味で審問請求権を保障するための解決策は、二つの方向においてのみ考えることができる。一つは、英米法におけるように、当事者弁護人による開示や供述録取書などを含む十全な事前準備活動を制度的にも保障することによって、主要弁論期日における訴訟状況の進展を事前に予測できるようにしておくことである[22]。他は、ベンダ草案が予定しているように、厳格な失権効を認めず、必要な場合には次回期日を開く余地を認めておく方向である。第一の解決策が制度的に考慮されておらず、かつ考慮されたとしても、国情や伝統的慣行からその実現が危ぶまれるとすれば、第二の方向にしかその解決策は見出せないように思われる。

そこで、主要弁論期日における一回的集中弁論を必ずしも予定しない手続においても、原則として当事者の過失が明らかでなくとも（つまり、例外的に無過失の証明がない限り）、時機に後れた攻撃防御方法を却下しなければならないとする厳格な失権効を認める場合には、なお同様のことが問題とされねばならない。たとえば、提出期間内に出された答弁書に記載しなかった事項が、弁論期日における証拠調べの結果、新たに必要なことが判明した場合にも、原則的にこれを提出できないとすれば、当事者の陳述を十分に保障することになるか疑問である。もとより、審問請求権は陳述の機会を与えることであって、提出期間を徒過した、あるいは時機に後れた攻撃防御方法については、すでに提出する機会は与えられているのだから、これを排除することは審問請求権の侵害にはならない、という考えもありうる。[23] しかし、この場合にも機会が与えられたといいうるためには、その手続段階において当該攻撃防御方法が訴訟の発展につれて重要になることが予期できた場合でなければなるまい。現行法が当事者の重過失を要件とするのは、この点の配慮によるといえる。準備委員会報告案や民訴法改正草案が、答弁書提出期間を徒過した防御方法については、過失ありとはいえない場合（無過失の証明ができない場合）にもこれを排除するとしているのは、この意味において、審問請求権に違反する余地を残したことになるといわざるをえない。

そこで、民訴法改正草案は、他方において、当事者は「注意深くかつ訴訟促進に協力して訴訟追行をする場合に、訴訟状態に応じて期待されざるを得ない限りにおいて」攻撃防御方法を提出する義務を負う、という一般条項的な基準を設定した。したがって、このような提出義務違反がない限りは、提出期間徒過後においても、あるいは一般的に提出期間の裁定されない場合でも、新たな資料を出すことができることになる。しかしながら、このような一般条項的な基準による提出義務の判断は、結局は裁判官の裁量に委ねられるわけであるから、当事者の側でその具体的な内容を予測することは難しい。裁判所と当事者の間で訴訟状態についての評価が食い違うような場合にはなおさらである。そこで、このような一般条項的規定だけで、当事者に十分に陳述を尽くさせたことになるかは、なお疑問である。陳述を保障するためには、裁判所は、訴訟の進展につれ、その都度釈明権を行使して主張、立証を促すことによって、一般的提出義務を具体化すべきであろう。つまり、特定事項について適切な提出期間を示した裁判所の具体的な指示にもかかわらず攻撃防御方法の提出が後れた場合であれば、厳格な失権効を認めても審問請求権侵害にならない。裁判所主導型の西ドイツ民訴を前提とする限りは、ここではこのような解決の方向だけが考えられるように思われる。

(4)　裁判が適正であるといわれるためには、実体的にはこれが真実の実体法上の権利に適合するものであることが要請されよう。民訴法改正草案は、いわゆる一般的訴訟促進義務に違反して提出された攻撃防御方法は原則的かつ必要的に却下しなければならないと規定するが、その結果、裁判官は自己の心証のうえでも、実体的私権と矛盾するかもしれない判決を言い渡さざるを得ないことになる。民訴法改正草案は、訴訟促進のために、民事訴訟の重大な目標である実体真実主義あるいは実体私権の実現を犠牲にした、という批判が強く唱えられているゆえんである[24]。民訴法改正草案は、その第一草案理由書においてはこのことを明らかに認め、かりに実体的な権利関係と矛盾することになっても、これは手続促進のために甘受されねばならないと説明した。ただ、この矛盾が当事者にとって余りにも酷である場合には、促進義務に違反した攻撃防御方法でも、これを却下することを不適法とする条項を設け、これにより事態を緩和しようとした。第一草案の中でもとくに不人気であったこの点についての理由づけと緩和条項とは、第二次草案以来姿を消したが、これによって問題が解消したわけでないことはもちろんである。むしろ、緩和条項が削除されたために、当事者にとり「酷」な事態すら救済できなくなった。理由書は、促進義務に「違反している当事者は、実体法上の不利益を蒙らざるをえない程度に司法を妨害していることになる」という説明だけを残している。しかしこれだけでは、かりに司法を妨害しているとしても、その結果、何故に実体法上の不利益を蒙ることになるかの論拠は、全く不明である。

ハープシャイトは、訴訟促進主義を実体的真実主義と対置して[25]、手続促進のためには実体真実の侵害も甘受しなければならない、との主張を積極的に論拠づけようとする。相互に対立する当事者の利益だけを考えた場合にも、手続の促進を目ざす側の利益を優位させるべきであるし、まして、法的平和の迅速な回復という公的利益の要請からも、実体真実主義は訴訟促進の要求に道を譲らねばならない。もともと、訴訟手続の進行を当事者の支配に委ねようとするのは、民事訴訟を私権の実現のための私的事象であるとする自由主義的訴訟観によるものであって、これはもはや維持できない。民事訴訟の現代的理解によれば、これはとりわけ法的安定性・確実性を維持するという公的利益に奉仕すべき制度であって、この訴訟目的は、法的不確実性をもたらす紛争の迅速な解決を要請する。訴訟進行を当事者の自由に委ねれば、当事者に訴訟遅延策を許すことになり、このような公的利益の要請に反する。ハープシャイトは、ここから、訴訟促進策としての失権効の活用を主張し、これを認めるため、次のような一般的な基準を提案する。すなわち、当事者が一定の手続段階や特定事項について裁判官の裁定した提出期間を徒過した場合には、単純な懈怠だけで失権するが、そうではない一般的な促進義務違反の場合には、故意または重大な過失がある場合にだけ失権効を生ずるというのである。この基準は木川教授の採用されるところでもあるが[26]、ハープシャイトのように、訴訟促進を要請する公的利益が私権の保護を目的とする私的利益に優先するというだけでは、何故に右のようなところに限界線が引かれねばならないのか、一向に明らかではない。

民事訴訟理論において、訴訟法の実体法に対する独自性と優位性を強調する、いわゆる公法的訴訟法説が支配的となってすでに久しい[27]。これによれば、訴訟法という公法的秩序によって私権も制限されねばならないが、これは実質的には、訴訟が国家制度であることからくる公的利益の要請するところである。しかし、私権の実現が国家制度を通じて行われることから直ちに私権の制限を根拠づけることは早急にすぎる。なるほど、懈怠した当事者は、訴訟法上の失権効によって、私法上の権利を失うことがある。しかしその結果、これは直接相手方当事者の利益に帰するわけであって、ここでは何よりもまず、当事者間の利益・不利益をいかに調整するかが問題になっていると解すべきである。国家の第一次的な利益ないし関心は、むしろ私人である当事者間の利害調整をいかに適正に行うかに存しなければならない。国家的な関心が、これを超えて、直接私権を制限する方向に向けられるならば、これは、「私人の権利保護は、国家社会に必要な限度においてのみ認められるにすぎない」という訴訟観に通じる危険性を含むことになる[28]。もちろん、訴訟の対象をなす私権が当事者の自由な処分に委ねられるとしても、これが当事者の恣意を認めたものでないことはいうまでもない。このことは、実体私法におけると訴訟法におけるとで異ならない。そこで、訴訟法による私権行使の制約についても、まず何よりも、実体私法上の権利行使の制約と共通の法理念による正当性の吟味がなさるべきである。

ヘンケルは、同様の認識に基づいて、訴訟法の実体法からの乖離を克服し、新しく両者の統一的な理解を目ざしている[29]。すなわち、ヘンケル理論によれば、民事訴訟は私人の権利行使の場であり、訴訟法規による私権行使の制約は、実体私法上の権利行使に付された制約と同視しうる限度においてのみ、その正当性を取得する。当事者は訴訟上の懈怠の結果、訴訟法により私権を喪失すると同じ効果をうけることがあるが、この懈怠が当事者の意思に基づくものであれば、実体私法上の自由意思による権利処分の効果と異ならない。これが当事者の意思によらず単なる懈怠による場合には、実体私法上の失効（Verwirkung）理論によって権利喪失を生ずる程度においてのみ、訴訟法上の失権効もその正当性を取得する。もともと私権処分の自由は、これを行使するかしないかの自由を含むが、これとても相手方の自由によって制約される。相手方においても、この権利について自由に対処できるためには、権利者の態度を信頼して自由に判断できることが前提となる。したがって、権利の行使されない状態がつづけば、相手方において、この権利はもはや行使されないものと信頼できる正当な理由をもつに至る。その結果、この時点以後は、この権利を行使することは信義則に反して認められない。これは失効理論の基礎となる配慮であって[30]、訴訟法においても実体法におけると同様に妥当しなければならない[31]。ただ、訴訟法上失権効の結びつけられる期間が、実体私法上の失効理論の場合に比べてはるかに短いのは、訴訟においては当事者は定められた期間内にすべての手段を用いて権利を行使すべきことを知っており、相手方においてもこのことを期待することが許されるからである。このように解すれば、訴訟法規も実体私法と共通の法理論による正当性をもつるわけである。

ことになるが、その限りにおいては、訴訟法規による私権の制約も、もはや実体私法と矛盾するものではなくなるわけである。

時機に後れた攻撃防御方法却下の訴訟法規についても、同様の正当性が要求される。現行法は、攻撃防御方法の提出時期について、一定の手続段階を設定せずに、一般的な規定に委ねた（ＺＰＯ二七八条Ｉ・二七九条）。このように行為の要件が具体化されず、単に訴訟を遅延させるという一般的要件によって却下されることになると、当事者の行為範囲は不当に制限されることになるので、法は主観的要件（遅延の意図または重大な過失）を付加して、これを補正したわけである。これは、行為の要件が具体化されていない場合に、行為の自由と相手方の保護の必要性とを調整するために、実体私法上も一般的に用いられる法形式である[32]。民訴法改正草案は、これに対して、原則として主観的要件を要求せず（例外的に、当事者側が故意または重過失のないことを証明しない限り）、訴訟を遅延させる攻撃防御方法を却下すべきことにしたが、そのためには当事者の行為要件の具体化が前提とされねばならないであろう。被告の答弁について、答弁書提出期間を裁定することは、答弁事項が相当の幅をもち特定されていない点で問題を残すが[33]、なおその限りで行為要件を具体化しているといえる。しかし、いわゆる一般的訴訟促進義務を規定して、一般条項的な要件を示しただけでは、結局はその判断を裁判官の裁量に委ねたことになり、当事者としては、いつまでにどのような内容の行為をすべきかを具体的に予測することが困難である。相手方においても、どのような場合にこのような期待が許されるかが明らかでない。もともと失効の要件としては、当事者に責任があることまでは要求しないが、当事者が権利を主張するために彼に期待できるすべてのこと（alles ihm zumutbare）をなした場合には失効を生じない[34]。つまり、当事者が期待できる行為を果していない場合にだけ、責任がなくとも失効が生じうるのだから、主観的要件なしに攻撃防御方法を却下すべきことを定める訴訟法規も、行為要件が具体化されているために、その行為を当事者に期待できる限りでのみ正当性を取得することになろう。このような考察を基礎として初めて、特定の事項について提出期間が裁定されている場合には厳格な失権効を認めうるが、一般的訴訟促進義務違反だけでは、後れた主張を重過失なしに排除することはできない、という基準を導き出すことができる。したがってここでも、裁判所主導型のドイツ民訴を前提とする限りは、裁判所は訴訟のすべての段階においてその都度釈明権を行使して、具体的内容の主張立証を促し、行為要件を具体化することが必要になろう。いわゆる一般的訴訟促進義務がこのような型で具体化された場合にのみ、この義務に違反する主張の厳格な排除を規定する訴訟法規も正当性をもつことになると思われる(35)。

このような意味と限度において、訴訟促進のための訴訟法規も、実体私法上の権利行使に対する形式的な障害ではなしに、実体私法からみても適正かつ正当性のある権利行使の限界にすぎないことになる。この意味では、権利はすべて適切な時機において行使さるべきものであって、不当に遅延する場合には、権利自体に影響せずにおかない(36)。

（１）z. B. Bericht der Kommission zur Vorbereitung einer Reform der Zivilgerichtbarkeit, 1961, S. 178; Baur, Wege zu einer Konzentration der mündlichen Verhandlung im Prozess, 1966, S. 10ff.

（２）So auch Vollkommer, Die lange Dauer der Zivilprozesse und ihre Ursachen, ZZP 81, 1968, 113ff.

（３）Bericht der Kommission (N. 1), S. 416.

（４）たとえば、ジュリスト年鑑一九七〇年版（ジュリスト四五四号）四七五頁参照。

（５）この点を強調するものとして、畔上英治「西ドイツ民事訴訟の実際㈠」法曹時報一四巻九号（一九六二年）七頁以下、斎藤秀夫・裁判官論（一粒社、一九六三年）七七頁以下参照。

（６）Bericht der Kommission (N. 1), S. 26f., 78.

（７）So auch Vollkommer, a. a. O. (N. 2), 117f.; Stötter, Lange Prozessdauer und ihre Ursachen, NJW 21, 1968, 521f.

（８）これは、前掲 Bericht der Kommission (N. 1), S. 416ff. の目ざしている方向でもあった。

（９）Bericht der Kommission (N. 1), S. 416ff. 以外にも、Redeker und Seeliger, Beschleunigung des Prozesses, ZRP 1969, 108; Stötter, a. a. O. (N. 7), 524f. などがある。ここで指摘されている以下の諸点の外にも、期日の指定や証人（鑑定人）呼出しの前提とされている費用予納の制度が訴訟遅延の一因をなすとの指摘も多く、これを緩和することも要請される。

(10) ベンダ裁判所が、準備書面交換手続を書記局に委ねて、再答弁書提出後初めて一件書類を主任裁判官に廻す手続をとっていることも、裁判官の負担軽減に役立っている。

(11) Habscheid, Richtermacht oder Parteifreiheit, ZZP 81, 1968, 177, 187f.

(12) z.B. Lancelle, Umwelt und Recht – Richtermacht oder Parteifreiheit, NJW 1968, 1959f.; Merkel, Gute oder schnelle Justiz, Anwaltblatt 1969, 276f.

(13) この点について、Kaplan, von Mehren and Schaefer, Phases of German Civil Procedure, Harvard L. Rev. 71, 1958, 1199ff., 1471f.; Cohn, Der englische Gerichtstag, 1965, S. 30ff. の比較法的観察は、それぞれアメリカおよびイギリスとの対比において特に有益である。dazu auch vgl. Jacoby, Das Erforschungsverfahren im amerikanischen Zivilprozess – Vorschläge für eine Reform der ZPO, ZZP 74, 1961, 145, bes. 160ff.

(14) So Stötter, a. a. O. (N. 7), S. 523.

(15) 西ドイツ基本法（Grundgesetz für die Bundesrepublik Deutschland）一〇三条一項は、「各人は裁判所で法律上の審問を請求する権利を有する」と規定している。審問請求権の根拠については、これを法治国家原理に求めるだけでなしに、さらに人間の尊厳に基づくとするのが一般である。Maunz–Dürig, Grundgesetz, Kommentar, Rn. 4f. zu §103 I; Röhl, Das rechtliche Gehör, NJW 1958, 1268; Winterfeld, Das Verfassungsprinzip des rechtlichen Gehörs, NJW 1961, 849 (851); Rosenberg–Schwab, Zivilprozessrecht, 10. Aufl. 1969, §85 I; a. A. Blomeyer, Zivilprozessrecht, 1963, §16 I 2. 英米法のデュープロセス乃至適性手続との関連を指摘するものとして、Lerche, Zum "Anspruch auf rechtliches Gehör", ZZP 78, 1965, 31; Arndt, Die Verfassungsbeschwerde wegen Verletzung des rechtlichen Gehörs, NJW 1959, 1301参照。なお、審問請求権についてのわが国の文献として、手島孝「行政聴聞の法理」法政研究三三巻三―六号（一九六七年）六二一頁、紺谷浩司「民事手続における審問請求権について」政経論叢一八巻一・二号（一九六八年）五一頁以下、三・四号九一頁以下参照。

(16) z. B. Maunz–Dürig, a. a. O. (N. 15), Rn. 65ff. zu §103 I GG, bes. Rn. 68; Blomeyer, Zivilprozessrecht, §16 II 5.

(17) Kaplan, von Mehren and Schaefer, supra note 13, 1471.

(18) 裁判所の釈明権の行使が不意打ちを防ぐのに役立つことは従来から指摘されてきた。ただ、ここから裁判所は事件についての法的見解を示し、当事者がこれにより必要な陳述を尽くすことができるようにすることを審問請求権の内容とするかについては、争いがある。Kurch, Das rechtliche Gehör im Verfahren nach der Zivilprozessordnung, 1965, S.133ff. は、たとえば裁判所が法的見解を変更する場合などには、当事者に陳述の機会を与えるためにこれを示すべきであるとする。vgl. auch Zeuner, Der Anspruch auf rechtliches Gehör, Festschrift für Nipperdey I, 1965, S.1024ff., bes.1028. また、Arndt, Das rechtliche Gehör, NJW 1959, 6; ders., a.a.O. (N.15), NJW 1959, 1257 は更に一般的に、裁判所と当事者とのいわゆる "Rechtsgespräch" をも要求する。これには反論が多い。Maunz-Dürig, a.a.O. (N.15), Rn.38 zu §103 I GG; Rosenberg-Schwab, Ziviprozessrecht, §83 III 3; Blomeyer, Zivilprozessrecht, §16 II 2 b.

(19) 事件についての予備知識なしに弁論に臨むことは、西ドイツの裁判官には義務違反と考えられるが、イギリスの同僚にとっては当然のことである。Cohn, a.a.O. (N.13), S.32ff.

(20) 前述一六九頁参照。Bender, Die "Hauptverhandlung" in Zivilsachen, DRiZ 1968, 164.

(21) Vollkommer, a.a.O. (N.2), S.104, 108; Stötter, a.a.O. (N.7), S.526 および前注(16)引用の文献。

(22) vgl. Vollkommer, a.a.O. (N.2), S.130.

(23) Kurch, a.a.O. (N.18), S.117ff.

(24) Merkel, a.a.O. (N.12), S.281f.; Deutscher Anwaltverein, Stellungnahme des Ausschusses für Zivilprozess und Gerichtsverfassung des deutschen Anwaltvereins, Anwaltblatt 1968, 337; Bruns, Zur bevorstehenden Novellierung der Zivilprozessordnung, JZ 1969, 129. auch vgl. Lancelle, a.a.O. (N.12), S.1960.

(25) Habscheid, a.a.O. (N.11), SS.192f., 186ff.

(26) 木川統一郎「訴訟促進のための具体的諸方策とその評価」実務民事訴訟講座Ⅰ（日本評論社、一九六九年）一四九頁参照。

(27) いわゆる法秩序維持説として主張された。De Boor, Die Auflockerung des Zivilprozesses, 1939, S.35; Stein-Jonas-Schönke, Kommentar zur ZPO, 18. Aufl. 1953, Einl. C; Schönke, Rechtsschutzbedürfnis, 1950, S.11ff. この説によれば、私権保護は訴訟制度の目的である法秩序維持の結果にすぎず、独立の目的とはなりえない。しかし、最近の通説によれば、民訴の目的は私権の保護と共に法秩序維持ないし法的平和維持にあるとするようになった。Rosenberg-

Schwab, Zivilprozessrecht, 10. Aufl. 1969, §1 III; Stein-Jonas-Pohle, Kommentar zur ZPO, 19. Aufl. 1972, Einl. C; Rimmelspacher, Zur Prüfung vom Amtswegen, 1966, S.19; Bericht der Kommission (N.1), S.168. この私権保護と法秩序維持を同列の目的とする見解によれば、私権保護を通じて法秩序が維持されることになるが、しかし、前者が後者に矛盾しない場合に限られることになろう。vgl. Henckel, Prozessrecht und materielles Recht, 1970, S.61.

(28) So auch Henckel, a.a.O. (N.27), S.60. このナチス民訴理論の目的を説明するものとして、De Boor, a.a.O. (N.27), S.35 の次の文章を参照すべきである。「われわれは訴訟を民族共同体への奉仕者、つまり法秩序維持の意味での司法と考える。……第一次的に個人の権利保護制度と見るのではなく、この権利保護が民族共同体にとって必要である限りにおいて、第二次的にこれを認めるにすぎない。」

(29) ヘンケルは、各種の訴訟目的観、ことにゴルトシュミットの既判力取得を中心にした訴訟自己目的説、ザウアやパウロウスキーの訴訟前権利未確定説、さらには私権保護説、法秩序維持説を批判し、ことにゴルトシュミット以来顕著となった訴訟法を実体法から分離独立させる考え方を克服しようと努める。Henckel, a.a.O. (N.27), S.41ff.; ders., Vom Gerechtigkeitswert verfahrensrechtlicher Normen, 1966, S.10ff.

(30) Soegel-Siebert, BGB 9. Aufl., Anm. 173ff. zu §242. 失効理論の一般的な内容については、成富信夫・権利の自壊による失効の原則（有斐閣、一九五七年）、山下正人「失効」民事法学辞典上巻七六一頁参照。

(31) この信義誠実原則の具体的適用例としての失効理論を訴訟法上も適用して、訴訟法上の権限喪失を認める判例や学説は、従来から見られた。Soegel-Siebert, a.a.O. (N.30), Anm. 206, 207 zu §242; Baumgärtel, Die Verwirkung Prozessualer Befugnisse im Bereich der ZPO und des FGG, ZZP 67, 423. しかし、ここでは、ＢＧＢ二四二条（信義誠実）の一般条項を訴訟法に導入して訴訟法の厳格さを緩和するためではなく、現存する訴訟法規の実体的正当性を根拠づける限度で、失効理論を用いるに止めたい。したがって、失効理論によって訴訟法規を変えるのではなく、この趣旨を明らかにし、これを正しく解釈しようとするにすぎない。So auch Henckel, a.a.O. (N.27), S.95f. もっとも、Henckel, S. 114ff. は失効理論の一般的適用を認めるが、これも具体的法規の解釈で推論できない欠缺がある場合に限定すべきことを強調する。

(32) たとえば、ＢＧＢ八二六条は、良俗違反という一般条項的概念だけによっては行為要件が明確化されないために、行為者の故意を要件に加えて損害賠償を認めている。これに対して、ＢＧＢ八二三条Ⅱは具体的行為要件の例。

(33)　ＺＰＯ二七九条ａは、裁判所の特定した個々の事項についての釈明期間であるために、行為要件は十分に具体化されているといえる。So Henckel, a.a.O.（N.27), S.113. 答弁事項というだけでは特定されないので、ここでも、後述のように釈明権による具体化が要求されることになろう（注(35)参照)。

(34)　これは実体法上の一般的要件とされる。Soegel-Siebert, a.a.O.（N.30), Anm. 185 zu §242. これは訴訟法においても同様に要求される。vgl. Baumgärtel, a.a.O.（N.31), S.450.

(35)　したがって、立法するについては、厳格な失権効の要件として、ＺＰＯ二七九条ａのような、釈明権による具体化を前提とする規定を設けるべきである。

(36)　So auch Henckel, a.a.O.（N.27), S.114.

五　結　語

(1)　訴訟遅延の現象が社会問題となり、これに対する国家的な促進対策が強調されるのは、これが個別的な訴訟の遅延ではなく、社会現象として日常的・大量的に現れてきたためである(1)。これを放置したのでは、民事訴訟は市民間の紛争を解決するという本来の機能も果せず、市民社会を基盤とする国家はその存立自体をおびやかされることになる。国家はその存立基盤である市民社会を維持・保障するためには、迅速な紛争処理のために積極的に乗り出さざるをえない。民事訴訟における訴訟促進策が、国家的な要請を基礎としたいわゆる国家公法体系の支配的優位のもとに唱えられてきたのは、このような背景による。訴訟手続についていえば、これは当事者の主導的地位に代って裁判所の役割の優位を認める職権主義の強調となって現れる。とりわけ訴訟進行についての当事者支配を排して裁判所がこれを掌握する職権進行主義が確立されることになる。

ところで、本来民事訴訟が刑事訴訟などの他の手続と異なるのは、ここでは市民の自由な処分に委ねられている私権ないし個人的利益が争いの対象となっていることである。私的商品交換の法である近代的市民法の私的自治と契約自由の原則は、民事訴訟法においても処分権主義、弁論主義として貫徹され、訴訟物をなす私権についての処分やこれを認定するための資料の提供を当事者に委ねているわけである。しかし他面、民事訴訟が市民社会において生起する紛争を大量に解決する国家制度であるところから、裁判機構の基本をなす手続（裁判所の構成や専属管轄など）については画一的な処理が要求され、個々の手続毎に当事者の任意の選択に委ねることは許されない。その限りで、民事訴訟も公法的な規律に従う側面をもつことはいうまでもない。ただ、この公法的規律が民事訴訟のいかなる領域に及ぶかは、立法当時の社会的背景によっても異なるし、歴史的にも変遷をたどってきたわけである(2)。

当事者進行主義から職権進行主義への変遷は、民事訴訟理論における公法理論の一般的優位を背景とするが、直接には、前述のように、訴訟遅延現象の日常化・大量化への対処策としてであった。しかし、訴訟をいかに進めるかは、場合によっては、訴訟の対象をなす実体的私権の消長を直接左右することにもなり、この場面での職権主義がいかなる限度で支配するかは、民事訴訟の目的とも関連して重要な意味をもつことになる。つまり、民事訴訟において国家が積極的に関与するのは、もっぱら自由平等な市民間の私的利益を適正に調整するためであるのか、あるいはそうでなくて、むしろ国家的・公的利益の要請により法的安定性を維持・確保するためであるのかによって、この場面における職権主義の機能の仕方にも差異を生ずることになる。もし民事訴訟において、私的利益調整を超えて国家的目的を追求することになれば、これは私的利益を国家的必要に従属させるいわばナチス的発想に連なるものであり、私的所有を基調とする資本制社会の論理的前提とも矛盾することになる。市民は国家のためにあるのではなく、国家が市民のためにあるという市民社会の論理を貫くためには、国家が民事訴訟において市民間の私的利益を適正に調整するために奉仕することはけだし当然である。このような考察を前提とすれば、訴訟促進のために私権行使を制約する訴訟法規も、自由平等な市民間を規律する実体私法におけると共通の法理念に基礎づけられる限りにおいて正当性をもつとするヘンケル理論は、市民社会における民事訴訟を規律する具体的基準を示すものとして適切である。訴訟進行を掌る裁判所の職権活動も、したがって、自由な市民間の適正な利益調整を助けるためになされねばならない。さもないと、前述のように、国家による積極的な市民社会の維持・保障のために登場した職権主義は、その存在理由を自ら否定することになろう。

(2)　訴訟促進を目ざす訴訟法規が右の限度でしか正当性をもたないとすれば、提案されている訴訟法規の改正だけによって、日常的に大量化した訴訟遅延を解消できるかは、甚だ疑わしい。ことに、ドイツ民訴のような裁判所主導型の弁論準備や審理手続の下では、当事者主導型の手続に比べて、裁判官の事務負担量が大きくなり、却って訴訟遅延の一因となっていることが明らかである[3]。前述の各種の訴訟促進案がこの裁判官の職権活動を弁論の準備段階をも含めてさらに徹底しようとしていることは、ある意味では裁判官の負担を更に増加させる可能性を含んでいる。そこで、ここでもやはり、当事者および弁護人による主体的な事前の弁論準備活動が強調されなければならないし、ことに当事者側の主導性によって事前に事実関係を解明できる何らかの制度的な工夫が考案さるべきである[4]。この点では、当事者が裁判所の助力を得て、相手方所有の文書の提出を強制し、さらには、相手方や証人に対して事件についての質問状への解答を強制できる制度を提案するヤコビ教授の見解は、示唆的である[5]。こうすれば、一方において、促進案の予定する弁論の準備段階における裁判所の釈明活動のための負担が一部軽減されることになり、他方、当事者の側でも必要な事実関係を事前に予測することができて、不意打ちの危険なしに集中審理が可能になると思われる。こうして、口頭弁論における事実関係の展開が前もって早めに予測できれば、その限りで、当事者は必要な事実や証拠を早く提出できるし、この場合に遅れて提出された資料を却下しても、審問請求権の侵害にはならず、実体法上も妥当な制約とみられることは、既に論じてきた通りである。

このことは、ことにわが国の民事訴訟において継続審理による訴訟促進を考える場合にはきわめて示唆的である。基本的にはドイツ型に近いとはいえ、戦後の改革により一部当事者主導型の手続（民訴二九四条〔現二〇二条〕の当事者による証人の交互尋問手続など）を導入し、弁護人の事前準備活動も次第に活発になりつつあるといわれる。証人の事前面接なども西ドイツに比べればかなり一般化しているようである。この意味では、ドイツ的裁判所主導型と英米的当事者主導型の折衷型となったといえる。したがって、この手続の下では、当事者の主体的活動とこれに対する裁判所の適切な指導によって訴訟促進を図る方向が指向さるべきであろう。この点で、前述の西ドイツにおける各種の訴訟促進案がどのように参照されうるかは、にわかには決定できないが、現行法の下でも、たとえば、答弁書の提出期間を裁定することはできるし（民訴二四三条〔現民訴規七九条一項、現民訴一六二条〕）、いわゆる準備的口頭弁論期日を早めの第一回期日的に活用することもできる。民訴法一三一条〔現一五一条〕を活用すれば、裁判所は、この準備的口頭弁論や準備手続において当事者本人の出頭を求めて事情聴取をすることや、当事者の所持する文書などの提出を求めることなど、ベンダ裁判所の活用したＺＰＯ二七二条ｂに類する処置もできる。しかし、ドイツ民訴におけるほどに裁判所の主導性が徹底していないわが国では、ことに当事者の主導性によりあらかじめ訴訟外で事実関係を解明する制度を考案する必要性が、ドイツに比べてはるかに大きいといえる。もちろん、市民の経済的基盤の未成熟さや本人訴訟の問題など論ずべき多くの点は残されているが、裁判所の積極的な協力を前提とするヤコビ提案の限度であれば、わが国においても実現の可能性は大きい。(6) わが国における準備手続制度活用の試みが数度にわたって失敗してきた理由はいろいろと指摘されてきたが、(7) 当事者による事前の事実探知手続が欠けているのもその一因と考えられる。準備手続において証拠を整理しただけでは、必ずしも口頭弁論期日における証拠調べの結果を予測することはできないから、不意打ちをうける余地も残る。この場合に、当事者による事前の事実探知がなされておれば、厳格な失権効制裁（民訴二五五条〔現一七四条〕）に対する関係人の抵抗と反撥も少なくなるものと考えられる。

(3)　訴訟遅延の原因が多岐にわたることを思えば、このようにいくつかの訴訟法規を改めただけで訴訟促進が実現できるかどうか疑わしいことは既に論じた通りであり、これはわが国についても妥当する。制度の運命を左右するものは、これを運用する関係者であって、法曹関係者の伝統的な慣行は、一片の法規の改正だけでは容易に改められないであろう。弁護人による事前準備活動にしても、これは社会の経済的基盤や弁護士組織の状況に規制される面も大きいわけであるから、将来に向っての徐々の変革を期待できるに止まる。しかし、国家が訴訟遅延現象を真剣にとりあげ、これを解明しようとするならば、訴訟法規の改正よりも、なお多くのなすべきことが残されている。西ドイツでも主張されているように、何よりも、裁判所の物的・人的設備を充実・拡大することが第一の方策であるように思われる。西ドイツについて前述したことの多くはわが国でもそのまま妥当しよう。ただここで特に注目すべきことは、前述の通り、わが国の裁判官の絶対数も人口比も、西ドイツのそれに比べるとはるかに劣っていることである。既に詳論したように、事件処理の遅速は、受件数と裁判官数の相関関係によって決まるのだから、裁判官数を二倍にすれば、事件処理の速度も倍加するはずである。西ドイツに比べて事件数が少ないことは(8)、それだけ埋れた事件が裁判所を回避していることを意味するだけであって、現状維持の理由にはならない。裁判官を増員し訴訟遅延が解消すれば、受件数も増加することは間違いない。わが国では、まず何よりも、裁判官数を飛躍的に増加することによって、その加重負担を軽減して、訴訟促進を図るべきことは、誰の目にも明らかなように思われる。

（1）江藤价泰「民事訴訟法」法律時報三七巻五号（一九六五年）一三六頁（一三九頁）、染野義信「訴訟促進規制の本質」法律時報三〇巻一一号（一九五八年）一一頁（一二頁）参照。
（2）江藤价泰「民事訴訟における職権主義に対する史的一考察」法律時報四〇巻一号（一九六八年）六二頁は、下からの市民革命の行われた国（英・仏）では当事者主義理念が貫徹し、上からの資本主義化の行われた国（独・日）では職権主義理念が強調されると指摘する。この資本主義国家成立過程における社会構造の相異が、現在もなお、当事者主導型（英米）と裁判所主導型（独）の訴訟手続として根強く残っていることは、前述したところからも明らかである。
（3）Vollkommer, Die lange Dauer der Zivilprozesse und ihre Ursachen, ZZP 81, 1968, 102, bes. 113f, 116f. その極端

な例が、一七九三年のプロシャの民事訴訟法である。

（4） このような主張をするものとして、Vollkommer, a.a.O.（N.3）, S.130; Jacoby, Das Erforschungsverfahren im amerikanischen Zivilprozess – Vorschläge für eine Reform der ZPO, ZZP 74, 1961, 145, bes. 160ff.; Baur, Weitere Anregungen zur Beschleunigung der Zivilrechtspflege, JZ 1999, 482f. 参照。vgl. auch Bruns, Zur bevorstehenden Novellierung der Zivilprozessordnung, JZ 1969, 127ff.

（5） Jacoby, a.a.O.（N.4）, S.164f. この提案については、中務俊昌「弁論の準備と西独における論議」法学論叢七五巻四号（一九六四年）一頁、特に二頁以下に詳細な紹介がある。

（6） この点について同じ方向で詳細な提案をされている、中務・前掲注（5）論文二六頁以下参照。

（7） さしあたって、たとえば、三ケ月章「わが国準備手続制度の問題点」民事訴訟法研究三巻（有斐閣、一九六六年）一九一頁以下、同・民事訴訟法（有斐閣、一九六八年）三六四頁以下参照。

（8） この点を強調する畔上英治「西ドイツ民事訴訟の実際㈠」法曹時報一四巻九号（一九六二年）七頁以下参照。

〔追記〕 本稿脱稿後、ここで取り扱った問題を直接論じた以下の新しい文献を参照することができた。小山昇「シュトゥットガルト方式口頭弁論見聞報告」ジュリスト四六三号（一九七〇年）一三〇頁、Henke, Judicia perpetua oder: Warum prozesse so lange dauern, ZZP 83, 1970, 125; Strohm, Gute Erfahrung mit dem "Stuttgarter Modell", ZRP 70, 95; Sedemund-Treiber, Auf kürzerem Wege zum Urteil, ZRP 70, 121; Baumann und Fezer, Kritische Anmerkungen zur Zivilprozessbeschleunigungsnovelle, ZRP 70, 127; dieselbe, Beschleunigung des Zivilprozesses, 1970; Scheuer, Sehenden Auges zum unrichtigen Urteil?, ZRP 70, 169.（いちいち本文中に引用することはできないが、その間、民訴改正の政府草案を一部修正する連邦参議院法務委員会案（Empfehlungen des Rechtsausschusses des Bundesrats）が成立したことを、指摘しておく必要がある。）

（原題「西ドイツにおける各種訴訟促進案とその問題点」九州大学法政研究三六巻二～六合併号、一九七〇年）

第一〇章　ドイツ民訴改正法（簡素化法）の成立

──その理想と現実──

一　はしがき

訴訟促進と弁論の充実・活性化により納得のゆく裁判が実現されることは民事訴訟の理想である。一九七七年七月一日から施行された西ドイツのいわゆる簡素化法(1)（Vereinfachungsnovelle）は、弁論の集中によりこの理想を実現しようとする試みであるといえる。とりわけ、従来の西ドイツ民訴実務が、いわゆる併行審理方式をとり弁論期日をくり返すことによる訴訟の遅延と書面の採用による口頭主義の形骸化に悩んできた状況を改革し、一回の主要期日に口頭弁論を集中し、弁論を充実・活性化することによって、訴訟を促進し、当事者に納得のゆく裁判を実現しようとするものである(2)。これは、実質的には同様の状況下にあるわが国の民訴実務にとってもきわめて興味ある改革の試みであって、すでに多くの紹介論文があり(3)、その実務上の成果が注目されてきた(4)。わたくし自身も、この改正法実現の実質的な契機となったいわゆるシュトゥットガルト手続を見学したときの感激を忘れることができない。こうした手続によれば、弁論の集中により迅速で活気のある審理が実現できるという強い印象をうけたからである(5)。しかし、それと同時に、裁判官の主導性によるかなり強引な手続介入とこれに引き回される感のある弁護人や当事者の役割ないし地位については一抹の疑問を感じたのも事実であった(6)。したがって、このシュトゥットガルト手続の一部を内容にとり込んだ簡素化法がどのように実現されてゆくのかについては、わたくしとしても関心をもたざるをえない。

ところで、すでに簡素化法施行後五年を経過し、その施行状況も少しずつ明らかになってきた。(7) それによれば、以前からシュトゥットガルト方式によってきた裁判所が、新たに改正法の裏づけにより従来の手続を続けることができるようになったことは当然であるが、その他の裁判所への改正法の影響はさまざまであり、立法者の期待とはかなり隔たっているようにみえる。しかし、一体これはなぜなのか。今までのところこれをどのように評価すべきであろうか。

他方、簡素化法は、一世紀来の民訴法の改正として、民訴法の基本的諸原則の理論的な再検討を迫っている。(8) たとえば、簡素化法は、民訴実務上形骸化していた口頭主義・直接主義を回復させ、随時提出主義から同時提出主義への回帰、あるいは弁論主義の修正をもたらしたことになるのか、ことに新しく導入された当事者の訴訟促進義務（Prozeßförderungspflicht）は、裁判所の釈明・指摘義務（Aufklärungs- u. Hinweispflicht）といかに関連し、民事訴訟の構造においてどのような位置を占めることになるのか(9)など、多くの興味深い論点が提起されている。

本稿では、簡素化法の目ざした理想がどこにあり、その実務における現実との食違いがなぜ生じたのかを明らかにしたうえで、とくに、訴訟促進と弁論の充実・活性化をめぐる論点のうち当事者の訴訟促進義務と裁判所の釈明・指摘義務との関係など二、三の基本的問題の考察に及びたい。そのことによって、ドイツ民訴の実情と類似の状況下にあるわが国民事訴訟の将来の方向をさぐるためである。

（1）　Das Gesetz zur Vereinfachung und Beschleunigung gerichtlicher Verfahren, BGBl. 1976, I, 3281（裁判手続の簡素化並びに促進に関する法律）を一般的に略称して、Vereinfachungsnovelle（簡素化法）と呼んでいる。

（2）　Entwurf eines Gesetzes zur Vereinfachung und Beschleunigung gerichtlicher Verfahren (Vereinfachungsnovelle), Begründung, BT Drucksache 7/2729 (1974), 30ff., insb. 32, 34, 37〔以下、Begründungと略称する〕. なお、詳し

くは後述二注(1)(2)および注(29)の本文参照。

(3)　木川統一郎＝吉野正三郎「西ドイツにおける民事訴訟促進政策の動向——簡素化法（一九七七年七月一日施行）を中心として（上）（下）」判例タイムズ三五二号（一九七七年）二三頁、三五三号（一九七八年）三四頁（木川統一郎・訴訟促進政策の新展開（日本評論社、一九八七年）所収）、吉野正三郎「西ドイツにおける単独判事制度の改革——西ドイツ民訴法改正の一断面」早稲田大学大学院法研論集一六号（一九七七年）二六九頁（西ドイツ民事訴訟法の現在（成文堂、一九九〇年）所収）、同「書面先行手続による手続集中化への途——西ドイツ民訴法改正（続）」早稲田法学会誌二八号（一九七八年）三二九頁（同前所収）、石川明「西独における民訴簡易化法と訴訟上の和解」法学研究五〇巻一二号（一九七七年）一五五頁、同「西独簡素化法と時機に後れた攻撃防御方法の却下について」民商法雑誌七八巻臨増3（一九七八年）一一九頁、宮崎公男＝岡久幸治「西ドイツの簡素化法およびシュトゥットガルト方式について(1)(2)——我が国民訴実務における活用のために」判例時報九一七号三頁、九一八号（一九七九年）三頁など多数の紹介がある。改正法の詳細な内容はこれらに譲り、本稿では議論に必要な限度での紹介にとどめる。

(4)　簡素化法の実施状況を論ずる文献として、大喜多啓光「西ドイツ簡素化法及び同法実施状況の一面（上）（下）」判例タイムズ三九二号一二頁、三九四号（一九七九年）六頁、木川統一郎「西ドイツ民訴簡素化法実施の一断面」（西東間話）判例タイムズ四五二号（一九八一年）二頁、カール・フィルシング（木川統一郎＝森勇訳）「ドイツ連邦共和国における民事訴訟促進法の実施状況」比較法雑誌一四巻二号（一九八〇年）三七頁、カール・ドイプナー（木川統一郎＝森勇訳）「ドイツ連邦共和国における民事訴訟促進法の実施状況」比較法雑誌一四巻二号（一九八〇年）三七頁、カール・ドイプナー（木川統一郎＝坂本恵三訳）「簡素化法実施後における民事訴訟実務の展開」判例タイムズ四七四号（一九八二年）一四頁、ハラルド・ブーム（木川統一郎＝森勇訳）「簡素化法の民事訴訟実務に与えた影響」同上二六頁がある。

(5)　その印象を最も生き生きと伝えたものとして、宮崎公男「『シュトゥットガルト方式』を見聞して」司法研修所論集五六号（一九七六年）一一一頁参照。なお、吉村徳重「西ドイツにおける各種訴訟促進案とその問題点」九州大学法政研究三六巻二～六合併号（一九七〇年）三二七頁（本書第九章〔改題〕一六三頁）以下、木川統一郎「西ドイツにおける口頭弁論集中への努力」比較民事訴訟政策の研究（有斐閣、一九七二年）七三頁以下、G・バウムゲルテル（木川訳）「口頭主義とその改革の試み、とりわけシュトゥットガルト・モデルについて」比較法雑誌八巻（一九七四年）九三頁などは、簡素化法施行前のシュトゥットガルト方式を紹介し、宮崎＝岡久・前掲注（3）判例時報九一七号四頁、大喜多・前掲注（4）判例タイムズ三九四号六頁、木川・前掲注（4）二頁は、簡素化法施行後の同方式を紹介している。

（6）吉村・前掲注（5）三三九頁（本書一七一頁）、バウムゲルテル・前掲注（5）一一一頁以下に、同方式の問題点の指摘がある。

（7）前掲注（4）の文献のほか、とくに、一九七八年一〇月、トリアにおいて、連邦司法省主催による「民事訴訟法改正の経験」をテーマとするドイツ裁判官アカデミー第一八回会議における報告と議論を紹介した、Harald Franzki, Die Vereinfachungsnovelle und ihre bisherige Bewährung in der Verfahrenswirklichkeit, NJW 1979, 9; Kurt Rudolph, Die Zivilprozeßlandschaft, DRiZ 1978, 366（大喜多・前掲注（4）判例タイムズ三九四号一一頁以下に紹介がある）が参考になる。また、弁護士側からの経験を伝えるものとして、Curt Engels, Der neue Zivilprozess－Erfahrung und Kritik aus anwaltlicher Sicht, AnwBl 1979, 205; Peter Schmitz, Anmerkungen zur Beschleunigungsnovelle zur ZPO aus anwaltlicher Sicht, AnwBl 1979, 4; ders., Vereinfachungsnovelle und Anwaltspraxis, NJW 1979, 1583など参照。さらに、簡素化法実施状況の統計資料を報告したAlfred Walchshöfer, Die Auswirkungen der Vereinfachungsnovelle in der gerichtlichen Praxis, ZZP 94, 179（1981）参照。これは、一九七八年にバイエルン司法省が全バイエルンの裁判所において行った実態調査結果の統計資料を基礎に報告したもので、フィルシング・前掲注（4）と同一統計によるものである。

（8）たとえば、ペーター・アレンス（吉野正三郎訳）「民事訴訟における口頭主義原則と訴訟促進」民商法雑誌七九巻一号（一九七八年）一二五頁、Karl A. Bettermann, Hundert Jahre Zivilprozeßordung－Das Schicksal einer liberalen Kodification, ZZP 91, 365（1978）; Manfred Wolf, Entwicklungstendenzen im Zivilverfahrensrecht, ZRP 1979, 175; Wolfram Henckel, Gedanken zur Entstehung und Zivilprozesses im Wandel der Gesetzgebung, NJW 1980, 61など参照。

（9）vgl., Wolfram Henckel, Die Verantwortung der Verfahrensbeteiligten für die Beschleunigung des Zivilprozesses, Festschrift für H. Schima, 205（1969）; Karl G Deubner, Gedanken zur richterlichen Aufklärungs- und Hinweispflicht, Festschrift für Schiedermair, 79（1976）; Dieter Leipold, Prozeßförderungspflicht der Parteien und richterliche Verantwortung, ZZP 93, 237 (1980).

二　簡素化法における訴訟促進と弁論の充実・活性化の理想と現実

(1)　簡素化法の二つの目的

簡素化法の立法者は、主要期日（Haupttermin）に手続を集中化することによって、訴訟促進と裁判の良質化（qualitative Verbesserung der Rechtspflege）の二つの目的を実現しようとした。[1] 単に訴訟手続を迅速化・合理化するだけでなく、裁判の良質化、つまり口頭弁論を充実・活性化し、裁判過程を当事者に分かり易く納得ゆくものにしようとしたのである。改正法によれば、「訴訟は原則として包括的に準備された一回の口頭弁論期日（主要期日）において終結しなければならない」（§272 ZPO）。この主要期日において「包括的な準備」に基づき口頭弁論を討論的に行うことは、迅速に事案を解明し、対立する観点を明らかにする卓越した手段である。だから、こうした口頭弁論を充実・活性化すれば、訴訟手続を促進するだけでなく、裁判過程を当事者の立場からも分かり易くし、敗訴当事者にも納得のゆくものにするという目的を実現することができる、というのである。つまり、裁判の良質化という目的の実質的内容は、口頭弁論の充実・活性化による分かり易い納得のゆく裁判の実現ということに他ならない。[2]

旧法下でも、「訴訟がなるべく一回の口頭弁論で終結されるよう……」（§272b a.F. ZPO）という規定を置いてはいたが、実務の状況は一般的にはこれとははるかにかけ離れていた。[3] 通常の訴訟では、期日は何回にもわたってくり返され、事実関係も早期には解明されず、手続の経過につれて次第に明らかになってゆくという状態であった。手続の終りの段階になって従来の全体像を変更するような新たな訴訟資料が提出され、そのためにさらに証拠調べが必要となることもしばしばであった。こうした訴訟のやり方は、訴訟手続を遅延させるだけでなく、裁判所の労力の空費と負担増を招くことになる。さらには、口頭主義を空洞化し、訴訟を分かりにくいものにすることによって、国民の司法に対する信頼を失わせることにもなりかねない、と考えられた。そこで改正法は、手続を真に必要な回数の弁論期日に集中化して、口頭弁論を再び訴訟の中核に据えようとした。これによって、前述のような訴訟促進と裁判の良質化、つまり弁論の充実・活性化による納得のゆく裁判の実現という二つの目的を達成しようとしたのである。

旧法下でも、シュトゥットガルト手続におけるように、この目的を実現する手続運用ができなかったわけではない。しかし改正法は、これを個々の裁判官の発意や技量に委ねるのではなく、広く制定法を基礎にして実現させるように、手続集中化のための準則を定める一連の規定を設けたのである（§§271–280, 282–283, 296 ZPO ——以下ZPOを省略する）。こうした手続形成はすべての手続関与者の協力によってのみ達成されるのであるから、これらの規定に定められた処置は、裁判官とともに当事者およびその弁護人に向けられたものである。つまり、裁判官は口頭弁論の準備と実施のためのさまざまの処置をとることを要請され、当事者は訴訟促進義務の強化によってこれに協力すべきものとされたのである。[4] 具体的にはこれを三つの局面に分けて考察することができる。一つは、主要期日の準備のために、裁判所のとるべき処置を強化し、期日準備のための二つの手続の選択を裁判所に許したこと（§§271–277）、二つめは、主要期日における口頭弁論の充実・活性化を図ったこと（§§278［279f］–280）、三つめは、当事者の訴訟促進義務と失権規定を強化したことである（§§282–283, 296）。以下では、それぞれの局面につき、その立法趣旨と実務の状況を説明し、実務が立法者の期待とはかけ離れている理由を探ってみたい。

(2)　主要期日の準備のための二つの手続

(イ)　一回の主要期日において手続を集中化して訴訟を完結するためには、この口頭弁論期日は「包括的に準備された」ものでなければならない。[5]「包括的な準備」によってのみ手続の集中化は可能となるのだから、目的を定め且つ委曲をつくした期日の準備が要請されるのである。期日準備の重点は、裁判上重要な訴訟資料をできるだけ早期に収集し整理することにあるが、改正法はそのために、手続の最初の段階で二つの方法を用意して、そのいずれによるかを裁判官の選択に委ねたのである(6)(§272 II)。その一は早期第一回期日であり、他は書面先行手続である。

(a)　早期第一回期日は、訴状送達後すくなくとも二週間をおいて指定されるが（§274 II, III）、裁判所は同時に少なくとも二週間の期間をおいて期日前の被告の答弁書の提出期間を定めるか、定めないときは防御方法を遅滞なく通知するよう催告しなければならない（§§275 I, 277 III）。この第一回期日においては、なお十分な答弁がないか提出期間が定められていないときはその期間を定めるほか、次回の主要期日の準備のために必要な一切の命令を発する（§§275 II, III, IV, 273, 358a）。さらに、判決に熟すればもちろん終局判決をして訴訟を終結することもできる(7)。

(b)　書面先行手続は、期日指定をさしあたっては留保して、後になって初めて実施される主要期日を包括的に準備するための書面交換による先行手続であって、シュトゥットガルト手続に相応するものである。裁判所は、この手続を選んだときは、まず、被告に対する訴状送達とともに二週間の不変期間内に防御の意思を示すべき旨催告する(8)。さらに、少なくとも次の二週間の期間をおいて被告の答弁書の提出期間を定めなければならない（§276 I）。答弁書に対する原告の再答弁書の提出期間も含めることができる（§276 III）。裁判所はそのうえで主要期日を指定するとともに(9)、期日準備のために必要なすべての処分をすべきことになる(10)（§§273, 358a）。

簡素化法が主要期日における集中的な口頭弁論を準備するために、シュトゥットガルト方式による書面先行手続のほかに早期第一回期日の選択を認めた趣旨は何であろうか(11)。改正法の理由書によると、大規模な訴訟では、書面先行手続が緊迫して実行されず、重要でない附随的な事項についての膨大な書面交換となって、長い書面先行手続を経た後に結局は主要期日における充実した口頭弁論を実施できない結果になる危険性がある。そこで、早期第一回期日を設定すれば、この危険を避けて、裁判にとり重要な資料を要求し、初めからこれに限定・整理することができる。さらに、この期日では真に争われていない事件を認諾判決、欠席判決、訴えの取下げ、和解などによって早期に解決することができる、というのである。

(ロ)　改正法は、二つの手続のうちいずれを選択すべきかにつき何ら基準を設けていない(12)。だから、裁判所が両手続を選択的に用いるか、あるいは一方の手続だけを用いるかは、裁判官の裁量に委ねられることになる(13)。もっとも、立法者の考えでは、裁判所の個人的な業務のやり方や心情によるよりは、事件の特性や期日の状態によってこれに適合した手続を選択的に選ぶことが期待されていたと思われる(14)。しかし、実務の状況は必ずしもそうではないようである。第一審の裁判所の多くは、事件の特性に適した手続を個別的に選択するのではなく、どちらか一つの手続に固定する傾向にある(15)。しかもこの場合に、早期第一回期日によるところが多く、書面先行手続によるところは、従来からシュトゥットガルト方式によっていた裁判所を別とすれば、比較的に少ないといわれる(16)。その理由として指摘されていることは様々である。第一は、書面先行手続は裁判官に緊迫した過重な業務を要求するが、一般的な負担加重の状況のもとでは、これを適時にこなして行くのは難しいのではないか、と多くの裁判官は考えている(17)。第二に、当事者間の準備書面の交換だけでは不完全・不明確な点が生ずるが、これは、裁判官の書面による釈明によるよりは、口頭弁論での当事者や代理人との討論によってよりよく解消されると考えられる(18)。第三に、書面先行手続には実務の立場からみると多くの法解釈上の難点があるといわれる(19)。第四に、旧来の実務になじんできた裁判官の業務のやり方が短期間のうちに変ることはないという一般的な事情がある(20)。だから、従来からの手続により近い早期第一回期日の手続によって事件を処理してきたことは理解に難くないのである。

(a)　早期第一回期日型の実務　　そこで実務上は、旧法によると同じように、訴え提起後直ちに弁論期日を指定する裁判所が多い。しかしこの期日は、立法者が予定した主要期日の準備のための先行期日としてよりも、むしろ主要期日と同様に、かなりの期間をおいてこれを指定し、判決に熟するようにこれを準備し実施するところが多い[21]。そのために答弁書提出期間を設定することが一般化し、二七三条の期日準備のための処置をとるところも多い。たまには期日前の証拠決定をするところすらあるといわれる（§358a）。だから、この手続は早期第一回期日型と書面先行手続の両方式の混合方式であって、「遅れた早期第一回主要期日」と皮肉られることがある。

たしかにこの手続には、従来の手続に比べればはっきりとした前進がみられる。しかしこの手続も、主要期日として立法者が考えたようには機能していない。第一に、この第一回期日は訴状送達後六週間ないし八週間内に実施されることになるのが通常であるが、これでは十分の準備をするには短かすぎる[22]。もともと最低二週間とされる答弁書提出期間では、被告側の準備期間としては不十分である。被告が会社でなく一般人のときは、訴状送達をうけてから弁護士を探し、相談日を約束し、関係書類を渡し、そのうえで答弁書を作成して提出するに至るまで、いかに努力をしても二週間ないし三週間以上かかるのが通例である。だから、被告はしばしば二週間の答弁書提出期間の延長を求めざるをえない。さらに、答弁書に対する裁判所の処分が当事者に達するのに一週間以上を費やすことになると、もはや期日までには二週間ないし三週間足らずしか残されていない。この期間では、原告の再答弁を待ち、当事者や証人を呼び出し、期日に提出すべき情報や鑑定意見書を集めるには短かすぎることになる。

第二に、個々の期日に弁論を十分に尽くすことのできる件数以上の事件が設定されているために、合理的な期日の準備や当事者ないし証人の呼出しが不可能になっている[23]。簡素化法施行後も裁判所の事件負担は過重であって、区裁判所では依然として個々の期日に二〇件から三〇件、場合によっては四〇件、地方裁判所の民事部では一二件から一五件、商事部では五件から六件が設定されているからである。また、個々の期日において事件を原則として結審できるように準備をするためには、従来のように同一時刻に数件の事件を入れる一括期日（Sammeltermin）ではなく、事件ごとに初めから順次に時間を追って定める時間差期日（gestafelter Termin）を指定する必要があるように思われる[24]。しかし、そのためにはやはり同一期日の件数を五件ないし六件に制限して事件ごとに十分の時間を割り当てる必要があろう。これが可能かどうかは、裁判所の一般的な事件負担の軽重とのかね合いによらざるをえないことになろう。

(b) 書面先行手続の実務　シュトゥットガルト方式によっていた裁判所が、簡素化法施行後にどのような準備的手続をとっているかについては、すでに十分の紹介がある[25]。ただ、簡素化法のもとでは、訴状送達後、新たに二週間以内の防御意思の届出期間が設定されるようになった。また、防御意思の届出と答弁書の提出された段階において、事件記録が事務課から報告判事の方に送付され、第一回の事前合議のうえで、必要な準備的処分をして、主要期日を指定する場合が多いようである[26]。主要期日前に、再答弁書提出期間を設定するかどうか（§276 III）、あるいは期日前の証拠決定をするかどうか（§358a）は、裁判所によって異なっている。期日前の証拠決定に消極的な理由は、口頭弁論になって初めて証拠調べの必要なことが明らかになるためである、といわれる[27]。そうであれば、主要期日で事件を終結できない場合も増加しよう。いずれにしても、主要期日と遅れた早期第一回期日との差は相対的なものとなり、両手続は相互にオーバーラップしているといえる[28]。

(3) 弁論期日における弁論の充実・活性化の理想と現実

(イ) 主要期日は次の二つの点で手続の中核となるべきものとされている[29]。一つは、包括的に準備された弁論期日として、ここで訴訟を終結させることを目的としていることである。他は、これと同時に、口頭弁論を活性化して（lebendigere Gestaltung）、出頭した当事者に訴訟経過を分かり易くし（verständlichmachen）、かつこれによって納得のゆく裁判（überzeugendere Rechtspflege）を実現すべきことである。改正法はこうした真の口頭弁論の可能性をくみつくすために、主要期日を実施するための基準を定めたのである。つまり、裁判所は初めに事実関係および争点の要約的な説明を行い、これについて出頭した当事者本人を聴問すべきである（§278 I［§278 II jF］）。そのうえで事件によっては和解の話合いがなされることもあるが（§279 I［§278 II jF］）、これが成功しなければ、さらに弁護人を加えて本来の争訟的弁論を行い、直ちに証拠調べに入るべきことになる（§278 II [§279 I II jF]）。これによって、従来訴訟遅延の原因となっていた口頭弁論と証拠調べの分離を回避しようとしたのである。裁判所は証拠調べの結果について、その直接の印象のもとに、双方当事者と改めて討論を行わなければならない（§278 II 2 [§279 III jF]）。通常はこれによってすでに訴訟は判決に熟したものとなり、口頭弁論を終結し、事件によっては直ちにあるいは次回期日に判決を言い渡すことになる。ただその前に、裁判所は法的視点の指摘義務を負う場合があるとされる（§278 III [§139 II jF]）。つまり、裁判所は、当事者が明らかに見すごしているか、あるいは重要でないと考えている法的視点に基づいて判決を下そうとする場合には、そのことについて当事者に意見陳述の機会を与えなければならない。この規定は、釈明義務（§139 [§139 I jF]）を具体化して不意打ち判決を防止し、当事者の審問権を保障する趣旨によるものである。[30] だから、何も主要期日にかぎらず、早期第一回期日や期日前の手続においても適用されると考えられている。裁判所の釈明や指摘あるいは当事者との討論の結果、さらに弁論を続行する必要を生ずれば、新期日はできるだけ短期間のうちに指定しなければならない（§278 IV [§279 I jF 後段]）。手続関与者の印象が新鮮なうちに弁論を続行して訴訟を終結させる趣旨である。

このようにして手続が展開すれば、口頭弁論を活性化し、同時に口頭主義の利点を十分に活用することになる。つまり、裁判所は冒頭の事案説明において、期日の準備に基づき事実や争点をどのように理解しているかを説明し、これからの弁論にとり何が重要な争点であるかを明らかにする。[31] これによって当事者とその代理人は、当初から攻撃防御方法を補充し重要な争点を補完する機会を与えられる。誤解や質問があれば、直ちに明らかにすることができる。こうして争点を解明すれば、その後に続く証拠調べについての貴重な指示を与えうることにもなる。こうして出頭した当事者本人は証拠調べをともに体験し、その経過について自己の考えをもち自分の方法でこれに関与することができる。そして、これについての態度を表明する機会はその後の口頭弁論において与えられるのである。かくて、当事者本人の出頭を求めることによって、単に事案の解明や和解の話合いを容易にするだけでなく、当事者が自ら法的討論に関与して全体として事実や法の認識をめぐる争いを共に体験し、これに直接影響を与えることができるようにしたものと解される[32]。こうした口頭弁論の活発な展開によって、手続を合理化し迅速化するだけでなく、分かり易く納得のゆく裁判に至ることが期待できるのである。

(ロ)　ところで、改正法のこのような期待を充すには、弁論期日を包括的に準備するとともに、当事者の方でも、十分に資料を検討した代理人とともに本人が出頭し、裁判所でも時間的な制約なしに活発な討論を展開できるようにすることが必要である[33]。簡素化法の施行以来、たしかに、当事者側は、期間の設定や失権の圧迫のもとに、弁論期日前に準備書面を提出するのが一般的になった[34]。新しい攻防を伴う重要な書面が期日の直前や期日におい て初めて提出されることは少なくなった。期日を実施せずに延期することも減少したといわれる。しかし、主要期日において当事者との討論を活発にするためのその他の要請は、多くの裁判所で必ずしも充されていないように思われる。

まず第一に、弁論の活性化のためには、事件に精通している弁護人が期日に出廷することが前提であるが、現実にはそうでない場合が多い[35]。直接当事者と接触して情報を集め事件自体をよく検討した弁護士ではなく、ずさんな情報を聞いただけの期日代理人（Terminvertreter）やいわゆる「通信弁護士」（Korrespondenzanwalt）では活発な討論は望めない。第二に、当事者本人が出頭して直接に討論に参加することが、和解の成立や納得ゆく裁判を実現するために不可欠である。しかし、裁判所は、過重負担を理由として、以前より頻繁に当事者を呼び出し事情聴取をするために一四一条を利用することは少ないといわれる[36]。出頭した当事者を事情聴取することすら、時間が足りないという理由で行われないという。さらに第三に、同じ理由で、裁判所が冒頭で行うべき事実関係や争点の説明も省略され、裁判所の指摘義務も、多くの裁判官にとっては、不当な負担過重と責任の転嫁であると受けとられているという[37]。第四に、このように主要期日において討論のための時間的なゆとりがないのは、裁判所の過重負担だけでなく、期日の入れ方にも原因がある[38]。つまり、従来は多数の事件を同一時刻に入れる一括期日が通例であったから、数人の弁護士が同一時刻の弁論を希望し、弁論が時間的に制約され、あるいは他の弁護士たちが長い時間待たされることになった。しかし最近では、時間差期日を指定し、予定した開始時刻と時間を守らせる方向に移行しているといわれる。(39) しかし、ここでも、もし主要期日における事件ごとの割当時間が六〇分平均だとすると、(40) 一回の期日にはせいぜい五件ないし六件の事件しか指定できないことになり、(41) 裁判所の一般的な負担過重のなかでこれが可能であるかどうかという問題が残る。(42)

最後に、主要期日では、立法者の意図の通りに、原則として事件を終結することになっているのであろうか。地裁における一審事件の処理状況は、一回の主要期日で、あるいは早期第一回期日のときは次回の主要期日で、原則として終結できる、という状況からはほど遠いといわれる。(43) 期日における弁論や証拠調べの結果、新たに重要な事実や証拠を提出する必要を生ずれば、相手方にもこれに対処する機会を与えるために弁論の続行を認めざるをえない場合がある。また、裁判所の釈明や法的視点の指摘によって重要な事実や証拠の提出を促すべきであったのにこれをしなかったときには、遅延した提出を却下できず、これに対して期日を改めて防御の機会を与えるべき場合もある。これらの場合に、新期日は短期間に指定されなければならないという要請は（§278 Ⅳ）、ほとんど守られていない。(44) 裁判所の期日簿がつまっていて、短期間内に期日を入れることができず、通常の例によらざるをえないからである。

(4)　当事者の訴訟促進義務と失権規定の強化

(イ)　改正法は、手続の集中化のためには当事者の十分な協力が不可欠であるとして、攻撃防御方法を適時に提出すべき当事者の義務を定め、その義務違反に対する制裁を一部につき強化する規定を設けた。(45) 従来の訴訟遅延の主な原因は、当事者が攻撃防御方法を雨だれ式に（tropfenweise）提出したために期日が無駄になったことにある。だから、攻撃防御方法を適切な時期と範囲において提出させることが必要であり、そのために当事者の訴訟促進義務を定めたのである。一つは、当事者の一般的訴訟促進義務であり、訴訟状態に従って訴訟促進を考えた慎重な訴訟追行に合致するよう、適時に攻撃防御方法を提出すべき義務である（§282 I）。もう一つは、個別的訴訟促進義務であり、裁判所の定めた答弁書提出期間（§§275 I, III, 276 I）、再答弁書提出期間（§§275 IV, 276 III）および一定の説明期間（§273 II 1）の範囲内で、訴訟状態に従い訴訟促進を考えた慎重な訴訟追行に適うかぎりで、攻撃防御方法を提出すべき義務である（§277 I, IV）。この義務に違反して期間内に提出されない攻撃防御方法は原則として失権するとして、制裁を強化したのである（§296 I）。

これによって従来のいわゆる随時提出義務は廃止されたが、厳格な同時提出主義に回帰したわけではなく、その中間にあって適時提出主義と呼ぶべき原則がとられたといえる。もちろん旧法でも、時機に後れた攻撃防御方法を却下する規定を設けて（§279 a.F.）、いわば間接的に訴訟促進義務を定めていた。しかし、改正法はこれを一般的な訴訟促進義務として正面から明記しただけなく、一定の場合には期間を設定して促進義務を具体化し、期間徒過の攻撃防御方法の失権規定を強化することによって、随時提出主義を一歩離脱したものと評価できる。もともと、訴訟促進義務に違反して提出された攻撃防御方法の却下についての改正委員会の草案は、より明確かつ厳格であった[46]。すなわち、促進義務違反の攻撃防御方法は、これが訴訟を遅延させる場合には、当事者が時機に後れたことを十分に弁明しないかぎり却下しなければならないというものであった。失権の免責要件を懈怠当事者の疎明にかからせるとともに、これを義務規定（Mußvorschrift）として裁判所の裁量を排斥した点で、旧法に比べより厳格に改める提案であった。しかし、これに対しては反対論が強く、立法過程において最も激しく議論されたところであった[47]。そこで、改正草案の修正のたびに失権規定は緩和され、改正法は結局場合を分けて規定することになった[48]（§296）。一つは、いわゆる個別的訴訟促進義務違反の場合であって、設定された提出期間の経過後にはじめて提出された攻撃防御方法は原則として却下する。ただし、裁判所の自由心証により、これを許しても訴訟の終局を遅延させないか、または当事者が遅延につき免責されるときにかぎり許される（§296 I）。これは、書面による攻撃防御方法の提出期間を設定して、弁論期日を事前に準備するためのものである。しかし、手続がどのように展開するかをすべて事前に予測することは、当事者には期待されえないから、提出期間の定められた答弁や再答弁事項でも、その段階の訴訟状態からみて訴訟促進を考えた慎重な訴訟追行に適った攻撃防御方法だけが失権することになる（§277 I, IV）。もう一つは、一般的な訴訟促進義務に反して適時に提出されないか（§282 I）、あるいは相手方が必要な調査をなしうるように適時に通知されなかった（§282 II）攻撃防御方法に関するものである。これらの攻撃防御方法の提出は、裁判所の自由心証により、これを許せば訴訟の終結を遅延させるおそれがあり、かつその遅延が重大な過失によるときは、これを却下することができる（§296 II）。この場合には、重大な過失の要件と裁量規定（Kannvorschrift）の点で旧法と同列にとどまったのである。

控訴審においては、一方、一審で適法に却下された攻撃防御方法は提出を許されないとする（§528 III [§531 I jF]）。しかし他方では、裁定期間を徒過し、あるいは一般的促進義務に反して適時に提出ないし通知されない攻撃防御方法については、訴訟の終結を遅延せしめないか、あるいは免責事由がある（一般的促進義務ないし適時通知義務違反の提出については、重大な過失がない）場合にかぎり、その提出を許容することにした（§528 I, II [§531 II jF]）

改正法の理由書は[49]、こうした失権規定を、とりわけ訴訟遅延対策としても適当であり弁論主義にも適合する正当かつ実用的な制裁であるとする。懈怠をした当事者としても、訴訟促進義務に違反して、司法運営を決定的に妨害し、他の一般的な訴訟追行者にも負担を及ぼしているのだから、実体法的な不利益をうけることがあってもこれを甘受せざるをえない、と述べている[50]。立法者はこれによって、結局、事案解明と訴訟促進の間の実行可能な中間策を見出したと信じたもののようである[51]。

(ロ)　この訴訟促進義務と失権規定は実務家にはどのように受けとられているのであろうか。弁護士層は圧倒的にこれらの規定に批判的である[52]。とりわけ提出期間の設定と期間を徒過した攻撃防御方法の失権強化の規定は、当事者および弁護人に酷にすぎると受けとられているようである。準備を整えたうえで訴えることのできる原告側にとってはともかく、訴状送達後に応答を迫られる被告にとっては、二週間くらいの答弁書提出期間ではとても十分に準備をすることができず、これでは武器平等の原則に反することになる。また、一般的にも、訴訟過程において初めて重要なことが明らかになる攻撃防御方法も多いから、期間徒過の場合には原則的に失権するとすれば、義務意識をもった責任感のある弁護人にも期待不可能な責任を課したことになる、と受けとられている。

裁判官にとっては、これらの規定は、一面では複雑にすぎて見通しが立たないのに、他面では重要な点で緩和されて古い実務と余り変らないことになっている、と思われている。[53] その結果、訴訟追行は再び緊張感のゆるんだ時代に戻る状況がみられ、[54] 失権規定も、今までのところ、これを活用することはまれであるといわれる。[55] その理由は何か。一つには、裁判官は、あるいは正当な権利をもつかもしれない当事者をその代理人の訴訟追行の怠慢のために敗訴させることには自制的にならざるをえないからである。もう一つは、促進義務違反の攻撃防御方法却下に関する規定が複雑で理解しにくいものが多いことである。[56] たとえば、一審と二審の却下規定によると、同じ促進義務違反の攻撃防御方法でも、場合によって取扱いが異なる。つまり、一審で裁定期間を徒過して提出した攻撃防御方法が却下された場合には二審でも提出できないが（§528 III［§531 I jF］）、期間を徒過したまま二審で初めて提出すれば、訴訟を遅延せしめないかぎり許される（§528 I［§531 II jF］）。これでは当事者としては、一審では提出をひかえて控訴せざるをえないことになる。[57] また、同様に、欠席判決に対する故障の申立てにおいても、提出期間を徒過した攻撃防御方法を提出できるとすれば（§340 III）、不都合な結果を生ずることになる。いずれの場合にも、提出期間に後れたが直ちに提出して却下された場合よりも、提出しないまま控訴や故障まで引きずった場合の方が有利になるというのであれば、答弁書提出期間や失権規定が骨抜きされてしまうからである。[58]

(5)　一応のまとめと問題の提起

(イ)　簡素化法はこのように、書面先行手続か早期第一回期日かを問わず、包括的な準備を整えて主要期日を開き、ここに手続を集中して訴訟を促進するとともに、裁判所の釈明のもとに双方当事者・弁護人との討論によって口頭弁論を活性化し、当事者に分かり易く納得のゆく裁判を実現しようとする理想に出たものであった。そして、これを実現するためには、裁判所と当事者が訴訟促進に協力すべき義務を負うものとして、一方、裁判所の期日準備処分や釈明・指摘義務を初めとする訴訟促進義務と、他方、当事者の訴訟促進義務とその違反に対する制裁とを強化することにしたのである[59]。

しかし、簡素化法の施行後五年を経過した現在において、西ドイツの民訴実務が立法者の描いた理想像とはかけ離れたものであることは否定できない。もともと、それぞれの地方の実情に根ざして運用されてきた西ドイツ民事訴訟の実務が、改正法の実施によって一朝一夕に変わることは期待できない。また、改正法の理想実現を妨げる最も大きな原因が、従来からの裁判所の過重負担の実情にあることも明らかである。さらに、改正法の規定自体が、簡素化法どころか複雑化法ではないかといわれるほどに欠陥の多いものである、ともいわれている。

しかし、それにもかかわらず、改正法のもとでの西ドイツ民訴実務は、立法者の期待とは別に、少しずつ前進しつつあることも事実である。新しい革袋にはそれぞれに好みの新しい酒を注ぎ込みつつあるといえそうである。第一に、シュトゥットガルト方式による裁判所はいうまでもないが、早期第一回期日方式による裁判所でも、期日の準備が以前よりはよくなってきた、と思われる[60]。一般的に答弁書提出期間が設定されるようになり、当事者も答弁書を期日直前や期日になって初めて提出することは少なくなり、理由のない期日の延期も減少した。裁判所も期日準備のために必要な準備的処置をとることが多くなった（§273）。そして「後れた早期第一回主要期日」と呼ばれるように、この期日において判決に熟するように準備することも多いといわれる。第二に、主要期日やいわゆる混合方式による弁論期日においては、一括期日でなしに時間差期日をとるところも多くなり、これによれば期日における弁論を充実・活性化することができるように思われる[61]。そのためには、従来より開廷日を増やして一期日当りの処理件数を五件ないし六件くらいまでに制限し、出頭した当事者本人の事情聴取や代理人を混えた討論を行いうるように一件ごとに時間的な間隔をおいた期日指定が必要となるのである。そのうえで口頭弁論を活発にすれば、弁論内容が当事者に分かり易いものとなり、和解を容易にするだけでなく、納得のゆく裁判に至ることができよう。第三に、当事者の攻撃防御方法を時機に後れたとして却下する実務例が少ないのはむしろ健全であると思われる。[62] 失権規定は適用されなくとも現に影響を及ぼしておれば十分であって、抜かれない伝家の宝刀であった方がむしろ望ましい。多くの事件が第一回期日における和解や主要期日における弁論により終結するようになれば、問題のある事件については弁論の続行を必要とするのが、むしろ正常であろう。[63] 十分に準備された期日において当事者の攻防を尽くしたうえで納得のゆく裁判に至ることが重要であって、何が何でも一回の期日で終結させること自体が目的ではないからである。

(ロ)　このように簡素化法による新しい西ドイツ民事訴訟法は、いろいろの欠陥を含んではいるが、全体としては改善されたものと評価され、実務がこれを実情に応じて活用することが期待されている、といえる。[64] なかでも、期日における裁判所と当事者本人との直接の討論（Gespräch）によって口頭弁論を活性化することができれば、そこから多くの成果を期待できることは争いえない。[65]

この点に関連して、口頭弁論再生の理論的基礎を当事者の手続関与協力権（Recht zur Mitwirkung am gerichtlichen Verfahren）に求める見解が注目される。[66] 裁判所の釈明・指摘義務（§§139, 278 III［§139 II jF］）の具体化によって当事者との法的討論が義務づけられることになれば、これは当事者にとっては訴訟手続への関与協力権ないし関与協力の可能性（Mitwirkungsmöglichkeit）を意味する。口頭弁論の再生・活性化は、当事者の訴訟促進義務の緊張だけでなく、当事者のこの手続関与協力権によって達成される、と主張するのである。もともと、裁判所と当事者双方の討論によって納得のゆく紛争解決に達するには、手続関与者の間に了解可能な紛争解決のルールがあって、これが法的討論によって明らかになり、これに従った当事者の弁論展開の結果として裁判に至ることが必要であろう。そこで、つぎに、一体そのような当事者の弁論展開のためのルールが現にあるかどうか、さらに、こうしたルールに従って当事者の弁論を活性化することと当事者の訴訟促進への協力義務を強調することはそもそもいかに関連するのかが問題となろう。事実、簡素化法における訴訟促進の要請と当事者との討論の要求とはもともと目的衝突（Zielkonflikt）ではないのか、という疑問すら提起されている[67]。当事者との討論は原則として時間を要するのに、訴訟促進を強調しすぎることはこれに矛盾するおそれがあるからである。

（1）簡素化法による民訴法の改正は、手続の簡素化と促進のための措置として、一審・二審における手続の集中のほかに、単独裁判官の権限拡大、判決の改善、未確定判決の仮執行力の形成、欠席手続および督促手続の簡素・合理化および調書作成を対象とするが（Begründung, BT Drucksache 7/2729 (1974), S. 33f.）、ここではとくに、一審・二審における手続の集中の目的が何であるかを理由書に即して明らかにする。vgl., Begründung, S. 32, 34, 37; Bender-Belz-Wax, Das Verfahren nach der Vereinfachungsnovelle und vor dem Familiengericht, 1977, S. 2.

（2）簡素化法の目的は手続の簡素化と促進であるとしただけでは（たとえば、木川統一郎＝吉野正三郎「西ドイツにおける民事訴訟促進政策の動向（上）」判例タイムズ三五二号〔一九七七年〕二六頁〔木川統一郎・訴訟促進政策の新展開（日本評論社、一九八七年）所収〕）、討論により口頭弁論を活性化（lebendigere Gestaltung）して、口頭主義の利点を活用しようとする簡素化法のもう一つの重要な目的が軽視されるおそれがある。vgl., Begründung, BT Drucksache 7/2729, S. 34, 37. この二つの目的のいずれに重点をおくかで手続集中の方策も異なってこざるをえない。井上正三「弁論の集中」演習民事訴訟法(上)（青林書院新社、一九七三年）五五八頁参照。

（3）以下は、理由書が、Baumgärtel-Mes, Rechtstatsachen zur Dauer des Zivilprozesses, erste Instanz, 1971, S. 175 ff. の実態調査に基づいて法改正の前提とした、民訴実務の現状認識であった。Begründung, a.a.O. (Fn. 1), S. 34.

（4）Begründung, a.a.O. (Fn. 1), S. 34; Rosenberg-Schwab, Zivilprozeßrecht, 13. Aufl. (1981), S. 457 は、訴訟促進義務が裁判所と当事者に課されているとする。

（5）Begründung, a.a.O. (Fn. 1), S. 35. auch vgl. Hans Putzo, Die Vereinfachungsnovelle, NJW 1977, 1.

（6）改正法は両者の選択の基準を何ら規定せず、また、原則—例外の関係とも定めていない。so W. Grunsky, Die Straffung des Verfahrens durch die Vereinfachungsnovelle, JZ 1977, 201.

（7）Harald Franzki, Das Gesetz zur Vereinfachung und Beschleunigung gerichtlicher Verfahren, DRiZ 1977, 161,

162f. だから、「主要期日」の名称は、終局判決は主要期日でしかできないと受けとられるおそれがある、と批判する。

（8）また、裁判所は、被告がこの期間内に防御の意思を示さなければ、原告の申立てによって、口頭弁論なしに欠席判決をうける（§331 III）旨を、被告に教示しなければならない（§276 II）。

（9）Grunsky, a.a.O.（Fn.6）, 203は、書面先行手続でも、訴状送達と同時に主要期日の指定ができるとするが、Begründung, a.a.O.（Fn.1）, S.67は、「裁判所は書面先行手続が終了して初めて主要期日を指定するべきである」としている。so Hans H. Bischof, Streitfragen der Vereinfachungsnovelle, NJW 1977, 1897.

（10）裁判所は準備的処分（vorbereitende Maßnahmen）として、文書の提出を命じ、一定の説明を要する点について陳述するための期間を設定し、当事者本人の出頭や証人・鑑定人の呼出しなどができる（§273）。また、裁判所は期日前に証拠調べをすることができる（§358a）。

（11）Begründung, a.a.O.（Fn.1）, S.35. なお、一九六一年の民訴改正準備委員会の報告書は早期第一回期日方式を採用したが、当時却けられた書面先行手続が、シュトゥットガルト手続の成功を介して、民訴改正草案の中で選択的に採り入れられるに至る経過につき、吉村徳重「西ドイツにおける各種訴訟促進案とその問題点」九州大学法政研究三六巻二～六合併号（一九七〇年）三二七頁、とくに三四一頁（本書第九章〔改題〕一六三頁とくに一七五頁）以下参照。

（12）Franzki, a.a.O.（Fn.7）, 162はこのことにつき批判的である。

（13）so Grunsky, a.a.O.（Fn.6）, 202. また当事者の申立てにも拘束されない。

（14）vgl. Franzki, a.a.O.（Fn.7）, 162; Putzo, a.a.O.（Fn.5）, 2. auch vgl. Bender-Belz-Wax, a.a.O.（Fn.1）, Rdnr.3.

（15）Franzki, Die Vereinfachungsnovelle und ihre bisherige Bewährung in der Verfahrenswirklichkeit, NJW 1979, 9; Engels, Der neue Zivilprozeß, AnwBl.1979, 205; Walchshöfer, Die Auswirkungen der Vereinfachungsnovelle in der gerichtlichen Praxis, ZZP 94, 179, 181（1981）.

（16）Franzki, a.a.O.（Fn.15）, 10; Rudolph, Die Zivilprozeßlandschaft, DRiZ 1978, 366. なお、カール・ドイプナー（木川統一郎＝坂本恵三訳）「簡素化法実施後における民事訴訟実務の展開」判例タイムズ四七四号（一九八二年）一五頁、ハラルド・ブーム（木川統一郎＝森勇訳）「簡素化法の民事訴訟実務に与える影響」判例タイムズ四七四号（一九八二年）二七頁参照。もっとも、バイエルンにおける実態調査の統計では、両方式を選択的に用いている裁判所（区裁では半数、地裁では過半数）では書面先行手続の方が多いという（Walchshöfer, a.a.O.（Fn.15）, 181）。しかし、カール・フィルシング（木川統一郎＝森勇訳）「ドイツ連邦共和国における民事訴訟促進法の実務における実施状況」比較法雑誌一四巻二号（一九八〇年）四五頁は、結局、「全ての審級の裁判所において早期第一回期日型手続が過半数を占めております」と結論づけている。

(17) Franzki, a.a.O.（Fn.15）, 10. ことに改正法実施時には、同じ裁判所に新旧両手続が並存し、シュトゥットガルト方式のように新件部として、未済事件なしに発足できない事情がある。

(18) ドイプナー・前掲注(16)一五頁、Engels, AnwBl. 1979, 205.

(19) Franzki, a.a.O.（Fn.15）, 10; フィルシング・前掲注(16)四六頁。たとえば、督促手続に対する異議と防御意思の表明との関係、弁護士訴訟における受救権の申立てと防御意思の表明とが同時になされたときの取扱いなど不明なものが多い。

(20) Engels, a.a.O.（Fn.15）, 205; フィルシング・前掲注(16)四六頁。

(21) Franzki, a.a.O.（Fn.15）, 10; Walchshöfer, a.a.O.（Fn.15）, 183f.; ドイプナー・前掲注(16)一六頁、ブーム・前掲注(16)二七頁、フィルシング・前掲注(16)四七頁以下参照。

(22) Franzki, a.a.O.（Fn.15）, 10; Engels, a.a.O.（Fn.15）, 206; ドイプナー・前掲注(16)一五頁、ブーム・前掲注(16)二七頁。

(23) Franzki, a.a.O.（Fn.15）, 11; Rudolph, a.a.O.（Fn.16）, 366.

(24) 大喜多啓光「西ドイツ簡素化法及び同法実施状況の一面（下）」判例タイムズ三九四号（一九七九年）八頁以下が、ミュンヘン第一地裁第八民事部の実務において、いわゆる一括期日から時間差（段階式）期日に切り換えて成功した例を報告しているのが、とくに興味深い。なお、ブーム・前掲注(16)二七頁、フィルシング・前掲注(16)二九頁参照。

(25) 大喜多・前掲注(24)六頁以下、木川統一郎「西ドイツ民訴簡素化法実施の一断面」判例タイムズ四五二号（一九八一年）二頁など参照。

(26) 大喜多・前掲注(24)六頁、Walchshöfer, a.a.O.（Fn.15）, 184f. 参照。

(27) フィルシング・前掲注(16)五一頁。

(28) ブーム・前掲注(16)二八頁。いずれの手続を選んだかによって、訴訟促進をもたらすかどうかを左右することもないといわれる。Walchshöfer, a.a.O. (Fn.15), 182; フィルシング・前掲注(16)四七頁。

(29) Begründung, a.a.O. (Fn.1), S.72, 36f. 以下、その立法趣旨を理由書によりできるだけ忠実に述べる。

(30) vgl. Putzo, a.a.O. (Fn.5), 3; Franzki, a.a.O. (Fn.7), 164f. その法規化については議論があったが、一三九条の釈明権に関する判例を確認したものにすぎない。また、不意打判決防止は、憲法上の審問請求権（§103 GG）の重大な機能の一つであるが、憲法上の最低限の保障だけでは救済として十分でない。vgl. Manfred Hinz, Verbesserter Schutz vor Überraschungsentscheidungen im Zivilprozeß—eine unnötige Reform?, NJW 1976, 1187f. なお、個々の解釈上の論点につき、Bischof, a.a.O. (Fn.9), 1900f. 参照。

(31) vgl. auch Grunsky, a.a.O. (Fn.6), 203.

(32) so Franzki, a.a.O. (Fn.7), 163. フランツキはさらに、当事者に訴訟経過を分かり易いものにし、素人にも分かる言葉で判決理由を書くには、従来の判決は適切ではなかった。……裁判過程を従来よりは説得力あるものにすることができるかどうかは、裁判官が改正法を正しく適用し、将来これといかに取り組むかにかかっている、という。

(33) so Walchshöfer, a.a.O. (Fn.15), 186. vgl. auch Bender-Belz-Wax, a.a.O. (Fn.1), Rdnr.103.

(34) Franzki, a.a.O. (Fn.15), 11; ブーム・前掲注(16)二七頁。もっとも、ドイプナー・前掲注(16)一七頁以下は反対の観察を述べている。

(35) Franzki, a.a.O. (Fn.15), 11; Engels, a.a.O. (Fn.15), 206; Walchshöfer, a.a.O. (Fn.15), 186; ブーム・前掲注(16)二八頁。ことに、弁護人の期日指定は裁判所が打合せなしに行うから、重なり合うことが多く、延期を拒否されれば、「期日代理人」を送らざるをえない。

(36) Franzki, a.a.O. (Fn.15), 11; Rudolph, a.a.O. (Fn.16), 366; Engels, a.a.O. (Fn.15), 208. なお、Walchshöfer, a.a.O. (Fn.15), 187 およびフィルシング・前掲注(16)五二頁は、当事者本人出頭の割合の統計資料を示している。区裁では二三が七〇%以上、二一が五〇%未満、地裁では二が一〇〇%、一三が七〇%以上、二が五〇%以下、高裁では五〇%の事件で双方出頭というから、バイエルンでは相当に当事者本人が出頭していることになる。

(37) Franzki, a.a.O. (Fn.15), 12. 法的指摘によって適切な事実の主張をするために弁論を再開する必要があるが（Bischof, a.a.O. (Fn.9), 1902）、実務上、合議後このために弁論を再開した例はわずかしかない。

(38) Rudolph, a.a.O. (Fn.16), 366; Walchshöfer, a.a.O. (Fn.15), 187; ブーム・前掲注(16)二九頁。

(39) 大喜多・前掲注(24)九頁、ブーム・前掲注(16)二九頁。その統計的な根拠につき、フィルシング・前掲注(16)五二頁、Walchshöfer, a.a.O. (Fn.15), 188参照。vgl. auch Bender-Belz-Wax, a.a.O. (Fn.1), Rdnr. 103 (d).

(40) フィルシング・前掲注(16)五三頁参照。

(41) 大喜多・前掲注(24)九頁によると、従来、一週一回開廷し、一期日に二〇件をこえる事件を一括期日方式で審理していたミュンヘン第一地裁第八民事部が、一週二回開廷し、一期日に六件までを時間差期日に指定するようになって、簡素化法の趣旨実現に成功した例が注目される。

(42) Rudolph, a.a.O. (Fn.16), 367によれば、区裁の各部で年間の新受件数が一〇〇〇件、地裁の各民事部で七〇〇件から八〇〇件、高裁でも同様のところがあるとすれば、事務課や設備の不足も加わって、簡素化法の目ざす主要期日の観念も幻想に終ることになろう。

(43) Franzki, a.a.O. (Fn.15), 11; ドイプナー・前掲注(16)一七頁以下。新期日を必要とした統計につき、フィルシング・前掲注(16)五頁、Walchshöfer, a.a.O. (Fn.15), 188参照。

(44) Franzki, a.a.O. (Fn.15), 12. 統計によると、多数の裁判所が二週間以上後に新期日を指定している。フィルシング・前掲注(16)五四頁、Walchshöfer, a.a.O. (Fn.15), 188.

(45) Begründung, a.a.O. (Fn.1), S.37f., 75. vgl. auch Putzo, a.a.O. (Fn.5), 4f.; Franzki, a.a.O. (Fn.7), 165f.; Grunsky, a.a.O. (Fn.6), 204f.

(46) Kommissionsentwurf eines Gesetzes zur Änderung der Zivilprozeßordung (Beschleunigungsnovelle) §280 I II (Nov. 1967). vgl. Bundesministerium der Justiz, Bericht der Kommission für das Zivilprozeßrecht 1977, Anlage 1, S.249f.; S.53ff. なお、一九六七年の民訴法改正第一次草案、いわゆる促進法草案二八〇条の内容については、木川統一郎「失権立法と手続の段階化」比較民事訴訟政策の研究（有斐閣、一九七二年）七頁参照。

(47) 民訴法改正第一次草案以降の論議と草案の変遷につき、吉村・前掲注(11)三四二頁（本書一七六頁）以下、木川統一郎「西ドイツ一九七〇年民訴法改正草案の訴訟政策的評価」前掲注(46)書三一頁以下参照。

(48) 二九六条は、次の二つの場合のほかに、「訴えの適法性に関する責問が、被告の放棄できるもので、時機に後れて提出されたときは、被告がこの遅延を十分に弁明した場合にかぎり許容することができる」(§296 III) と規定している。この点の説明は省略する。

(49) Begründung, a.a.O. (Fn.1), S.39.

(50) この点について、Bericht der Kommission für das Zivilprozeßrecht, 1977, S.54f. は、さらに、むしろ当事者の訴訟上の配慮義務の軽度の過失による違反でも、相手方のより早い判決を得る機会とこれによる訴訟成果とを奪うことになりうることを、却下の根拠として強調している。

(51) so Franzki, a.a.O. (Fn.15), 12.

(52) Peter Schmitz, Anmerkungen zur Beschleunigungsnovelle zur ZPO aus anwaltlicher Sicht, AnwBl 1979, 4, 5f.; ders., Vereinfachungsnovelle und Anwaltpraxis, NJW 1979, 1583, 1584f. vgl. auch Putzo, Die Vereinfachungsnovelle aus praktischer Sicht, AnwBl 1977, 429.

(53) Franzki, a.a.O. (Fn.15), 12. vgl. auch Franzki, a.a.O. (Fn.7), 165; Putzo, a.a.O. (Fn.5), 5; Karl Deubner, Zurückweisung verspäteten Vorbringens nach der Vereinfachungsnovelle, NJW 1977, 921, 925.

(54) Peter Hartmann, Ein Jahr Vereinfachungsnovelle, NJW 1978, 1457, 1461, 1464. その原因として、改正法に対する一般的な批判的立場、法曹の質的低下の一般的傾向および多くの関係人により耐え難いとみられている実務の過重な負担が考えられるという。

(55) Engels, a.a.O. (Fn.15), 208; Franzki, a.a.O. (Fn.15), 12; Walchshöfer, a.a.O. (Fn.15), 189; フィルシング・前掲注(16)五三頁。もっとも、ドイプナー・前掲注(16)一九頁は、「以前よりもはるかに頻繁に提出の却下が行われている」と述べる。しかし、同じフランクフルトの弁護士であるブームの前掲注(16)二九頁は、「裁判所は却下権限の行使にあたってはかなり慎重である」とする。Gerhard Lüke, Die Zurückweisung verspäteten Vorbringens im Zivilprozeß Jus 1981, 503, 506f. によっても、裁判所は一般に失権規定の適用を控えている。一九七七～七八年におけるザールブリュッケンの区裁の記録によれば、現行法による四〇件の判決のうち真の却下事件は二件にすぎない (Ibid., N.34)。これは弁護人が失権されないために裁定期間を注意深く守っている証拠である、とされている。

(56) Franzki, a.a.O. (Fn.15), 12f.

(57) Deubner, Berufungszwang durch Verfahrensbeschleunigung, NJW 1978, 355; Franzki, a.a.O. (Fn.7), 166; Lüke, a.a.O. (Fn.55), 503, 505.

(58) Franzki, a.a.O. (Fn.15), 13; Deubner, Die Praxis der Zurückweisung verspäteten Vorbringens, NJW 1979, 337, 342.
(59) Rosenberg-Schwab, Zivilprozeßrecht, 13. Aufl., 1981, §84, S.457ff.; Bender-Belz-Wax, a.a.O. (Fn.1), S.7ff. は、いずれも、裁判所と当事者の訴訟促進義務を問題としている。
(60) Franzki, a.a.O. (Fn.15), 10, 11. なお、前注(34)参照。
(61) 前注(39)・(41)参照。
(62) so Lüke, a.a.O. (Fn.55), 506f.
(63) Putzo, a.a.O. (Fn.5), 5.
(64) Hartmann, a.a.O. (Fn.54), 1457, 1464f.; Franzki, a.a.O. (Fn.15), 9, 14.
(65) Franzki, a.a.O. (Fn.15), 11.
(66) Manfred Hinz, Nach der Entlastungsnovelle: Was wird aus der Reform des Zivilprozesses, ZRP 1975, 153, 157f.; ders., NJW 1976, 1187.
(67) Theo Rasehorn, Kommunikationsproblems im Zivilprozeß, Eine rechtssoziologische Zwischenbilanz, ZRP 1980, 6, 7.

三　訴訟促進と弁論の充実・活性化をめぐる若干の論点

(1)　前節において明らかにした西ドイツ簡素化法の理想とその実施状況は、西ドイツ民訴実務と同様の状況に悩むわが民事訴訟を考えるうえで、いかに受けとめられるべきであろうか。殊に、わが民訴法の母法であるドイツ民事訴訟法が制度的に大きく変貌しようとしているのをいかに評価すべきであろうか。ここで、簡素化法の実施状況を分析することにより、わが国の民訴実務の現状に対処する政策的諸方策を検討することが必要となろう[1]。しかし、簡素化法の実施状況といっても、まだ短期間の経験にすぎず、その一部についての報告をみただけでは、これを基礎にしてわが国での政策的立論をすることは容易ではない。そこで、これを別の機会に譲り、ここでは、西ドイツ実務のこうした状況を他山の石としながらも、むしろ長期的視野に立って、簡素化法の提起している原理的な問題点を検討することにしたい。もっとも、本稿でこの点に深く立ち入って論ずるゆとりはすでにないが、ただ、簡素化法が目ざした二つの目的、つまり訴訟促進と弁論の充実・活性化による納得のゆく裁判の実現とは、本来調和しがたい目的衝突（Zielkonflikt）なのか、あるいはともに達成できる二つの理想なのかという根本的な問いを避けて通るわけにはいかないように思われる。わたくしは、訴訟促進と弁論の充実・活性化とが目的衝突となるかならないかは、訴訟促進の内容、ことに当事者の訴訟促進義務をどのように解するかにかかっている、と考える。そこで、ここでは、この点をめぐる若干の論点にしぼって考察することにしたい。

(2)　簡素化法の理由書は、当事者の訴訟促進義務と失権強化の規定を、司法の円滑な運営と訴訟制度の一般的利用者の利益によって根拠づけようとした(2)。すなわち、当事者が訴訟促進義務に違反して訴訟を遅延させれば、司法運営を決定的に妨害し、同時に他の訴訟追行者にも負担をかけることになるのだから、当事者が実体法上の不利益を蒙るとしてもこれを甘受せざるをえない、というのである。だから、ここでは、当事者が促進義務に違反して提出した攻撃防御方法が却下されたために実体法上の不利益をうけても、これは国家の円滑な司法運営と一般的な訴訟制度の利用者の利益を守るための犠牲として正当化されているように思われる。

しかし、当事者の提出した攻撃防御方法が却下され敗訴することになれば、その結果は、直接相手方当事者の利益に帰することになるのだから、ここではまず、何よりも、当事者間の利益・不利益をいかに調整するかが問題になっていると解すべきである(3)。国家の第一次的な関心は、むしろ私人である当事者間の利害をいかに納得的に調整するかに存しなければなるまい。もちろん、私人間の権利利益をめぐる取引や交渉過程においても、実体法上のルールがあり、実体法上権利を行使すべく期待されているときに行使しないままに放置すれば、相手方の信頼利益を保護するために権利失効が認められる。民事訴訟は私人間の取引・交渉過程ないし紛争処理過程の一環にほかならないから、訴訟上適時に提出すべき攻撃防御方法を提出せずに懈怠した場合の失権も、相手方の信頼利益を保護するために認められる信義則上の権利失効によって根拠づけられるものと解すべきである。そのかぎりで、当事者の攻撃防御方法の提出が制約されるのは、実体法上の権利行使が相手方との関係で内在的制約をうけるのと同一価値に基づくものであって、実体的利益を犠牲にすることにはならない(4)。

ところで、弁論主義のもとでは、当事者は自己の法的地位を根拠づけるための攻撃防御方法を提出する権限をもつだけでなく、これを提出しないでおけば失権して判決の基礎とすることができない(5)。当事者のこの提出責任は、相手方との関係では一種の権利失効を意味するのであって、訴訟促進義務はさらにこの提出責任に時間的な態様において適時性の制約を認めたものと解される。つまり、当事者が訴訟状態に応じて適時に攻撃防御方法を提出することを怠れば、信義則上の権利失効と同様の規範に服して失権すべきものとしたのである。このように当事者間の攻防をめぐる弁論過程を規律する規範を弁論規範とよぶことができるとすれば(6)、これは基本的には当事者間の取引交渉過程を規律する実体法規範と同一の価値に基づく規範であると解される。口頭弁論がこのような当事者間に妥当する弁論規範に規律されて展開するとすれば、そのかぎりで当事者双方に分かり易く納得のゆく弁論過程をたどって裁判に至るものと思われる。そのかぎりで当事者の訴訟促進義務と失権を認めても、弁論の充実による納得のゆく裁判の達成という目的と矛盾することなく調和するのではなかろうか。しかし、当事者の訴訟促進義務と失権規定がこれを超えてさらに国家的司法運営の必要性や一般的な訴訟利用者の利益によって根拠づけられ、強化されるとすれば、これはもはや私人間の権利行使や交渉過程に妥当する規範の内在的制約とは無縁のものとなり、当事者双方に納得のゆく裁判というもう一つの目的とは衝突関係に立たざるをえないことになるのではないかと思われる。

(3)　他方、簡素化法は、訴訟促進と弁論の充実という二つの目的を達成するために、裁判所の積極的な関与を義務づけている。ことに裁判所の釈明義務（§139）のほかに、これを具体化したといわれる法的観点の指摘義務

（§278 Ⅲ［§139 Ⅱ jF］）を新設した。これが当事者の訴訟促進義務といかに関連するかが、次に問題となる。改正委員会報告書は、この点についての裁判所と当事者の責任領域が相互に明確に限界づけられるものかどうかなどの問題は、その解明を判例と学説に委ねるとしている(7)。学説によれば、当事者の訴訟促進義務は裁判所の釈明義務によって限界づけられるという(8)。つまり、裁判所が釈明すべき攻撃防御方法については、釈明がないかぎり当事者は提出が後れても失権することはない。もともと、当事者がいかなる攻撃防御方法を提出すべきかは法規範によって決まるから、当事者がこの法規範を知らなければ、提出責任を果すことができない。だから、裁判所は当事者に法状態を解明して、どんな攻撃防御方法を提出すべきかを知らせなければならない。この場合に裁判所は釈明指摘義務を負うことになり、これを果さないかぎり、当事者の提出責任を問い失権させることはできない、というのである。この見解によれば、釈明の対象となる攻撃防御方法がいわゆる主要事実の場合には、適用可能な実体法規とこれに該当する事実が何であるかを明らかにして、その主張責任・立証責任の所在を釈明すればよいことになろう。しかし、これがしばしば実務上紛争の焦点となるいわゆる間接事実（事情）や反証提出の必要性の釈明となると、裁判官の事実や証拠についての評価にかかわるだけに問題が残る(9)。この場合にも、いずれの当事者が問題の攻撃防御方法を提出すべきかは、もっぱら裁判官の心証に委ねられるのではなく、当事者間に妥当する規範によって規律されなければならない、と考えるべきであろう(10)。すなわち、従来から事実認定は経験法則や合理則などの証拠法則により規律されると解されてきたが、これらの証拠法則を反映して、当事者の間にはいずれが攻撃防御方法を提出すべきかを規律する規範が妥当することになろう(11)。このような規範を含めて弁論過程を規律すべき規範を弁論規範とよぶとすれば、裁判所は必要に応じてこの弁論規範を釈明・指摘すべき義務を負うものと思われる。裁判所は当事者との討論によってこの弁論規範を明らかにし、それぞれの当事者がいつ、いかなる攻撃防御方法を提出すべきかを明確にすべきである。そうでないと、当事者に攻撃防御方法の適時の提出責任を問いこれを失権させることはできない(12)。このように、裁判所の釈明指摘義務の履行によって、当事者の訴訟促進義務とその懈怠の場合の失権とが正当化され、訴訟手続を集中・促進することができることになるのである。

この点に関連して、裁判所の釈明・指摘義務は、それ以上に、当事者との法的討論（Rechtsgespräch）を義務づけ、当事者が裁判過程に関与・協力する権利を保障する新しい民事訴訟の観念に連なるものである、と主張する学説がある。[13] さらにこれを徹底して、裁判所の釈明義務は、社会的法治国家における民事訴訟モデルの特徴としての裁判所と当事者の協働関係（Arbeitsgemeinschaft）の支柱であって、そこではもはや弁論主義ではなく協同主義（Kooperationsmaxime）が妥当している、との見解すら生むに至っている。[14] たしかに、当事者間において個々の攻撃防御方法を適時に提出すべき義務をだれが分担すべきかを規律する弁論規範が明らかでないときには、裁判所と当事者との法的討論によってこれを明らかにする必要があろう。裁判所の釈明・指摘義務にそうした法的討論の義務を含むと解しうるならば、[15] 当事者は事実関係だけでなく法的観点についても弁論過程に関与し影響を与えうる地位ないし権限を保障され、[16] それによって弁論の充実・活性化による分かり易く納得のゆく裁判に至りうる途が開かれるように思われる。しかし、さらにそれ以上に、これをもって協働関係としての民事訴訟モデルと把握し、弁論主義の代りに協同主義が支配することになるとするのは問題である。論者自身が認めるように、これは極めて誤解され易い概念であり、[17] それ自体ドグマ化する危険性すらあるからである。[18] たしかに、書証、検証、鑑定、当事者尋問などは職権によることができるが（§§142, 143, 144, 448）、それ以外の証拠および事実については、もっぱら当事者のみが資料を提出し、この提出資料のみが判決の基礎となりうる。一部の職権証拠調べは例外にすぎず、これによって弁論主義が妥当しなくなったとはいえない。[19] 裁判所の釈明・指摘義務により当事者の討論権を保障することになったとしても、これは弁論主義の実質的な内容拡充として再構成すべきであって、[20] 弁論主義に代わって審問権の保障による不意打ち防止があれば足る、[21] とはいえないのである。

(4)　ライポルトは、当事者の訴訟促進義務を、憲法上の裁判所に対する権利保護を求める権利および審問請求権の行使態様を制約する付随義務と位置づける。[22] そして、訴訟促進義務は手続の時間的側面のみに関するもので、当事者の解明義務とは関係がなく、攻撃防御方法を後れて提出して訴訟を遅延させない義務であるとしている。元来、民事訴訟は第一に、当事者の義務の履行ではなく権利の行使であり、訴訟促進義務は、実体法上の権利行使に際して信義則上要請される附随義務に対比できるものである。ただ、訴訟上当事者の行使する権利は、憲法上の裁判所に対する権利保護請求権と審問請求権であって、訴訟促進義務は第二次的に、この権利行使を制約する付随義務である、とするところにこの理論の特徴がある。

しかし、もともとは当事者間の実体法上の権利行使における附随義務であるものを、当事者の裁判所に対する権利保護請求権や審問請求権の行使における附随義務に解消してしまうことができるのか。当事者の裁判所に対する審問請求権と附随義務といっても、憲法レベルでの規範にすぎず、結局、相手方との関係での実体上の権利利益の行使における配慮義務を基準として具体化されざるをえないのではなかろうか。つまり、訴訟促進義務は、相手方を訴訟遅延から保護するために攻撃防御方法を適時に提出すべき当事者の附随義務である、と考えられる。事実、ライポルトも、訴訟遅延から相手方を保護することも効果的な権利保護の構成要素として憲法上要求され、それ故に、失権規定が憲法上の審問請求権の保障（§103 GG）に違反することにはならないのだとする。[23] これは、西ドイツ憲法上の審問請求権が法律の具体化を介せずに直接妥当する権利と考えられていることもあって、憲法レベルでの解釈論に高める趣旨の主張であろう。また、たしかに訴訟法上の当事者の攻撃防御方法の提出や討論も直接には裁判所に向けられている。しかし、これらの権限の行使態様の制約を相手方当事者との関係において根拠づけ具体化するには、相手方との間で妥当する実体的規範を基礎とせざるをえない。この当事者間の実体的規範が訴訟上の弁論規範に反映して、当事者双方の弁論を規律するものと解されるのである。

また、訴訟促進義務を当事者の行為態様による訴訟遅延禁止として、手続の時間的な側面に関する義務であるとするのは正しいとしても、これを当事者の解明義務などとは関係がないといえるのかは疑問である。たしかに、攻撃防御方法の提出や討論を当事者の権限とみて、その行使態様の適時性の制約を附随義務としての訴訟促進義務と解すれば、概念的には、当事者の資料提出義務や解明義務とは一応区別できる。しかし、当事者の資料提出義務や解明義務もまた、当事者の攻撃防御方法の提出権ないし弁論権の行使における当事者間の責任の分担規範に基づく附随義務であると解しうるならば、攻撃防御方法提出の適時性の制約も、全体としては、ともに当事者間の実体規範に基づく共通の弁論規範に規律されているものと解されるのである。したがって、具体的な訴訟過程においては、この弁論規範により、訴訟状態に応じてどの攻撃防御方法をどの時期にいずれの当事者が提出すべきかが規律されることになるのである。

(5)　こうして、訴訟促進と弁論の活性化による納得的裁判形成との二つの目的が衝突せずに実現される条件は何かが明らかとなったように思われる。それは、当事者の訴訟促進義務が相手方当事者との間において妥当する実体法規範と共通の価値に基づく弁論規範に規律されたものであって、これに従って適時になされる当事者の攻撃防御を経て裁判に達することである。当事者間に妥当する規範による弁論であるから、活発で分かり易く納得のゆく過程が期待されるのである。ただ、この弁論規範が当事者間に明らかでないときには、裁判所の釈明や当事者との討論によってこれを明らかにし、いずれの当事者がいつどの攻撃防御方法を提出すべきかを明確にしなければならない。この弁論規範は、単に主要事実の提出だけでなく、間接事実（事情）の提出や反証提出責任あるいは解明義務を誰が分担するかなどを規律する規範でもあるから、必ずしも当事者間に明らかであるとはかぎらず、これを明らかにするための裁判所の釈明や当事者との討論が必要となるのである。

さらに、訴訟過程における裁判所の釈明と当事者の地位との関係をめぐっては、理念的に二つの観念の対立が考えられる。[24] 一つは、訴訟過程を裁判所の心証形成過程としてとらえ、裁判所は訴訟過程において逐一その心証を当事者に開示して不意打ちを避け、当事者にこれに対する陳述の機会を与えなければならない、とする観点である。[25] 裁判所の心証形成を中心とする立場であり、当事者には不意打ち防止という最低限の審問請求権の保障があれば足ることになる。当事者の弁論はもっぱら裁判所に向けられ、自己に有利な裁判所の心証を形成するために行われる。もう一つは、さらに一歩進めて、当事者には訴訟手続形成の自律的な主体たる地位があり、その積極的な手続参画活動によって、当事者間に妥当する弁論規範を明らかにし、さらにはこれを形成して行く権限を認める立場である。[26] 当事者の攻撃防御は一応裁判所に向けられていても、相手方当事者との間に妥当する規範の解明ないし形成のために弁論を行うことになる。裁判所は当事者の弁論をうけてこれと法的討論を行い、必要に応じて釈明をして、弁論規範の解明を図り、これに従った当事者の攻防の展開を経て裁判に至るのである。訴訟促進義務は、このような手続主体としての当事者が攻撃防御方法を提出するに際して、相手方との関係において遵守すべき適時性の配慮義務にほかならない。この立場では、当事者の自律的な弁論活動によって、訴訟促進と弁論の活性化による納得のゆく裁判形成との二つの目的が最もよく調和することになるものと思われる。

（1） たとえば、宮崎公男＝岡久幸治「西ドイツの簡素化法およびシュトゥットガルト方式について(1)(2)――わが国民訴訟実務における活用のために」判例時報九一七号（一九七九年）三頁、九一八号（同年）三頁は、実務経験を基礎にわが国民訴訟実務における具体的な活用方策を検討している。

（2） Begründung, BT Drucksache 7/2729 (1974), S. 39.

（3） 事実、Bericht der Kommission für das Zivilprozeßrecht, 1977, S. 54 は、相手方の早期の判決と訴訟成果についての利益保護を第一の根拠に挙げている。前節注(50)参照。

（4） この点につき、より詳細には、吉村徳重「西ドイツにおける各種訴訟促進案とその問題点」九州大学法政研究三六巻二～六合併号（一九七〇年）三六〇頁（本書一九一頁）以下参照。vgl. Wolfram Henckel, Prozessrecht und materielles Recht, 1970, S. 112ff.; ders., Gedanken zur Entstehung und Geschichte der Zivilprozeßordnung, Gedächtnisschrift für Rudolf Bruns, 1980, S. 111, 126ff.

（5） 山木戸克己「弁論主義の法構造」中田淳一先生還暦記念論文集・民事訴訟の理論(下)（有斐閣、一九七〇年）一頁、ことに四頁以下は、これを弁論権の積極的効果と消極的効果として説明する。そして、当事者責任を問うためには、さらに私的自治の反映としての弁論主義を根拠とすべきである、とした。しかし、そのためには、さらに、当事者の自己責任を問うための自己決定を保障する主体的地位が「弁論主義の法構造」においてどのように確保されているかを明らかにすべきであろう。この点について、吉村徳重「判決の遮断効と争点効の交錯」新実務民事訴訟講座２（日本評論社、一九八一年）三五五頁、ことに三六八頁以下〔民事手続法研究第一巻・民事判決効の理論(上)一四五頁、一五八頁所収〕参照。

（6）棚瀬孝雄「本人訴訟の審理構造(1)～(5)」判例タイムズ四六〇号三頁、四六二号九頁、四六三号六頁、四六四号七頁、四六五号七頁、ことに四六三号八頁〔本人訴訟の審理構造（弘文堂、一九八八年）所収〕参照。

（7）Bericht der Kommission für das Zivilprozeßrecht, 1977, S. 56.

（8）Henckel, Die Verantwortung der Verfahrensbeteiligten für die Beschleunigung des Zivilprozesses, Festschrift für H. Schima, 1969, S. 205; Karl Deubner, Zurückweisung verspäteten Vorbringenus nach der Vereinfachungsnovelle, NJW 1977, 921, 924f.

（9）so Deubner, Gedanken zur richterlichen Aufklärungs- und Hinweispflicht, Festschrift für Schiedermair, 1976, S. 79, 81f.

（10）従来間接事実とされてきた事情を主要事実と構成する理論は、これを、裁判官の自由心証による間接事実から主要事実の認定問題ではなく、法規範の解釈・適用問題と解する立場であろう。しかし、すべての間接事実が主要事実になるわけではないし、事実認定や証拠の評価の問題が解消されてしまうわけではない。

（11）具体的には、たとえば、従来から主観的主張責任・主観的立証責任とされてきたものを初め、反証提出責任・間接反証責任、文書提出義務・解明義務などと呼ばれてきたものは、すべて、弁論過程を規律する弁論規範として再構成すべきであろう。

（12）どの程度の釈明があれば失権が正当化されるかにつき、吉村・前掲注（4）三五六頁・三六四頁（本書一八八頁・一九五頁）参照。

（13）Manfred Hinz, Nach der Entlastungsnovelle: Was wird aus der Reform des Zivilprozesses, ZRP 1975, 153; ders., Verbesserter Schutz vor Überraschungsentscheidung im Zivilprozess — eine unnötige Reform?, NJW 1976, 1187, 1188f.

（14）Wassermann, Der soziale Zivilprozeß, 1978, S. 109; 木川統一郎「交互訊問制度の運用と将来」新実務民事訴訟講

座2（日本評論社、一九八一年）九〇頁。なお、Karl A. Bettermann, Hundert Jahre Zivilprozeßordnung — Das Schicksal einer liberalen Kodification, ZZP 91, 365, 391; ペーター・ギレス（石川明訳）「ドイツ連邦共和国における簡素化された民事訴訟法と民訴法学の若干の現実の発展傾向について」法学研究五二巻五号（一九七九年）三五頁・四二頁も、同じ協同主義（Kooperationsmaxime）の用語を用いている。しかし、ベッターマンは「弁論主義の修正」、ギレスは「弁論主義をなおこまかに発展すべきもの」を指し、ヴァッサーマンとは異なる。

(15)　so Rosenberg-Schwab, Zivilprozeßrecht, 13. Aufl. 1981, S. 438; Bender-Belz-Wax, Das Verfahren nach der Vereinfachungsnovelle, 1977, Rdnr. 38.

(16)　Hinz, a. a. O. (Fn. 13), ZRP 1975, 153; ders., a. a. O. (Fn. 13), NJW 1976, 1188f. ことに Adolf Arndt, Das rechtliche Gehör, NJW 1959, 3; ders., Die Verfassungsbeschwerde wegen Verletzung des rechtlichen Gehörs, NJW 1959, 1297f., は、さらにこれを法的討論（Rechtsgespräch）の権利であり、審問請求権の要請するところであるとした。ただ、これを憲法上の審問請求権の内容といえるかについては争いがある。vgl. Rosenberg-Schwab, Zivilprozeßrecht, 13. Aufl., 1981, §85 III (S. 463). なお、吉村・前掲注(4)三五九頁（本書一九六頁）注(18)参照。

(17)　Wassermann, a. a. O. (Fn. 14), S. 109.

(18)　Henckel, a. a. O. (Fn. 4), Gedächtnisschrift für Bruns, S. 124f. vgl. auch Dieter Leipold, Prozeßförderungspflicht der Parteien und richterliche Verantwortung, ZZP 93, 237, 263f. (1980).

(19)　Manfred Wolf, Entwicklungstendenzen im Zivilprozessrecht, ZRP 1979, 175, 177; Hans Prütting, Die Grundlagen des Zivilprozesses im Wandel der Gesetzgebung, NJW 1980, 361, 362f.; Leipold, a. a. O. (Fn. 18), 263.

(20)　Günther Zettel, Der Beibringungsgrundsatz, 1977, insb. S. 25ff. は、これを弁論主義（Verhandlungsmaxime）として、従来から弁論主義の内容とされてきた訴訟資料提出についての当事者責任を新たに提出主義（Beibringungsgrundsatz）と名づけて、これと区別して構成している。

(21)　Wassermann, a. a. O. (Fn. 14), S. 107.

(22)　Leipold, a. a. O. (Fn. 18), 237, 239f., 241ff.

(23)　Leipold, a. a. O. (Fn. 18), 244.

(24)　以下の点につき、新堂幸司ほか「弁論の活性化」ジュリスト七八〇号（一九八二年）一四頁以下参照。なお、これは審問請求権による手続関与権の根拠をめぐる不正防止説と固有権限説の対立と共通ないし類似の視点の差異に由来するものと思われる。吉村徳重「判決効の拡張と手続権保障」山木戸克己教授還暦記念論集・実体法と手続法の交錯(下)（有斐閣、一九七八年）一一八頁・一二八頁以下〔民事手続法研究第二巻・民事判決効の理論(下)一一三頁・一二四頁以下所収〕参照。

（25）vgl. z.B. Fritz Baur, Der Anspruch auf rechtliches Gehör, AcP 153, 393, insb. 402f.（1954）. バウアによれば、審問請求権は将来の判決による不正侵害を防止するために当事者に判決に影響を及ぼす機会を保障するのである。

（26）vgl. z.B. Albrecht Zeuner, Der Anspruch auf rechtliches Gehör, Festschrift für Nipperdey I, S.1013, insb.1014f., 1021ff.（1965）; ders., Rechtliches Gehör, materielles Recht und Urteilswirkungen, 1974, insb. S.16ff. ツォイナーによれば、審問請求権は、当事者が積極的に、訴訟における権利の具体化過程に参画する固有の権限をもつことを保障するのであって、単に消極的に、既存の権利の侵害防止に向けられたものではない。また、Hinz, a.a.O.（Fn.13）, ZRP 1975, 153; ders., a.a.O.（Fn.13）, NJW 1976, 1188f. は、裁判所の釈明義務を媒介として、当事者の手続関与権を認め、法的討論権を導き出そうとする点で、ツォイナーと異なるが、共通の方向をめざしているといえる。

四　む す び

西ドイツ簡素化法による民事訴訟法の改正は、主要期日における手続の集中による訴訟促進と弁論の活性化による納得的裁判形成との二つの目的を追求したが、その民訴実務は今までのところ立法者の期待とはほど遠い状況である。これはなかでも、当面の民訴実務が過重負担に悩んでいるためであることは明らかである。しかし、さらに、簡素化法自体が、西ドイツ刑訴の主要期日手続とは異なって、主要期日準備のための二つの手続の選択を裁判所に許したことも、その一因である。だから、早急の変化はもともと期待できず、漸進的な改善だけが期待できたのである。事実、シュトゥットガルト方式によるのではないが、いわゆる混合方式によって改正法の利点を少しずつ利用した新しい実務が定着しつつあることを看過すべきではない。また、簡素化法の二つの目的設定のなかでも、主要期日における口頭弁論の充実・活性化により当事者に分かり易く納得のゆく裁判を実現しようとする理想は、将来の民事訴訟を展望するうえで、積極的に評価すべき長所であると考えられる。理論的にも、裁判所の釈明・指摘義務に対応して、当事者は弁論・討論権をもち、自律的・主体的な手続参画を通して、弁論規範を解明ないし形成し、それぞれの攻撃防御を展開して裁判に至るという民事訴訟構造の新しい筋道を構築できる可能性を示している。

ただ簡素化法は、裁判所主導型による西ドイツ民訴実務を前提とし、弁護人による自律的な資料収集・選別活動を前提としてはいない(1)。当事者の主体的な弁論関与による分かり易い裁判過程の構想が、そうした訴訟構造のもとでどの程度実現可能であるかは、なお疑問である。その点に関連して、一九七七年ゲントでの「人間の顔をした正義」をテーマとする第一回民訴法国際会議における「手続促進」についてのシュウァープ教授の報告は興味深い(2)。総括報告者ジェイコブ氏の問いかけに対するシュウァープ教授の説明は、裁判所主導型による西ドイツ簡素化法の限界性を示しているようにみえる。「当事者は証人の信憑性に影響を与えないように、〔期日前に〕証人の証言内容に少しでも影響を与えそうな質問をすることはさしひかえなければならない。だから、口頭弁論〔主要期日〕における不意打ちは、準備のための事案解明によって少なくはなるが、全く排除されるわけではない(3)。」これは、周知のように、当事者主導型によるアメリカ民事訴訟法が、当事者による期日前の手続として、当事者双方が準備書面交換（pleading）のほかに、開示（discovery）や供述録取書（deposition）により十分の資料収集をしたうえで、主要期日（trial）に臨む手続を整備しているのとは、対照的である。わが国の民事訴訟法は、母法であるドイツ民訴法とはやや異なって、アメリカ法の影響のもとに、証人の交互尋問制（二九四条）などのように一定の範囲で当事者の主体的地位を強化してきた。また、証人の事前面接などのように、弁論の事前準備をする実務もある程度定着しつつあるようにみえる。ここでは、前述した民事訴訟理論の新しい展望がドイツ法におけるよりはより適合するように思われる(4)。

わたくしは、本稿の捧げられるべき恩師井上正治博士のもとで初めての研究生活に入ったとき、先生のお勧めに従って民刑事手続における挙証責任を研究テーマとし、その研究の一部を「刑事訴訟における形式的挙証責任の意義」として公表したことがある。(5)初めて活字化したこの論文を公表するにあたっては、論文の表現の仕方についてまで先生のご懇切なご注意を頂いたことを、今でも忘れることができない。今、民事訴訟法に関するものではあるが関連する問題につき拙稿を捧げて、先生の還暦をお祝いするとともに、学恩に対する感謝の念を表したいと思う。

（1）　vgl. Bericht der Kommission für das Zivilprozeßrecht, 1977, S. 31f.
（2）　Karl H. Schwab, Beschleunigung des Verfahrens, Humane Justiz, 1977, S. 29.
（3）　Schwab, a. a. O., S. 43.
（4）　吉村徳重「西ドイツにおける各種訴訟促進案とその問題点」九州大学法政研究三六巻二～六合併号（一九七〇年）三二七頁、ことに三六八頁（本書第九章〔改題〕二〇一頁）以下において、この方向を加味したわが国民訴実務の改善策を示唆したことがある。しかし、この点は、わが国の民訴実務に適合した新しい民訴理論の構築とともに、今後の検討にまたなければならない。なお、吉村徳重「弁論の活性化と訴訟促進」ジュリスト七八〇号（一九八二年）二四頁・二九頁（本書第一一章二四二頁・二五四頁）参照。
（5）　九州大学法政研究二四巻二号（一九五七年）一〇三頁。

（井上正治博士還暦記念論集・刑事法学の諸相(下)、一九八三年）

第一一章　弁論活性化と訴訟促進

一　西ドイツ簡素化法の二つの目的

(1)　西ドイツ簡素化法は、手続を主要期日に集中することによって弁論の活性化と訴訟促進の二つの目的を達成することを立法趣旨としている(1)。ここでまず、弁論の活性化というのは、口頭弁論を主要期日に集中することによって、形骸化した口頭主義、直接主義を復活し、当事者本人の関与のもとに、口頭弁論を活発に展開することを意味する。弁論の活性化によって、直接関与した当事者本人に裁判過程を分かり易くかつ納得のゆくものにしようという趣旨である。つぎに、訴訟促進というのは、包括的に準備された主要期日において弁論と証拠調べを集中的に実施して、原則としてこの期日で弁論を終結し、訴訟を迅速に完結することを意味する。

これは、従来の西ドイツ民訴実務が、いわゆる併行審理主義によって、さみだれ式に何回も期日をくり返すことによって、口頭主義、直接主義を形骸化し、訴訟手続を遅延させていたために、これを改善しようとするものであった(2)。これまでは、期日を何度もくり返して行くうちに事実関係も少しずつ明らかになってゆくという審理のやり方であった。各期日には地裁でも一五件前後の事件が同一時刻に数件ずつ指定され、通常は一件につき数分の時間しかないこともあって、口頭主義は全く空洞化し、弁論の内容は当事者本人にはおよそ分かりにくいものになっていた。また、裁判所にとっても、何度も記録を読み返して期日に臨むことになり、その労力の空費と負担増を招くだけでなく、必然的に訴訟を遅延させることになっていた。これは、わが国の民訴実務が現在陥っている実状と著しく似通ったものであった。

西ドイツ簡素化法の立法者たちは、このように訴訟が遅延するだけでなく、当事者に分かりにくいままに放置されていたのでは、国民の司法に対する信頼を失わせることになると考えた(3)。そこで、これを改善するためには、手続を真に必要な回数の弁論期日に集中して、口頭弁論を再び訴訟の中核に据える必要があるとしたのである。包括的に準備された主要期日において口頭弁論を集中的に行い、訴訟をここで終結させることにすれば、訴訟を促進するだけでなく、口頭主義の長所を生かして弁論を活性化することになり、当事者本人にも裁判過程を分かり易くかつ納得のゆくものにすることができると考えたのである。

(2)　主要期日に口頭弁論を集中して、弁論を活性化し、訴訟を促進するという二つの目的を実現するためには、いくつかの前提が必要である(4)。第一に、まえもって十分かつ包括的に準備をととのえたうえで主要期日に臨む必要がある。簡素化法は主要期日の準備のために、いわゆる早期第一回期日方式と書面先行手続方式の二つの途の選択を裁判所に委ねている(ド民訴二七二条)。その差異は、要するに、訴状送達とともに、早期に第一回期日を指定して、主要期日の準備をするか、あるいは、期日指定を留保して、書面先行手続を開始するかにある。書面先行手続では、訴状のほか、答弁書、再答弁書などの準備書面が提出期間設定によって提出されたのち(同二七六条)、裁判所がこれを検討して必要な準備的処置をとり(同二七三条)、事実や証拠を補充し、争点を整理して主要期日を開くことになる。これはシュトゥットガルト方式に由来するものであって、一部の裁判所ではすでに改正法施行以前から行われてきた実務に制定法上の根拠を与えたことになる(5)。ただ、この書面先行手続だけでは、一方で、複雑な事件についてはかえって書類だけが膨大となって整理がつかずに永びくことになる危険があるし、他方で、実質的に争いのない事件を和解などによって早期に解決することが困難になる。そこで、早期に口頭弁論を開いてこれらの場合に対処する途をも認めることにしたのである。

第二に、主要期日を包括的に準備し、弁論を集中するためには、裁判所には書面提出期間を指定し（ド民訴二七五条・二七六条）、準備的処置（同二七三条）ないし期日前の証拠調べ（同三五八条ａ）をするなど、積極的に手続に関与することを要請するとともに、当事者には訴訟促進義務が課されている（同二八二条・二七七条）。つまり、当事者は、裁判所の設定した提出期間内に文書により攻撃防御方法を提出すべき個別的訴訟促進義務を負うだけでなく、一般的にも、訴訟状態に応じて訴訟手続を迅速に追行するために適切な時期に攻撃防御方法を提出すべき一般的訴訟促進義務を負う。そして、当事者がこの促進義務に反して後れて攻撃防御方法を提出した場合には、失権規定を強化することにしたのである（同二九六条）。

第三に、こうして包括的に準備された主要期日においては、裁判所が当事者本人の出頭を求めて、事実関係や争点を説明し、事情を聴取し、証拠調べの結果や法的視点について代理人を含めて討論をすることによって（ド民訴二七八条（現二七九条・二七八条二項参照））、弁論を活性化し、直接関与した当事者本人にも分かり易く納得のゆく裁判過程となるようにしたのである。

(3)　簡素化法の立法者は、こうして主要期日における弁論を活性化し、ここで弁論を終結して訴訟を促進するという二つの目的を達成できると考えたのである。しかし、一九七七年七月一日の簡素化法施行後すでに五年余を経過した西ドイツ民訴実務の状況は、立法者の意図とはかなり隔たっているように思われる(6)。以前からシュトゥットガルト方式によっていた裁判所を別とすれば、多くの裁判所で訴状送達とともに期日を指定する早期第一回期日の手続を選ぶ傾向が強い。しかも、この期日を主要期日として実施しようとする混合方式によるところが多いといわれる。この場合、裁判所は訴状送達とともに、通常六週間ないし八週間後に弁論期日を指定し、答弁書提出期間を設定する。当事者もその期間内に答弁書を提出するのが普通で、今では期日直前や期日になって初めて準備書面を提出するのはまれであるといわれる。これは裁判所の期間設定や失権規定の圧迫による成果とも考えられるが、そのかぎりで従来の実務は著しく改善されたことになる。しかし、それにもかかわらず、混合方式によるいわゆる「遅れた早期第一回主要期日」において、弁論を活性化し、訴訟を終結するという目的は達成されていないようである。この期日を主要期日として口頭弁論を集中的に実施するには、準備期間が必ずしも十分でないだけでなく、各期日における事件数が従来通りに過密にすぎ、同じ期日の同一時刻に多数の事件を指定する一括期日（Sammeltermin）方式によるために、弁論時間が短かすぎることが多いからである。そこで、たとえば、開廷日を従来の二倍にして各期日の事件数を制限し、事件ごとに順次に時間を追って指定する時間差期日（gestafelter Termin）方式による裁判所が多くなりつつあるといわれる。

(4)　ところで、弁論の活性化が当事者本人との討論を活発にし、分かり易く納得のゆく裁判形式を目的とするのであれば、そのためには包括的な期日の準備をするとともに、弁論のための十分な時間的ゆとりが必要である。事件ごとに弁論時間を確保するための西ドイツ実務の努力はこの意味で高く評価すべきである。しかしそれにもかかわらず、当事者本人との討論による納得形成のためにはじっくりと時間をかける必要があるとすれば、主要期日の限られた時間内で弁論を終結し訴訟を促進するという目的は、弁論活性化の前述の目的とは衝突する関係にあるのではないのか(7)。ことに、当事者の訴訟促進義務と失権効の強化によって訴訟終結の促進を図ることは、当事者との討論による納得形成機能とは矛盾することにならないのか、という疑問がある。この問いにいかに答えるかは、一方で弁論の活性化がどのような法的構造をもち、他方で当事者の訴訟促進義務がいかなる基準によって具体化されるかにかかっているように思われる。

（1）　Entwurf eines Gesetzes zur Vereinfachung und Beschleunigung gerichtlicher Verfahren, Begründung, BT Drucksache 7/2729, 1974, S. 30ff., insb. SS. 32, 34, 37〔以下、Begründungと略称〕。なお、詳しくは、吉村徳重「訴訟促進と弁論の充実・活性化——西ドイツ簡素化法の理想と現実」井上正治博士還暦記念論集・刑事法学の諸相(下)（有斐閣、一九八三年）（本書第一〇章〔改題〕二〇五頁以下）参照。

（2）　Begründung, S. 34; Baumgärtel-Mes, Rechtstatsachen zur Dauer des Zivilprozesses, erste Instanz, 1971, S. 175ff.

(3) Begründung, S. 34.

(4) 簡素化法を紹介する文献は多いが、以下につき、たとえば、木川統一郎＝吉野正三郎「西ドイツにおける民事訴訟促進政策の動向——簡素化法を中心として——(上)(下)」判例タイムズ三五二号(一九七七年)二三頁、三五三号(一九七八年)三四頁参照。

(5) Bender-Belz-Wax, Das Verfahren nach der Vereinfachungsnovelle und vor dem Familiengericht, 1977, S. 2 によれば、五〇の民事部がシュトゥットガルト方式によっているという。

(6) 詳細には吉村・前掲注(1)および同所引用の文献参照。

(7) so, Theo Rasehorn, Kommunikationsprobleme im Zivilprozeß, Eine rechtssoziologische Zwischenbilanz, ZRP 1980, 6.7.

二　弁論の活性化の法的構造

(1) 西ドイツ簡素化法は、主要期日における口頭弁論を活性化して、裁判過程を当事者本人にも分かり易く納得ゆくものにするために、主要期日実施のための準則を定めている(ド民訴二七八条(現二七九条))。すなわち、裁判所は期日の冒頭において事実関係および争点について要約的説明を行い、これについて出頭した当事者本人から事情聴問すべきである(同条一項(現二七八条二項))。そのうえで代理人とともに本来の争訟的弁論を行い、直ちに証拠調べに入ることになる(同条二項前段(現二七九条二項))。この証拠調べは、証人については裁判官による尋問を主体とするもので、わが国の交互尋問とは対照的である。裁判所はさらに、証拠調べの印象が新鮮なうちに、事実関係および争点につき双方当事者と改めて討論しなければならない(同条二項後段(現二七九条三項))。裁判所は手続のいかなる段階でも和解を試みるべきものとされるが(同二七九条(現二七八条一項))、ことに弁論のこの最終段階ではかなり具体的な和解の提案をして話合いがもたれる。話合いが成立しなければ、事案は判決に熟したものとして弁論を終結することになる。ただ、その前に裁判所は、当事者の気づいていない重要な法的視点についての指摘義務を負う（同二七八条三項（現一三九条二項））。すなわち、裁判所は、当事者が明らかに見すごしているか、あるいは重要でないと考えている法的視点につき意見陳述の機会を与えた場合にかぎって、これを裁判の理由とすることができる。この指摘義務は、裁判所の釈明義務（同一三九条（現一三九条一項））を具体化して、不意打ちを防止する趣旨によるものであるから、手続のいかなる段階でも妥当するものといえる。

こうして、主要期日においては、裁判所の冒頭説明や釈明ないし法的視点の指摘によって、当事者本人やその代理人は、重要な事実や争点が何であるかを知り、弁論によって事実や証拠を補充し、証拠調べを直接経験してこれについての自己の態度を表明し、裁判所との討論を通じて、口頭弁論を活発に展開することが期待されている。すなわち、弁論の活性化を支えているものは、裁判所の事案説明や釈明ないし法的視点指摘義務と当事者本人の直接関与のもとでの弁論や討論の展開である、ということができる。

(2)　かくて、弁論を活性化するためには、なかんずく裁判所の釈明・指摘義務が前提となる。裁判所はこの釈明義務によって、当事者の提出した事実や証拠の不明瞭を正し、不十分を補完させ、そのために必要であれば事実関係や争点の事実的・法的側面について当事者と討論しなければならない（ド民訴一三九条参照）。当事者は裁判所の釈明や指摘によって、どのような事実や証拠を提出し、どの点を重要な争点として攻防を尽くすべきかを知ることになるから、これに従った活発な攻防の展開が期待される。と同時に裁判過程が当事者本人にも分かり易いものになるから、不意打ちを防止し、審問請求権を具体的に保障することにもなるのである(1)。

しかし、裁判所の釈明義務を媒介とする弁論活性化の内容は、裁判所の釈明義務とこれに対応する当事者の審問請求権ないし弁論権の内容と同様に、多義的である(2)。一つは、裁判所の心証形成を中心とした弁論の活性化が考えられる。つまり、裁判所は釈明によって、事案についての事実上・法律上の自己の心証を披瀝し、当事者はこれについて他律的・受動的に弁論を展開することによって、裁判所の心証形成結果を受容・納得させられる場合である。当事者の審問請求権は、裁判所の判断結果が当事者の予測をこえて不意打ちにならない程度の手続保障を意味することになる。

これに対して他の一つに、当事者の自律的・能動的な弁論活動を前提とする弁論の活性化が考えられる。当事者は主体的判断によって攻撃防御方法を提出する権限、つまり弁論権をもつことを前提とすれば、裁判所の釈明義務はこれを実質的に保障する担保に他ならない。当事者がいかなる攻撃防御方法を提出すべきかは当事者間の関係を規律する法規範によって決まるから、これが当事者に不明であれば裁判所の釈明によってこれを明らかにして、何を提出すべきかを当事者に示すべきである。また、裁判所の釈明義務がさらに当事者との法的討論の義務を含むものとすれば、(3) これに対応して当事者の法的討論権ないし手続関与権が保障されると解する余地がある。(4) そこでの審問請求権は、単なる不意打ち防止の手続保障にとどまらず、これを超えてより積極的に弁論権を拡充し、能動的な弁論活性化の基礎を提供するようにみえる。つまり、この場合の当事者は、裁判所との討論を介して当事者間の関係を規律する法規範を解明ないし形成し、これによって、自律的な攻防を展開することが可能になり、当事者本人にも分かり易く、納得のゆく裁判形成が期待されるのである。

(3)　ところで、裁判所の釈明が当事者の弁論活性化の媒介となるとしても、裁判所は具体的には一体どのような釈明をし、これがいかにして弁論活性化をもたらすのか。さしあたって、裁判所の釈明の対象となる攻撃防御方法がいわゆる主要事実の場合には、裁判所は当事者間に適用可能な実体法規とこれに該当する事実が何であるかを明らかにし、いずれの当事者がその主張・挙証責任を分担すべきかを示すことになろう。しかし、これが実務上しばしば紛争の焦点となる間接事実や反証提出の釈明となると、裁判官の事実や証拠についての評価にかかわるだけに問題が残る。(5) この場合にも、いずれの当事者が当該の攻撃防御方法を提出すべきかは、裁判官個人の心証によって左右されるのではなく、これとは別個に当事者間に妥当する規範によって規律されるべきであろう。すなわち、従来から事実認定も経験則や合理則などによって規律されると解されてきたが、いずれの当事者が問接事実の提出や反証の提出責任を分担するかも、こうした客観的な経験則などを織り込んだ当事者間の規範によって規律されるべきものと解される。このような規範を含めて弁論過程を規律すべき規範を弁論規範と呼ぶとすれば[6]、裁判所は必要に応じてこの弁論規範を釈明・指摘すべき義務を負うものと思われる。当事者も自律的に裁判所との討論を通じて、この弁論規範を解明ないし形成して、いずれの当事者がいかなる攻撃防御方法を提出すべきかを明らかにし、これによって攻防を尽くして弁論を活性化することによって、当事者本人にも分かり易く、かつ納得のゆく裁判過程を展開することが期待されるのである。

（1）vgl. Rosenberg-Schwab, Zivilprozeßrecht, 13. Aufl., 1981, S. 437f.
（2）以下につき、ＪＡ研究会での井上正三・井上治典両教授の報告（一部ジュリスト七八〇号（一九八二年）登載）参照。
（3）Rosenberg-Schwab, a. a. O., S. 438 Nr. 43.
（4）Manfred Hinz, Nach der Entlastungsnovelle, ZRP 1975, 153, 157f.; ders., Verbesserter Schutz vor Überraschungentscheidungen im Zivilprozess – eine unnötige Reform?, NJW 1976, 1187ff.
（5）Karl Deubner, Gedanken zur richterlichen Aufklärungs- und Hinweispflicht, Festschrift für Schiedermaier, 1976, S. 79, 81f.
（6）棚瀬孝雄「本人訴訟の審理構造(3)」判例タイムズ四六三号（一九八三年）六頁・八頁以下〔本人訴訟の審理構造（弘文堂、一九八八年）所収〕参照。

三　当事者の訴訟促進義務の内容と弁論活性化との関係

(1)　当事者の訴訟促進義務も、当事者間に妥当する弁論規範の一環として、当事者が訴訟状況に応じて迅速に訴訟を追行するにつき適切な時期に攻撃防御方法を提出すべき義務であると解される。簡素化法によれば、主要期日前には、訴状、答弁書、再答弁書などにより、提出期間が裁定されておればその期間内に、訴訟状態に適合した攻撃防御方法を提出しなければならない（ド民訴二七七条）。口頭弁論においても同様に、訴訟状態に応じて適時に提出しなければならない（同二八二条）。この義務に反して遅れて提出された攻撃防御方法については失権効が強化されている（同二九六条）。ことに裁定期間を徒過して提出された攻撃防御方法は、訴訟を遅延させるおそれがないか、または遅延を十分に弁解した場合にかぎり許される（同条一項）。

そして簡素化法の理由書は、訴訟促進義務と失権規定とを国家社会的利益保護の要請により根拠づけようとする。(1) つまり、当事者が促進義務に反し遅れて提出した攻撃防御方法を許すことになると、訴訟遅延のために円滑な司法運営が妨害され、訴訟制度の一般的利用者が迷惑をうける。だから、こうした攻撃防御方法を却下したために敗訴した当事者が実体法上の不利益をうけるとしても、これは甘受すべき犠牲であるとする。

(2)　しかし、当事者が時機に後れた攻撃防御方法を却下され敗訴することによって直接利益をうけるのは相手方当事者であるから、ここではまず、当事者間の利害調整が問題であり、国家としてもまさにこの点に第一次的な関心をもつべきである。元来、民事訴訟は、私人間の取引・交渉過程や紛争処理過程の一環として当事者間の私的利益の対立をいかに調整するかを直接の目的とする制度である。だから、訴訟上の当事者間の攻防を規律すべき規範は、私法上の当事者間の取引交渉過程を規律すべき規範と無関係ではない。そして、私人間の交渉過程を規律すべき私法規範によれば、権利を行使することが具体的に期待されながらこれを適時に行使せずに放置すれば、その状態を信頼した相手方の利益保護のために権利失効が認められる。訴訟上も、当事者が訴訟状態に応じて適時に攻撃防御方法を提出すべきであるのにこれを怠れば、私法上の権利失効と同様の価値に基づいて、失権させられるのである。かくて、訴訟上いかなる場合に促進義務違反として失権効を認めうるかは、具体的な行為要件による規律を前提とすべきであるから、提出期間の裁定された場合には原則としてこれを肯定できるが（同二九六条一項）、一般的訴訟促進義務違反については主観的要素（重大な過失）を要件としたのである(2)（同条二項)。

(3)　もともと弁論主義のもとでは、当事者は口頭弁論によって攻撃防御方法を提出する権限、つまり弁論権をもつだけでなく、これを提出しないでおけば失権して判決の基礎とすることができない[3]。この提出責任は、訴訟追行過程においては、主観的主張・挙証責任として当事者の行為規範と把握されてきたし、主要事実については、いずれの当事者がこの責任を分担するかは実体法規によって規律されると解されてきた。また、間接事実や反証の提出責任についても、経験則や論理則を織り込んだ弁論規範によって当事者間の提出責任が規律されることも前述した。訴訟促進義務は、これらの提出責任を前提として、さらにこれに時間的な行為態様についても適時性の制約を課したものと解される。つまり、当事者が訴訟状態に応じて適時に攻撃防御方法を提出すべきときにこれを怠れば、信義則上の権利失効と同じ価値に基づく弁論規範によって、失権効の要件が具体化される。

さらに、いわゆる当事者の解明義務により攻撃防御方法の提出責任が認められる場合にも、これと訴訟促進義務との関連は不可分である[4]。訴訟促進義務が、解明義務による提出責任を前提として時間的側面についての適時性の制約と解される事情は、右に述べた場合と異なるところはない。いわゆる当事者の解明義務は、挙証責任を負わない当事者にも、一定の事情のもとで、相手方当事者との関連において認められる付随義務に基づくものであって[5]、主観的主張・挙証責任の補充規範と解されるからである。ただ、この場合の促進義務違反に対する制裁が失権効だけで足りるかは、釈明義務違反に対する制裁との関連で問題となろう。いずれにしても、これらの規範が総体として、弁論過程を規律する弁論規範を構成するのであって、この当事者間に妥当する弁論規範によって、いずれの当事者がいかなる攻撃防御方法をどの時期に提出すべきかが規律されることになるのである。

(4)　もっとも、訴訟上、当事者が攻撃防御方法を提出する権限は、直接には裁判所に対する権限であって、相手方に向けられたものではない、と解されている。そこから、訴訟促進義務もまた裁判所に対する審問請求権の行使態様を時的側面につき制約する付随義務であるとする見解が生まれた[6]。これは、訴訟における弁論過程が、訴訟外における当事者間の取引交渉過程とは異なって、裁判所の関与のもとに展開されるという特性を反映したものであろう。事実、当事者の訴訟上の攻撃防御は、訴訟行為の方式としては、直接には裁判所に向けられるが、しかし、実質的には相手方との関係形成を目ざすものである。当事者は裁判所を介して、相手方との関係について弁論や討論を展開しているのである。だから、訴訟促進義務も、裁判所に対する弁論権を制約する付随義務であると位置づけただけでは不十分である。

もともと私法上の権利行使についての付随義務は、相手方当事者との関係を規律する規範であって、訴訟上の当事者の弁論権行使における付随義務も、相手方当事者との関係を抜きにしてこれを具体的に把握することはできない。それ故、訴訟促進義務を具体化するについては、私法上の権利を行使するにつき相手方との関係で認められる配慮義務を基準とせざるをえない。つまり、訴訟促進義務は、当事者の適時の訴訟追行につき相手方のもつ期待利益を保護するために適時に攻撃防御方法を提出すべき付随義務であると解される。この意味で、当事者の訴訟促進義務は、弁論過程における当事者の攻防を規律すべく当事者間に妥当する弁論規範の一環として把握されるのである。

(5)　訴訟促進義務と失権効は、こうした当事者間に妥当する弁論規範として具体化されるかぎりにおいて、弁論の活性化による納得形成機能と調和することになろう。当事者が弁論を尽くして納得のゆく裁判に至るためには十分の時間をかける必要があるとの要請も、相手方当事者との関係において内在的な制約に服することは当然だからである。そのかぎりで、弁論の活性化と訴訟促進という二つの目的を衝突関係に立つととらえるのは当たらない。しかし、当事者の訴訟促進義務が、当事者間に妥当する規範を超えて、たとえば裁判所に対する義務として、司法の能率的な運営の要請によって根拠づけられ、失権効がさらに強化されることになるとすれば、これはもはや弁論の活性化による納得形成機能とは衝突する関係に立たざるをえないことになろう。これでは、私人間の取引・交渉過程における権利行使を規律する内在的制約とは無縁のものとなり、訴訟上の弁論過程において当事者間を規律する規範として当事者相互の受容・納得を期待することはできないからである。

（1）　Begründung, BT Drucksache 7/2729, S. 39.
（2）　この点につきより詳細には、吉村徳重「西ドイツにおける各種訴訟促進案とその問題点」九州大学法政研究三六巻二～六合併号（一九七〇年）三六〇頁以下、ことに三六三頁〔本書第九章〔改題〕一九一頁とくに一九四頁〕参照。vgl. Wolfram Henckel, Prozessrecht und materielles Recht, 1970, S. 112ff.; ders., Gedanken zur Entstehung und Geschichte der Zivilprozessordnung, Gedächtnisschrift für R. Bruns, 1980, S. 111, 126ff.
（3）　山木戸克己「弁論主義の法構造」中田淳一還暦記念論集・民事訴訟の理論(下)（有斐閣、一九七〇年）一頁、ことに四頁以下〔民事訴訟法論集（有斐閣、一九九〇年）所収〕参照。
（4）　Dieter Leipold, Prozeßförderungspflicht der Parteien und richterliche Verantwortung, ZZP 93, 237, 240 (1980) は、両者は関係がないとするが、疑問である。
（5）　Rolf Stürner, Die Aufklärungspflicht der Parteien des Zivilprozesses, 1976, S. 87ff., insb. S. 89f. は、解明義務のこのような方向での根拠づけを否定する。
（6）　Leipold, a. a. O., 243f.

四　むすび

(1)　西ドイツ簡素化法は、包括的に準備された主要期日に口頭弁論を集中して、弁論を活性化し訴訟を促進するという二つの目的を達成しようとした。本稿では、この二つの目的が法構造的にみて相互にいかに関連し、いかなる条件のもとに相互に調和しあるいは衝突する関係にあるかを明らかにしてきた。そして、この二つの目的が実際にも調和的に達成されうるならば、これはすべての民事訴訟法にとって共通の理想的な目的設定であるといえよう。ことに、従来ややもすれば、弁論集中による訴訟促進のみが強調される嫌いがあったのに対して、弁論の活性化により、当事者本人にも分かり易く納得のゆく裁判形成機能が同様に強調されている点で、とくに高く評価されるべきである。

(2)　手続集中による弁論の活性化と訴訟促進との二つの目的は、この意味でわが国の民事訴訟法にとっても適切な目的設定である。しかし、この目的実現には二つの典型的に異なったアプローチの方法がある。一つは、アメリカ法の方式であって、当事者双方に期日前の準備のための開示、証言供述書などの手続を保障し、これによる当事者双方の自律的な準備活動と期日における能動的な弁論の活性化を図る方式である。わが国における従来の弁論集中の試みが、アメリカ法をモデルとしながらも、これらの準備的な手続の手当を欠いていたところに失敗の一因があったことは、しばしば指摘されてきた。

他の一つは、ここでみてきた西ドイツ簡素化法の方式であろう。この場合にも、前述のように当事者の能動的な弁論活性化を観念する余地がなくはないが、アメリカ方式に比べれば、裁判所の主導的活動による事前準備と弁論活性化の側面が強い点に特徴がある。しかし、当事者の自律的な事前準備や能動的な弁論関与なしに、裁判所の心証形成に依存し、その心証開披を前提とした受動的な弁論だけで、果して真の意味で弁論を活性化し納得形成機能を果しうるのかは、甚だ疑問である。裁判所の主導性に依存せざるをえないとしても、裁判所の釈明は裁判官個人の心証披瀝ではなく、これとは別個に当事者間に妥当する弁論規範を明らかにし、それによる攻防を展開して初めて、弁論の活性化により当事者本人にも分かり易く納得のゆく裁判過程が展開することになるのではなかろうか。

(3)　この点では、わが国の民事訴訟法は、母法ドイツ法とはやや異なり、アメリカ法の影響のもとに一定の範囲で当事者の主体的地位を強化している。戦前の職権証拠調べの規定（民訴三六一条）を削除し、交互尋問制度（同二九四条〔現二〇二条〕）を採用したのは、その例である。ただ、開示を欠いた交互尋問制では、反対尋問が形骸化し、証言供述書の制度を欠いた証人事前面接の実務慣行によっては、味方証人との打合せだけが盛行し、敵性証人を反対尋問で切り崩すための準備は困難となる、との批判がある(1)。しかし、そのことから直ちに証人の事前面接を禁止し、交互尋問を廃止して、裁判官による尋問を主体とするドイツ方式に逆行することは考えられない。むしろ、準備過程や弁論過程を通じ、当事者間を規律する弁論規範の一環として、相手方から事実や証拠を提出させる文書提出義務（民訴三一二条〔現二二〇条〕）や証拠保全（同三四三条〔現二三四条〕）などを再構成することによって、当事者の自律的な事前準備や能動的な弁論関与による弁論の活性化を図る展望を構想すべきである。

（1）木川統一郎「交互尋問制度の運用と将来」新実務民事訴訟講座 2（日本評論社、一九八一年）七五頁以下〔民事訴訟法改正問題（成文堂、一九九二年）所収〕参照。

（ジュリスト七八〇号、一九八二年）

第一二章　審理充実・活性化の実践（Ｎコート）とその評価

一　はじめに

(1)　Ｎコートは、在来型審理の問題点を克服し、審理の迅速化・充実化の具体的実践例を示したものとして注目に価する。そこで試みられている実践は多彩であり、かつ多面的である。したがって、評価の視点によって多様な側面を備えているということができる。しかし、これによって、在来型審理の分かりにくさと遅延が解消され、その原因とされてきた多くの問題点のうち、次の二点が克服されていることは明らかである。

第一に、在来型審理が五月雨式に行ってきた三分間弁論の繰返しによって弁論手続を遷延し、書面偏重によって口頭弁論を形骸化していたものを克服し、十分に時間をとった対論・対話型の口頭弁論として活性化したことである。第二に、在来型審理がやはり五月雨式に拡散して行ってきた証拠調べ、ことに人証調べを改善し、集中的な証人尋問や当事者尋問の証拠調べを実現したことである。

Ｎコートはどのような方策によってこうした画期的な実践を行っているのであろうか。そしてそれはどのように評価されるべきであろうか。これがここでの中心テーマである。

(2)　他方、このような形で審理充実の方策が行われていることは、同時に進行している民事訴訟法の改正作業にとっても重要な意味をもっていると考える。それは、民訴法改正に一つの方向付けを与えるような意味をもちうるとともに、改正後の民訴法運用にも重要な影響を与え、これを左右する意味をもつであろうと期待されるからである。丁度、ドイツ民訴法改正のための簡素化法制定の前提として、シュトゥットガルト・モデルの実践があり、その実務の経験を踏まえて簡素化法が成立し、その後の実務の運用にも影響を与えたのと、同様のことが考えられるのである。

そこで、まず、Nコートの審理方式は民訴法改正にとってどのような意味をもっているのかが問われることになろう。これがNコート評価の第一の実践的視点であるといえる。Nコートの実践が、現行民事訴訟法の条項を活用して、在来型審理の問題点を克服し、口頭弁論を活性化し集中証拠調べを実現しているのであれば、民訴法改正にとっても重要な意味をもつものと評価されるからである。

(3)　さらに、Nコートの実践は、一言でいえば、現代日本社会における裁判実務の実態をふまえ、その実態にもっとも密着した形で審理の活性化を図ろうとしている点に特徴があるのではないかと考える。そのためにNコートでは、裁判官と書記官のチームワークのもとに、「日本人に合った」訴訟運営を目指すことによって、討論・対話型の口頭弁論や対質型の集中的証人尋問を実現しているのである。

そこで、つぎに、基本的には、こうした現代社会密着型の審理方式をいかに評価するかが問われることになる。これがNコート評価の第二の基本的視点である。Nコートが、日々実践にたずさわっておられる実務家の方策としては十分に納得できる試みであることは疑いをいれない。ただ、その前提として、現代日本社会やその法文化をいかに把握するかというスタンスに立ったとき、そのことを抜きにしてこの具体的法実践を評価する基本的視点はでてこないのではないかと考えるのである。

二　Nコート方式の特徴

Nコート審理方式の特徴は多面的であって、その評価も多様でありうる。ただ、ここでは次の三点の特徴に焦点をあててその検討を試みたい。

第一は、口頭主義による公開討論型の口頭弁論を活性化していることである。早期第一回期日における事件の振分けやスケジュール協議に基づいて、殆どの場合、ラウンドテーブルにおいて当事者本人も参加した公開討論ないし対話型の口頭弁論を実質的に展開して、争点の整理と立証プランの策定を行っていることである。

具体的には、弁論を実質化するために時間の配分を考えて、早期第一回期日後に、それぞれに二ヵ月の準備期間をおいた、三〇分のヒアリング期日と争点整理期日および一時間の立証プラン期日と呼ぶ三回の弁論期日が開かれる。つまり、当事者本人も参加してヒアリングを行って紛争の実態を把握したうえで、提出された書証の証拠力を含めて当事者と裁判所の討論により争点を整理し、さらに、争点整理を完了して、立証プランを策定する、という三回の弁論期日を開いて、実質的に二時間にわたる活発な討論・対話型の弁論を行うのである。

これらの期日は、準備的口頭弁論として準備期日と呼ばれている。たしかに、集中的証拠調べのための争点整理としては準備であるが、その実質は、書証の証拠力をも踏まえて事実関係につき当事者の陳述を展開する口頭弁論自体に他ならない。

第二は、集中的証拠調べを実現していることである。在廷型・対質型の人証や持ち時間制などの工夫によって緊迫した集中的証人尋問が実現されている。その結果、直接主義の理想が可及的に貫徹されることになる。さらに、証拠調べ期日の冒頭には、当事者による争点整理の結果と立証プラン取決めの確認が行われ、証拠調べの結果については最終弁論が予定されており、証拠と弁論の融合（証拠結合主義）が図られている。

第三は、このように弁論を活性化し集中証拠調べを実現して審理を充実するために、日本社会の実態に即した訴訟運営のさまざまな工夫をしていることである。ことに、裁判官と書記官のチームワーク方式のもとで弁護士の協力をとりつけ、「日本人に合った」訴訟運営を図ることによって、充実した事前準備などに成果をあげていることである。

事前ないし期日間準備としては、①早期第一回期日における事件の振分けなどのために、訴状・答弁書の審査等の事前準備を行い、②口頭弁論活性化のために、準備書面や書証の事前提出の督促、提出書面等の事前検討および釈明、争点整理ワークブックの作成・交付等の期日間準備を行う。③さらに、集中的証拠調べの実現のためには、証人尋問のための書証・尋問事項書の事前提出や証人の出頭確保を図るなどの準備を行うのである。

三　Nコートの評価（その一）——実践的視点からの評価——

(1)　Nコートの実践は、現行民訴法の諸条項を活用して、口頭弁論を活性化し、集中的証拠調べを実施することによって、口頭・公開・直接・継続審理の諸原則を実現している点において、民訴法改正の方向づけにとっても積極的な意味をもつものと評価することができる。ことに、ラウンドテーブルでの口頭・公開による対話型の弁論を活性化して争点整理を行っていることは、民訴改正の要綱試案における各種の争点整理手続の一つである弁論準備手続の役割につき重要な指針を示すものと考える。この非公開の手続のめざすものが和やかな雰囲気のなかでの自由な対話であるとすれば、それはラウンドテーブルにおける準備的口頭弁論として実現できることをNコートの実践が示している。だから、非公開の弁論準備手続は、当事者のプライバシー保護の必要がある場合など当事者の希望するケースに限るべきであると考える。争点整理手続を公開するか非公開にするかについても、当事者の意見を最大限に尊重するNコートの争点整理メニュー——公開（非公開）型の他、対論（書面）型、ラウンドテーブル（法廷）型、当事者参加（弁護士中心）型――の選択方式はこの意味でも積極的に評価すべきである。

(2)　さらに、Ｎコートにおける討論型弁論による争点整理は、前述のとおり、集中的証拠調べの準備であるとともに、口頭弁論自体に他ならない。当事者はこの弁論によって事実や証拠の提出を取捨選択することを通じて争点を形成するのである。もし要項試案の原則的な方向が、弁論準備手続による争点整理をへて集中証拠調べにつなぐというのであれば、集中証拠調べまでの手続はすべてその準備手続ということになる。それではやはり、本来の口頭弁論はどこにいったのだという疑念を拭い去ることはできない。ラウンドテーブル・公開討論型の本来の口頭弁論の上程と最終弁論に尽きるのかという疑念である。Ｎコートの実践は、口頭弁論は準備手続結果の弁論への頭弁論によって争点形成が可能であることを実証している点で貴重である。

(3)　学説のなかには、口頭弁論の核心的なものは人証の証拠調べであるという見解が有力である。事実審理の核心である証拠調べを公開にすれば、それ以前の審理を公開にする必要はない、という主張である。これは、陪審制をとる英米型モデルにより証拠分離主義への回帰を示すもののように思われる。しかし、現行法の証拠結合主義（随時提出主義）が弁論と証拠調べとの融合によって口頭弁論の動態的展開と活性化をめざした理念はなお維持すべきではないかと考える。Ｎコートでも口頭弁論による争点整理と集中証拠調べ期日が区別されるが、争点整理の期日でも書証の証拠力を踏まえた公開討論型の弁論によって争点を形成し、その結果を期日の冒頭で確認したうえで証拠調べを行い、さらにその結果については最終弁論を予定して証拠と弁論の融合を図っているのである。証拠結合主義の長所を生かしながら口頭弁論の一体性を維持しその活性化を図ったものと評価することができよう。

(4)　期日における審理を充実し活性化するためには、期日前（間）に十分の事前準備をしておくことが不可欠である。Ｎコートがチームワーク方式と弁護士の協力による訴訟運営の工夫によってこの点でも成果をあげていることは前述の通りである。そして、その前提となっている日本人の特性に合った訴訟運営の工夫が実践的な視点からみて重要であることは疑いをいれない。ただこれは、現代日本社会をどのようにみるかという基本的視点に連なる微妙な配慮を要する問題である。

四　Nコートの評価（その二）――基本的視点からの評価――

(1)　Nコートが日本社会における事件の特質や日本人の特性に合った訴訟運営を目指していることはその特筆すべき特徴である。そこでは、日本人の特性とされる「裁判沙汰＝恥」の考えや集団指向や「和」を尊ぶ傾向などを考慮してこれに合った自然体の訴訟運営を目指すことにし、その基本スタイルは当事者主義を基調としつつ裁判所と当事者との協同作業を行うことにあるというのである。すなわち、「基本スタイルでは、当事者主義を基本として、証拠調べ等においては、……当事者の意思を最大限尊重するようにした。他方、争点整理の過程では、争点に関する共通認識をもつことによって証拠調べを充実するため、裁判所及び当事者の協同作業として、争点整理ワークブックを作成するなどして、協同主義的考え方を取り入れた」のである。

(2)　現代日本の訴訟運営が、日本社会の実態をふまえ、その特性に即応すべきことは、当然であろう。ただ、現代日本社会の特性をいかに把握し、これにいかに対応するかは、その複合的要因を考慮し、将来を展望する視野に立つとすれば、それほど簡単なことではない。Nコートが一方で当事者主義を基本とし、他方で協同主義的考え方を取り入れたのは、こうした配慮によるものであろうが、両者のバランスの取り方は微妙である。ことに、裁判所と当事者の協同作業というとき、裁判所がどのような役割を果たすかが問題となる。Nコートでは、裁判所が利用者に対して良質な司法サービスを提供するために協力するという視点が強調されているが、これをどう理解するかは裁判官の個性や地域社会の特質によっても異なってくるのではなかろうか。汎用性を目指すものとして協同主義的考え方を取り入れることには一抹の危惧を感じざるをえない。

(3)　そこで、結局、Ｎコート評価の基本的視点は、その訴訟運営が当事者主義を基調とし、裁判所の協同作業によって当事者の自律的な訴訟活動を促進する役割を果たすことになるか否かに置くべきであると私は考える。たて型社会の伝統文化をなお色こくひきずった現代日本社会における裁判実務が、現実社会べったりの訴訟運営によって、協同主義的考え方を取り入れることになれば、当事者主義によるよこ型の自律的な関係形成を損なう惧れがあるからである。民事訴訟においては当事者間の自律的な関係を形成するという近代法としての理念は、現代社会においてこそまさに実質化を図るべきものと考えるのである。

（井上正三・高橋宏志・井上治典編『対話型審理』信山社、一九九六年）

第五編　判例研究

一　代償請求

大審院昭和一五年三月一三日民事聯合部判決（昭和一三年(オ)一七二三号、株式名義書換・株券引渡請求事件）民集一九巻七号五三〇頁

1　代償請求

(1)　事実の概要

Xは Y会社から訴外会社の株式数株を買い受ける契約を結び、その代金を支払った。だがY会社は右の株券を引き渡さないため、Xはその引渡しを求め、且つこれを引き渡しえないときはその代りに金二千四十四円の支払を求めるとの訴えを起こした。

第一審はX勝訴。控訴審も、賠償額を口頭弁論終結時の時価に減縮したXの請求を容れ、「控訴人ハ……株券ヲ引渡スベシ、若シ控訴人ニ於テ右株券ノ引渡ヲ為サザルトキハ」金千二百七十円を支払うべしと判決した。控訴審が代償請求を認めたのは、債権者が強制執行をしても効果がないときは、その債務は債務者の責めに帰すべき履行不能と同視するを相当とし、また債権者は口頭弁論終結時に既に塡補賠償を求めることもできるのだから、当時の価格により賠償を命じても債務者には酷でないという理由からであった。

Y会社の上告趣意は、原判決主文の引き渡さざるときという文言が履行延滞の意味であれば、契約の解除なしには塡補賠償責任を負わないとする判例に反し、また判決理由のごとく履行不能を根拠にするとしても、単なる債権者の強制執行の不成功をもって履行不能とするは不当であるというにあった。大審院は民事聯合部判決によって判例を改め、上告を棄却した。

(2)　判　旨

「株式又ハ物ノ給付ヲ為スベキ債務者ガ其ノ給付ノ強制執行ヲ受ケタルモ其ノ執行奏効セズ即執行不能ナル場合ニ於テ、債務ノ履行ハ必ズシモ不能ナルモノト云フヲ得ザルコト勿論ナルモ、履行不能ニ因ラザル右執行不能ノ場合ト雖モ債権者ハ履行ニ代ル損害ヲ請求シ得ベキモノニシテ、此ノ損害賠償ハ畢竟履行延滞ニ因ル損害賠償ニ他ナラズ、而シテ本来ノ給付ヲ求ムル訴ニ於テ右損害ノ予備的請求ヲ為シタルトキハ事実審裁判所ハ最後ノ口頭弁論当時ニ於ケル本来ノ給付ノ価格ヲ判定シテ、其ノ本来ノ給付ヲ命ズルト同時ニ右請求ノ限度内ニ於テ其ノ強制執行不能ナルトキハ該価格相当ノ損害賠償ヲナスベキコトヲ命ズル判決ヲ為シ得ルモノト解スルヲ妥当トス、今原判決……主文中ニ『右株券ノ引渡ヲ為サザルトキハ』トアル用語不正確ナルモ要スルニ『右株券ニ対スル強制執行不能ナルトキハ』ト云フ趣旨ニ他ナラザルモノト解スルヲ相当トスル」ため原判決は破棄するに足らずとした。

(3)　解　説

(イ)　代償請求とは本来の目的物の給付に代わる塡補賠償の請求である。一般に、本来の目的物の引渡しを請求する際に、将来執行段階において「もし被告がその履行をしないとき」あるいは「もし被告がその履行ができないとき」、さらには「執行不能のとき」を予想して、本来の給付に代わる賠償を併せて請求する場合に、代償請求の併合ありといわれる。この種の訴えは甚だ便宜であるために実務上は古くから慣例として用いられてきたが、その理由づけは必ずしも容易ではない。

判例の中には、このような代償請求を予備的請求と呼ぶものもあるが、本来の給付の請求と代償請求との併合は、いわゆる請求の予備的併合には当らない。請求の予備的併合は、判決手続において主位の請求が理由がないときにだけ予備的請求を認めうるという排他的関係のあるときに考えられる。これに対して代償請求は、むしろ本来の給付請求の現存することを前提として、これが判決確定後に「履行不能」あるいは「執行不能」になった場合の塡補賠償を予め請求する場合である。したがって、両者の併合は現在の給付請求と将来の給付請求との単純併合の一つにほかならない（通説である。兼子一・判例民事訴訟法〔弘文堂、一九五〇年〕八三頁）。代償請求については、将来の給付請求（二二六条〔現一三五条〕）の要件として予め請求する必要のあることやこの請求権の基礎となる関係が現存することも一般に認められるところである（停止条件付債権と同視しうる。兼子・前掲書八四頁参照）。

ところで、塡補賠償がいかなる要件のもとに認められるかは民法上の問題であるが、本来の給付が履行不能となる場合に認められることは疑いない。そこで判例は、本来の給付が特定物の引渡請求である場合に、代償請求として将来の履行不能にそなえて塡補賠償の請求を併合できることを認めている（大判大正一五年二月一〇日民集五巻一二八頁）。しかし「履行をしないとき」とか「執行不能のとき」というのは、必ずしも履行不能の場合とはいえない。ことに株券などの代替物の一定数量の引渡請求については、履行不能はむしろ例外的にしか考えられない（法令による引渡禁止など）。したがって、履行不能とならなくとも、本来の引渡請求に加えて、将来の塡補賠償としての代償請求を認めうるか、認めうるとすればいかなる根拠によるのかなどが問題になるわけである。

本件は、大審院民事聯合部がこれらの点についての判例を確立した事件である。つまり、第一に、株券の引渡請求につき、その判決の執行不能にそなえて代償請求を併合することが可能であり、これは本来の給付の履行延滞に基づく損害賠償の請求である。しかも、「引渡をなさざるとき」というのも結局強制執行不能のときという趣旨に解すべきであるとしたのである。これらの場合には、当事者の意図は、あくまで本来の給付を請求するが、判決を得て執行してみても目的を達しないときにはこれに代わって損害賠償を求めるというにある、と解したためである。第二に、この場合の損害額は、口頭弁論終結時の目的物の価額を算定し、これを基準として定めうるとしたのである。

(ロ)　この判例の確立するまで、裁判所の態度は必ずしも一定しなかった。第一に、いかなる場合に、いかなる根拠で代償請求を認めうるかについては、初期の判例（Ⅰ）には、本来の給付が執行法上損害賠償に代えて強制執行できる性質のもの（代替執行のできるもの）であれば、初めから本来の請求に付加して、履行をせずまたはしえないときは損害賠償をなすべきことを訴えうる、とするものがあった（大判明治三七年四月四日民録一〇輯三八七頁）。

しかし、その後の判例（Ⅱ）は、代償請求は将来の履行不能または特約ある場合にのみ可能であるとして、一定量の澱粉のような代替物の引渡請求については、履行不能は殆ど考えられないので、「引渡し能わざるとき」としただけでは申立ての趣旨が不明である、と判示した（大判大正一五年一〇月六日民集五巻七一九頁。評釈、菊井維大・判例民事法大正一五年度九六事件、山田正三・法学論叢一八巻二号〔一九二七年〕三一五頁参照）。もっともこの立場では、代替物であっても、たとえば特定地産の合格米の引渡しのように履行不能の生じうる場合（合格米のない場合）を明示すれば、代償請求の併合が考えうることになろう（大判大正一五年一〇月二一日評論一六巻民法一三七頁参照）。本件聯合部判決はこの点をさらに一歩拡げたわけである。つまり、代償請求を履行不能の場合に限定せず、一般的にいわゆる執行不能の場合に広く認めることにして、その根拠を履行延滞による損害賠償に求めたのである（この立場では、申立ての趣旨が不明なときは裁判所は釈明すべきであろうが、代替物については本文のような趣旨に善解することができよう。法律実務講座民事訴訟編二巻〔有斐閣、一九五八年〕一四九頁参照）。

ところで、一般に履行不能にならなくても、履行延滞の場合に解除することなしに塡補賠償の請求ができるかどうかについては、見解が分かれ、判例も変遷を重ねてきた。そして、結局、相当期間をもって催告すれば、解除せずに、履行を拒絶して塡補賠償を請求できる、という立場をとるにいたった（大判昭和八年六月一三日民集一二巻一四三七頁。山田晟・判例民事法昭和八年度一〇〇事件評釈）。これは、双務契約の存続を前提とした損害賠償や、契約に基づかぬ債務の不履行の損害賠償を求める必要性から、解除と同じ催告手続により解除と並んだ塡補賠償請求の制度をも認めようという趣旨である（杉之原舜一・判例民事法昭和二年度三八事件評釈、兼子・前掲書八五頁、於保不二雄・債権総論〔有斐閣、一九五九年〕九二頁参照）。

聯合部判決がこの判例と如何なる関係にあるかについては、判旨には何ら説明がなく、その解釈をめぐり見解が分かれている。その一は、本来の給付を訴えるのは、既に履行延滞にある請求についての相当期間の催告を意味するから、本来の給付の執行が不能なときは塡補賠償が請求できるとする考え方である（村松俊夫・旬刊商事法務研究一三一号〔一九五九年〕四頁、同・民商法雑誌一二巻三号〔一九四〇年〕五五七頁、関宏二郎・法学志林四二巻四号三九二頁）。しかし、相当期間催告するためには期間の指示がなければならず（ドイツにおいてはZPO §255 Iが判決による期間指定を求める手続を認めている。なおZPO §510b参照）、一般にこのような指示はなされていない（雉本朗造・民事訴訟法の諸問題〔有斐閣、一九五五年〕一八二頁、喜頭兵一・京城帝大・判例と理論〔刀江書院、一九三五年〕二七二頁参照。小山昇・我妻先生還暦記念論文集・損害賠償責任の研究(中)〔有斐閣、一九五八年〕七五八頁以下は、この期間を二週間と解しうるとするが、これは執行不能と一致するとは限らぬという）。そこで第二に、少なくとも代替物については、相当期間催告の方法とは別途に、これが金銭により容易に調達できること（代替執行が認められない根拠）や履行不能が考えられないことなどを理由に、期間を確定せず、執行不能（債務者の手中に目的物なきこと。七三〇条参照）を条件として、実体法上も給付内容が転換して金銭賠償が請求できると解する立場が生まれた（兼子・前掲書八六頁）。

(ハ)　つぎに、代償請求を認めるについては、あらかじめその給付額を確定できなければならないが、この点についても判例の態度は変遷してきた。判例（Ⅲ）は、賠償額は本来、目的物引渡しと同価値を取得するためのものだから、判決執行時の価額によるべきだが、あらかじめこれを算定するに由ないため、判決時の価額により確定する他なしとした（特定物引渡しについてだが、大判大正七年一月二八日民録二四輯五一頁）。これに対して、前にあげた判例（Ⅱ）は、損害額の予定ある場合、目的物の価額が性質上一定不変の場合、あるいは将来下落のおそれのない場合を除けば、まだ発生していない損害の額を確定することはできない、と判示した。したがって、この立場では、株券のように相場のはげしい目的物については代償請求を認めることができないことになる（たとえば、東控判昭和二年六月一三日新聞二七一一号五頁）。

ところが、聯合部判決は株券の引渡請求について、代償請求の併合を認め、その数額は口頭弁論終結時の目的物の価額によるとしたのである。再び以前の判例（Ⅲ）の立場に返ったわけであるが、ただ、判決執行当時の価額を確定できないからとの理由をとっているとはいえない。むしろ、履行延滞による塡補賠償を認めたのだから、執行不能はいわば実行の条件にすぎず、口頭弁論終結時に本来の請求と共にその賠償額をも確定しうると解したためであろう（兼子博士は、代替執行の費用に代わる実体判決であると解すれば、判決時に代償請求のできる状態にあるといえるから、口頭弁論終結時が基準となることは当然であるとされる）。

㈡　この大審院聯合部判決は、その後最高裁判所において踏襲されるに至った（最判昭和三〇年一月二一日民集九巻一号二二頁、金山正信「給付執行不能と履行に代る賠償算定時期」民商法雑誌三二巻六号〔一九五五年〕七七頁参照）。近年、大阪地裁は、株券の代償請求につき同様に本判決に従ったが、傍論で、執行不能時に株価が下落した場合には塡補賠償については債務者は請求異議の訴えができると判示した（大阪地判昭和三三年一一月一四日下民集九巻一一号二二四三頁。村松・前掲論文一頁以下参照）。代償請求は本来、執行不能時の目的物の価額を賠償すべきものであり、判決時の価額によるのはこれ以外に方法がないからだという立場であろう（小山・前掲論文七六七頁以下、判例Ⅲも同じ）。大審院聯合部や最高裁の判旨を、前述と異なり、本来の請求が執行不能になったときに、履行延滞を原因とする塡補賠償が発生するとの趣旨と解すれば、損害額は執行不能時の価額たるべく、賠償額をこれと合わせるためには請求異議の訴えを認める（逆に騰貴した場合は差額の請求を認める。七三三条Ⅱ参照）方が妥当とも思える（同旨、小山・前掲論文七六七頁以下。Stein-Jonas-Schönke, ZPO, 18. Aufl.（1953）, §260 II B 3も、損害の完全な確認は損害発生後に初めて可能だから請求異議の訴えを認めるとする）。しかしそれには、一応口頭弁論終結時の価額で予め賠償を命じうる根拠を更に示さねばなるまい（小山教授の如く、単にこれ以外に方法がないとしただけでは不十分。Stein-Jonas-Schönke, a.a.O. は、将来の訴えとして予め請求する必要性があるためとする。なお、Hellwig, Anspruch und Klagrecht（1924）, S.114; derselbe, Lehrbuch des deutschen Zivilprozessrechts I（1903）, S.278 は、損害賠償額の確定を執行後または一定期間後に留保できるとする。Schönke-Schröder-Niese, Lehrbuch des Zivilprozessrechts, 8. Aufl.（1956）, §44 II 3）。請求異議否定説は、債務者はいつでも本来の履行を提供して債務を免れうるのに履行しないのだから、株価が下落した時に賠償額が執行されてもやむを得ない（逆の場合は債権者が危険を負う）という理由をあげるが（村松・前掲論文六頁。もっともこれは、口頭弁論終結時と執行時の価額に大差なき場合に限るとの前提に立つ）、そうであればむしろ、この賠償額は執行不能時ではなく口頭弁論終結時の履行を担保しその不履行を賠償するものとして既に確定されたものと解した方が一貫する。賠償額は強制罰の一種ではないからである（vgl. Baumbach-Lauterbach, ZPO 25. Aufl.（1958）, §510b 1）。

〔参考文献〕

兼子一・判例民事訴訟法（弘文堂、一九五〇年）二八事件（本件評釈）
村松俊夫・民商法雑誌一二巻三号（一九四〇年）五四八頁（本件評釈）
岩澤彰二郎「将来の代償請求権の予備的請求と判例」法曹会雑誌九巻七号（一九三一年）
雉本朗造「請求の予備的併合と選択的併合」民事訴訟法の諸問題（有斐閣、一九五五年）
喜頭兵一「種類債権と履行に代る損害賠償」京城帝大・判例と理論（刀江書院、一九三五年）
関宏二郎「『何々を引渡すべし、能わざれば金幾何を支払うべし』との判決について」法学志林四二巻三・四号（一九四〇年）
小山昇「塡補賠償請求訴訟の訴訟物」我妻先生還暦記念論文集・損害賠償責任の研究（中）（有斐閣、一九五八年）
村松俊夫「株券の引渡請求とその代償請求」旬刊商事法務研究一三一号（一九五九年）

（原題「代償請求の性質」民事訴訟法判例百選、一九六五年）

二　弁論の更新

最高裁判所昭和三一年四月一三日第二小法廷判決（昭和二九年(オ)二八五号、建物売渡代金残額請求事件）民集一〇巻四号三八八頁

(1)　事実の概要

XはYに対して建物売渡代金残額の支払を求めて提訴し第一審が勝訴したので、Yが控訴したが棄却された。ところが原審記録によれば、原審の裁判官三名のうち二名に交替があったが、それに続く口頭弁論期日にはYならびにその訴訟代理人は出頭しておらず、Xの訴訟代理人だけが出頭した。そして、右期日の弁論調書にはXの訴訟代理人は「前回迄の口頭弁論調書に基いて従前の口頭弁論の結果を陳述し」たと記載されているにすぎない。そこでYは、Yの訴訟代理人が口頭弁論の結果の陳述をした旨の記載がない以上、弁論更新の手続が適法に行われたということはできないとして上告した。

(2)　判　旨

「裁判官の更迭のあつた場合、当事者の一方が欠席したときは、裁判長は出頭した一方の当事者をして、当事者双方にかかる従前の口頭弁論の結果を陳述せしめることができるのであつて、右のごとき調書の記載は被控訴代理人において当事者双方にかかる従前の口頭弁論の結果を陳述したものと解すべきである。」

(3) 解　説

(イ) わが国の民事訴訟における審理は一回の口頭弁論期日で終結することは少なく、数回の期日にわたって行われることが多い。したがって審理の途中で、裁判所を構成する裁判官が死亡、転勤、退官などによって交替することが少なくない。ところが、民事訴訟における直接主義の原則によれば、判決をする裁判所は判決の基礎となる口頭弁論、つまり当事者の陳述の聴取や証拠調べを直接自ら行ったものでなければならない（民訴法一八七条一項〔現二四九条一項〕）。したがって、この原則を貫けば、裁判官に交替があった場合に新構成の裁判所が判決を下すには、従来の弁論を新たに繰り返すことが必要になってくる。この場合に従来の審理を再現することを弁論の更新（Erneuerung der Verhandlung）と呼ぶ（Wach, Vorträge über die Reichs-Civilprocessordnung, 2. Aufl. (1896), S.6. 兼子一・註解民事訴訟法Ⅱ〔弘文堂、一九五一年〕八四頁はこの意味で用いる）。しかし、裁判官が交替するごとに従来の陳述や証拠調べを繰り返すことは煩雑であって訴訟経済に反する。しかも、各期日に行われた弁論は全体として判決の基礎となるのであって（口頭弁論の一体性）、従来行われてきた弁論や証拠調べなどの訴訟行為が、裁判所の構成に変動があったということでその後の手続においては当然にその効力を失うとはいえない（続審である控訴審においては第一審における訴訟行為の効果が存続するという民訴三七九条〔現二九八条一項〕参照）。したがって、裁判官が交替しても必ずしも最初から口頭弁論をやり直すことを要求せず、ただ当事者が従前の審理の結果について報告することをもって弁論が新まったと見ることもできる。わが国の民訴法一八七条二項〔現二四九条二項〕はこのことを明規したわけであるが、このような規定をもたない旧民訴法やドイツ民訴法でも学説上この方式が認められていたのである（Hellwig, System des deutschen Zivilprozeßrechts I (1912), S. 533; Rosenberg, Lehrbuch des deutschen Zivilprozessrchts, 8. Aufl. (1960), §56 I 1 a)。こうして、弁論の更新とは、狭い意味では、裁判所の構成に変動がある場合に、当事者が新構成の裁判所の前で従前の弁論の結果を報告することをいうようになった（たとえば菊井＝村松・全訂民事訴訟法Ⅰ〔日本評論社、一九七八年〕六〇二頁、三ヶ月章・民事

訴訟法〔有斐閣、一九五九年〕三四一頁、法律実務講座民事訴訟法編三巻〔有斐閣、一九五九年〕三三三頁）。

この弁論の更新が報告的な意味をもつにすぎないのは、控訴審において第一審の口頭弁論の結果を陳述する場合（民訴法三七七条二項〔現二九六条二項〕）と同様である。控訴審は続審として、第一審において行われた弁論、証拠調べその他の訴訟行為の効果をそのまま引き継ぐのであって（民訴法三七九条〔現二九八条一項〕）、実質上は従来の弁論の続行に他ならない。控訴審の裁判官は第一審以来の弁論を基礎として判決を下すのであるから、厳格に直接主義を貫けば、第一審でなされた弁論の再現が必要になるが、ここでも弁論の結果の報告をもってこれに代えることにした。この場合の報告は、形式上は第一審の手続について審級の異なる控訴審に報告する点で、同一審級内でのいわゆる弁論の更新の概念に属しないが、その実質において異なるところはない。

さらに、準備手続の結果の陳述（民訴法二五四条〔現一七三条〕）および受命裁判官ないし受託裁判官による証拠調べの結果の陳述（旧民訴法二一六条二項）も、その役割において弁論の更新に類似する。ただ、前者には証拠調べの結果の報告が含まれず、後者には事実主張の報告を含まない点では、通常の弁論の結果の報告とは異なる。

(ロ)　右のいわゆる弁論の更新が報告的な意味を有するにすぎないとは、この陳述が決して訴訟資料を導入するものではなく、すでに従来の裁判所に導入された訴訟資料を新構成の裁判所に顕出するにすぎないという意味である。そこで、この報告が実際に行われた弁論や証拠調べの結果と食い違っておれば、裁判所は調書に照らして釈明し、実際の弁論の内容を確かめることができる（前掲法律実務講座三四二頁参照）。新たな訴訟資料の導入はこの更新手続を経た後の口頭弁論においてなされねばならず、更新手続を経ないで行われた口頭弁論は違法である（もっとも、その後に弁論の更新手続があればこの違法は治癒される。大判昭和一六年一月二七日新聞四六六七号一一頁。しかし、そのまま弁論を終結させてなされた判決が違法であることはいうまでもない。大判昭和一六年一〇月二二日法学一一巻五二四頁）。

弁論の更新がこのようにすでに導入された訴訟資料を新構成の裁判所に報告するという意味をもつにすぎないのであれば、必ずしも当事者双方がそれぞれに自己の弁論の内容を陳述する必要はない。このことはすでに大審院以来の判例が認めてきたところであった。大審院がまず右の考え方を表明したのは、控訴審において第一審の口頭弁論の結果を報告する場合についてであった（大判昭和五年一二月二〇日民集九巻一二号一八一頁）が、これはやがて裁判官の交替のあった場合にも拡げられたのである（大判昭和一四年八月一七日新聞四四六四号八頁）。つまり、本件のように、裁判官の交替後の期日において当事者の一方が欠席している場合には、出席した一方の当事者だけに従前の口頭弁論の結果を報告させることができるとした。判例はさらに、傍論においてではあるが、もともと当事者双方が出頭して弁論の更新手続が行われる場合でも、いずれの当事者がいかなる部分について陳述を行うかは裁判長の訴訟指揮によって決定すべき問題である、と説示している（大判昭和二〇年七月二四日総覧民事篇一巻一〇〇頁）。本件判決は、最高裁判所が一方当事者欠席の場合の更新手続について、右のような大審院判例のとってきた立場を踏襲することを明らかにした点に意義がある。

(ハ)　審理の途中で裁判官が交替した場合に弁論の更新を要するのは直接主義の要請であることは前述のとおりであり、この点について異論はない。しかし、これが口頭主義の要請でもあるかどうかについては問題がある。理論的に考えれば、裁判官の交替の場合に従来の弁論のやり直しが必要になるのは、訴訟手続が口頭主義であるか書面主義であるかということとは直接には関係がない。書面審理の手続の下でも新しい裁判官が直接審理をするためには審理の繰り返しが必要となろうからである。ただ、この場合には、訴訟記録を点検するという方法によっても直接主義が貫かれるとすれば、とくに弁論の更新手続が必要とされるのは口頭主義の手続に限られることになろう。

ところが、いわゆる弁論の更新手続なるものは弁論の繰り返しではないのであるから、当事者の口頭による直接の報告はあっても、これによって直接主義・口頭主義の要請が貫かれるとみることは難しい。この弁論の更新によって直接主義や口頭主義が貫かれるとするのは擬制以外の何ものでもない。実際上、新構成の裁判所は口頭弁論の調書やそこに引用された準備書面を主体として（口頭報告による補充は可能であるが）これを通じて従来の弁論内容を知る以外に方法はないのである。これは明らかに直接主義や口頭主義の例外を認めたことに他ならない（さればといって、間接主義や書面主義と言い切ってしまうことも、調書の内容が不明なときは当事者に対して直接口頭で釈明を求めて確かめうる点でなお問題がある。菊井＝村松・前掲書六〇三頁）。この例外をどの限度まで認めうるかは、結局は直接主義の要請をどの程度まで貫くことが合目的であるかという考慮にかかってくるが、これは弁論と証拠調べとでは必ずしも同様には考えられない。訴訟資料を提供する弁論と証拠資料を集める証拠調べとでは、直接主義や口頭主義のもつ役割も異なってくるからである（近藤完爾「直接主義復習」民事訴訟雑誌三号〔一九五六年〕六五頁はこの点を強調する）。

㈡　弁論における直接主義の長所は、口頭主義と結びついて初めて発揮されるが、要するに、訴訟資料が当事者の口頭により直接提供されることによって弁論に自然さ、活気、機動性を与える点にあるといわれる。この長所はすでに当事者が最初に主張や申立ての陳述を行って訴訟資料を形成したときに発揮されているのであって、それ以上に、裁判官交替の際の弁論更新手続においてとくにこの点を強調する理由に乏しいように思われる。わが民訴法が、この点についての弁論の更新手続は単なる結果の報告で十分であるとしたゆえんは、この点にあるということができる。

ところが証拠調べにおける直接主義の長所は、判決裁判所が自ら審理をして事案についての直接的な印象を得た方が、第三者を通じてするよりもより真相に迫りやすい点にある。したがって、裁判官の交替の場合に、証拠調べの結果の報告をもって満足するのでは、この原則の長所をほとんど失うことになりかねない。ことに証人尋問については、裁判官の心証は証言の言葉だけではなく証人の供述態度いかんによって強く影響される。証言の信憑性を判断するうえでも、あるいは証人の供述せんとする真意を把握するうえでも、裁判官が直接証拠調べに関与することが重要である。しかし裁判官が交替すれば、この直接的印象を新しい裁判官に伝えることはできない。そこで、直接主義の長所を貫くためには、以前他の裁判官が取り調べた証人についても、当事者の申立てがあれば再び取り調べることが必要になる。わが民訴法は、単独裁判所の裁判官が交替した場合および合議体を構成する裁判官の過半数が交替した場合について、右の証人の再尋問を必要としたのである（民訴法一八七条三項〔現二四九条三項〕）。

〔参考文献〕

宅間達彦＝吉井直昭（本件評釈）・民商法雑誌三四巻六号（一九五七年）九五五頁
川添利起（本件評釈）・法曹時報八巻六号（一九五六年）八二九頁
「弁論の更新手続」岩松三郎＝兼子一編法律実務講座民事訴訟法編三巻（有斐閣、一九五九年）三二九頁以下
近藤完爾「直接主義復習」民事訴訟雑誌三号（一九五六年）六五頁
村松俊夫「口頭審理主義と書面審理主義」民事裁判の研究（有信堂、一九五五年）一二五頁
近藤完爾「口頭主義の反省」岩松裁判官還暦記念論文集・訴訟と裁判（有斐閣、一九五六年）二一五頁
小室直人「口頭主義の限界」民事訴訟雑誌七号（一九六〇年）五七頁

（民事訴訟法判例百選、一九六五年）

三　国籍訴訟

最高裁判所昭和三二年七月二〇日大法廷判決（昭和二五年(オ)三一八号、国籍関係確認請求事件）民集一一巻七号一三一四頁

(1)　事実の概要

原告Xは、大正九年北米合衆国において、日本国籍をもつAを父として生まれ、日米両国籍を取得したいわゆる日系二世である。ところが、父Aは昭和一一年七月内務大臣に対しA名義をもってXの日本国籍を離脱する旨の届出をし、次いで戸主Bが翌昭和一二年一月戸籍吏にその旨の届出をした。その後、Xは日本に居住することになったので、昭和一七年七月内務大臣に日本国籍回復を申請し、同年九月にその許可を得て一〇月には国籍回復の届出をし、その旨が戸籍簿にも記載されている。

しかし、第二次世界大戦後の昭和二四年に至り、Xは国Yを被告として、「原告が出生による日本の国籍を現に引続き有することを確認する」旨の判決を求める訴えを提起し、次のように主張した。すなわち、前記国籍離脱の届出は、Xの知らない間に、しかも当時一六歳であったX本人ではなくその父Aの名義でなされたもので無効であり（旧国籍法施行規則三条二項）、したがって国籍回復許可処分も無効である。そして、右回復申請ならびに許可が無効か有効かによってXが米国籍を有するか否かも決定されるから、Xは、これが無効にして、出生による日本国籍を引き続き有する旨を即時確定されるにつき法律上の利益を有する。

第一審は請求棄却。第二審は、原判決を取り消し、請求を認容した。Yの上告理由は、確認の利益を欠くとい

うにある。

(2) 判旨

上告棄却。

(イ) 「Xの国籍離脱の届出がX主張の如く、Xの意思にもとづかず、かつ、父Aの名義をもって為された事実は原判決の確定するところであるから、前記Xの国籍離脱の届出は無効であり、かつ、その後、右国籍離脱を前提として為された前記国籍回復に関する内務大臣の許可もまた無効である。」

(ロ) 「Xの戸籍簿には、現に、右国籍の離脱ならびに回復に関する記載のなされていることは、原判決の確定するところであり、かかる戸籍の訂正をするには戸籍法一一六条によって、確定判決を必要とすることはあきらかであるから、Xは、少なくともこの点において、本訴確認の判決を求める法律上の利益を有する。」

島・河村（又）両裁判官の少数意見　本訴の実質は国籍回復許可処分の無効を主張するものであるが、Xはかつてみずから国籍回復を申請しその許可を得て戸籍の届出をしたものであるから、禁反言の原則に反し、かかる主張は許されない。

真野裁判官の少数意見　Xの請求の趣旨のうち、「出生による」という部分は、過去の事実関係の確定を求めるものであるから確認訴訟の対象として許されず、残部は当事者間に争いがないから確認の利益がない。

(3) 解説

(イ) 本件は、第二次大戦後の一時期に日系二世によって相次いで提起された、いわゆる国籍訴訟である。米国で生まれて日米二重国籍を取得した日系二世が、日本国籍離脱の届出をして米国籍のみとなった後、日本に居住することになり、戦時中の政治的圧迫によって日本国籍回復の許可を受けたために、米国国籍法（四〇一条a）

にいう申請による外国への帰化とみなされ、米国籍を失うことになった。戦後になってこれら二世は帰米を希望したが許されなかったために、日本の裁判所において、日本国籍の離脱と回復が無効であり従って現在もなお出生による日本国籍を有する旨の確認を求める訴えを提起し、この判決によって米国領事館において米国籍の承認を受けようとしたのである（国籍訴訟とその背景については、鈴木忠一「国籍訴訟」法曹時報六巻三号〔一九五四年〕一頁参照）。

(ロ)　本件で最高裁大法廷が、この種の国籍訴訟につき、「原告が出生による日本の国籍を現に引続き有すること」の確認を求める訴えにつき訴えの利益を認めたことは、その後確認の訴えの利益を弾力的に把握することになった判例や学説の傾向の端緒を開いたものと評価することができる。

かつて最高裁第二小法廷は、確認訴訟の対象は現在の法律関係でなければならないとする伝統的立場から、「原告の有する日本の国籍が出生によるものであって国籍の回復によるものでないこと」の確認の訴えは過去の事実の確認を求めるものであって許されないと判示した（最判昭和二四年一二月二〇日民集三巻一二号五〇七頁）。しかし、それでは前述の日系二世が米国籍を認めてもらう途は閉ざされることになる。すなわち、これらの二世が日本の裁判所で直接米国籍の確認を求めることは裁判権を欠くために許されず、また米国裁判所に訴えを提起するために条件付で入国することも当時は許されなかったからである。そこで学者や実務家の多くは、この種の訴えにも確認の利益を認めようとした（山田鐐一・民商法雑誌二七巻五号〔一九五二年〕三三三頁、鈴木・前掲論文四〇頁等）。その説くところは、原告の有する国籍が出生によるものか否かは、戸籍の訂正の可否を決するだけでなく、米国籍の有無をも左右するなど原告の現在の法律関係の内容をなすものであって、単なる過去の事実ではないから訴えの利益がある、というものであった。

本件大法廷判決は、国籍訴訟における確認の対象が対象適格をもつか否かには直接触れることなしに、国籍の離脱ならびに回復に関する記載がなされている戸籍簿の訂正のためには確定判決を必要とするから訴えの利益を有するとした。この判決は、確認の利益につき確認の対象と狭義の確認の利益（即時確定の利益）を区別して論ずる伝統的立場からは批判を受けたが（中田淳一・民商法雑誌三七巻二号〔一九五八年〕七五頁、竹下守夫・ジュリスト民事訴訟法判例百選〔一九六五年〕五二頁）、確認対象についての要件を緩和し狭義の確認の利益の有無の判断に重点を移すことになったその後の学説や判例の突破口となったのである（青山善充「確認の利益」民事訴訟法の争点〔旧版、一九七九年〕一四二頁、竹下守夫・条解民事訴訟法〔弘文堂、一九八六年〕八〇四頁、林淳「確認の利益」民事訴訟法の争点〔新版、一九八八年〕一六六頁）。

（ハ）　また、判例は、この国籍訴訟判決を契機として、従来確認訴訟の対象は現在の権利または法律関係でなければならないとしてきた立場を変更し、次第に確認の対象についての要件を緩和していった（青山・前掲、井上治典・ジュリスト民事訴訟法判例百選〔第二版、一九八二年〕一一〇頁参照）。ことに昭和四〇年代となり、死者との間の親子関係確認訴訟において、過去の法律関係でも現在の紛争の解決にとり必要であれば確認の利益があるとする判例（最大判昭和四五年七月一五日民集二四巻七号八六一頁――民事訴訟法判例百選Ⅰ〔一九九二年〕65事件）や、遺言無効確認訴訟につき、過去の法律行為の効力の有無の判示が確認訴訟の紛争解決機能を果たすことになれば確認の利益を認めるとする判例（最判昭和四七年二月一五日民集二六巻一号三〇頁――民事訴訟法判例百選Ⅰ〔一九九二年〕61事件）等が相次いだ。学説もまた、過去の法律関係の存否や過去の法律行為の有効・無効の確認についてだけでなく、将来の法律関係の存否や事実の存否確認であっても、「紛争の直接かつ抜本的解決のため最も適切かつ必要と認められる場合には」確認の利益を認める方向にあるといえよう（竹下・前掲八一〇頁、林・前掲一六六頁参照）。

（ニ）　判例および学説のこのような展開を、国籍訴訟との関連にかぎって検討するとすれば、次の二点が問題とされうる。

第一に、国籍訴訟判決は事実の確認の訴えについても訴えの利益が認められることを示唆するものと解されているが（竹下・前掲八〇六頁）、これは決して単なる裸の事実の確認ではなく、法的問題と不可分の事実関係の確認につき訴えの利益を認めたものと解すべきであろう。「原告が出生による日本の国籍を現に引続き有すること」という確認対象は、国籍という原告の法律関係ないし法的地位が出生によって成立し現に存続しているという法と事実の複合されたものに他ならない。原告の法的地位と切り離した事実の確認だけが求められているわけではない。「法律関係ヲ証スル書面ノ真否ヲ確定スル」確認の訴え（民訴二二五条〔現一三四条〕）もまたそうした訴えの一類型を示したものである。共同相続人間で争いのある遺産の帰属性を確認する遺産確認の訴えもまた、そうした法と事実の複合された関係の確認を求めるものとして、訴えの利益が認められるのである（最判昭和六一年三月一三日民集四〇巻二号三八九頁――民事訴訟法判例百選Ⅰ〔一九九二年〕64事件。井上治典・昭和六一年度重要判例解説一二五頁参照）。本件国籍訴訟判決の射程距離はその範囲に限るべきである。

第二は、こうした確認の利益は「紛争の直接かつ抜本的解決のため最も適切かつ必要な場合」にしか認められないという視点の当否である。すでに民事訴訟の手続保障機能を重視する立場からは、訴えの利益は原告が被告に対し訴訟による対論手続を正当化できるだけの利益であるとする主張がなされている。訴訟もまた裁判外紛争過程の一コマであり、紛争を抜本的に解決できるか否かよりは、訴訟を通じて当事者の紛争処理行動の拠り所となる指針を設定する必要性があるか否かが重要であるというのである（井上治典「訴えの利益」法学セミナー一九八二年五月号六七頁〔これからの民事訴訟法（日本評論社、一九八四年）所収〕）。事実、国籍訴訟によって紛争の直接かつ抜本的解決がもたらされたというわけではなく、ただ戸籍簿を訂正することによって事実上米国籍を認めてもらうための交渉を行う指針が提供されるにすぎない。そうであっても、他により適切な手段がなく、かつ被告にも不当な負担とならないかぎりにおいて、訴えの利益を肯定すべきであろう（小島武司「訴えの利益」新版民事訴訟法演習Ⅰ〔有斐閣、一九八三年〕一〇〇頁参照）。

(ホ)　従来、確認の利益につき、狭義の確認の利益のほかに、確認の対象適格を問題にしてきたのは、本案判決の対象としての訴訟物、つまり請求の適格があることを前提としてきたものと思われる。しかし、訴えの利益の本体が原告勝訴の利益、訴訟結果にかかわる利益にある（福永有利「訴えの利益(2)(3)」法学セミナー一九八三年一月号一三八頁、同二月号一二二頁）のではなく、訴訟過程における訴訟追行の利益を中核とするものであるとすれば（山木戸克己「訴えの利益の法的構造」吉川大二郎博士追悼論集・手続法の理論と実践(下)（法律文化社、一九八一年）五一頁）、訴訟物レベルでの法的関係だけではなしに、まずは攻防レベルにおける事実関係を指標として訴えの利益の有無を判断することができるのではないか。確認の対象もまたこうした攻防レベルにおける事実の積み重ねに基づく法的関係であって、個々の裸の事実ではないし、攻防レベルにおける事実と切り離された法律関係でもないと思われる。こうした手続過程のもつ手続事実効もまた訴えの利益の基礎をなすものと解される。国籍訴訟判決はわれわれにこのような示唆を与えてくれる。

〔参考文献〕　本文中に掲記のもののほか

新堂幸司「確認の訴えの利益」ジュリスト民事訴訟法判例百選（一九六五年）五四頁
鈴木正裕「訴えの利益」判例展望（ジュリスト五〇〇号）（一九七二年）三四二頁
石川明「過去の法律関係と確認訴訟」法学研究三一巻一二号（一九五八年）二〇頁
山木戸克己「法律行為の効力確認訴訟の適法性」八幡大学論集二三巻一・二・三号（一九七二年）一〇一頁
伊東眞「確認訴訟の機能」判例タイムズ三三九号（一九七六年）二八頁
野村秀敏「紛争の成熟性と確認の利益(一)〜(八)」とくに「同(七)」判例時報一二三九号一二頁（一九八七年）以下（予防的権利保護の研究〔千倉書房、一九九五年〕所収）
野村秀敏「訴えの利益の概念と機能」講座民事訴訟２（弘文堂、一九八四年）一二七頁

（民事訴訟法判例百選Ⅰ、一九九二年）

四　訴えの変更と時効中断の効力

最高裁判所昭和三八年一月一八日第二小法廷判決（昭和三四年(オ)一〇九九号、境界確認事件）民集一七巻一号一頁

(1)　事　実

Xは昭和二七年一二月二五日、境界確定ならびに自己の所有地の立木伐採による損害賠償請求の訴えを提起し、自己所有のA番山林と被告所有のB番山林との境界はイロ線であると主張した。被告はこれに対し、境界はハニ線であるとし、仮に境界が原告主張の通りでも、係争地域（イロハニ線で囲まれた地域）については、昭和八年一月一日から二〇年間所有の意思で占有してきたから、取得時効によってその所有権を取得したと抗弁した。第一審は、境界をハニ線であると裁定して、Xの損害賠償請求を棄却した。

そこでXは控訴し、控訴審係属中、昭和三四年二月の口頭弁論において、従来の境界確定の訴えを、係争地についての自己の所有権確認の訴えに交換的に変更した。Yは、訴えの変更に異論を述べずに新訴につき弁論をした。

そこで原判決は、係争地がXの所有に属することを確認し、取得時効の抗弁に対しては、昭和二七年一二月二五日の本訴（境界確認の訴えならびに損害賠償の訴え）の提起によって時効が中断され、その効力はその後の訴えの変更によって何ら影響をうけない、と判示した。その理由とするところは次の通りである。Xは、右旧訴を取り下げ、（所有権確認の）新訴を提起したのであるが、旧訴と新訴はその請求の原因が全然同じであり、ただ単に

請求の趣旨を境界確定から所有権確認に変更したにすぎない。そして右旧訴の請求の趣旨を対照してみると、旧訴で形成される実体上の権利関係と新訴で確認される権利関係とは、その間にほとんど何らの差異がない。すなわち、Xは、本件について、裁判所の判断を求めることを断念して旧訴を取り下げたものではなく、これに代えて前示のような新訴を提起したものであるから、旧訴の取下げといっても、右は訴えの全面的終了を意図するいわゆる訴えの取下げとはその本質を異にし、民法一四九条の訴えの取下げに当たらないと解すべきだから、旧訴の取下げがあったにもかかわらず、その提起によって生じた時効中断の効力にはなんら影響がない、というのである。

Yの上告理由は、原判決が明らかに民法一四九条に違反するだけでなく、民事訴訟法二三五条（現一四七条）が、訴えの変更があったときは変更申立書を裁判所に提出したときに時効中断の効力を生ずると規定するのに背馳する、法は形式的安定性を要請する、訴えの取下げについては全面的に時効中断の効力を否認したと解すべきである、というのである。第二小法廷は、この上告を斥け、原判決を維持した。

(2)　判　旨

「本件係争地域がXの所有に属することの主張は終始変わることなく、ただ単に請求の趣旨を境界確定から所有権確認に交替的に変更したにすぎないこと、本件記録上明白である。このような場合には、裁判所の判断を求めることを断念して旧訴を取下げたものとみるべきでないから、訴の終了を意図する通常の訴の取下げとはその本質を異にし、民法一四九条の律意に徴して同条にいわゆる訴の取下げ中にはこのような場合を含まないものと解するを相当とする（昭和一八年六月二九日大審院判決、民集二二巻五五七頁参照）。されば、旧訴たる境界確定の訴提起によって生じたYの所有権取得時効を中断する効力は、その後の訴の交替的変更にもかかわらず、失効しないものというべきである。右と同趣旨の原判決は相当であって、所論は採用しえない。」

(3) 解　説

(イ) 時効中断の一事由として民法の認めた「裁判上の請求」の範囲について、判例は必ずしも一貫していない。①「裁判上の請求があったというためには、単にその権利が訴訟において主張されたというだけでは足りず、いわゆる訴訟物となったことを要する」（最二小判昭和三四年二月二〇日民集一三巻二号三〇九頁）とする最も厳格な立場から、②「時効中断の事由たる裁判上の請求は、民法の法意に稽えこれを広義に解するを相当とし、必ずしも常に時効によって喪失すべかりし権利それ自体に付裁判を求めたる場合に限定するを得ない」（大民三判昭和一五年七月一〇日民集一九巻一二六五頁）という緩やかな立場にまたがる。前者は、かの金銭債権の明示の一部請求に関する最高裁判所の判決であり、後者は、本件が前例としたと考えられる境界確定の訴えに取得時効中断の効果を認めた大審院の判例である。もちろん両事件において事案は異なる。しかし、判例のこの問題についての一般的傾向としては、「裁判上の請求」が民法上時効中断の事由とされた理由から見て、これを必ずしも訴訟法上の訴訟係属の範囲に限らず、かなり実質的に考える方向にあるといえる。このことは多くの判例の中に読みとれる。たとえば、③土地の所有権に基づきその明渡しを求める訴えの提起によって、所有権の取得時効の中断を認め（大民五判昭和一六年三月七日判決全集八輯一二号九頁）、④同様に、所有権取得登記抹消の訴えを起こしたとき、土地に対する取得時効中断の効力を認める判例（大民四判昭和一三年五月一一日民集一七巻九〇一頁）では、直接の訴訟物は物権的請求権であるのに、その請求原因にすぎない所有権についての取得時効中断の効果を認める。更には、判例①における藤田裁判官の少数意見の立場およびその引用する諸判例の示すものも、この方向に立つものと理解できる。[1] 本件判決も、このような一般的傾向に倣ったものであって、具体的には妥当な結論に達していると思われる。しかし、問題なのはその推論の構成であり、ことに、従来この立場に立って最も難点とされた民法一四九条の訴えの取下げ（および民訴法二三五条〔現一四七条〕の訴えの変更）の規定とどのように調和できるかという問題に直接取り組まねばならなかった点である。[2] 判例①において、第二小法廷の多数意見が「裁判上の請求」をいわゆる訴訟物に限るとしたのも、右の諸規定がこのことを前提としていると解したためである。そして今、この同じ第二小法廷が、やや事案を異にし四年の歳月を閲したとはいえ、この難問に挑み、ほとんど逆の結論に達したことは、それだけに理論上も実務上も興味ある問題を含んでいる。

　ところで、本件判決のとった結論に達するためには、いろいろの推論が可能であろう。第一に、時効中断事由としての「裁判上の請求」には訴訟物以外の権利の主張をも含むという前提に立ち、後に旧訴が右の権利自体を訴訟物とする新訴に交換的に変更されても（旧訴の取下げは民法一四九条の訴えの取下げに当たらず）、旧訴による時効中断の効果は新訴に維持されるという推論であり、これが本判決の立場であるといえよう。これに対して、第二に、判例①についての一部訴訟法学者の立場（兼子一「確定判決後の残額請求」民事法研究一巻（酒井書店、一九五〇年）三九一頁、三ヶ月章・法学協会雑誌七七巻一号（一九六〇年）九二頁）をさらに徹底して「訴訟物」自体を実質的に広く解すれば、新旧両訴において、実質的な紛争の対象は異ならず、訴訟物も同一であるとの構成が考えられる。したがって訴えの変更にならず、時効中断の効果が維持されるのは当然となろう（会社の決議を争う訴訟相互につきこのような提案があった。霜島甲一「決議を争う訴訟の訴訟物」民事訴訟雑誌一一号（一九六五年）一二六頁参照）。しかし、このような推論は本件では明らかに困難である。訴訟物をいかに広く解しても、後述のように形式的に地番の境界線を定める形成訴訟（非訟事件）と所有権の確認訴訟とでは、実質的判断においても訴訟物が共通だとはいえないからである。そこで第三に、裁判上における訴訟物以外の権利主張は、「裁判上の請求」には含まれないが、催告に準ずるもので、しかも裁判上の主張たる点で、裁判外の主張（催告）より強力な権利主張として催告より強い時効中断の効果をもつ（訴訟手続中は六ヵ月の計算を停止する。我妻栄「確認訴訟と時効中断」法学協会雑誌五〇巻六号九八二頁・七号一二二二頁（一九三二年）、特に七号一二五九頁参照）。したがって、この時効中断が当該権利自体についての新訴に維持されるのは当然ということになる（旧訴の取下げを問題にする必要はない）。しかし、この立場では、裁判上の権利主張とすれば、裁判外の主張より何故により強力な権利主張となるかは、依然として明らかでない（我妻教授自身、解釈上根拠なしとの非難を蒙るであろうとされる）。裁判上の権利主張について、これが訴訟物とならなくとも、少なくとも訴訟の係属中には条件的に時効を中断する効果を認めるためには、いかなる点で催告に準じ、いかなる点で催告より強力な権利主張であるかの確定が必要となろう。

この点を明らかにするためには、ひるがえって、時効中断事由としての「裁判上の請求」を訴訟物に限るとする見解の根拠を検討することが不可欠の前提となる。この立場をとる訴訟法学者の多くは、確定判決によって、継続した事実状態が法的に否定された点に、時効中断の基礎があるという。訴えの提起などの時にこの効果を認めるのも、この確定判決（既判力）の前提としての意味においてである（兼子一・民事訴訟法体系（酒井書店、一九五四年）一七八頁、斎藤秀夫・民商法雑誌四一巻二号（一九五九年）二七四頁、野間繁・民事訴訟法学（巌松堂書店、一九五五年）一七七頁、山田正三「判例批評」民事訴訟法一巻（弘文堂、一九二八年）三三八頁以下。但し、三ヶ月章・民事訴訟法〔全集〕（有斐閣、一九五九年）三三二頁は、時効中断の根拠を既判力ではなく、紛争解決の申立てをしたという事実に求める）。この判決の確定力に時効中断の効果の実質を認めることは、時効制度の本質を、一定期間の経過による証明の困難を容易にするための採証法則ないし法定証拠とする立場とも一致する。つまり、判決の確定力ほど強力な権利関係の証拠はなく、この点に時効中断の根拠を認めるからである（吾妻光俊「私法における時効制度の意義」法学協会雑誌四八巻二号（一九三〇年）二〇七頁、山中康雄「時効制度の本質」ジュリスト八号（一九五二年）二頁、川島武宜・民法総則（有斐閣、一九六五年）一六七頁以下など参照）。ただ、この立場を貫けば、時効中断の時点を既判力の基準時としないで訴えの提起の時とするのは一貫しないし（訴訟進行の遅速に左右される不都合を防ぐためという便宜的説明しかできない。兼子・前掲、吾妻・前掲参照）、裁判外の権利行使である催告についても、これが六ヵ月以内の訴えの提起の前提ないし手段となる限りで催告した時点においては時効中断の効力が認められることの説明にも困る（以上は我妻・前掲の指摘）。したがって、民法が予定しているのは、確定的には確定判決による権利関係の確認を条件としながらも、その前提ないし手段としての権利主張について一応時効中断の効力を認めるという立場ではなかろうか。もしそうであれば、裁判上の訴訟物をなさない権利主張であっても、一定の範囲において、一定の条件の下で、時効中断の効果を認めることができよう。結論を先に述べるならば、第一に、訴訟物以外の権利主張でも、後にこの点を裁判上確定するための前提ないし手段となっている限りにおいて、催告に準ずるのであり、第二に、この権利主張を含む訴えの提起が、それ自体として、後にこの点を裁判上確定する前提ないし手段となっている点において、催告より強力な権利行使であり、むしろ「裁判上の請求」に該当するとして、催告より強い効果を認めうる（判例①についての原島教授の立場に近い。原島重義「一部の請求と時効中断」判例演習〔民法総則〕〔有斐閣、一九六三年〕二五八頁参照）。

(ロ)　右のような基本的態度からすれば、本判決は格好の事例を提供する。境界確定の訴えが確認訴訟であるか形成訴訟であるかについては、従来、判例の態度は必ずしも一貫しなかった（確認訴訟とする大民一判大正九年七月六日民録二六輯九五九頁、形成訴訟説とみられる大民三判大正一〇年三月五日民録二七輯四一一頁があった）。しかし、判決により境界線を確定するについて、原告の主張する境界線に拘束されないという意味において、これを非訟事件ないし形成訴訟とする立場をとっているといえよう（大民連判大正一二年六月二日民集二巻七号三四五頁、大民二判昭和一一年三月一〇日民集一五巻九号六九五頁参照）。そして、通説の主張するようにこの形成訴訟がもっぱら形式的に某地番と某地番との境界線を確定するにすぎないとすれば、隣接する所有権の帰属関係については何らの拘束的判断ないし確定力を生じない。境界確定の訴えにおける請求原因は、両地番の境界が不明であるかあるいは争われているということで十分である（雉本朗造「経界ノ訴ヲ論ズ」民事訴訟法の諸問題〔有斐閣、一九五五年〕七九頁以下）。隣接地の所有権の主張は、境界確定の事実上の資料としてはともかく、法的には単に当事者適格を根拠づける主張にすぎない。このような権利主張が、時効中断事由たる「裁判上の請求」といえるであろうか。

もっとも本件判決においては、境界確定の訴えと所有権侵害に基づく損害賠償請求が併合されているので、この点で時効中断を認めたとも考えうるとの指摘がある（瀬戸正二調査官「判例評訳」法曹時報一五巻三号〔一九六三年〕二八頁注九）。だが、こう解しても、所有権の主張は損害賠償請求の請求原因とはなっても訴訟物ではなく既判力も生じない。既判力の発生を根拠とした立場では、ここでも時効中断を認めるのは困難であろう。ただ、判例③および④は、所有権に基づく引渡請求および登記抹消請求の訴えにつき、所有権の取得時効中断の効力を認めた。そしてこの判例の立場が結果において妥当と思われるのは、所有権の判断がそれぞれの請求権の認定と不可分の関係にあるためであろうか。これらの訴訟と所有権に関する後の訴訟との間にはツォイナーのいわゆる「目的論的意味関連」が存し、彼の見解ではこの場合の確定判決には理由中の判断であるにもかかわらず所有権についても一定の確定力を生ずることになろう（Zeuner, Die Objektiven Grenzen der Rechtskraft im Rahmen rechtlicher Sinnzusammenhange, 1959, SS. 11-12, 40-45, 172-173）。もしこの見解が妥当であるとするならば、右の請求権の訴えにおける所有権の主張は、これを「裁判上の請求」として、時効中断の効力を認めるに十分な権利主張であるといえる（独民法九四一条参照）。

しかしながら、本件判決の先例と考えられる判例②には、このような所有権に基づく訴えの併合はなく、もっぱら境界確定の訴えにつき所有権の取得時効を中断する効果を認めた事例であった。境界確定の訴えの性質を地番の境界線を形成するに限る立場を貫けば、「裁判上の請求は民法の法意にそって広義に解すべき」だとしても、なお広きにすぎないかとの疑いがある。同判例は、境界確定の判決が確定しても所有権自体については確定力を生じないが、境界は確定するから、これを超えた占有は違法なこと明らかだとするが、それは首尾一貫しない。けだし、境界を超えた占有が違法だというには、境界確定の判決が隣接する土地の所有関係についても何らかの拘束的判断ないし確定力を含んでいるとの前提に立っているからである。そこで、むしろ積極的に、単に行政区画としての地番と地番の境界を確定することを目的とする境界確定の訴えだけでなく、これと別に所有権の境界を確定するための境界確定の訴えを認めることができないであろうか。できるとすれば、これは同一地番内の所有権の境界を定めることもできようし（この種の訴えの場合には、取得時効の主張も考慮すべきことになり、大民五判昭和九年八月一〇日民集一三巻一六一七頁と同じ立場となる。村松俊夫・民訴雑考〔日本評論社、一九五九年〕二四八頁参照。兼子一・判例民事訴訟法〔弘文堂、一九五〇年〕七六頁は反対）、各地番の帰属については争いなく、ただ境界線が不明である一般の事例では、地番の境界の確定は同時に所有権の境界の確定となることを認めうる。そしてこの種の訴えの確定判決については、所有権の境界が確定するのであるから、そのいわば反射的な作用として、隣接所有権の帰属関係についてもある種の拘束力ないし確定力を認めることも、その非訟事件としての本質から見て一向に差支えないのではあるまいか（同旨、吾妻「判例評釈」判例民事法昭和一五年度七二事件）（なお共有物分割の訴訟についても同様のことがいえるのではないか）。こうした方が、ほとんどの境界確定の訴えにおいて、主として所有権を推論させる双方の占有状態を考慮して境界を確定している現状（村松・前掲二一八頁参照）にも適していると思われる。もし仮に境界確定の訴えをこのように解することができれば、判例②のように、これに時効中断の効力を認めることができる。しかし、そのためにはさらに十分な論証を要することになろう。

そこで、仮に境界確定の訴えには、判例②の事案では取得時効中断の効果を認め難いとしよう。それでもなお、本件判決の結果を認める余地は存する。両者は事案を異にするからである。つまり、判例②では、境界確定の確定判決がなされて数年後に、所有権に基づき明渡請求がなされたが、本件では、境界確定訴訟の係属中に所有権確認の訴えに変更されたのである（ここでは訴え取下げの解釈という難問を後述に譲り、訴えの追加的変更があったものと仮定しよう）。後者の場合には、各地番の所有権の主張を伴う境界確定の訴えにつき、これが所有権確認の訴訟にうけつがれることを条件として、時効中断の効力を認めうると解する。その理由は、催告との関連で民法が認める時効中断の根拠に求められねばならない。そもそも、民法が催告につき六ヵ月内の訴えの提起等を条件として時効中断を認めたのは、単に広く権利の主張あれば時効中断ありとしたのではなく、将来一定期間内にこの権利関係を訴訟上確定するための前提ないし手段として訴えの提起と同質のものを認めたからに他ならないと解する。けだし、時効中断の本質を、永年の事実状態の継続を破るためには単に権利主張だけでは十分でなく、これに続いてこの権利が公権的に確定されることを要求すると考えるからである。民法の時効中断に関する諸規定は、この限度内で時効中断の効果を認めているのである。境界確定の訴えが所有権の主張を伴って提起される場合には、たとえこの訴えで所有権が確定されなくとも、この権利の主張は、単に当事者適格の基礎としてだけでなく、将来境界が一応明らかになり、所有権の対象として確定できる見込みがついたときに、所有権確認ないし所有権に基づく返還請求を訴える前提ないし手段としての意味を含むと考えることができる。事実、多くの境界確定の訴えの場合には、原告の意図としても、自己の所有地を不法に占拠する相手方を立ち退かせるためにまず境界の確定を求める場合であろう。このような所有権訴訟の前提としての訴えの提起に、「裁判上の請求」として時効中断力が認められたのであると解する。したがって、境界が一応明らかになりその点について所有権の訴えを提起できる見込みがつくまでこの中断の効果は維持され、所有権訴訟の提起によって有効にうけつがれ、やがて確定判決によって確定的になることになる。境界確定の訴えを、所有権確認の訴えと別に民事訴訟として認める根拠として、「当事者が境界確定の訴を先に起して、先ず境界線を定めてもらった後に、所有権の確認の訴を起こしたとすれば、（中略）多くの場合おそらくは、直ちに所有権確認を起す場合よりも有利な判決を受けることになる」（村松・前掲二一九頁）ことを前提とすれば、右の取扱いは当然であろう。

同様のことは、金銭債権の明示の一部請求についてもいえるであろう。判例・通説は、金銭債権の成立および額の立証が不確かな場合に、訴訟費用を節約するために、勝訴の見込みがつくまでその一部についての試験訴訟を認めるが、これは、国民の権利を保護するという政策的目的からして妥当であると思う（同旨、村松「金銭債権の一部請求」前掲民訴雑考七八頁以下。反対、兼子「確定判決後の残額請求」前掲民事法研究一巻三九一頁、とくに四一九頁、三ヶ月・前掲民事訴訟法一〇七頁）。ところで、判例①のように、一部請求の係属中に残部について拡張された場合、既に時効期間が経過しているとして残部の時効消滅を認めるとすれば、せっかく右手で与えた権利保護のための便法を左手で奪うことになろう。このような試験訴訟において、一〇〇万円の債権中一〇万円を請求するという主張は、それ自体として残額九〇万円の権利主張を含み、やがてこれを訴訟において確定し実現するための前提であり手段である。この意味において、明示の一部請求の訴訟自体を全額についての「裁判上の請求」として、その勝敗の見込みが明らかになるまでは、これに時効中断の効果を認めるべきであろう。この時効中断の効果は、判例①のように残部についての請求拡張によって有効に維持され、勝訴判決によって確定的となるのである（同旨、原島・前掲。藤田裁判官の少数意見も、その結論と推論の方向において、右のように理解することができる）。右の結論が是認できるとするならば、一部請求や境界確定の訴えによって一旦生じた時効中断の効果は、その係属中に請求の拡張ないし所有権確認の訴えが提起された場合にのみ維持されると限る必要もないことになろう。というのは、本来この時効中断の効果は、残額や所有権の訴えの見込みがつくまでの暫定的なものであった。この見込みが訴訟の係属中には明らかとならず、確定判決を待たねばならぬ事情があれば、その後相当期間内にそれぞれ残額や所有権についての別訴が提起されても、時効中断の効果を維持できるとする余地も考えられる（我妻教授の見解に近くなるが、六ヵ月以内とする必然性はない。「恐らくは、解釈上の根拠なしとの非難を蒙るであろう」催告の不断の継続という構成をとらず、「裁判上の請求」に当たると解するからである）。

いずれにしても、訴訟上の権利主張を右の意味で「裁判上の請求」として、これに時効中断の効果を認めるには、単に広く権利主張だけでは不十分であり、さらに、この権利主張を伴う訴えの提起がそれ自体この権利関係を将来裁判上確定し実現するための前提ないし手段としてなされている限度でなければならないことになる。このことが時効中断についての民法の諸規定の認める限界であると考える[3]。したがって、同様に訴訟上の権利主張であっても、「裁判上の請求」たるためには、訴えの提起に準ずるものであるを要し、単に「原告の主張に対する単純なる抗弁」にすぎないものはこれを含まないことになる（大民三判大正九年九月二九日民録二六輯一四三一頁）。また、原告の権利主張でも、これを伴う訴えの提起が、後訴におけるこの権利実現の手段と考えられる場合に限り、単なる攻撃防禦方法としての権利主張では、「裁判上の請求」とはいえないとすべきであろう。訴えの提起に準ずる点では、逆に、債権不存在確認の訴えにおいて、被告の債権につき「裁判上の請求」ありとして時効中断を生ずるのは、判例がいうように（大民聯判昭和一四年三月二二日民集一八巻二三八頁）、現に被告が債権の存在を抗弁として主張したときではなく、むしろ不存在確認の訴えの提起されたときと解する立場（山田・前掲民事訴訟法一巻三三四頁以下、兼子・前掲民事訴訟法体系一七九頁、三ヶ月・前掲民事訴訟法三三二頁。我妻・前掲法学協会雑誌五〇巻七号二九頁以下は反対）と考え方において共通である。この点では、時効中断ではないが、出訴期間に関する最近の最高裁判所判決が示唆的である（最一小判昭和三七年一月二三日民集一六巻一号三七五頁）。宅地買収計画取消請求の訴えにおいて、買収対価の不当がその請求原因の一として主張されている場合には、予備的請求としての買収対価増額請求の訴えは、出訴期間経過後に提起されたものでも、出訴期間遵守の点において欠くるところがない。この場合には、国に対して右対価を争う意思は、実質的には、買収計画取消訴訟提起の時に既に表明されていたものと解しうるから、出訴期間の関係では、この予備的請求も取消訴訟提起の時から提訴されていたものと同様に取り扱うのを相当とする。しかし、対価を争う意思の表明だけで十分であろうか。訴訟制度の上でも買収対価の不当を請求原因の一として主張する買収計画取消しの訴えが、やがて対価不当が明らかになったときには対価増額請求に切り換えるための前提としての一面をもつと認めうる限りでのみ判決の結論が是認できると思う（鈴木正裕「判例評釈」民商法雑誌四七巻四号〔一九六三年〕五七〇頁参照。これによれば、対価不当は一般に買収計画取消しの訴えの正当な理由とされていないために、この点の主張は期間経過停止の理由とならぬとする）。

(ハ)　以上によって、訴えの提起において一定の権利主張があるときは、この訴自体が、相当期間内に裁判上当該権利を確定ないし実現するための前提ないし手段である限りにおいて、「裁判上の請求」ありとして時効中断の効力を生ずる、ということを論証した。

これが催告と異なるのは、「裁判上の請求」として訴訟の終結まで時効中断の効果を持続すること、および訴訟におけるすべての権利主張を含むわけではないということである（訴訟における個々の権利主張を民法上の催告と解し、主張の時点から六ヵ月内に当該権利についての訴えの提起あることを条件として時効中断の効果を認める余地は残されよう。但し、催告の繰返しは認められない。大判大正八年六月三〇日民録二五輯一二〇〇頁）。しかし、ここで訴訟における権利主張を「裁判上の請求」と解することにより、「裁判上ノ請求ハ訴カ却下又ハ取下ノ場合ニ於テハ時効中断ノ効力ヲ生セス」とする民法一四九条との関係が問題になる。このような「裁判上の請求」としての権利主張に一旦認められた時効中断の効果も、訴えの却下または取下げがあれば遡及的に失われることになろうからである。したがって、この一応の時効中断の効果が維持され決定的になるのは、同一訴訟内において当該権利を容認する確定判決（これに相当する認諾や和解調書）のある場合に限られることになる（民法一七四条の二参照）。これが訴えの却下（実体的理由による請求棄却を含む。大民二判明治四三年四月一二日民録一五輯四三九頁。したがってこれに相当する放棄や和解調書も含む）や訴えの取下げ以外にこの訴訟を終結させる唯一の方法だからである。とすれば、訴提起に伴って主張された権利関係が、同一訴訟内においてでなく、別の訴訟手続においてしか確定されない場合には、この権利主張に時効中断の効果を認めることは全く不可能になるのであろうか。けだし、初めの訴訟は、請求認容の判決なき限り、ともかくも訴えの却下か取下げによって終結させねばなるまいからである。

この点に関して、本件判決の引用する判例は、賃金債権訴訟中に、別に金銭債務臨時調停法によって、債権の一部認容の調停（同法四条により、裁判上の和解と同一効力をもつ）が成立した場合には、たとえ手続を異にしても、時効中断については当然訴訟事件において裁判上の和解が成立したと同視すべきだとして、この訴提起につき時効中断の効果を認めた。そして、既に訴訟の目的を遂げ単に当該訴訟を形式的に終了させるためになされた訴えの取下げは、訴訟の目的を遂げずに裁判所に対して判決のされないことを求める訴えの取下げとはその本質を異にし、民法一四九条の趣旨からして同条の訴えの取下げには当たらないとした（大民一判昭和一八年六月二九日民集二二巻五五七頁）。判旨の前段は、時効中断事由として「裁判上の請求」たる権利主張は裁判上の確定を条件とするが、これは必ずしも同一訴訟内においてなされる必要はないということであり、権利の主張が「裁判上の請求」として中断力を持つのは結局権利関係の確立という点に基づくとする立場からも異論のないところである（吾妻「判例批評」判例民事法昭和一八年度三四事件）。とすれば、訴え提起に伴う権利主張が、たとえ昭和一八年大判のように訴訟物とはされず、本件判決のように境界確定の訴えにおける所有権の主張にすぎないときでも、この点が別に所有権確認訴訟で確定されるとすれば、この所有権の主張を「訴訟上の請求」として時効中断の効果を認めることも容易に是認できることであろう。そこで問題はもっぱら昭和一八年大判の判旨の後段、つまり民法一四九条における訴えの取下げの評価に関する。この点で昭和一八年大判が本件判決と異なるのは、訴えの取下げが、一方では既に調停（和解）により訴訟目的を遂げた後になされたのに、他方では訴えの（交換的）変更においてさらに（境界確定と異なる）所有権についての確認を求めるためになされた点である。つまり、本件判決における訴えの取下げは、旧訴たる境界確定の請求については、あくまで裁判所に対してこの点の判断を求めず、この点についての訴訟の終了を目ざす通常の訴えの取下げである。したがって、本件判決がいうように、「裁判所の判断を求めることを断念して旧訴を取下げたものとみるべきでない」というためには、「本件係争地域がXの所有に属することの主張は終始変わることなし」として、所有権の確定という目的に重点が置かれねばならない。境界確定の訴えを、所有権の限界を劃し、その帰属関係についても拘束力ないし確定力をもつとする見解に立たない限り、これと所有権確認の訴えとを実質上何ら差異のない権利関係を目的とするものと考えることはできない（原審は、「旧訴で形成される実体上の権利関係と、新訴で確認される権利関係とは、その間に殆ど何ら差異がない」点を重要な論拠とする。上告審判決がこの部分を除き「Xの所有に属することの主張は終始変わることなし」として原審を認めたのは重要である）。そこで残された方法は、境界確定の訴えにおける所有権の主張に「裁判上の請求」として時効中断の効果を認めるのはこれが所有権確認訴訟の前提であるという意味においてであるという立場だけであると思われる。けだし、この立場では、重要なことは、所有権の主張のもつ所有権確認訴訟の前提としての役割であり、境界確定の訴え自体の運命は、この点にとってはそれほど決定的な意味をもたない。民法一四九条が訴えの却下または取下げがある場合に時効中断の効果を否定する趣旨は、裁判上の権利主張に時効中断の効果を認めるにはこの権利が裁判上確立されることを条件とするという点にあり、訴えの取下げまたは却下がある場合には一般にその余地がないと考えたためであると解する。とすれば右の場合には、所有権の主張の点については、まさに裁判上の確立が予定されている場合に他ならない。所有権確認の訴えの交換的変更における旧訴えの取下げは、この点に着目すればまさに形式的であって、「裁判所の判断を求めることを断念して旧訴を取下げたものとみるべきでないから、訴の終了を意図する通常の訴の取下げとはその本質を異に」することになる。以上のような推論を通じて初めて、本件のごとき訴えの交換的変更（旧訴の取下げ）は民法一四九条の訴えの取下げに当たらないとする結論が正当化されると考える。

（1）　少数意見は、従来の判例も、「裁判上の請求」は必ずしも訴えの提起たるを要せず、訴訟においてその権利の存在を主張するをもって足るとし、また必ずしも訴訟係属と必然的な関係にあるものと見ていないことを示すために、次の判例を挙げる。(イ)船舶沈没によって生じた損害について、沈没当時の船舶価格を基礎とする積極的損害賠償の請求の訴えは、価格騰貴および使用不能による利益喪失の消極的損害賠償債権の消滅時効を中断するとする判例（大民二判大正一一年七月一〇日評論一一巻諸法一一頁）、(ロ)債権不存在確認訴訟において、被告として債権の存在を主張することも、「裁判上の請求」に準ずるものとして時効中断の事由とする判例（大民聯判昭和一四年三月二二日民集一八巻二三八頁）。(ハ)保険契約関係確認の訴えの提起は、その後生じた保険事故に基づく保険金請求権の時効を中断するとした判例（大民二判昭和五年六月二七日民集九巻六一九頁）。

（2）　この点の問題が解決するならば、「この見解は多数の同調を得るに難くない」とし、民法一四九条や一五七条二項との関係で論理的に生ずる問題を指摘するものとして、金銭債権の明示の一部請求と時効中断についての川添調査官「判例批評」法曹時報一一巻四号〔一九五九年〕七六頁、三淵調査官・法律時報三一巻七号〔一九七九年〕七〇三頁参照。これらの点につき、原島・前掲二五九頁以下参照。なお、本件判決は、民訴二三五条（現一四七条）との関係での上告理由に直接には答えていない。この点については、判例①の藤田裁判官の少数意見の説明が参考になる。

(3)　大審院判決（注(1)の(ハ)の判決）は、基本的法律関係存在確認の訴えは、この基本的法律関係より発生した権利を実現する手段であるため、この手段をとった以上は権利の上に眠るということはできず、この権利の消滅時効を中断するとするが、これはまさに本文の考え方と共通である。もっとも、この判例を詳細に見れば問題は残る。つまり、基本的法律関係とされる保険契約存在確認といっても、これは単に事実関係にすぎず、法律上は、事故発生を条件として生ずる債権（事故不発生の場合には満期債権）の期待権と考えて、初めて確認訴訟の対象となろう。してみれば、係属中に事故が発生した以上、この期待権は現実に債権となり、裁判所は釈明してこの債権の確認訴訟に訴えを変更するか否かを明らかにすべき事例であろう。

（九州大学法政研究三〇巻二号、一九六三年）

五　消極的確認の訴えの利益

最高裁判所昭和三九年一一月二六日第一小法廷判決（昭和三八年(オ)四九一号、商標権不存在確認等請求事件）民集一八巻九号一九九二頁

⑴　事実の概要

訴外B会社は、タオルを指定商品とする「三羽鶴」の商標権（本件商標権＝登録九一五三七号）をもってタオルの製造・販売をしていたが、昭和一八年に解散したのち、清算を経て営業を廃止していた。その後Bと同名のY会社が設立され、Yは昭和二五年三月には、右の商標をBから譲り受けたものとして移転登録をうけ、現在もこれを用いてタオルの製造・販売を行っている。ところが他方、昭和二五年七月、「三羽鶴」と同一内容の商標権（登録三八七三八二号）が訴外Aの出願に基づき登録されると、別に設立されたX会社がこれを譲り受けて同様にタオルの製造・販売を行うに至っている。そこでXは、Yに対して、本件商標権はすでにBの営業廃止により消滅していたとして、本件商標権の不存在確認を求め、さらにその抹消登録手続を請求したのが本件である。ところが、これよりさきに、Yの請求により特許庁がXの商標権の登録を無効と審決し、これに対する抗告請求も排斥したので、Xは別にこの審決取消しの訴えを提起していた。そこでYは、Xの本件請求に対して、これが右の別件と二重起訴になるとし、そうでなくとも、同じ商標権につき、Xが自己の権利の積極的確認を求めずに、相手方の権利の消極的確認を請求するのは、確認の利益を欠く、と主張した。

第一審・原審ともに、二重起訴の抗弁を斥け、確認の利益を認めて、結局Xの本件商標権不存在確認および抹

消登録手続請求を認容した。Yが上告し、他の上告理由とともに、確認の利益を争って、「権利の帰属を争う場合には、自己の権利の積極的確認を求めるべきであって、相手方の権利の消極的確認を求めるべきではない」と主張した。上告審は棄却。

(2)　判　旨

「Y名義の登録九一五三七号商標権（本件商標権）とX名義の登録三八七三八二号商標権とは、いずれも『三羽鶴』なる文字を縦書した構成で第三六類タオルを指定商品とするものであるが、商標権が登録により発生することは旧商標法七条の規定するところであるから、右の二つの商標権はそれぞれ別個独立の権利であると解すべきである。したがって、Xは、自己の商標権の存在確認を求めうることはもとよりであるが、それと同一内容を有する本件商標権がBの営業廃止によって消滅しているにかかわらず、Yがこれを使用している本件においては、本件商標権が権利として存在しないことの確認を求め、さらに本件商標の登録抹消を求めるについて正当の利益を有すると解すべきである。」

〔少数意見〕　松田裁判官の少数意見がある。「右二つの商標権は類似の域を超え全く同一のものと認むべきであり、終局的に相並存し得ざる関係に立つものなのである。……同一の指定商品につき権利者を異にする二個の同一の登録商標が存在し、終局的にはその一方が否定されざるを得ない関係に立ち、しかも現に別訴においてそのいずれか一方が否定されんとする場合には、単に相手方の商標権不存在の消極的確認を求めるのでは足らず、自己の商標権の存在の積極的確認を求めることを要する。」

(3)　解　説

(イ)　確認の訴えは、論理的には確認の対象となる法律関係の性質や種類に制約がないから、これを確認判決によって即時に確定する現実の法律的な利益ないし必要がある場合に限って認められる。しかもこの場合、給付の訴えとはちがって、現実の執行による裏打ちなしに、法律関係存否の観念的な確定だけによって紛争解決が図られるので、確認判決がそのための有効適切な手段であるかどうかを個別的に検討する必要に迫られる。確認の利益はこうして訴訟要件の一つとなる。このような確認の利益は、原告の法的地位が不安・危険であり、この不安・危険を除去するためには確認判決を得ることが最も有効・適切である場合に認められる、とするのが一般である（兼子一・民事訴訟法体系〔酒井書店、一九五四年〕一五六頁、三ヶ月章・民事訴訟法〔全集〕〔有斐閣、一九五九年〕六五頁、斎藤秀夫・民事訴訟法概論〔有斐閣、一九六四年〕一八四頁など）。これが本件のような消極的確認の訴えにおいて具体的にはどのように現れるかは、個別的に判断せざるをえない（確認の利益一般につき民事訴訟法判例百選〔一九六五年〕24事件参照）。

(ロ)　具体的権利関係の不存在が確認の訴えの対象として適切であることはいうまでもないが、原告・被告間の権利関係に限らず、当事者の一方と第三者との権利関係であっても、その不存在を当事者間で確認させる法律上の利益があれば、消極的確認の訴えの対象となる（確認の訴えの対象は、確認の利益と区別して、とくに請求適格として問題にされる。民事訴訟法判例百選23事件参照）。

判例にみられる消極的確認訴訟の事例には、被告の権利の不存在確認を求めるものが多い。これは、被告が自己を権利者と主張することによって、原告の法的地位を不安・危険にさらしているため、被告の権利を否定する確認判決によってこの不安・危険を除去する必要がある場合である。①まず当事者間の権利関係として、被告が原告に対する債権を主張する場合には、これを争う原告は債権不存在確認の訴えを提起する利益が認められる（大判昭和一〇年三月二〇日法学四巻一五七五頁、東京高判昭和三五年八月三〇日東高民時報一一巻八号一三二頁。もっとも前者は、債権者だけでなく、債権の譲渡人を相手としても債権不存在確認を求める利益を認めた）。②また、当事者間の権利ではなくとも、被告の主張する権利によって原告の権利や法的地位が侵害されたり制約をうけたりする場合にも、同様に被告の権利の不存在確認の利益が認められる。たとえば、抵当権者であると主張する者に対して、抵当不動産の所有権者は抵当権不存在確認の訴えを提起する利益があるし（大判昭和九年三月二六日民集一三巻四号三一〇頁）、登記簿上第二順位の抵当権者は、被担保債権の存在を主張する第一順位の抵当権者に対して、債権不存在確認の訴えを提起する利益がある（大判昭和一五年五月一四日評論二九巻民法三七一頁、仙台地判昭和三一年六月一二日下民集七巻六号一五四一頁）。

本件判決は、二つの商標権が内容は同じでも別個独立の権利であることを前提とし、Yの商標権が消滅したのになお使用されている場合には、これと同一内容の商標権をもつXはYの商標権不存在確認の訴えを提起する利益をもつとしたわけであり、右の②の判例の流れに従ったものと評価することができよう。しかし、本件の事例を、相互に相容れない商標権の帰属をめぐる争いであると解するならば、少数意見がいうように、Yの商標権の不存在を確認してもXの商標権の存在は確定されないから、Xはむしろ自己の商標権の積極的確認を求めた方がより有効適切で、かつ抜本的な解決策になるのではないのか、との疑問が生まれる。

(ハ)　消極的確認の訴えと積極的確認の訴えのどちらを選ぶべきかについては、一般に所有権の帰属を争うときは、原告は自己の権利の積極的確認を求めるべきであって、相手方の権利の消極的確認を求めるべきではないといわれる（兼子・前掲一五七頁、三ヶ月・前掲六六頁、斎藤・前掲一八五頁）。相互に相容れない権利の帰属を争うときには、一般論としては、この方が紛争を後日に残さず、より抜本的な解決策となるといえる。しかし、個々の事件の態様によっては、相手方の権利の消極的確認が一律に不適法となるとは限らない（同旨、斎藤・前掲一八五頁）。請求内容に示された紛争の核心が何であるかによって具体的に判断されなければならない。

判例は、登記簿上第二順位の抵当権者が被告の第一順位の抵当権の不存在の確認を求め、被告による抵当権実行の禁止を請求したのに対して、右の一般理論から、原告は自分が第一順位の抵当権を有することの積極的確認を求めるべきであって、被告が抵当権を有しないとの消極的確認を請求するのは、確認の利益を欠くとした（大判昭和八年一一月七日民集一二巻二六九一頁）が、これは失当である。ここで原告の請求の目指すものは、被告の抵当権実行による競売の阻止であり、その根拠として被告が抵当権をもたないことの確認を求めているのである。原告が第一順位の抵当権をもつことを確認しても、被告は第二順位の抵当権をもちこれにより競売できるかもしれないのだから、その目的は達成されない。被告に抵当権がないことの確認を求める原告の請求は、本来、抵当権実行禁止の請求の先決問題として中間確認の訴えに当たるものを当初からもち出したもので、確認の利益を認めるべきであった（兼子一・判例民事訴訟法〔弘文堂、一九六七年〕六二頁、新堂幸司・民事訴訟法判例百選五五頁）。もっともこの事例は、実質的には前述(ロ)の②に挙げた判例（とくに、大判昭和一五年五月一四日および仙台地判昭和三一年六月一一日）の場合と何ら異ならず、同じ権利（第一順位の抵当権）の帰属を争う場合ではなかったのである（大審院が紛争の実態を見誤ったにすぎぬ）。しかしその後の判例は、現に土地を占有する土地所有権者は、被告が自らを所有権者と称して土地明渡しを求めるのに対し、これを防止するために被告の所有権不存在の確認を求める利益があるとした。被告に所有権がないことが確定すれば、被告はもはや原告に対して明渡しを請求することはできなくなるからである（大判昭和一〇年四月二〇日法学四巻一五八五頁）。この事例では、土地の登記名義は原告にはなく被告にあったが、たまたまこの事案は原告が被告に対し抹消登記だけを請求できる場合であった（直接の移転登記は中間省略登記となり、認められない）ので、このためにも、被告の所有権の消極的確認で十分であったといえる。しかし一般的には、土地の占有や登記が原告になく被告にある場合には、原告は自己の所有権の積極的確認を求めるべきであろう。そうしておけば、将来原告が所有権に基づき明渡請求や移転登記請求をするときの基礎となって、被告の所有権の消極的確認よりは抜本的な解決となるからである。しかし、原告が土地の占有も登記ももって現に使用しているとき、つまりさしあたって右のような物上請求の必要もない場合には（特別の状況によって妨害排除や予防請求などの必要があれば別である）、相手方の所有権不存在の確認でも紛争の解決には十分であり、この請求を排斥すべき理由はない（新堂・前掲参照）。右の判例の趣旨もこのように解することができる。

本件商標権不存在確認の訴えについても、右の判例の立場に立って、確認の利益を認めるべきかどうかを考えることができる。本件でXの請求の目ざすところは、Yの商標登録の抹消であり、その根拠としてYに商標権がないことの確認が求められている。Yの商標権の消滅を理由に、抹消登録を請求し、商標権不存在の確認を求めるためには、必ずしもXが同一内容の商標権をもつことを確定する必要はない。同じ内容の商標の登録があることだけで、正当な利害関係人として十分であろう。問題は、Yの商標権不存在確認よりもXの商標権の積極的確認の方がより有効適切ではないかということである。まずYの商標の抹消登録を請求するためには、Yの商標権の不存在を確認すれば十分であって、Xの商標権の積極的確認を求める必要はなく、この点では両者の間に何ら差異はない。しかもXは自ら登録をもち現に商標権を使用しているのだから、これと同一内容のYの商標権の不存在を確定しその登録を抹消すれば、自己の法的地位の不安は除去され、十分に紛争の解決は図られる。あえてXの商標権を積極的に確認するまでもない。これはちょうど土地の占有も登記ももち現にこれを使用している所有権者の地位と似ている。このようにみれば、相手方の商標権不存在の確認請求を利益ありとした多数意見の結論は、商標権を所有権と同様に排他的な権利とみる少数意見の前提に立っても、肯定できることになる。

(二)　最後に、本件は結局Yの商標登録抹消によって解決されねばならぬとすれば、その前提にすぎぬ商標権不存在確認の利益は認められるのか。一般に給付の訴えが可能な場合に、その直接の対象となる請求権（明渡請求権）の確認の利益は認められないが、この請求権の基礎をなす基本権（所有権）については確認の利益が認められる（大判大正一三年五月三一日民集三巻七号二六〇頁、最判昭和二九年一二月一六日民集八巻一二号二一五八頁）。けだし、明渡請求における給付判決は、明渡請求権を確定してもその基本となる所有権は確定しない。この点を独立の確認判決で確定しておけば、所有権から派生する明渡請求や登記請求などいずれの給付訴訟においても拘束力をもち、より抜本的な解決に役立つからである（詳しくは、民事訴訟法判例百選24事件参照）。ちょうど中間確認の訴えを独立の確認の訴えとして認めたものであるといえる。本件商標権不存在確認請求も、抹消登録請求の先決問題として中間確認の訴えに当たるものを当初からもち出したものといえるが、商標権不存在の確認判決があれば、これを前提とする請求であれば、抹消登録請求だけでなく、損害賠償請求などについても拘束力をもち、抜本的解決に役立つことになる（損害賠償請求の先決問題として、免許に基づく被告の営業権の不存在確認の利益を認めた、青森地判昭和四〇年九月一三日判例時報四三三号二四頁参照）。

〔参考文献〕　本文中引用のもの以外、本件の評釈として
栗山忍・法曹時報一七巻二号（一九六五年）三〇八頁
伊東乾・民商法雑誌五三巻一号（一九六六年）一〇九頁
石川明・法学研究四〇巻一号（一九六七年）一三四頁

（続民事訴訟法判例百選、一九七二年）

六　当事者双方の不出頭と期日指定

名古屋地方裁判所昭和四〇年九月三〇日決定（昭和三五年(ワ)一七八号、指定裁判取消事件）
判例時報四三五号二九頁

(1)　事　実

本件における当事者は双方とも、昭和三五年三月五日の第一回口頭弁論期日に出席したほかは、同年五月七日の第二回口頭弁論期日から昭和四〇年五月二七日の第一五回口頭弁論期日まで一度も出頭していない。その間原告の側から、民事訴訟法二三八条（現二六三条）に基づく期日指定の申立てが連続一三回に及んで繰り返されていた。そうして、右の第一五回口頭弁論期日に当事者双方が欠席してから三ヵ月経過する直前の昭和四〇年八月二四日に、さらに原告から前記法条に基づく期日指定の申立てがあったので、次回の口頭弁論期日が同年九月三〇日に指定された。しかしこの期日も当事者双方不出頭のまま指定時刻が経過した。

(2)　判　旨

以上の本件訴訟の経過からみて、原告にはもはや訴訟追行の意欲がないか、あっても甚だ稀薄なことをうかがうことができる。それにもかかわらずなされた原告からの昭和四〇年八月二四日付期日指定の申立ては、申立権を濫用したものであって、これを認めるときは、裁判制度への信用という申立権者の法益に比してより大きい法益を損なうことになるために、無効と解すべきである。したがって、右無効の申立てに基づいて本件口頭弁論期日を昭和四〇年九月三〇日午前一〇時と指定した裁判は、これを取り消すと共に、原告の右の期日指定の申立てを却下する。

「……申立権の乱用にわたると判断されたときはこれを却下排斥できるかの点であるが、従来黙過されている現象、即ち、ある具体的事件において当事者の期日軽視がもとで裁判が遅延し、そのことを関係当事者も亦、止むを得ないとしてその不利益を甘受している、あるいは裁判の遅延が、むしろ関係当事者の期待するところとなって期日を無視している、といったような現象も、例えば当事者双方不出頭で休止となること連続一〇回以上に及ぶとか、通算すれば二〇回に達するとかに至ったときは、その背後の事情はともかくとして、結果的にそのような遅延した裁判が存在しているということ、そのこと自体が一般の人々に裁判機能に対する懐疑、不信を抱かせる因ともなるものであることに思いをいたせば、もはや具体的な一事件の帰すうの問題にとどめず、民事裁判制度に対する国民の信頼を侵蝕する行為として考慮評価しなければならないと考えられる。」

(3)　研　究

(イ)　現行民事訴訟法は、当事者双方が口頭弁論期日に出頭しない場合には、その後三ヵ月内に改めて期日指定の申立てをして、弁論を続行する意思を示さない限りは、訴えの取下げがあったものとみなしている〔二三八条〔現二六三条〕〕。これは、旧法における当事者の合意による休止および双方欠席の場合の休止を含むいわゆる当事者進行主義を廃止して、訴訟の進行についての職権主義化〔職権進行主義〕が計られた改正の一環であったといわれる。しかし現行法下においても、当事者双方の期日欠席と期日指定の申立てが繰り返されれば、事実上休止を認めたのと大差ない結果を生ずることになるだけでなく、むしろ却って裁判所の手数を増やすことにもなるという欠陥が、しばしば指摘されてきた〔菊井維大＝村松俊夫・全訂民事訴訟法Ⅱ〔日本評論社、一九六四年〕一四五頁、兼子一・民事訴訟法体系〔酒井書店、一九五四年〕二三四頁、三ヶ月章・民事訴訟法〔有斐閣、一九五九年〕三五一頁)。本事例はまさにこのような事態に立ち至った場合であり、従来からこれにいかに対処するかについてはいろいろの見解が示されてきた。本件判決は、繰り返しなされた期日指定の申立てを申立権の濫用として却下した点では、初めて権利濫用の法理をこの分野に適用した注目すべき判例である。

(ロ)　ところで、権利濫用ないし信義則の適用によってこの場合を処理しうるかという問題提起は、後(二)に述べるようにきわめて最近のことであって、従来はこのような一般条項によらない解決が考えられてきた。通説的な見解によれば、右のような欠陥を生ずるのは立法上の不備であって、基本的にはドイツ民事訴訟法の一九二四年改正にみられるような立法的な手当てが必要であるとされる(菊井＝村松・前掲書一四五頁、兼子・前掲書二三四頁、三ヶ月・前掲書三五一頁。なお、ドイツ一九二四年法の詳細については、菊井維大「当事者主義の制限」法学協会雑誌四二巻一一号(一九二四年)一四八頁参照。その他種々の立法論について、岩松三郎＝兼子一編・法律実務講座民事訴訟編三巻(有斐閣、一九六〇年)三二六〜三二七頁、岩口守夫「訴訟遅延の防止に関する実証的研究」司法研究報告書七輯三号(一九五四年)一〇四〜一〇五頁参照)。したがって、立法上の補正がなされるまでは事実上休止を認めたのと同様の結果を生ずることを是認してきたことになる。

これに対して、現行法の解釈としても強い対処策を説く見解がないわけではない。かつて、当事者の期日指定の申立てが双方の欠席した期日から三ヵ月以内であっても、指定された期日が三ヵ月以後である場合には、双方とも再びこれに欠席すれば直ちに訴えの取下げとみなすという見解があった(山田正三・法学論叢二五巻五号(一九三一年)八〇二頁)。当初の期日懈怠から三ヵ月経過しても、当事者が出頭しない以上、訴訟は終了するという効果は、当事者の期日懈怠に対する制裁であって、そうしなければ双方欠席と期日指定の申立ての繰り返しによって訴訟は永久に終了しないことになる、という理由による。これは、口頭弁論期日に出頭しないこと二回に及ぶときには訴えの取下げがあったものとみなすという戦事民事特別法(八条ノ二)に近い結果を認めることになる(もっとも、同法は、当事者がその責めに帰すべからざる事由により出頭できなかった場合に原状回復を認めていた。

なお、立法論としては、一回の欠席によって訴えの取下げとするものもある。岩口・前掲論文一〇四頁・一〇七頁参照）。しかし、実務上は、双方欠席が繰り返されるのは、当事者間に示談が進行しており、ただ最後の保障として訴訟を維持しようとしている場合などが多いとされるが（岩松＝兼子編・前掲書三二六～三二七頁、殊に註㈢参照。もっとも、それ以外の目的のためにも利用することの多い点につき、後述するところ、および岩野徹＝川上泉「期日の欠席」総合判例研究叢書・民事訴訟法⑹〔有斐閣、増訂版一九六八年〕四三～四四頁参照）、このような場合にも、国家としては性急に訴訟を片付けてしまう必要があるかには、問題がある（同旨、兼子一・判例民事訴訟法〔酒井書店、一九六二年〕一九二頁、細野長良・民事訴訟法要義二巻〔巖松堂、第五版、一九四〇年〕四九二頁）。もともと、私人間の争いが自主的に解決できない場合に、しかも解決の求められた限度においてのみ、国家としてこれを解決しようというのが民事訴訟制度の目的であるとするならば、訴訟外で自主的解決のための手続が進行している場合には、当事者双方の意向に基づいて事件の処理をこれに委ね、手続を一時休止することは、制度目的に合致しているように思われる（もっともこの点では、事実上併行審理の現状にもかかわらず、継続審理の要請との関係で、さらに検討すべき問題がある）。ドイツ民事訴訟法（二五〇条）が、前記改正によって、裁判所は和解のための協議の進行中であることやその他の事由によって合目的々であると認めれば、当事者双方の申立てによる休止を認めねばならない、としたのはこの間の調整を図ったものであろう。わが国でも同様の趣旨の規定の採否について検討する余地があると思われるが、これを正面から認めていない現行法において、右のような可能性を全く排除してしまうのは適切ではないように思われる（岩松＝兼子編・前掲書三二七頁が「当事者双方の不出頭と期日指定とが繰返される今一つの場合は、訴訟外において当事者間に示談が進行しているときであるが、それが裁判所にはっきりしている限り当事者の出頭を強制する要はあるまい」とするのを参照）。

しかし、当事者双方の不出頭による実務上のいわゆる「休止」が利用されるのは、必ずしも当事者間における示談解決などの合理的根拠のある場合に限らない（もっぱら期日の延期・変更の目的を達せんとするため、または原告が欠席したため相手方が弁論をしないで退廷した場合などが多い。岩野＝川上・前掲書四三～四五頁、岩松＝兼子編・前掲書三二六頁）。合理的な根拠のない場合にも、双方不出頭と期日指定が繰り返されるのを放置することは、いたずらに無駄な手数を積み重ねて訴訟を遅延させることになり、訴訟事件の迅速・経済的な処理という要請に反することになる。この場合、ドイツ民事訴訟法（二五〇条ａ）のように、裁判所は「記録に基づく裁判」ができるという立法的な手当てをすることも一つの解決策である（三ヶ月・前掲書三五一頁が、状況によっては対席判決をしうる余地を選択的に認めるとするのは、この意味か）。さらに、このような規定をもたないわが法の解釈としても、裁判所は双方の出頭しない期日において「裁判をなすに熟する」として弁論を終結することができるという見解がある（岩松＝兼子編・前掲書三〇八頁、岩野＝川上・前掲書四八～四九頁。これに反対する判例として、大阪高判昭和三二年一月三一日高民集一〇巻一号二二頁がある）。形式的には、当事者双方が欠席しても休止になるのではなく事実上弁論の進行が停止しているにすぎない（ただ、旧法以来の沿革的理由によって実務上「休止」と呼ばれているにすぎない）から、職権進行主義はいささかも影響をうけないので、弁論を終結できるし、実務上もこれによって手続促進の実を挙げることができる、というにある。たしかに、当事者双方が欠席しても、弁論を終結し、従来の資料を基礎にして裁判できるようにすれば、訴訟処理を迅速にするのはもちろん、訴えの取下げを擬制して従来の審理の結果を無駄にすることも防止できるように思える（三ヶ月・前掲書三五一頁の指摘参照）。しかし、口頭弁論期日を指定するのは未だ弁論が不十分であることを前提としているのであるから、その期日に双方出頭しない場合に、真に「裁判をなすに熟する」といえるのはきわめて限られることになろう（たとえば、本件のごとく第一回期日に出頭しただけで裁判をなすに熟するといえる場合は多くはないであろう。菊井＝村松・前掲書Ⅱ一四七頁は、さらに、立証が不十分なのに立証責任により判決できるとすれば、徒らに上訴を誘発して問題であるという）。

(ハ)　こうして、当事者双方不出頭による実務上のいわゆる「休止」をめぐっては、必ずしも一律に処理しえない状況のあることが明かになった。したがって、これに対応した立法的な対策が望まれるわけであるが、これが不十分な現行法の下でも、なお具体的に妥当な解決を得るためには、権利濫用や信義則という一般条項を適用して、この問題を裁判官の裁量に委ねるという方向が、一般的に予想されるところであった。しかしそのためには、民法上の規定である権利濫用や信義則（同法一条二項・三項の相互関係をいかに解するかについては民法上問題とされる。我妻栄「公共の福祉・信義則・権利濫用の相互関係」および川島武宜「権利濫用の意味論的考察」共に末川先生古稀記念論文集・権利の濫用(上)（有斐閣、一九六二年）所収参照）を民事訴訟法の分野にも適用することができるのか、適用できるとしてもいかなる根拠によって、どのような限度で可能であるのかという根本問題と対決する必要があった。この問題についてのわが国における学説のアプローチは極めて最近のことであるが、大別して次の三つの立場に分かれうると思われる。

第一は、信義則（権利濫用）の民事訴訟における適用を全面的に肯定すると共に、これを訴訟における当事者の一般的な協力義務という指導理念によって根拠づけようとする立場である（中野貞一郎「民事訴訟における信義誠実の原則」民商法雑誌四三巻六号（一九六一年）五三頁以下〔訴訟関係と訴訟行為（弘文堂、一九六一年）所収〕、山本卓「民事訴訟における信義誠実の原則」司法研究報告書一四輯一号（一九六二年）。なお、三ヶ月・前掲書一四六頁以下・一五〇頁以下・一六一頁などには同様の方向がうかがえる）。第二は、信義則の適用を認めるが、これは、当事者主義訴訟構造の下では、当事者の弁論権を中心とした訴訟上の権利・自由が認められるのであって、ただその行使が相手方の保護や司法機能の確保のために信義則によって制約されるということを意味するに止まり、その前提として当事者の一般的な協力義務を認めるのは妥当でないとする立場である（山木戸克己「民事訴訟と信義則」末川先生古稀記念論文集・権利の濫用(中)（有斐閣、一九六二年）二六五頁以下〔民事訴訟法論集（有斐閣、一九九〇年）所収〕。兼子・前掲体系一〇一頁が、「紛争の解決にも、取引行為におけるのと同様相互に信義誠実を重んじて交渉すべきで、権利のための闘争はあくまでフェア・プレイに終始すべき」であるとして、真実義務を認め、訴訟の引延しを策する忌避の申立てを忌避権の濫用とするのは同旨か）。第三は、否定説である。つまり、信義則や権利濫用の導入は、困難な問題の解決を裁判官の裁量によって回避しようという安易な態度であって、却って訴訟を複雑にするおそれもあるとし、必要に応じて個別具体的な明文の規定を置くべきであるとする立場である（小室直人「上訴権の濫用」末川先生古稀記念論文集・権利の濫用(中)（有斐閣、一九六二年）三二三頁以下。なお、中田淳一「確定判決に基づく強制執行と権利濫用」中村宗雄先生古稀記念論文集・民事訴訟の法理（敬文堂、一九六五年）四七一頁以下が、執行の濫用を民訴法五七〇条ノ二（現民執法一三三条）の類推解釈によって処理するのは、なお民事訴訟法上の明文の根拠を求める意味では、この見解に近いといえようか）。

それぞれの立場は、民事訴訟における当事者と裁判所（国家権力）の関係についての基本的把握の差異に由来する。歴史的にみれば、否定説が当事者の訴訟上の権利・自由を中心にその主体的な地位を認める古典市民法的訴訟観に基づくのに対して、肯定説がその修正として進展してきたことは明らかである（ドイツ理論の展開につき中野・前掲論文五五頁以下参照。山木戸・前掲論文二六六頁が、その背景として、「社会関係ないし訴訟の現実的適用状況の推移」を挙げるのは、適切かつ重要な指摘である）。そして肯定説自体もまた、初めは当事者の権利行使の制約としてその主観的な徴表を重視するが（訴訟遅延の目的の有無が権利濫用の重要な基準とされる）、次第に客観的利益衡量により権利内容を制限（一般的当事者義務を強調）する方向に移行して行くように思われる（ここでその論証をする余裕はないが、民法の分野についての磯村哲「シカーネ禁止より客観的利益衡量への発展」末川先生古稀記念論文集・権利の濫用(上)（有斐閣、一九六二年）六〇頁以下の論証は、ここでも示唆的である）。当事者双方の不出頭による「休止」という具体的な事例の対処策についても、否定説は従来の通説の立場であったといえようが、肯定説は漸次積極的な態度をとる方向にあったといえる。すなわち、第二説によれば、この事例は「信義則の適用のみでは充分な解決を期すことができず、休止の制度の採否を含めて、立法的対策を講ずべきである」（山木戸・前掲論文二六七頁）というに止まったが、第一説は、まさにこのような事例に信義則を適用して訴訟遅延を封じ、国家の司法義務を実現することに、その積極的な意味を見出すことになる（中野・前掲論文八五頁参照。そこでは、なお、訴訟遅延の目的をもってなされた権能の行使を、権利濫用ないし信義則違反として問題にしている。しかし、手続の不当な遅延が結果的に協力義務違反とされることとの差異はわずかであると思われる）。

本件判決が、右の第一説の直接的な影響をうけたかどうかは明らかでない。しかし、民事訴訟の国家制度としての側面を強調し、「国民の国家権力への服従を基礎とする」当事者の裁判所への協力義務（協働関係）を基軸として信義則の適用を主張するこの見解が、本件における権利濫用肯定の理由づけと同じ方向においてその先導的役割を果して来たことは疑いない。すでに権利濫用理論を適用する先鞭をつけたものに忌避権濫用の事例があるが（大阪高決昭和三八年二月二八日下民集一四巻二号三四六頁など多くの判例および兼子・前掲民事訴訟法体系一〇二頁、菊井＝村松・前掲書Ⅰ一三四頁・一三七頁参照）、そこではなお、訴訟遅延の目的でなされた申立てという権利行使の主観的要素が重視されている（もっとも、染野義信「忌避権の濫用」判例時報四一三号〔一九六五年〕一一四頁は、近時の判例の中には、専ら訴訟遅延の目的だけの申立てに限らず、忌避の申立てをしたために事実上訴訟遅延をもたらすものを権利濫用とする傾向あり、と指摘する）。本件判決は、権利濫用適用の対象についてだけでなく、適用の基準についても、はっきりこの方向を一歩進展させたことになった。すなわち、「当事者双方不出頭で休止となること連続一〇回以上に及ぶ……ときは、その背後の事情はともかくとして、結果的にそのような遅延した裁判が存在しているということ、そのこと自体が一般の人々に裁判機能に対する懐疑、不信を抱かせる因ともなる」（傍点吉村）、これはもはや申立権者個人の利益より大きい利益であるところの「民事裁判制度に対する国民の信頼」を侵害するものであるとして、権利の濫用を認めて申立てを却下したわけである。当事者が訴訟外で示談を進めて自主的解決を計ろうとしているか、あるいはもっぱら訴訟引延しだけを目的としているかなどの背後の事情（主観的要素）は、もはやこの段階に至れば問題にならない。こうして、私益は公益に従うという客観的利益衡量がここでも権利濫用適用の基準とされることになった。もっとも本件判決は他方では、期日指定の申立てを繰り返すだけでは「もはや本訴追行の意欲がないか、有ったとしても甚だ稀薄なことがうかがわれる」として、当事者に訴訟追行の意思のないことが申立却下の根拠となるような口吻を示している（判例は、二三八条が訴えの取下げを擬制するのは、当事者の意思を推測したものだとする――大判昭和八年五月八日民集一二巻一〇八四頁。これに対し、意思推定規定でなく、訴訟整理のための公益規定であるとする学説、菊井維大・民事訴訟法(下)（青林書院新社、一九六六年）二七七頁参照）。それでは、訴訟追行の意思のあることを明らかにすれば、なお休止満了の効果を争いうるのかは、明らかでない。かりにこれを認めれば前後矛盾した論旨になろうが、他方これを否定すれば、当事者の意向（主観的要素）を無視し、もっぱら客観的利益衡量によって公共の利益を優先させる立場を一貫したことになる。

(二)　たしかに、本件におけるように当事者双方不出頭による「休止」が連続一〇回以上に及び、通算して四～五年にわたる場合には、かりにこれが示談などによる自主的解決交渉を進めるためであったとしてもなお、期日指定の申立てを却下して、訴えの取下げを擬制することが、結論としては妥当であると思われる。自主的解決の交渉中であれば、手続は「休止」することが望ましいとしても、これは一定の合理的期間内に限るべきであって、不相当に長期にわたるときはこれを整理することが、大量な事件処理を要する民事訴訟制度の他面の制約であるからである。しかし問題なのは、これを超法規的な権利濫用ないし信義則という一般条項の適用によって処理することの可否である。結論的にいえば、本件が極端な事例であるだけに、他の解釈による解決方法が見出せない限り、権利濫用を適用して処理するほかないであろう。しかし、この分野において権利濫用ないし信義則の適用を一般的に認めるについては、なお次のような問題点のあることを見落すわけにはいかない。

まず、信義則といい権利濫用というも、「個別的事情の下にその内容の具体化を要する抽象的規準」であるから、その適用は裁判官によって恣意的に行われる危険がある（山木戸・前掲論文二八六頁参照）。当事者に認められた訴訟上の権利を制限するには、合理的な根拠を要すると共に、明確な基準があらかじめ確定されておくことが要請される。本件の原告も、一〇回以上にわたる欠席が訴えの取下げを生ずることを予測しておれば、それ以前に示談解決の決着をつけていたかもしれない。本裁判所は一四回目の期日指定の申立てを権利濫用としたが（そして、先例としてはその限りで意味をもったが）、他の裁判所は二回目の申立てを権利濫用とするかもしれない（釧路地決昭和五年一二月四日法律新聞三二一二号一一頁は、連続二回繰り返した休止につき期日指定申立てを却下した措置を違法としたが、権利濫用の法理を適用すれば結果は異なったかもしれない。のみならず、わが国には先例拘束の法理もない）。

そこで次に、このような恣意的な適用を防ぎ、当事者に結果の予測を可能にするには、この場合に権利濫用を適用するにも、さらに類型的な状況について客観的な補助的基準の確保が必要になる（中野・前掲論文八二頁参照）。たとえば、当事者間の示談交渉などの合理的理由の有無や、訴訟を遅延させる目的の存否や、一〇回以上の連続的欠席などが、このような基準とされることになろう。しかし、権利濫用が適用された場合には、これらの基準自体についてはもちろん、そのあてはめについてもさらにその適否が争われることになろう（これは、訴え取下げの成否、つまり訴訟係属の存否の問題となるから、裁判所は再度の期日指定の申立てに基づき、期日を指定して口頭弁論を開くことになり、これらの争点はそこで判断されることになろう。大決昭和八年七月一一日民集一二巻二〇四〇頁、兼子・前掲判例民事訴訟法三三一頁参照）。これでは却って争点を多くし訴訟を複雑にするおそれがある（一般的な指摘として、小室・前掲論文三二五頁参照）。

さらに、この場合の権利濫用をいかなる基準によって認めるかは、根本的には、民事訴訟における当事者と裁判所との権限分担をどの限度で認めるかという基本的な訴訟観によって左右される問題である。したがって、個々の裁判官の訴訟観の違いによって権利濫用適用の基準自体が区々に分裂することにもなりかねない。そこで、その基準となるものを明示して、権利濫用適用の限界と法則性とを確立することが要請されるが、そのためには、個別的に明文の規定を設けることが最も望ましいわけである。ことに問題が、単なる技術的手続であるに止まらず、根本的な訴訟観と不可分に関連する事項であるだけに、ますます、国民代表の議会によってサンクションされることが、少なくとも市民社会の論理に合するように思われる（もっともこの点については、裁判所の規則制定権を大幅に認める近時の傾向からの検討が必要である）。いずれにしても、当事者双方不出頭の場合の手続が、申立てによる休止の制度をも含めて立法的に検討の余地があるとされていることにかんがみれば、やはり制定法による手当なしに権利濫用の適用だけでは問題の根本的解決は得られないといわねばならない。

（原題「連続一四回にわたる当事者双方の不出頭と期日指定の申立権の濫用」判例時報四四七号〔判例評論九二号〕、一九六六年）

七　弁論の併合と併合前になされた証拠調べの結果

最高裁判所昭和四一年四月一二日第三小法廷判決（昭和三八年(オ)八六五号、売買無効確認、所有権移転登記抹消登記手続等請求事件）民集二〇巻四号五六〇頁、判例時報四四七号五八頁

⑴　事　実

本件は、原告Xが、自己の不動産の名義が売買を原因として被告Y_1を経て共同被告Y_2会社に移転されたのは無効であるとして、売買無効確認および所有権移転登記抹消の登記を請求して訴えを提起したことに始まる。昭和三四年三月三日第一審裁判所は、第二回口頭弁論期日において、本件をX・Y_1の部分とX・Y_2の部分とに弁論を分離した。便宜上、前者を甲事件、後者を乙事件と略称する。甲事件においては、同じ期日にY_1がXの請求原因事実を全部認めたので、弁論が即日終結され、判決言渡期日も指定された。他方、乙事件については、証拠調べおよびその他の訴訟手続が続行されていた。その後昭和三六年一〇月二七日付で甲事件についても弁論が再開されたが、同三七年二月一九日Y_2は、甲事件に対し、X・Y_1を相手方として、民訴法七一条〔現四七条〕に基づき、本件物件がY_2の所有であることの確認およびXに対してこの物件の明渡しを求める趣旨の参加の申立てをした。この部分を丙事件と呼ぶことにする。同年二月二一日第一審裁判所は、乙事件に甲・丙両事件を併合した。そこでY_2は、参加の趣旨を述べるとともに、XからY_2に対してなされた所有権移転が有効である旨の乙事件における主張・立証を援用する旨を陳述し、さらに自己の主張事実に反する部分を争うと述べた。Xもまた、乙事件にお

ける主張・立証を援用する旨を陳述した。他方Y_1は、Y_2の主張事実をすべて否認した。裁判所は弁論を併合した期日において、弁論を終結し、同年四月一七日に、XのY_1・Y_2に対する請求を認容し、Y_2のX・Y_1に対する請求を棄却した。

これに対してY_2が控訴したが、第二審においては、X・Y_2出席のもと、Y_1欠席のまま、控訴状および第一審の口頭弁論の結果が陳述された。その後も各訴訟は分離されないまま手続が進行し、口頭弁論が終結された。その結果、第二審裁判所は、第一審判決を取り消し、Xの請求を棄却するとともに、Y_2の主張を認めて、本件不動産がY_2の所有であることを確認し、XはY_2に対して右不動産を明け渡すことを命ずる判決をした。

ここで、参考までに本件の実体的事実関係の要点を述べれば、次の通りである。Y_1はXの娘婿であり、Y_2会社に対して債務約七〇万円を負担していた。この債務を支払うために、訴外甲銀行よりY_2に対して相互給付契約に基づく百万円が給付され、その掛戻金についてXが連帯保証人となり、X名義の不動産に抵当権を設定するとともに、Y_1が自己の債務額約七〇万円まで、掛戻しを実行する約束をした。ところが、掛戻金の支払がなされないので、Y_2は、さきにXからY_1を経て交付をうけていた、X名義の不動産についての白紙委任状や売渡証等によって、X→Y_1→Y_2と順次所有権の移転登記をした。Xは、これはすでに無効になった他の約束のために交付していた書類を不正に利用した無効の移転登記である、と主張した。Y_2は、この点を争った。すなわち、Xは、Y_1が掛戻金の支払を怠ったときは、本件不動産の所有権を代物弁済として、Y_1を経てY_2に譲渡する旨を約束していたのであって、これに基づく移転登記は有効である、と主張した。第一審はXの主張を認めたのに対して、第二審は逆にY_2の主張を認めて、それぞれ前述の判決をしたのである。

第二審判決に対してXが上告を提起したが、その理由は四点にわたる。ここでは、判旨として掲げられている判断の示された第四点のみをあげれば、次の通りである。本件の甲事件と乙事件とが単なる通常共同訴訟にすぎないとすれば、乙事件と丙事件とは法律上全然無関係の別訴訟となる。そこで、丙事件において乙事件の主張および証拠を用いるには、適法な方法によってこれを採用しなければならない。ところが、第一審の口頭弁論調書には「Y_2は従来の主張・立証を援用する」と記載されているにすぎず、これだけでは、別訴のいかなる証拠をいかなる方法によって援用したのか不明である。例えば別訴の書証は、これを記録として援用するのか、または同じ文書を直接提出する趣旨か。証言や本人尋問の結果の援用についても、この調書を書証として援用するのか、そのまま人証として援用するのか。人証として援用するのであれば、証拠方法として無効であり、書証として援用するのであれば、認否手続など適法な手続をとらねばならないのに、これをせずに証拠としたのは採証上の違法を免れない、というにある。

最高裁判所は、この第四点の主張を認めなかったが、上告理由第一点・第二点を容れて、原判決を破棄した。甲・丙事件は必要的共同訴訟と同一の関係にあるのに、Y_1によって争われている書証の成立をX・Y_2間に争いがないとして証拠にしたのは違法であるというにある。さらに、売買無効確認請求の部分については、職権によって判断を下し、文言通りに解すれば、即時確定の利益があるとはいえないのに、釈明もせずに確認の利益を前提に判決したのは違法であるとして、破棄差戻しした。上告理由第四点に対する判旨は次の通りである。

(2)　判　旨

「数個の事件の弁論が併合されて、同一訴訟手続内において審理されるべき場合には、併合前にそれぞれの事件においてなされた証拠調の結果は、併合された事件の関係のすべてについて、当初の証拠調と同一の性質のまま、証拠資料となると解するのが相当である。けだし、弁論の併合により、弁論の併合前にされた各訴訟の証拠資料を共通の判断資料として利用するのが相当だからである。したがって、乙事件においてされた証拠調の結果が、併合された他の事件についても、前記認定の訴訟の経過のもとでそのまま証拠資料とすることができることを前提としてした原審の訴訟手続は相当である。」

判旨に賛成である。

(3)　評　釈

(イ)　弁論が併合された場合に、併合前の各事件における証拠調べの結果が、併合後の手続においてどのように取り扱われるかについては、従来の判例には、本件のようにこれを真正面から説示したものは見当らない。しかし、実務上このような事態の生ずることも稀れではなく、実務家を中心として、従来から、この問題が論じられてきた。次の三つの立場が考えられる。

第一説は、弁論の併合前に各事件において行われた証拠調べの結果は、その事件以外の事件においては当然には証拠とならず、これを援用する必要があるが、このためには、証拠調べの結果を記載した調書を書証として提出しなければならない、という立場である。たとえば、証人尋問の結果を証拠とするためには、証人尋問調書を書証として提出して、これにつき改めて証拠調べをする必要があることになる。もし、弁論併合前の各訴訟はそれぞれ別個の訴訟事件であって、弁論の併合後といえどもその性質を失わないという前提に立つならば、この立場はけだし当然である。

第二説は、第一説と同様に、当事者の援用がなければ、併合前の証拠調べの結果を他の事件の証拠資料にすることはできないが、援用さえあれば、従前の証拠調べの結果はそのままの性質で（すなわち、証人の証言自体として）証拠資料となる、とする立場である。この場合には、弁論の併合の効果として、従前の各訴訟が当初から同一の訴訟手続において併合して提起されたと同様に取り扱われることを前提としている。別個の訴訟事件たる性質を失わないとすれば、他の事件の関係で証拠となるのは書証としての調書でなければならないからである。

第三説は、第二説の前提をさらに貫いて、弁論の併合の結果、従前の各訴訟が当初から同一訴訟手続において併合提起されたと同様に取り扱われるとすれば、併合前の証拠調べの結果は、当事者の援用をまつまでもなく、そのままの性質で当然に証拠資料となる、という立場である。

(ロ)　本件の上告理由第四点がこの第一説に立脚していることは明らかであるが、実務上この見解に立つものは殆んど見られないといわれている（奈良次郎〔本件判例解説〕・法曹時報一八巻六号〔一九六六年〕一〇四頁）。これは、従来の証拠調べの結果を証拠資料とするためには改めて証拠調調書を書証として提出しなければならないとすることは、審理の重複を避け、矛盾した判断を防ぐという弁論の併合の趣旨目的に添わないためであると思われる。この趣旨からみれば、従来のそれぞれの訴訟も、弁論の併合によって、当初から併合訴訟として提起されたものと同様に同一の訴訟に統合されるとした方が望ましいし、一般にこのように解されている（井口牧郎「証人の尋問と弁論の併合分離」兼子一編・民事訴訟法上巻〔青林書院新社、一九七一年〕二九二頁、Stein-Jonas-Schöncke-Pohle, Kommentar zur Zivilprozessordnung, 18. Aufl. 1953, §147 III）。本件判旨が「証拠調の結果は、併合された事件の関係のすべてについて、当初の証拠調と同一の性質のまま、証拠資料となる」とするのは、このことを前提としていると思われる。同一の訴訟手続内での証拠調べの結果であると解するからこそ、そのままの性質で、他の事件の関係についても証拠資料となるといえるわけである。その意味で、本判決が第一説を却けていることは明らかであるが、さてさらに、第二説によって当事者の援用を要するとするのか、あるいは第三説に立ってその必要はないとする（奈良・前掲一〇四頁はこの趣旨に解する）のかは明らかでない。むしろ、この点については未だ判断を示していないと解するのが穏当であろう。事実X・Y_2は乙事件におけるそれぞれの主張・立証を甲・丙事件において援用する旨を陳述しているのであるから、裁判所としては当事者の援用の要否を判断する必要はなかったのである。そこで、第二説・第三説のいずれを妥当とするかという、まさに問題の中核をなす点については、今後の解決に委ねられたことになる。

(ハ)　ところで、第二説が、第三説と同様の前提に立ちながらも、なお証拠調べの結果を証拠資料とするには当事者の援用を要するとする根拠は何か。これは、いわゆる「証拠調べの結果の援用」とは何を意味するかと密接に関連する問題である（この点について、西村宏一「証拠調の結果の援用」判例タイムズ四〇号〔一九五四年〕一一頁、宮崎福二「「提出」「援用」「訊問を求める」という言葉について」判例タイムズ四五号（一九五五年）九頁参照）。

第一に、証拠調べの結果の利用についても当事者の意思を尊重する古典的な立場が考えられる。この立場では、ことに共同訴訟の場合には、共同訴訟人の一人の提出した証拠を他の共同訴訟人との関係でも証拠資料にできるのは、その旨の共同訴訟人の黙示的な意思解釈によることになる（加藤正治・民事判例批評集第一巻（有斐閣、一九二六年）三七〇頁はこの立場をとる。一般的に尾中俊彦「共同訴訟人相互間の証拠関係」兼子編・前掲書二八四頁参照）。

しかし、併合前の証拠調べについては、このような黙示的意思解釈の余地は考えられない。そこで、その旨の意思を明示するためには、併合後の手続においてとくに当事者の援用が必要となるわけである（当事者の申立による弁論の併合の場合には、その旨の意思を推論する余地もあろう。菊井維大＝村松俊夫・全訂民事訴訟法Ⅰ（日本評論社、一九六四年）四四四頁はこの意味にもとれる）。しかし、共同訴訟人に共通な事実関係についての裁判官の判断は一つしかありえないし、証拠の評価はその自由心証に委ねられている以上は、いずれの共同訴訟人の申し出た証拠であっても、共通の判断資料とされねばならない。共同訴訟人間にも証拠共通の原則が働くという考え方は、近時の多数説（尾中・前掲二八五頁、兼子一・民事訴訟法体系（酒井書店、一九五四年）三九一頁。なお、三ヶ月章・民事訴訟法（有斐閣、一九五九年）三九八頁参照）および判例（大判大正一〇年九月二八日民録二七輯一七六四頁）の認めるところであって、本件判旨も、「各訴訟の証拠資料を共通の判断資料として利用するのが相当」であるとして、同様の立場に立っているものと解される。それにもかかわらず、なお当事者の援用を要するとする場合には、証拠調べの結果の援用の意味も異なってくることになる。

そこで第二に、これを従来の証拠調べの結果を口頭弁論に上程するという意味に解する立場が考えられる（弁論の更新や受命・受託裁判官による証拠調べの結果の援用の場合に、このような説明が多い。西村・前掲参照）。弁論の併合によって、当初から共同訴訟が提起されたものと擬制することに、何らかの実質的根拠を与える趣旨かともとれるが、当事者の援用ないし演述によって従来の証拠調べの内容をそのままに再現することはできないのであるから、これとても同様の形式的擬制にすぎない（単なる報告的意味しかもたない証拠調べの結果の援用は無意味であって不必要とする西村・前掲一二三頁参照）。のみならず、当事者が出頭せず、あるいは出頭しても援用しない場合には、これをいかに取り扱うかについても、相当に疑問が残る。ことに共同訴訟人間の証拠共通の原則を認める以上は、裁判官の具体的心証の点からみて可成り問題がある。また、援用する際にも、常に証拠調べの全部を援用しなければならず、一部の援用は認めないといえるかも疑問である（奈良・前掲一〇四頁参照）。

そこで第三に、当事者の援用のもつ実践的機能に視点をおいて、証拠調べの結果の援用の意味を認める立場が生まれる。すなわち、当事者が併合前の証拠調べの結果を援用することによって、これに関与しなかった他の共同訴訟人（本件の場合はY_1）も、いかなる証拠資料があるかを知ることができ、必要な場合には新たな証拠の申立てをして適切な防禦をすることができることになる（中村英郎〔本判決評釈〕・民商法雑誌五五巻五号〔一九六七年〕一〇七頁）。さもなければ、従来の証拠調べに関与しなかった共同訴訟人は、その覚知しない証拠資料が判断資料となって不意打ちをうけることになろうからである（もっとも、当事者は訴訟記録の閲覧権をもつが、これで十分とはいえない）。しかし、当事者の援用がこの機能を果すためには、いちいち証拠の標目をかかげるなど、完全な形での証拠調べの結果の援用が要請される。このことは、当事者にとっては必ずしも容易ではないし、ここでも、当事者の援用がなく、あるいは不十分にしかなされない場合に、これをどのように取り扱うかは明らかでない。そうかといって、一括して援用すれば足りるとすれば、期待される告知的機能を果しうるかも疑問となる。

㈡　そこで、最後に、併合前の証拠調べの結果は、当事者の援用をまつまでもなく、そのままの性質で証拠資料となる、という第三説が問題になる。これは、弁論併合によって従来の各訴訟は初めから一個の併合訴訟として提起されたものと同視されるという立場を徹底して、審理の重複や裁判の矛盾を防ぐという弁論併合の趣旨目的を貫こうとする見解である（井口・前掲二九四頁、兼子一＝岩松三郎編・法律実務講座民事訴訟編三巻〔有斐閣、一九六一年〕二九一頁、奈良・前掲一〇五頁）。しかし、この見解によれば、弁論の併合によって共同訴訟となる本件のような事例では、併合前の証拠調べに関与せず、証拠資料の存在を知らない共同訴訟人に対して予期しない結果を生じうることは、前述の通り否定できない。ただ、実務上弁論の併合がなされるのは、裁判所と当事者の合致した意見により、あるいは当事者の申立てによるのを通例とするといわれる（前掲法律実務講座二九三頁は、この実務慣行を第三説の論拠の一つとしている）。この場合に限っていえば、当事者の黙示的な援用の意思を認めることもできようし（菊井＝村松・前掲四四四頁）、さらには、従来の証拠調べの結果を承知のうえで併合の申立てがなされている場合も少なくあるまい。しかし、弁論の併合がもっぱら職権だけによる場合には、なお不意打ちの危険が残ることは明らかである。そこでむしろ、裁判所がそのイニシアチブによって弁論を併合することができるのは（弁論併合の申立ても、職権発動を促す意味をもつにすぎない）、その結果当事者に不測の結果を生じないように裁判所みずから十分に配慮すべきことを当然の前提としているように思われる。そこで、裁判所が弁論を併合し、従来の証拠調べの結果をそのまま証拠資料にするためには、あらかじめその内容を当事者に周知させておく必要がある。当事者がみずから証拠調べの結果を援用してその内容を告知することが最も望ましいが、当事者の援用がなく、あるいは不十分な場合には、裁判所が釈明権を行使してこの役割を果すことが義務づけられると解すべきである。こうして初めて、従来の証拠調べに関与しなかった当事者にも、これを補正すべき十分の機会を保障したことになるといえるからである。

（判例時報四八〇号〔判例評論一〇二号〕、一九六七年）

八　弁護士法二五条三号違反の訴訟行為の効力

最高裁判所昭和四一年九月八日第一小法廷判決（昭和四〇年(オ)一〇七〇号、建物収去土地明渡請求事件）民集二〇巻七号一三四一頁

〔判決要旨〕　甲から事件の委任を受けた弁護士が、弁護士法第二五条第三号に違反して、甲の同意を得ることなく、当該事件の相手方乙の依頼による他の事件についてその職務を行った場合でも、他の事件の相手方が甲以外の者であるときは、右の弁護士がした乙の依頼による事件の訴訟行為は有効と解すべきである。

(1)　事　実

弁護士A・Bは、訴外Cの訴訟委任をうけ、その訴訟代理人として、被上告人X（原告・被控訴人）を相手どり、本件土地の所有権がCに帰属すると主張して、所有権確認等の訴えを提起したが、この訴訟は、口頭弁論期日に双方不出頭のうえ三ヵ月経過したので昭和三五年五月一二日にいわゆる休止満了により終了した。ところが、弁護士A・Bは、未だ右の訴訟（前訴と略称する）の係属中である昭和三三年一二月一九日に、Xの依頼をうけてその訴訟代理人として、上告人Y（被告・控訴人）を相手どり、本件土地の所有権がXに帰属することを主張して、本件建物収去土地明渡請求の訴えを提起した。YはCの女婿に当り本件土地上の家屋を占拠していたのである。Yは、原審において、本件における弁護士A・Bの訴訟行為が弁護士法に違反すると主張した。原審は、弁護士A・Bの訴訟行為は弁護士法二五条三号にいう、受任している事件の相手方からの依頼による他の事件につ

き職務を行った場合に当るとしたが、次の事情を認定して同号違反にならないと判断した。すなわち、前訴の原告Cは昭和三三年三月一日に死亡し、その子C′がCの権利・義務を承継した。C′は、前訴の被告Xとの間に示談を行い、本訴提起について暗黙の同意を与えていると推認される、というのである。原審は第一審と同様にXの請求を認め、Yの控訴を棄却したが、Yはさらに上告した。

上告理由　第一点・第二点は、要するに、弁護士A・Bの本件における訴訟行為は、弁護士法二五条三号の問題ではなく、条理に反し、あるいは同法二五条一号ないし二号に反するために無効であって、これは依頼者C′の同意の有無に左右されない、というにあり、第三点は、原審が暗黙の同意を認定したのは経験法則違背の違法である、というにある。

(2)　判　旨

「右事実関係のもとにおいては、Xの訴訟代理人である弁護士A・Bの訴訟行為は、弁護士法二五条一、二号に違反するものではなく、同条三号に違反するものというべきである。ところで、本件のように、受任している事件の相手方（X）からの依頼による他の事件の相手方（Y）が、受任している事件の依頼者（C）と異る場合には、当該弁護士らの「他の事件」における訴訟行為は、「受任している事件」の依頼者（C）の同意の有無にかかわりなく、これを有効と解するのが相当である。けだし、当該弁護士らの同条三号違反の職務行為により不利益を蒙る虞れのある者は「受任している事件」の依頼者であって、「他の事件」の相手方ではなく、同条三号は、もっぱら、「受任している事件」の依頼者の利益の保護を目的とするものと解すべきだからである。

したがって、Xの訴訟代理人であるA・B弁護士らの訴訟行為は、別件の依頼者であるC、またはその相続人C′の同意の有無を問わず、これを有効と解すべきであり、その他、右訴訟行為を無効とすべき根拠はないから、これを有効とした原審の判断は、結論において正当である。論旨は、いずれも、独自の見解から原判決の違法をいい、あるいは、原判決の無用の説示を非難するにすぎないものであって、採るをえない。」

裁判官全員一致により棄却（長部謹吾、入江俊郎、松田二郎、岩田誠）。

⑶　批　評

判旨に賛成である。

(イ)　弁護士法二五条違反の訴訟行為の効力については、多くの判例の集積と変遷がみられたが、これは同条一号違反に関するものであって、同条三号違反については、本判決が初めての最高裁判所の判例であり、注目に値する。

ところで、本判決は、弁護士法二五条三号違反の訴訟行為は、受任している事件の依頼者の同意の有無にかかわりなく有効であると判示しているが、これは最高裁判所が同条一号違反の訴訟行為について早くから有力学説（兼子一・判例民事訴訟法〔弘文堂、一九五〇年〕一七・一四〇・一四一の各事件、有泉亨・判例民事法昭和一三年度一四九事件）の唱えてきた有効説の立場に踏み切ったことを意味するのではない。もしそうであるならば、判決理由に示した根拠づけを俟つまでもなく、ただ、同条三号違背は職務規律の違反として懲戒の原因となるに止まり、その訴訟行為の効力に影響しない、とすれば足りたからである。本件最高裁判所の判決理由を分析すれば、これはむしろ、同条一号違反をめぐる従来の判例の展開を前提として、そこから本件の事例に即した結論を導き出したものと解することができる。

(ロ)　もともと弁護士法二五条は、弁護士を信頼した当事者の利益を保護するとともに、弁護士の職務の公正と品位を保持し、ひいては司法の公正な運営を期することを目的とするといわれる（たとえば、小山昇・判例評論六六号〔一九六四年〕一四頁参照）。初め、大審院判例（大判昭和七年六月一八日民集一一巻一一七六頁、大判昭和九年一二月二二日民集一三巻二二三一頁、大判昭和一三年一二月一六日民集一七巻二四五七頁、大判昭和一四年八月一二日民集一八巻九〇三頁）は、現行の弁護士法二五条一号にあたる旧規定に違反する訴訟行為を絶対無効としたが、その論拠としては、右の立法目的のなかでも弁護士の品位保持という公的利益が強調されていた（ことに、前掲判例中、昭和九年判決・昭和一四年判決参照）。しかし、この絶対無効説も、その後の判例の展開によって、次第に緩和されてきた。すなわち、すでに大審院時代に、当事者の追認があれば有効となるとする判例（大判昭和一三年一二月一九日民集一七巻二四八二頁、大判昭和一五年一二月二四日民集一九巻二四〇二頁）がみられたし、最高裁判所にいたっては、若干の曲折を経た後（最判昭和三〇年一二月一六日民集九巻一四号二〇一三頁は、相手方の異議がなければ有効としたが、最判昭和三二年一二月二四日民集一一巻一四号二三六三頁は無効説に還った）、相手方が異議を述べることなしに手続が進行すれば、同条一号違反の訴訟行為も完全にその効力を生ずるとする大法廷判決（最判昭和三八年一〇月三〇日民集一七巻九号一二六六頁）によって、一応の結着を示したのである。

判例のこのような展開にもかかわらず、右の大法廷判決が、当初から有力学説の唱えてきた完全有効説に踏み切ることができなかったのは、これでは「同条立法の目的の一つである相手方たる一方当事者の保護」に欠けることになるからであった（前掲民集一七巻九号一二六八頁参照）。有効説は、このような当事者の不利益は、双方代理（民一〇八条）や公序良俗違反（民九〇条）が認められる場合に救済されれば足りるとするのに、大法廷判決はさらに、弁護士法二五条の訴訟法上の効果として、不利益をうける当事者に、同条違反の訴訟行為について異議を述べ、裁判所に対してその行為の排除を求める途を認めたのである。そして他方、この当事者において、これに同意し、または何ら異議を述べない場合には、当該訴訟行為は完全に有効となる、とした。その理論構成の当否は別としても（この点については後述(二)参照）、大法廷判決が弁護士法二五条違反の訴訟法上の効力を当事者の同意ないし異議にかからせたことは、同条の訴訟法上の効果に関する限りは、当事者の利益保護を以てその立法目的とする立場が貫かれたことを意味する（もっとも、判決理由自体の説明は必ずしも明確ではない）。弁護士の品位保持や司法の公正の維持という公的利益の保護を目的とするのであれば、同条違背の効果を当事者の意思にかからせるのは筋が通らないことになるからである（公益規定違反の瑕疵であれば、私人の同意によっては治癒されないであろう。小山・前掲一五頁参照）。

(ハ)　本件の判決理由が、弁護士法二五条三号の立法目的をもっぱら依頼者の利益保護にあるとしているのは、同条一号についての右の判例の傾向に添う立場であるといえる。もっとも、同様の立場は、同条但書が三号に限り依頼者の同意があれば本条を適用しないとしている点からも導き出すことができる。ただ、右の判例の傾向を前提とすれば、少なくとも訴訟法上の効果については、三号も他の各号とその立法趣旨を異にしないことになる（その意味で同条一号と三号とを共通に論じうる）。

次いで、本件判決が、右のような前提に立つにもかかわらず、同条三号違反の訴訟行為を、依頼者の同意ないし異議の有無にかかわらず有効としたのは、いかなる論拠によるのかが問題となる。同条一号についての判例の展開を前提とするならば、同条三号違反の訴訟行為の効力を依頼者の同意ないし異議にかからせるのが当然の帰結であるように思われるからである。しかし、判決理由に示されているように、本件の事例のような場合には、利益の保護さるべき依頼者Cは、同条違反の訴訟行為のなされる後訴の相手方Yではないために、その異議によって当該行為を排除する地位に立たない。逆に、後訴の相手方Yは、Xの代理人と前訴におけるCの代理人とが同一人であることによって、何ら不利益を蒙ることはないのだから、Xの代理人の訴訟行為について異議を述べ、これを排除する利益をもたない。したがって、前記大法廷判決の立場を前提にしても、本件の事例では、同条三号違反の訴訟行為について異議の述べられる余地はなく、当該訴訟行為は完全に有効となる。後訴の当事者でない依頼者が同意したかどうかは、その訴訟法上の効果を左右することにならないと解されるのである。

本件判旨を右のように理解できるとするならば、これは、同条一号違反についての大法廷判決の建前と異ならない。しかし本件の事例においては、結局、同条三号が目的とする依頼者の利益保護は、弁護士の職業倫理ないし懲戒罰の規律に委ねざるをえないことになる。その限度では有効説の結論と差異はない。それにもかかわらず、本判決がなおもキッパリと有効説に踏み切りえないゆえんのものは、同条三号違反についても、大法廷判決理論によって依頼者の利益を保護できる場合がありうる、と考えたためであろう。たとえば、本件の事例と異なって、前訴における弁護士の依頼者Cが後訴の相手方Yとなった場合（C＝Y）がそうである。この場合にも、前訴と後訴では訴訟物が異なるのだから（この点で三号は一号と異なる）、形式的にみれば、依頼者C＝Yは、前訴におけるCの代理人と後訴におけるXの代理人とが同一人であることによって不利益を蒙ることはない、といえるかもしれない。しかし、訴訟物は異なっても前訴と後訴とが実質的に密接な関係にある場合には、前訴の依頼者C、すなわち後訴の相手方Yは、実質的に不利益を蒙ることが考えられるので、同条三号違反の訴訟行為について異議を述べる利益を有することになろう（川崎義徳〔本判決解説〕・法曹時報一八巻一二号〔一九六六年〕一〇〇一頁参照）。この場合には、弁護士法二五条の目的を生かし、その訴訟法上の効果として当事者の利益が保護されることになるのである。

㈡　本件判決は、これを従来の弁護士法二五条一号違反をめぐる判例の展開、ことに前述の大法廷判決を前提として位置づければ、右のような意味をもつことになる。しかし、そこで前提とされた大法廷判決については、有効説や無効説の立場から多くの批判がなされてきた（永沢信義・民商法雑誌五〇巻六号〔一九六四年〕九三一頁、小山・前掲一三頁は有効説、佐々木吉男・民事訴訟法判例百選〔一九六五年〕22は無効説。同旨の前掲昭和三〇年の最高裁判決について、中村宗雄・判例評論五号〔一九五六年〕一二頁は有効説、末川博・民商法雑誌三四巻四号〔一九五七年〕六三〇頁は無効説から批判）。同様の批判は、これを前提とする本件判決にも向けられることになろう。

まず、弁護士法二五条の立法目的は、その訴訟法上の効果に関する限りは、優れて当事者の利益保護にある、とする立場については、同条の他の立法目的である弁護士の品位保持や司法の公正な運営という公的利益の側面から疑問が提起されよう。しかし、有効説のように、同条が第一次的に弁護士の品位保持のための職務規定であることを前提としても、同時に、当事者保護の見地から、これを一定の訴訟法上の効果をもつ訴訟法規と評価することは、決して背理ではない。他方、無効説のように、弁護士の品位保持という目的からは、同条違反によって訴訟法上の効果をも当然に無効となるという結論はでてこない。弁護士の品位を瀆す同条違反の行為のために善意の当事者が犠牲になる理由はないからである（兼子・前掲評釈参照）。司法の公正な運営を期するという目的からも、同条違反が訴訟法上も絶対無効となる強行法規違反といえる（末川・前掲批評、佐々木・前掲解説は同旨であろう）かは、かなり疑問がある。これを常に無効とすることは、所論のように必ずしも当事者間の公平に合するとはいえないだけでなく、訴訟手続の安定の要請にも添うものではない。そこで、訴訟法規としての側面においては、当事者間の公平を期して、その利益を保護することを主眼とする任意法規に類するものと解するのが穏当であると考える。

もし右の推論が正しいとすれば、同条に違背した訴訟行為によって実質的に不利益をうける当事者は、責問権を行使してこれを排除できるし、遅滞なく異議を述べずにこれを放置すれば、責問権を喪失して当該訴訟行為は有効となる（民訴法一四一条〔現九〇条〕参照）。これは、従来の民事訴訟法理論が、任意規定違背と責問権喪失について一般的に認めてきた理論構成であって、前記大法廷判決もこの趣旨に善解すれば（宮田信夫〔解説〕・法曹時報一五巻一二号〔一九六三年〕一四九頁）、少なくともその理論が不徹底かつ曖昧であるという批判（ことに、中村・前掲批評一三頁参照）は当らないことになろう。

このように解すれば、一方、同条違背の訴訟行為によって不利益をうける当事者は、遅滞なく異議を述べることによって、自己の信頼を裏切ってなされる不当な訴訟追行を阻止することができる。他方、善意の他方当事者も、これによって注意を喚起されて適切な処置をとることができるであろうし、また、遅滞なく異議が述べられない場合には、当該訴訟行為は有効となるから（したがって、異議が述べられても、すべての訴訟行為が当初から遡って無効とはならない）、不測の損害を蒙ることもなくなる。のみならず、一般的にいって、そのような当事者間の利害調整をすべて、公序良俗違反という一般条項によって解決するよりも（双方訴訟代理の法理によって処理する余地は残されている。兼子・前掲判例民事訴訟法四一二頁、同・民事訴訟法体系（酒井書店、一九五四年）一一六頁。しかし、これではすべての場合をカバーすることはできない）、弁護士法二五条に具体化された限りにおいては、これを基準とする方がより合理的である。判断基準がそれだけ明確化されたことになるからである。もっとも、形式的には同条に違反していても、実質的に利害対立のない場合には（小山・前掲一五頁が指摘する、双方があらかじめ承知のうえで和解調書の作成だけの代理人とした場合など）、当事者は異議を述べる利益をもたないとすべきであろう。

(ホ)　最後に、弁護士法二五条以外の同法規定に違反してもこれに基づく調停や訴訟受任行為を有効とする二三の判例（最判昭和二三年六月一五日民集二巻七号一四八頁、最判昭和三一年一一月一五日民集一〇巻一一号一四三八頁、最判昭和三五年三月二二日民集一四巻四号五二五頁）と本件判決との関連について触れる必要がある。これらの一連の判例において問題となった弁護士法二〇条、二六条および二八条によって直接禁止されているのは、その効力が問題になっている訴訟行為自体ではなく、その前提となった一定の行為である。すなわち、「所属弁護士会の地域外に事務所を設置したこと」（二〇条に関する前掲昭和二三年判決の事例）、「相手方から謝礼を要求し、これを受領したこと」（二六条に関する前掲昭和三一年判決の事例）、および「係争物につき売買予約をしたこと」（二八条に関する前掲昭和三五年判決の事例）が直接これらの禁止規定に触れたわけである。同法二五条が一定の事件における職務活動ないし訴訟行為自体を直接禁止しているのに較べれば、これらの弁護士法規定の違反と問題の訴訟行為との関連は間接的でしかない。したがって、これらの一連の判決が、右の弁護士法規違背が懲戒ないし処罰の対象となるとしても、これに基づく受任行為や調停という訴訟行為は無効とはならないとするのは、必ずしも同法二五条についても有効説に傾いたことを示唆するものではない（但し、三ヶ月章・法学協会雑誌七五巻四号〔一九五八年〕五二四頁は、前掲昭和三一年判決につき同法二五条についての判例と共通の傾向にあるものと評価する）。

したがって、本件判決が、同法二五条三号違反の訴訟行為を依頼者の同意にかかわらず有効としたのは、同法二五条以外の規定違反についての右のような判例の傾向に従ったものではなしに、同条一号の判例の展開に立脚したものであることは、前述した通りである。

（民商法雑誌五六巻三号、一九六七年）

九　相手方の援用しない自己に不利益な事実の陳述

最高裁判所昭和四一年九月八日第一小法廷判決（昭和三八年(オ)一二二七号、土地所有権移転登記手続・家屋収去土地引渡請求事件）民集二〇巻七号一三一四頁

(1)　事実の概要

Xは本件宅地の所有名義人であるが、この宅地上に家屋を所有するYに対して家屋収去・土地明渡しを請求し、YはXに対して同宅地の所有権移転登記手続を請求した。本件宅地はもとX・Yの実父Aの所有するところであったが、Yの主張によれば、Aはその債権者Bに本件宅地を譲渡担保に供し所有権移転登記をした。その後Aが債務を弁済した際に、他の債権者の強制執行をおそれて所有名義だけをXに移し、所有権はAに留保していた。Yは、Aの死亡により本件宅地を相続したし、そうでなくとも、それ以来所有の意思をもって占有を継続してきたので、取得時効により所有権を取得した、というのである。これに対しXは、自分が本件宅地を真にBから買い受けたものであり、Yがこれを占有使用してきたのは、X・Y間の使用貸借契約によるものであるから、Yが取得時効により所有権を取得するわけがない、と述べた。Xは、本訴提起に際し、右使用貸借契約を解除したので、契約終了によるか、あるいは所有権に基づいて建物収去・土地明渡しを請求した。

第一審・原審とも、XとYの請求を併合審理したうえ、Yの請求を排斥し、Xの請求を認容した。原審は、AがBに対する債務の担保として本件宅地所有権をBに譲渡し、XはこれをBから買い受けたものであると認め、Yが同宅地を占有してきたのは、Xから無償で使用することを許されたためであるから、Yの取得時効は成立し

ないと判断して、Xの所有権に基づく建物収去・土地明渡請求を認容した。ただその際に、Yには同宅地を占有する権原を認めることができないと判示するだけで、使用貸借契約が終了しているかどうかのはっきりした判断を示さなかった。

そこでYは上告し、「Yの本件宅地に対する占有はXとの間の使用貸借に基づくものである」というXの主張は、X自ら自己に不利益な陳述をしたものであり、Yがこれを援用すると否とにかかわらず、当然に訴訟資料として援用さるべきである。原判決が右使用貸借契約の成立している事実について何ら言及することなくXの請求を是認しているのは、弁論主義に反した違法がある、と主張した。上告審はYの上告を容れ、Xの建物収去・土地明渡請求を認容した部分の原判決を破棄差戻しした。

(2)　判　旨

「原審で、Xが、自己およびY……の各本訴請求について、XはBから本件宅地を買い受け、その所有権を取得した事実およびXはYに対し本件宅地の使用を許した事実を主張したこと、Yが相続によりまたは取得時効の完成により本件宅地の所有権を取得した旨主張したことは、記録上、明らかであり、原審が、XはBから本件宅地を買い受け、その所有権を取得したが、Yに対しその使用を許した事実を確定したうえ、本件宅地の所有権に基づいてその明渡等を求めるXの本訴請求を認容したことは、判文上、明らかである。

ところで、Xの本訴請求については、XがYに対し本件宅地の使用を許したとの事実は、元来、Yの主張立証すべき事項であるが、Yにおいてこれを主張しなかったところ、かえってXにおいてこれを主張し、原審がXのこの主張に基づいて右事実を確定した以上、YにおいてXの右主張事実を自己の利益に援用しなかったにせよ、原審は右本訴請求の当否を判断するについては、この事実を斟酌すべきであると解するのが相当である。しからば、原審はすべからく、右使用貸借が終了したか否かについても審理判断したうえ、右請求の当否を判断すべきであったといわねばならない。しかるに、原審が、このような措置をとることなく、前記のように判示しているのは、ひっきょう、審理不尽の違法を犯したものというほかない。そして、右違法が原判決の結論に影響を及ぼすおそれがあることは明らかであるから、この点に関する論旨は理由があり、原判決中Xの本訴請求を認容した部分は破棄を免れない。」

(3)　解　説

(イ)　弁論主義のもとでは、裁判所は、当事者が弁論で主張した事実でなければ、主要事実として判決の基礎とすることはできない。ただその際に、ある当事者が自ら自己に不利益な事実を陳述し、相手方はかえってこれを自己のために援用しない場合にも、裁判所はこれを訴訟資料にすべきかどうかが問題となる。いわゆる「相手方の援用しない自己に不利益な事実の陳述」の問題であって、本件はまさにその恰好の事例を提供したことになる。

本件で問題となった「XがYに対して本件宅地の使用を許したとの事実」が、Xの自己に不利益な陳述であるとされるのは、これがXの所有権に基づく土地明渡請求の抗弁事実にあたるからである。もともとYのこの陳述は、Yの所有権移転登記請求においてその理由とされている取得時効の要件事実（所有の意思をもって占有したとの事実）を否認するためのもので、Xに不利益な陳述であった。ただ、Xの請求がYの請求と併合審理されたために、Xの使用貸借契約の主張が、X自身の請求との関係では、自己に不利益な陳述となったのである（併合された請求の審理は共通であり、弁論や証拠調べもすべての請求に共通とするのが一般である。兼子一・民事訴訟法体系〔酒井書店、一九五四年〕三六八頁）。この意味で、Xの右の主張はいわゆる先行自白であり、相手方がこれを援用すれば裁判上の自白となる（大判昭和八年二月九日民集一二巻三九七頁）。ちなみに、自己に不利益な陳述として先行自白となるのは、本件のような相手方の挙証責任事項に限る必要があるのか、については争いがある。いわゆる挙証責任説によれば、自己が挙証責任を負う事実（たとえば、原告にとり消費貸借による請求における金銭の授受の事実）を否定する陳述は先行自白とならず、単に首尾一貫しない主張にすぎない（三ヶ月章・民事訴訟法〔有斐閣、一九六二年〕三八八頁、岩松三郎「民事裁判における判断の限界」法曹時報五巻三号〔一九五三年〕一一二頁）。しかしこの場合にも、自己に不利益な陳述を相手方が援用すれば、この点について当事者の主張の一致があり、裁判上の自白としてその拘束力を認めるべきである（通説。兼子・前掲体系二四六頁、菊井維大＝村松俊夫・全訂民事訴訟法Ⅱ〔日本評論社、一九六四年〕二三五頁、斎藤秀夫・民事訴訟法概論〔有斐閣、一九六四年〕二八〇頁、小山昇・民事訴訟法〔青林書院新社、一九六八年〕二八六頁、判例理論の分析につき竹下守夫「裁判上の自白」民商法雑誌四四巻三号〔一九六一年〕四六〇頁参照）。いずれにしても、本件においては、YはXの使用貸借契約の主張を援用しないどころか、むしろこれを争っているのだから、「相手方の援用しない自己に不利益な陳述」の適例である。

(ロ)　ところで、「相手方の援用せざる当事者の自己に不利益なる陳述」については、わが国でも、兼子博士の同名の論文以来、これを訴訟資料として判決の基礎にすべきであるとする見解が通説となっている（兼子一・民事法研究Ⅰ〔酒井書店、一九五〇年〕一九九頁、三ヶ月・前掲一五九頁、斎藤・前掲二一五頁、小山・前掲二三八頁、など。ドイツでも通説である。Lent-Jauernig, Zivilprozessrecht. 14. Aufl. 1969, S. 63; Rosenberg-Schwab, Zivilprozessrecht. 10. Aufl. 1969, S. 518; Stein-Jonas-Pohle, Kommentar zur ZPO, 19. Aufl. 1972, VII 1 (d) vor § 128, II (b) vor § 288）。かつては、これに対して、主張責任を負わない当事者の陳述は、訴訟資料を提出する行為ではなく、相手方がこれを援用しない限り判決の基礎にすることはできない、とする反対説があった（わが国では、山田正三・法学論叢二七巻一号〔一九三二年〕一六四頁。雉本朗造「訴訟行為論」民事訴訟法の諸問題〔有斐閣、一九五五年〕六七三頁は、これを裁判外の自白にすぎないとする）。この見解の対立は、結局、弁論主義や主張責任をどのように解するかにかかっている。主張責任を負う当事者が自己の責任において訴訟資料を提供しなければならないとするのは、一般には、弁論主義を当事者の素朴な自己責任の原則と解した結果であるといわれる（たとえば、三ヶ月・前掲一五九頁）。通説によれば、弁論主義は当事者間の責任分担の原則ではなく、訴訟資料についての裁判所と当事者との分業を定めたものであるから、いずれの当事者が提出したかを問わず判決の基礎にできる、というのである。

弁論主義や主張責任についてのこのような見解の変遷を十分に理解するためには、これが次のような制度的変革を背景としていることを指摘する必要がある、と私は考える。すなわち、ドイツ普通法時代の法定序列主義・同時提出主義のもとでは、当事者の訴訟資料提出も、請求原因、抗弁、再抗弁の性質によって段階づけられ、期間の定まった段階ごとにそれぞれの事実を提出させたうえ、中間判決がなされていたのであるから（vgl. Wetzell, System des ordentlichen Zivilprozess. 2. Aufl. 1878, S. 937ff. 松本博之「一九世紀ドイツ普通法における民事自白法理」法学雑誌一八巻一号〔一九七一年〕五一頁以下〔民事自白法（弘文堂、一九九四年）所収〕参照）、当事者の責任分担が徹底されるのは当然であった。主張責任もまた、これを負担する当事者の行為責任と理解された。しかし、訴訟資料提出についての厳格な段階的区別が廃棄され、口頭弁論終結までは随時にこれを提出できるとする、いわゆる随時提出主義をとる現行法のもとでは（民訴法一三七条〔現一五六条〕、ZPO §278）、このように解する必要はない。弁論は一体として判決の基礎とされ（いわゆる弁論一体の原則）、主張責任も、当事者の行為責任ではなく、判決の基礎となるべき事実が、いずれの当事者の弁論においても主張されなかった場合に、一方当事者の負担する不利益と解されるようになる（客観的主張責任 Objektive Behauptungslast といわれる。vgl. Rosenberg, Die Beweislast auf der Grundlage des Bürgerlichen Gesetzbuchs und der Zivilprozessordnurg, 5. Aufl. 1965, S. 43ff. 挙証責任につき、a.a.O., S. 18ff. 参照）。弁論主義によって、判決の基礎となる事実は、当事者が弁論において陳述したものに限られ、裁判所がこれを超えて採用することはできないとされるためである。弁論主義もこの限りで私的自治を反映した原則と考えることができるが、ここでも、当事者の弁論は一体として判決の基礎にされるのであるから、いずれの当事者の陳述であるかを問わず、共通の訴訟資料として斟酌されなければならないことになったのである。これを主張共通の原則（Gleichwertigen Parteivorbringen）ということがある。そこで、本件判決のように、主張責任を負わないXが自ら、相手方Yの抗弁事実（使用貸借契約）を陳述し、Yがこれを自己の利益に援用しない場合にも、裁判所は、Xの「本訴請求の当否を判断するについては、この事実を斟酌すべきである」。通説の立場が判例のうえでも確立されたことになる（ただし、長崎地判昭和三二年一二月二六日判例時報一三九号五四頁は、「先行自白は、相手方が援用するかまたは争わないときにおいてのみ訴訟上効力を有し、相手方が争う場合には、無意味なものにすぎない」として、反対説に立つ）。

(ハ)　「相手方の援用しない自己に不利益な陳述」を判決の基礎として斟酌するについて、証拠によってその真否を確定すべきであろうか。この点をめぐる争いも、訴訟手続の段階的区別と関連している。証拠調べに入る前に、当事者の主張だけを見て、その本来の申立てが首尾一貫しているかどうか（Schlüssigkeit）の判断を要するところでは、当事者が自ら自己に不利益な陳述をすれば、その申立ては首尾一貫しないとして排斥される。申立人の主張を真実としても、申立ては法的に意味がないからである。たとえば、原告が自ら請求原因事実を否定し、あるいは抗弁事実（弁済や消滅時効）を主張すれば、相手方がこれを援用しなくとも、その真否を確かめるまでもなく請求は棄却される。ドイツ民訴法の欠席判決の制度においては（ZPO §331）、現在でもこの Schlüssigkeit の検討が要求されるところから、一般的にも右のような取扱いを認める見解が有力である（Lent-Jauernig, a.a.O., S.2f.; Rosenberg-Schwab, a.a.O., S.518. auch vgl. Blomeyer, Zivilprozessrecht, 1963, S.168）。しかしこの立場によれば、原告が自己に不利益な陳述をすれば（たとえば消滅時効、本件では使用貸借契約）、逆に被告の方でこれを争い、あるいはさらに、被告に不利な事実（時効中断）を陳述しても、原告がこれを援用しない限り、請求は棄却される（本件では、原告が使用貸借契約の終了を主張しているので、これに当たらない）。ここでは、原告の援用しない被告の不利益な陳述が、判決の基礎として斟酌されていない点で、主張共通の原則が制限をうけることになる（so Lent-Jauernig, a.a.O., S.63f.）。当事者双方の弁論全体からみれば、右の請求も法的に意味をもつのだから、自己に不利益な陳述が争われている以上、証拠によってその真否を確定して判決の基礎とすべきであろう（兼子・前掲研究一二三二頁）。この方が当事者間の公平にも合致し、弁論の一体性の原則にも添う所以であると考えられるからである。ドイツ民訴法におけるような欠席判決の制度をとらないわが法制のもとでは、なおさらである。本件判決が、使用貸借契約につき、「Xのこの主張に基づいて右事実を確定した以上、Yにおいて Xの右主張事実を自己の利益に援用しなかったにせよ」、これをXの請求の当否を判断するにつき斟酌すべきであるとするのは、この立場を前提にしているといえる。

〔参考文献〕　本文中引用したもののほか、本件の評釈として
枡田文郎・法曹時報一九巻一号（一九六七年）一三九頁
鈴木正裕・民商法雑誌五六巻三号（一九六七年）四七三頁
新堂幸司・法学協会雑誌八四巻八号（一九六七年）一〇五七頁
斎藤秀夫・判例評論九九号（一九六七年）二五頁（判例時報四七一号一五一頁）
上村明広・法経学会雑誌一七巻二号（一九六七年）二七九号
豊田健・法学研究四一巻四号（一九六八年）五四六頁
嶋田敬介・ジュリスト年鑑一九六七年版三〇九頁

（続民事訴訟法判例百選、一九七二年）

一〇　所有権移転登記手続を求める訴訟と必要的共同訴訟の成否

最高裁判所昭和四四年四月一七日第一小法廷判決（昭和四一年(オ)四八号、土地所有権移転登記手続請求事件）民集二三巻四号七八五頁

〔判決要旨〕　不動産について、被相続人との間に締結された契約上の義務の履行として、所有権移転登記を求める訴訟は、その相続人が数人いるときでも、（固有）必要的共同訴訟ではない。

(1)　事　実

X（原告・被控訴人・被上告人）の妻訴外Aは同じ村内の親戚訴外Bの養女となり、昭和一一年三月二八日に養子縁組届出をした。その際、Aは実父の訴外Cから持参金代りに本件土地の贈与をうけ、所有権を取得したが、Cはその所有権移転登記をしないまま同二五年一月八日に死亡するに至った。ところでそれより先、昭和一一年四月二日に、Aの養父Bが死亡したのでAが女戸主になり、さらに同一三年一〇月三〇日にXがAのもとに入夫婚姻をして戸主となり同日届出をしたので、前戸主Aの権利・義務の一切を承継していた。そこで、Xは、前戸主Aのもつ本件土地の贈与による所有権移転登記手続請求権を承継したとして、亡Cの債務を承継した相続人Y_1……Y_{12}（被告・控訴人・一部上告人）の一二名に対して、その債務の履行を求めて本訴に及んだ。第一審においては、被告Y_1ら一二名は、一名を除き、二名と九名のグループに分かれ、それぞれ一名と二名の選定当事者を選び訴訟を進めたが、Xの請求が認容されたので控訴した。第二審においては、本件訴訟を類似必要的共同訴訟と認

めて、被告Y_1らのうち一部が請求原因事実全部につき自白したのを無効としたが、結局Xの請求を認め、控訴棄却の判決をした。これに対し選定当事者の一人だけが上告した。

上告理由は次に説明するが、本件の上告審である東京高等裁判所（第八民事部）は、本件を最高裁判所に移送した（民事訴訟法四〇六条の二〔現三二四条〕、民事訴訟規則五八条一号〔現二〇三条〕）。同裁判所は本件を固有必要的共同訴訟と解するために、その必要を認めない従来の最高裁判所の判例（昭和三六年一二月一五日第二小法廷判決―民集一五巻一一号二八六五頁）に反することになる、という理由による。東京高等裁判所が本件を固有必要的共同訴訟と解するのは、この種の登記請求権の次のような特質のためである。すなわち、「不動産登記法の建前からいうと、相続人が被相続人のなした物権変動の登記を相手方のために協力すべき義務は、いわば一体的なものであって、かかる登記は相続人全員が一致協力しないかぎり、そもそも不可能であり」、相続人の間に区々たる判決がなされるのは、単に論理上のみでなく、法律上も不当であって、許されないからである。その意味で同裁判所は、大審院の先例（昭和八年三月三〇日民事一部判決―裁判例七巻民五七頁）およびこれを踏襲している最高裁判所の他の判決（昭和三四年三月二六日第一小法廷判決―民集一三巻四号四九三頁、昭和三八年三月一二日第三小法廷判決―民集一七巻二号三一〇頁）の立場に従ったのであるとする。

訴訟代理人甲の上告理由　　省略。

訴訟代理人甲・乙の上告理由第一点　　本件請求は、贈与者である亡Cの共同相続人に対して所有権移転登記手続を求めているのであるから、固有必要的共同訴訟であるのに、亡Cの共同相続人の一人である訴外Dを除外しているために当事者適格を欠き、訴えは却下されるべきであった。訴外DはCの配偶者がCとの婚姻前に出生した者であるが、Cの相続人であった配偶者がすでに昭和三六年二月一三日に死亡していた以上、その実子であるDがその相続分の一部をさらに相続していることとなり、本訴提起当時は、Dは、共同被告とされたY_1……Y_{12}と共に共同相続人の一人であることが明らかである。この点を看過してXの請求を認容した第一審および原審判決は破棄を免れない。

同第二点　訴外DおよびXの妻訴外Aは、共同被告とされたY_1……Y_{12}と共に本件土地を共有していることになるから、たとえ請求を容れるとしても、一部の持分しか持たないY_1らに対しては、その持分の範囲において移転登記手続を求めれば足りるのに、これらの持分を無視して本件土地の所有権移転登記手続を命じたのは、法律上不可能であり、Y_1らに不必要な手続を認容したもので、不適法であるから、この点を看過して第一審判決を支持した原判決も破棄を免れない。

同第三点　省略。

(2)　判　旨

訴訟代理人甲・乙の上告理由第一点について　本件訴訟は、被上告人Xが、訴外Cから Xの妻訴外Aに対してなされた贈与を理由とし、Cの相続人Y_1らに対し契約上の所有権移転登記義務の履行を求めていること明らかである。「ところで、不動産について被相続人との間に締結された契約上の義務の履行を主張して、所有権移転登記手続を求める訴訟は、その相続人が数人いるときでも、必要的共同訴訟ではないと解するのが、当裁判所の判例（昭和三六年一二月一五日第二小法廷判決、民集一五巻一一号二八六五頁、昭和三九年七月一六日第一小法廷判決、裁判集七四号六五九頁、昭和三九年七月二八日第三小法廷判決、裁判集七四号七五五頁）とするところであり、これを今なお変更する必要がないと思料するから、本件のように、贈与を理由として、贈与者の相続人に対し所有権移転登記手続を求める訴訟は、その相続人が数人いるときでも、必要的共同訴訟ではないと解せられ、……所論は採用できない。」

同第二点について　「本件選定者ら（Y_1……）の負担する所有権移転登記手続義務は不可分債務と解すべき

用できない。」

であるから、本件選定者らがその債務の履行について各自が全部の責任を負うことは明らかである。所論は、採

同第三点および訴訟代理人甲の上告理由についての判決理由は省略。

なお、上告理由には含まれていないが、原審および上告審たる東京高等裁判所が、上告をしていない選定当事者および当事者をも上告人として所要の手続をとっている点について、次の通り括弧判決をした。

「（……前記に判断したとおり、本訴請求は、通常の共同訴訟にすぎないから、上告人（選定当事者）宮沢菊治以外の者は、上告をしていないので、上告人となるものではない。）」

裁判官の全員一致により上告棄却（岩田誠、入江俊郎、長部謹吾、松田二郎、大隅健一郎）。

【参照条文】　民事訴訟法第六二条〔現四〇条〕

(3)　批　評

判旨に賛成。

(イ)　不動産につき被相続人の締結した契約上の義務を承継した数人の共同相続人に対してその義務の履行を求める訴訟は必要的共同訴訟ではないという最高裁判所の見解を示す判例が、このところ相次いで現れた。

①　売買契約による所有権移転登記義務を承継した共同相続人の一人に対して登記義務の履行を求める訴えは、他の共同相続人がいても適法であるとするもの（最判昭和三六年一二月一五日民集一五巻一一号二八六五頁。松浦馨〔批評〕・民商法雑誌四六巻六号〔一九六二年〕一〇六六頁―賛成）

②　農地の売買契約による知事に対する許可申請協力義務を承継した数人の共同相続人を相手にした訴訟において、共同被告の一人が請求を認諾すれば、他が争っていても、一人との関係で訴訟は終了するとするもの（最判昭和三八年一〇月一日民集一七巻九号一一〇六頁。福永有利〔批評〕・民商法雑誌五〇巻五号〔一九六四年〕七

六六頁―賛成）

③　売買契約による所有権移転登記義務を承継した数人の共同相続人に対して登記義務の履行を求める訴訟において、共同被告の一人が請求を認諾すれば、他が争っていても、一人との関係で訴訟は終了するとしたもの（最判昭和三九年七月一六日裁判集七四号六五九頁）

④　③と同じ事案において、共同被告の一人が控訴をしなければ、他が控訴をしていても、この一人を控訴人として審判するのは相当ではないとするもの（最判昭和三九年七月二八日裁判集七四号七五五頁）

がそれである。いずれも、この種の訴訟が（固有ないし類似）必要的共同訴訟に当たらないという理由によるが、本件判決もこれらの判例に従ったわけである。ことに、①と②の判例は、契約によるこの種の債務を不可分債務として、通常の共同訴訟を認めている点で、本件の先例をなすものである（①と②がそれぞれ第二・第三小法廷判決であったので、本件第一小法廷判決によって、この種事件について判例集登載の判例が出揃ったことになる）。また、②・③・④の判例は、いずれも、共同被告とされた共同相続人の間では合一確定の必要なく（類似）必要的共同訴訟にも当たらないとしたものであるが、同種の事案について（類似）必要的共同訴訟を認める次の先例と明らかに矛盾する。すなわち、

⑤　③と同じ事案において、共同被告の一人が死亡すれば、全部について争訟手続が中断し、中断中の他の共同被告の控訴申立てなどの訴訟行為も無効となるとするもの（最判昭和三四年三月二六日民集一三巻四号四九三頁。小山昇〔批評〕・民商法雑誌四一巻五号〔一九六〇年〕一一三頁―反対）

⑥　共同競落に基づき共有名義の所有権移転登記がなされた場合に、共有名義人に対してその抹消手続を求める訴訟において、一人の共同被告の控訴が却下されても、他の共同被告の控訴の効果により、共に控訴人となるとするもの（最判昭和三八年三月一二日民集一七巻二号三一〇頁。鈴木正裕〔批評〕・民商法雑誌四九巻五号〔一九六四年〕七二四頁―反対）

がそれである。⑤の判例は、すでに同種の事案についての③・④の判例および本件における括弧内の判決によって否定されたといえるが（ことに③および本件は⑤と同じ第一小法廷判決である）、⑥については、これが物権的義務の履行を求めるものであるために、契約上の義務とは区別できるとされる余地があった（松浦・前掲一〇七一頁。鈴木・前掲七二八頁および山木戸克己〔①事件の批評〕・法律時報三四巻九号〔一九六二年〕九八頁は反対）。しかし、最近、最高裁判所は、共同相続人の物権的義務についても、不可分債務を認めて、固有必要的共同訴訟ではないとした。すなわち、

⑦　家屋所有権を承継した共同相続人に対して、宅地所有権に基づく家屋収去・土地明渡しを求める訴えは、共同相続人の一人を欠いても適法であるとするもの（最判昭和四三年三月一五日民集二二巻三号六〇七頁。福永有利〔批評〕・民商法雑誌五九巻五号〔一九六九年〕八〇二頁—賛成）

がそれである（最判昭和四三年五月二八日判例タイムズ二二四号一三六頁も同じ事案につき同旨の判決をした）。したがって、⑦および本件の判例を総合すれば、不動産について共同相続人の承継した義務は、これが契約上のものか物権的なものかにかかわらず不可分債務であり、この義務の履行を求める訴訟は通常の共同訴訟である、とする最高裁判所の判例が確立されつつあるといえよう（福永・前掲⑦事件批評八〇五頁参照。もっとも、厳密にいえば、⑥事件や大判昭和八年三月三〇日裁判例七巻民五七頁におけるような物権的登記請求について必要的共同訴訟を否定する最高裁判例はまだない）。

(ロ)　判例が、不動産について共同相続人の承継した義務を不可分債務と構成するのは、共同相続財産の帰属を一貫して通常の共有関係と解してきた立場に由来する。すなわち、通常の共有関係が、総有や合有と異なって、その主体間に特別の結合関係のない場合であるとされることからすれば、共有関係にあるとされる共同相続人の承継した義務についても、相互に特別の結合関係のない多数当事者間の債務関係の原則に従って律することになったのは、けだし当然であった（藪重夫「債務の相続」家族法大系Ⅵ〔有斐閣、一九六〇年〕二二一頁参照）。そこ

で、義務の内容が、可分給付を目的とするものであれば、各共同相続人は持分に応じて分割してこれを負担することになり〔最判昭和三四年六月一九日民集一三巻六号七五七頁。但し学説の支持は少ない――藪・前掲参照〕、不可分給付を目的とするものであれば、不可分債務として、共同相続人各自が全部につき責任を負うことになる。本件のような共有物の所有権移転登記義務や引渡義務については、各共有者が自己の持分の範囲に応じて分割的に給付することも不可能ではないが、社会的な取引の実際からみて、これを性質上の不可分債務とみてきたわけである〔前掲①・②・⑦および本件判決参照。山木戸・前掲九六頁。民法学者の通説である――西村信雄編・注釈民法⑾〔有斐閣、一九六五年〕四三〇条Ⅱ⑴(イ)(b)〕。不可分債務とみられる以上は、連帯債務におけると同様に〔民法四三〇条・四三二条参照〕、債権者は各債務者に対して単独に全部の給付を請求できることになるから、共有者に対してこの種の義務の履行を請求する訴訟は固有必要的共同訴訟でも類似必要的共同訴訟でもなく、共有者各自を相手にして個別的に訴えることができることになる。

(ハ)　学説の大勢は、一般的に、共有者に対して共有物の引渡しや登記義務の履行を求める訴えについての右の判例の立場を支持する傾向にある〔前掲判決①②⑤⑥⑦の前掲批評者の外、山木戸・前掲①事件批評はいずれもそうである。福永有利「特定物引換請求訴訟の被告適格」関大法学論集一四巻二号〔一九六四年〕一五七頁〕。これに対して、前掲⑤⑥の判例〔および大判昭和八年三月三〇日裁判例七巻五七頁〕のほかにも、下級審裁判所の判例の中には必要的共同訴訟を認めようとするものがあり〔大阪地判昭和二七年五月二八日要旨集民訴Ⅰ七七一頁、福岡高判昭和三五年五月七日下民集一一巻五号九七六頁、福井地判昭和三五年一一月七日下民集一一巻一一号二三八七頁、東京高判昭和三七年一〇月二三日下民集一三巻一〇号二一〇八頁、東京高決昭和四一年三月二一日下民集一七巻三・四号二〇九頁＝本件移送決定〕、学説の中にもこれを支持して、固有ないし類似必要的共同訴訟を正当化しようとする見解もみられる〔五十部豊久「必要的共同訴訟と二つの紛争類型」民事訴訟雑誌一二号〔一九六六年〕一八八頁、同・ジュリスト三三二号〔一九六五年〕一二四頁、松浦〔⑦事件批評〕・判例時報五二二号〔判例評論一一五号〕〔一九六八年〕一三四頁、中村英郎「特別共同訴訟理論再構成」中村宗雄先生古稀記念論集・民事訴訟の法理（敬文堂、一九六五年）一八七頁）。多岐にわたる論点をすべてここで取り上げるゆとりはないが、その一、二について検討してみることにする。

まず、この種の義務の合有的ないし共有的帰属を認めることによって、必要的共同訴訟を正当化することができるであろうか（松浦・前掲①および⑦事件批評参照）。共同相続財産を合有とみる見解に立てば、確かに、この種の義務も共同相続人に合有的に帰属するとして、固有必要的共同訴訟を認めることができよう。しかし、積極的な相続財産については合有説をとっても、相続債務についてはすべて個人債務となるとするか（兼子一・民事訴訟法体系（酒井書店、一九五四年）三八四頁。三ヶ月章・民事訴訟法（有斐閣、一九五九年）二一八頁も同旨か）、あるいは、相続財産を引当てとする合有債務のほかに、個人財産を引当てとする個人債務が併存すると解すれば（松浦・前掲民商法雑誌四六巻六号一〇六九頁参照）、個人債務の履行を求める訴えについては各相続人が単独で被告適格をもつことになる（上田徹一郎「組合と訴訟・執行」契約法大系Ｖ（有斐閣、一九六三年）一四五頁も結果同旨）。ただ、合有債務と個人債務が重複的に併存するといっても、ことに本件のように直接相続財産だけを目的とする登記や引渡義務についてはいかにも技巧的であるし（履行遅滞や履行不能による損害賠償請求の帰属については、別に考えるべきである。Henckel, Parteilehre und Streitgegenstand in Zivilprozeß, 1961, S. 57）、実際問題としても、現にいずれの債務が訴えられているかはっきりしないことになって、必要的共同訴訟に当たるかどうかを決めることも困難になろう（松浦・前掲民商法雑誌一〇七一頁は、全員を被告とするときは固有必要的共同訴訟と解すべきかという）。他方、合有債務のみを前提としたうえで、なお、各相続人個人の債務負担権能を根拠に、これに単独の被告適格を認めようとする見解（福永・前掲関大法学論集一六八頁）も、当事者適格がこの場合の訴訟物をなす合有債務を基準として決せらるべきことからみて、疑問が残る（斎藤秀夫編・注解民事訴訟法Ｉ（第一法規、一九六八年）六二条註36参照）。ここで争われ判決により確定さるべきものは、この種の義務の個人的負担ではなく、まさにこの合有的負担にほかならず、これは合有財産の引渡しや登記手続をなすべき個人的債務の履行が求められている場合とは区別されねばならないからである。そこで、問題はやはり、この種の義務が果して共同相続人に合有的に帰属すべきものかどうかという、実体法上の難問に帰着するように思われる（私は個人債務説に賛成したいが、ここでこの点を詳論するゆとりはない）。

共有説をとる判例を前提としても、なお、この種の義務が共有相続人に共有的に帰属するとして、民法二五一条を根拠に「共同的義務」を認めて、共同相続人間の必要的共同訴訟を論拠づける見解がある（松浦・前掲判例評論一一五号一三五頁）。しかしこれは、一般に債権・債務の共有については、まず第一次的に多数当事者の債務関係に関する規定（民法四二七条以下）を適用すべきものとされることからみて、問題である（藪・前掲論文二二五頁参照）。共有関係の個人主義的性格を考慮すれば、右の一般的取扱いは当然であって、特定の債権については別としても（川島武宜編・注釈民法７〔有斐閣、一九六八年〕二六四条Ⅱ⑵参照）、本件のような事例にまで債務の準共有を認めて民法二五一条を適用すべきであるかは疑わしい。いずれにしても、これらの見解は、この種の義務の合有的ないし共有的帰属を根拠にして、共同相続人間に必要的共同訴訟を認めようとするが、実質的にみても果してその必要があるのかが問われねばならない。

㈡　そこで次に、訴訟政策的な利益衡量を根拠とした反論を検討する必要がある。前述のように判例や学説の大勢は、共有者の一部を相手にして共有物の引渡しや登記義務の履行を求める訴えを適法とする。しかし、共有者は単独では共有物の管理処分権がないのだから（民法二五一条）、原告が一部に対して勝訴しても、さらに他の共有者に対して債務名義を取得しない限り、共有物について強制執行することはできない。このように判決の執行力が他の者に対する債務名義の取得いかんに左右されるような訴えの利益は認めるべきではない（vgl. Henckel, a. a. O., S. 57）。原告が第二、第三の訴訟で敗訴すれば先の訴訟は無益となるだけでなく、一般的にも「実質的には一個の紛争関係を数個の訴訟に分断すること」になり、国家裁判制度上不都合かつ不経済であるというのである（五十部・前掲民事訴訟雑誌一九〇頁）。

確かに、強制執行の不能なことが客観的に明白な請求について訴えの利益があるかは問題であるが（三ヶ月章・民事訴訟法六二頁参照）、共有者の一部に対する判決には、執行の可能性が全く閉ざされているわけではない。他の共有者が任意に共有物の引渡しや登記に応じたり、判決の結果を肯定して争わないことも考えられる。のみならず、さらに他の共有者に対して債務名義を取得すれば合せて強制執行することも可能になるのだから、一部についての訴えの利益を頭から否定してしまうまでもない（同旨、三ヶ月・前掲二一八頁）。国家裁判制度上の不都合・不経済を理由に、共有者全員についての固有必要的共同訴訟が主張されるが、固有必要的共同訴訟を認めることが却って別の不都合・不経済をもたらすことも見逃しえない。たとえば、本件事案が示しているように、共有者の一部が不明であったり当事者から脱漏することは少なくないが、この場合、すでになされた訴訟手続や判決が無効に帰すことになれば、「手続の不経済と不安定」を招くこと明らかである。初めから争わない共有者を被告としなければならないことも不都合である（前掲判例⑦の判決理由および同事件についての福永・前掲八〇七頁以下参照）。そこで、これらの見解は、一方で固有必要的共同訴訟を認めながら、他方、⑴争わない者を当事者を加えず（五十部・前掲一九一頁、松浦・前掲判例評論一三六頁）、⑵不明の者を脱漏しても（松浦・前掲）訴えは適法であるとの例外を認める。そうであれば、通常共同訴訟説との実際上の差異は、現実に共同訴訟人となった者の間で必要的共同訴訟としての規則に服するかどうかに尽きる（松浦・前掲一三五頁もこれを認める。論者の意図するところでもあろう）。共有者間には判決の既判力は及ばないのだから、共有者の一部が当事者から脱漏したか否かで合一確定の要否が左右されることになる点を別としても、共有被告とされた限度で合一確定の規制に服すべき現実の必要性があるか否かも疑問である。すなわち、訴訟手続中に相手の主張を認めるに至った共有者が請求を認諾しあるいは上訴を提起しない場合に、一部の被告がこれらの者まで引っぱり込んで最後まで争わせることは、却って無用の手続を重ねることになろう。原告にとっても、あくまで争っている被告が問題であって、この被告に敗訴すれば、仮に他の被告には勝っても、目的を達しえないことは先刻承知しているのだから、相手によって判決内容がまちまちになることがあっても、いわれている程に不都合はないように思われる。いずれにしても、この種の債務の負担が各個人の自由に委ねられること（合有でないこと）を前提とすれば、その限りで、各個人に処分権主義・弁論主義が妥当すべきであって、単に論理的につじつまが合わないというだけで、合一確定の必要を認めるべきではない。

（原題「共同相続人に対して契約上の義務の履行として所有権移転登記手続を求める訴訟と必要的共同訴訟の成否」民商法雑誌六二巻三号、一九七〇年）

一一　債権者代位権に基づく給付の訴えと国税滞納処分に基づく取立て

最高裁判所昭和四五年六月二日第三小法廷判決（昭和四四年(オ)六二六号、不動産売買代金請求事件）民集二四巻六号四四七頁

(1)　事実の概要

訴外Aは、昭和三六年一二月七日当時、本件被告Yに対し、不動産売買残代金（および弁済期後の遅延損害金）二八六万六、七〇〇円の債権をもっていた。また、本件原告X_1は、弁済期昭和三七年三月四日の約定で、Aに対して二〇六万円を貸し付けた。ところが、弁済期が到来しても、昭和三七年一月五日Aが死亡し、A_1ないしA_5がこの債権債務を共同相続した。ところが、弁済期が到来しても、A_1らはX_1に対する債務を支払わず、しかも他に資力とてもない。そこでX_1は、A_1らに対する貸金債権二〇六万円（および期限後の遅延損害金）を保全するため、A_1らのYに対する前記売買残代金債権を代位行使して訴えを提起した。ところが、この訴訟が第一審係属中の昭和四〇年七月二九日、X_2（国）は、A_1らに対する滞納租税債権一一〇万九、九四〇円の徴収のため、国税滞納処分として、A_1らのYに対する前記売買残代金債権を差し押えた。ついで、同四一年中に、その取立てのためにYに対して訴えを提起し、一九一万一、六〇〇円（および遅延損害金）の支払を求めた。

第一審裁判所は、X_1・X_2の両請求を併合して審理した。Yは、売買代金債務の存在を争ったほか、かりに債務があるとしても、X_1の請求はX_2の取立権に優先される限度で減縮されるべきである、と主張した。第一審判決は、

この主張に対して、X_1の債権者代位権に基づく請求とX_2の取立権に基づく請求との関係は類似必要的共同訴訟に該当するとみるのが相当であるとする。X_2の取立権が優先するというのは（国徴法八条）、差押えの範囲で優先弁済を受けることを意味するにとどまり、X_2の本訴提起によって、X_1がX_2に優先される限度で訴追権を失うわけではない。また、X_1の代位すべき債権がなくなるわけでもないから、右の主張は理由がないとして、X_1・X_2の各請求を全部認容した。

第二審判決は、第一審判決をほとんどそのまま引用して、控訴を棄却。

Yの上告理由第一点は以下の通り。債権者代位権は債務者の権利を代わって行使するものであるから、代位される権利の義務者は、債務者自身が権利を行使するときに比べ、より不利益な地位に立つべきではない。ところが、X_1・X_2の両請求を認容した原判決によれば、元金だけでも三九七万一、六〇〇円の支払を命ぜられることになって、本来YがAに対して負担している債務の額をはるかに超えることになり、不当である。これは、X_2の取立権が優先する限度でX_1の請求を棄却すべきであるのに、これを超えて代位権の行使を認めたからであり、原判決はこの点で判決に影響を及ぼすべき法令違背がある。

(2)　判　旨

上告棄却。

「本件においてX_1は、訴外Aの相続人A_1らに対する貸金債権を保全するため、A_1らに代位して、Yに対して本件土地売買代金の支払を求めているものである。そして、国税徴収法八条により国税の徴収について認められる優先権は、現実の弁済にあたって確保されれば足りるのであるから、その徴収のため滞納者に属する債権に対する滞納処分が開始され、国がその取立権の行使として訴を提起した場合でも、それに先き立ち他の債権者から債権者代位権に基づいて提起されていた同一債権についての給付の訴が許されなくなるものとする必要はない。したがって、X_1の本件訴の提起後に、X_2が国税の滞納処分としてA_1らの右売買代金債権を差し押え、取立権を行使してYに対し自らその支払を求める訴を提起したことによって、X_1の債権者代位権行使の権限が失われるものではなく、裁判所はX_1らの両請求を併合して審理し、これをともに認容することは妨げられないものと解すべきである。なお、X_1らは各自の権限に基づきA_1らの同一債権を行使するものであって、両請求がともに認容されたからといって、Yが自己の債務の額をこえて現実の支払を強制されるわけではないから、Yに所論のような不利益を及ぼすものとはいえない。」

(3)　解　説

(イ)　本件は、多数債権者が、自己の債権の満足を図るために、共通の債務者の第三債務者に対する同一債権を行使して、それぞれに異なった取立手続、すなわち、債権者代位権による取立手続と国税徴収法による滞納処分として差押・取立手続を始め、両手続が競合した場合である。この外にも、同様の手続として、債務名義をもった債権者が、強制執行法上の債権差押・取立命令に基づいて行う取立手続がある。これらの異なった手続が二つ以上、同じ債務者の同一の債権について競合した場合、これをいかに調整するかについては、従来からほとんど立ち入った検討がなされてこなかった。このうち、いわゆる滞納処分と強制執行の競合の場合については、立法的な解決が図られたが（「滞納処分と強制執行等との手続の調整に関する法律」）、債権執行についての規定を欠くため、これをどのように調整するかについては、いまだ確定した見解はない。本件のように、債権者代位権行使と滞納処分による取立手続が競合する場合には、前者が強制執行の一方法としての取立手続に比べれば立法的に未整備な点の多いことからみて、問題はさらに複雑であるといわねばならない。本判例は、このような興味ある事例について最高裁の見解を明らかにしたものであって、今後の学説における議論のきっかけを与えるものとなろう。

(ロ)　ところで、本判決の趣旨の第一点は次の通りである。――一般債権者が債権者代位権に基づいて債務者の第三債務者に対する金銭債権取立てのため給付の訴えを提起しているときに、国税徴収法による滞納処分として同じ債権が差し押えられ、さらにそれに基づいて取立ての訴えが起こされても、債権者代位権の行使が妨げられることはなく、先行の給付訴訟が不適法となることはない。

この点がこれまでの判例や学説といかに関連するかについては、債権者代位権に基づく代位訴訟をいかに解するかによって評価が分かれる。すなわち、債務名義によらない一般債権者が代位権により行使しうるものは、債務者自身の行使しうる権限に限られるとする見解（松坂佐一・債権代位権の研究〔有斐閣、一九五〇年〕七二頁以下）を前提とすれば、差押えをうけた債務者の債権について、債権者代位権に基づく給付の訴えを維持できるかどうかは、同じ債権についての差押債務者自身の権利行使、とくに給付の訴えが許されるかどうかにかかる。判例は、かつて、給付訴訟の係属中にその訴訟物たる債権が原告の債権者によって仮差押えをうけた場合には、原告（仮差押債務者）は給付の訴えを維持しえないとした（大判昭和四年七月二四日民集八巻七二八頁）。学説は、通常の債権差押えについては、差押債務者も給付の訴えを妨げないとするが、取立命令があれば、債務者の訴訟追行権限は失われるとしてきた（兼子一・判例民事訴訟法〔弘文堂、一九五〇年〕二九事件評釈）。滞納処分としての債権差押えは、取立権付与の効果をも伴う点で（国徴法六七条一項）、通常の債権差押命令と取立命令とが合体したものに相当する。この点からみて、本判旨は右の判例および学説と矛盾するというわけである。

第二説は、代位権による訴訟追行の権限がその後の滞納処分によって失われないとする本判旨は、これまでの判例を変更したものではないと考える（野田・本件評釈――末尾参照）。すなわち、判例はかつて、債権者が訴えによって代位権行使に着手した場合には、これを債務者に通知すれば、債務者の権利処分が制限されるとした（大判昭和一四年五月一六日民集一八巻五五七頁）。学説はこれを支持して、債権者代位権の行使は、自己の権利の保全のために債務者の意思にかかわらずその権利につき債権者に管理権を取得させる点で一種の私的差押えであり、したがってその反面、差押えに準じて債務者の権利処分が制限されることになる、と説明する（兼子・前掲書三三事件評釈）。代位訴訟も実質的には債務名義による差押・取立命令に基づく取立訴訟と異ならないことになる。この判例・学説を前提とするならば、代位訴訟の目的となっている債権について、他の債権者が差押・取立命令を得ても、二重差押え・二重取立命令がなされたに等しく、代位権者の訴訟追行権は失われないことになるわけである。もっとも、この立場に対しては、一般債権者による代位訴訟を債務名義のある債権者による強制執行法上の取立訴訟と同視できるのかという疑問が残る。代位訴訟にあっては、その執行手続や配当手続について明確な規定を欠くところからも、この疑問はとりわけ切実である（この点を強調すれば、取立訴訟と競合した代位訴訟の訴追権を否定し、取立手続に一本化すべきである、という第一説の立場になる）。

さらに、第二説に立って、本件の事例を二重差押えや二重の取立命令ある場合に等しいとしても、なお、後の差押えが国税の滞納処分として実体法上優先権をもつものであることから、前の差押えはこれに対抗できないのではないか、という問題がある。しかし、国税の優先権といっても、他の一般債権者による差押えによって妨げられずに優先的に執行できれば足りる。手続的には、前の差押債権者が国税徴収に先立って執行しえないようにすれば足り、前の差押えを消滅させる必要はない。却って、第一の差押債権者においても、滞納処分が解除された場合に備え、あるいは少なくとも、滞納税額を超えて差し押えられているときは（国徴法六三条）、その超過分について差押えを維持し、さらには第三債務者に対する債務名義を得ておく利益がある。滞納処分の執行が完了すれば、前の差押えはこれと抵触する部分については失効するが、超過部分については存続することになる（債権の仮差押えと滞納処分の関係につき同旨、田中二郎・租税法〔法律学全集〕〔有斐閣、一九六八年〕二六五頁、名古屋地裁半田支部昭和三八年一二月二日下民集一四巻一二号二四〇一頁）。同様の趣旨は、代位訴訟係属中に滞納処分がなされた場合にも貫くべきであり、この点から代位権者の訴訟追行権を否定すべき理由はない。本判決の右判旨もこの趣旨に理解される。

(八)　ついで、本判決の第二の要点は、債権者代位権に基づく代位訴訟とその後の滞納処分による取立訴訟とは、これを併合して審理し、訴訟物をなす債権が存在すれば共に認容することができる、とする点にある。

この点に関しては、まず、代位訴訟係属中、訴訟物たる債権を差し押え、これにつき取立権を得た他の債権者が別訴を提起しても、二重起訴の禁止に触れないか、が問題となる。通説・判例によれば、債権者代位訴訟および取立訴訟における判決の既判力は、民訴法二〇一条二項（現一一五条一項二号）により常に債務者に及ぶとされている（兼子一・条解民事訴訟法(上)（弘文堂、一九五五年）五二八頁、菊井維大＝村松俊夫・民事訴訟法コンメンタールI（日本評論社、一九五七年）六七六頁、斎藤秀夫・民事訴訟法概論（有斐閣、一九六九年）四〇二頁、大判昭和一五年三月一五日民集一九巻五八六頁）。この立場は、最近三ヶ月教授によってまさに鋭く批判されているところである（三ヶ月章「わが国の代位訴訟・取立訴訟の特異性とその判決の効力の主観的範囲」兼子一博士還暦記念論文集(中)（有斐閣、一九六九年）三四一頁以下（同・民事訴訟法研究第六巻（有斐閣、一九七二年）所収））。たしかに、代位訴訟において訴訟告知をうけない債務者にも常に判決の既判力を及ぼすことは、立法例にも見られず、債務者の利益にも反するため、立法的な手当が必要であると思われる。しかし他面、債務者に既判力が及ばないとすれば、債権者・債務者間の事情によって訴訟に引き込まれた第三債務者は、同じ債権について何度も応訴を強制されるという不利益をうける。この点の利益衡量において第三債務者の利益を優位させたのが通説・判例の立場である。これを前提とすれば、両訴は訴訟物を同じくし、かつ、両訴判決の既判力がともに訴訟物たる権利の帰属主体に及ぶという意味で当事者も同じくするといえるから、後訴は二重起訴にふれ不適法となる。

そこで、つぎに、このような二重起訴の禁止を避けるために、後訴の差押債権者は代位訴訟に対して民訴七五条（現五二条）による共同訴訟参加をすることが考えられる。取立訴訟の判決は他の債権者に対しても効力をもつが（民訴法六二三条三項・四項（現民執法一五七条三項））、代位訴訟においても、その判決の既判力が債務者に及ぶとすれば他の債権者も反射的効果をうけるとして、多数債権者による取立訴訟や代位訴訟の間での合一確定の必要を認めるのが多数説であった（兼子一・民事訴訟法体系（酒井書店、一九五六年）三八六頁、斎藤・前掲書四六八頁、菊井＝村松・前掲書二〇八頁・二一〇頁。ただし、代位訴訟については、斎藤秀夫・注解民事訴訟法(1)（第一法規、一九六八年）三五三頁は反射効による合一確定の必要を否定。とくに、三ヶ月・前掲論文はこの点を詳論する）。この多数説を前提とすれば、同一債権についての代位訴訟と取立訴訟の間でも、合一確定の必要があり、後訴差押債権者は共同訴訟参加ができるし（兼子・前掲条解民事訴訟法(上)二〇〇頁、菊井＝村松・前掲書二六一頁。反対（?）、斎藤・前掲注解(1)四四一頁）、本件におけるように、両訴の弁論が併合されれば、類似必要的共同訴訟として併合審理されることになろう（菊井＝村松・前掲書二〇八頁参照。反対説によれば通常の共同訴訟になろうか）。本件の第一審判決が類似必要的共同訴訟と判示したことおよび前述の本件判旨第二点はこのような趣旨に解される。

もっとも、代位訴訟係属中に他の債権者が債権差押・取立命令を得れば代位権者の訴追権が失われるとする立場からは、これとは異なった取扱いが要求されよう。すなわち、取立債権者は、適格承継人として民訴法七一条・七三条（現四七条・四九条）により、代位訴訟に参加し訴訟を承継すべきことになる（竹下・本件評釈――末尾参考文献）。

(二)　最後に、本判決の第三の要点は、両請求がともに認容されると、第三債務者が支払を命ぜられた額の合計が自己の負担する債務の額を超えることになるが、この全額の支払が現実に強制されるわけではないので何ら差し支えない、という点である。ここでは、第三債務者に二重払いの危険を負わせることにならないのか、そして現実の執行はどのように行われるのかが問題となる。しかし、同様の二重払いの危険は、同じ債権につき数人の債権者に当事者適格を認めた場合には（多数の取立債権者相互の関係）常に考えられ、本件にのみ特異ではない。ただ、代位債権者と取立債権者とがともに債務名義を得た場合に、これを現実にいかに執行するかについては、いろいろと困難な問題が残ることになる。

(ホ)　上述したところから、本判決の提起したいくつかの論点はかなり困難な問題を含むことが明らかになったと思う。これは主として、三ヶ月・前掲論文が指摘されるように、債務名義によらない債権者代位権と債務名義に基づく強制執行手続としての差押・取立命令の二つの手続が相互の関連づけなしに並置されているという現行法の不備に基づくものと思われる。基本的には立法的な手当てが要請されるが、解釈論としても十分の工夫を要する。本判決も含めてこれまでの通説は、両者の手続的な差異にもかかわらずこれを無視して全く同列に取り扱ってきたところに問題があった。手続的に整備されていない債権者代位権については、これに応じてその守備領域を限定する方向に、今後の問題解決の途があると思われる。三ヶ月説や竹下説は、その方向での努力として評価することができる。

〔参考文献〕

竹下守夫〔本件評釈〕・金融商事判例二三七号（一九七〇年）二頁
野田宏〔本件評釈〕・法曹時報二三巻二号（一九七一年）三七一頁

〔原題「同一金銭債権につき債権者代位権に基づく給付の訴の提起後に国税滞納処分に基づく取立が提起された場合における両訴の関係」ジュリスト四八二号〔昭和四五年度重要判例解説〕、一九七一年〕

一二　管財人の報酬と租税との優劣

最高裁昭和四五年一〇月三〇日第二小法廷判決（昭和四〇年(オ)一四六七号、損害賠償請求事件）民集二四巻一一号一六六七頁

(1)　事実の概要

本件は、X（国・税務署）が、破産会社である訴外Aの破産管財人Yに対し、Aに対する租税債権につき交付要求をしたのに、Yがこの租税債権を弁済しないで破産手続を終了したのは、破産管財人の善管注意義務に違反してXに損害を与えたとして、損害賠償を請求した（破産法一六四条（現八五条））事件である。第一審は、Yの善管注意義務違反はないとして請求を棄却したが、原審は、Yの善管注意義務違反を認めたうえで、第一審判決を変更し、次のように判決した。すなわち、Xが本件租税債権（源泉所得税、加算税、利子税、延滞加算税）につき交付要求をしたのは、破産手続開始（昭和三〇年七月四日）後、三年余り経過したのち（昭和三四年三月六日）であったが、当時の財団財産は一部の財団債権を弁済した残額二一万〇、六四三円であり、他方、この財団財産から弁済すべき財団債権は、本件租税債権、社会保険料、失業保険料、管財人報酬を合わせて三〇万五、八二四円となり、右の財団財産額を超過するものであった。そこで、破産法五一条（現一五二条）により、それぞれの債権額の割合に応じて弁済すれば、本件租税債権一五万一、〇九七円については一〇万四、〇七一円となり、これがXのうけた損害額であるとして、右金額と完済までの遅延利息の支払いを命じ、その余を棄却した。

Yは上告して上告理由第二点において次の通り主張した。破産管財人の報酬は破産法四七条三号（現一四八条

一項二号〕の財団債権であり、同法五一条〔現一五二条〕の文言によれば四七条〔現一四八条一項〕各号〔五一条二項〔現一五二条二項〕により、一号ないし七号〔現一号および二号は他の財団債権に先立つと改正〕〕の財団債権と按分して弁済するのが適正にみえるが、破産法運用の実際上の法的慣行によれば、管財人の報酬は、共益費用と同様に先取され、破産裁判所の決定額のまま支給するのが常例である。原判決は、Xの損害額の算定にあたり、この点の法的慣行に反する違法があり、破棄されるべきである。

(2)　判　旨

「破産手続において破産管財人の受けるべき報酬は、破産法四七条三号にいう『破産財団ノ管理、換価及配当ニ関スル費用』に含まれると解すべきである。そして右費用は、共益費用であるから、それが国税その他の公課に優先して支払を受けられるものであることはいうまでもないことであるが、このことは破産財団をもつてすべての財団債権を弁済することができない場合でも同様であると解するのが相当である。破産法五一条一項本文は、財団財産が財団債権を弁済するに不足した場合には、法令に定める優先権にかかわらず各財団債権の額に応じて按分する旨を規定するが、前述のような共益費用が国税その他の公課に優先すべきことは元来自明のことであつて、破産法五一条の規定がこの法理までも変更したものと解することはできないのである。かような見地に立つてみると、原審が破産管財人の受けるべき報酬も、国税その他の公課とともに、その金額に応じて按分して弁済されるべきものであるとの前提に立つて、被上告人の受けた損害の額を判断したのは違法であり、右違法が原判決の結論に影響を及ぼすことは明らかであるから、この点において論旨は理由がある。」

そこでXの受けた損害の額について考えれば、財団財産は、すでに一部弁済した分を差し引いた残額二一万〇、六四三円から、まずYの受けるべき報酬金三万円を控除すべきであるから、結局一八万〇、六四三円となり、他方この財団財産から平等に弁済を受けるべき財団債権としては、本件租税債権一五万一、〇九七円、社会保険料八万九、二〇〇円、失業保険料三万五、五二七円があり、それぞれに按分すれば、本件租税債権については九万八、九五六円となり、これがXの受けた損害額である。そこで、原判決中右金額および完済までの遅延損害金の支払を命じた部分は相当であるから上告を棄却し、その余の部分を破棄してXの控訴を棄却すべきである。

(3)　解　説

(イ)　破産管財人の受けるべき報酬は、破産法四七条三号〔現一四八条一項二号〕にいう「財団ノ管理、換価及配当ニ関スル費用」に含まれ、財団債権として破産財団より支払われる、とするのが通説である。破産管財人の報酬を、管財人の職責の公共性にかんがみ、国選弁護人と同様に、第一次的には国庫の負担とすることも、考えられないわけではない。しかし、破産管財人は、何よりも、破産債権者の一般担保である破産財団を維持管理し、さらに換価および配当することによって、破産債権者の共通の利益を図ることを任務とするのであるから、その報酬も、財団の管理費用として、破産財団から破産債権に優先して支払われる財団債権と解すべきである。本件判決もまずその旨を判示したわけである。

(ロ)　ところで、財団債権は、破産手続によらずに、破産財団から随時に弁済される（破産法四九条〔現一五一条〕）が、破産財団が財団債権の総額を完済するのに不足であることが明らかになったときに、財団債権が相互にどのような優先順位によって弁済されるべきかが問題となる。破産法五一条〔現一五二条〕は、同法四七条一号ないし七号〔現一四八条一項一号および二号と改正〕の財団債権が他の財団債権より優先するとする（同条二項〔現一五二条〕）ほかは、未済の分についてはその債権額の割合に応じて弁済することを原則としている（同条一項本文、但書の例外）。この原則によれば、財団債権としての破産管財人の報酬（破産法四八条三号〔現一四八条一項二号〕）と国税その他の公課（同条二号〔現一四八条一項三号〕）とが競合する場合には、本件の原審判決におけるように、平等に按分弁済すべきことになろう（現行法では管財人の報酬が優先することになる）。しかし、こうして財団債権とされる租税債権には、破産宣告前に発生したすべての税金、とりわけ完済までの一切の付帯税までも含まれるために、交付要求される租税債権がしばしば高額となり、管財人の報酬を確保することも困難になるといわれる。これでは管財人の引受手もなくなるという配慮から、実務上は管財人の報酬を共益費用として租税債権に優先して弁済することが慣行化されていたといわれるし、本件判決は、判例としても、この慣行を追認したことになる。判旨はこれを「元来自明のことであつて、破産法五一条〔以下、現行法省略〕の規定がこの法理までも変更したものと解することはできない」とするが、「自明のこと」とする論拠が問われねばならない。

(ハ)　破産財団の管理費用としての管財人の報酬と租税債権の優劣をめぐっては、かつて平等説もみられた。①破産法四七条〔以下、現行法省略〕・五一条の趣旨は、財団不足の場合には財団債権相互に優劣を認めず、平等に取り扱うものと解される、②破産手続費用が国税に優先すると規定した旧国税徴収法四条ノ二が、破産法五一条制定により効力を失ったとみられる、などがその根拠とされた。しかし、最近では、管財人の報酬は共益費用として租税債権に優先すると解するのが通説である。その理由として、①管財人の報酬を確保する必要があるという、前述した実務上の要請のほかに、②民法上も共益費用は、一般の先取特権として第一順位の優先権が認められ（民法三〇六条・三〇七条）、しかも、特別の先取特権よりも優先するとされていること（民法三二九条二項但書）があげられる。共益費用にこうした先取特権が認められるのは、これがすべての債権者のための出費であるがためであり、公平の原則に基づくものといわれるが、この要請は、破産法上も妥当する。③そして、破産法五一条一項但書は、財団債権についての特別の先取特権の効力を妨げないとするが、共益費用は特別の先取特権より優先するのだから、共益費用を最優先する取扱いが破産法（五一条）によって排除される理由はない。④のみならず、国税徴収法は、強制換価手続が行われた場合には、国税はその手続費用に次いで徴収するとし（同法九条）、この強制換価手続に破産手続を含むとする（同法二条一二号）が、管財人の報酬はこの手続費用にあたるから、国税その他の公課より優先して支払われるべきことになる。

(二)　ところで、共益費用としての管財人の報酬と租税債権との優劣を論ずるについては、わが国の破産法が、一方において、租税債権を財団債権とし（四七条二号）、他方において、財団債権相互につき平等弁済の原則をとり（五一条）、管財人報酬の優先弁済につきとくに規定していないという問題が交錯していることを留意すべきである。まず、租税債権が、とりわけ破産宣告前に生じた税金をも含めてすべて財団債権とされることについては、近時鋭い批判がある。もともと財団債権は、破産債権者の協同の利益のための費用であるところに、破産債権に優先して弁済されるべき根拠があるとすれば、租税債権にはそうした根拠はない。むしろ破産債権者の犠牲において、管財人の確保した財団の殆どを税金としてとりあげることが多いといわれる。租税収入の確保がそれほど強い公益上の要請であるかが問われているわけである。そこで、ドイツ破産法におけるように、破産宣告前の租税債権を原則として破産債権として、宣告前一年内に納期の到来したものにかぎり優先的破産債権を認める（同法六一条二号）ような立法的解決がなされれば、当面の問題はほとんど解消することになる。事実、会社更生法においては、租税債権を原則として更生債権とし（一二二条）、源泉徴収所得税等で手続開始時に納期未到来のものにかぎって共益債権と認める（一一九条〔現一二九条〕）から、実際上は問題を生じないといわれる。こうした立法的解決をみない破産法においては、なお、管財人の報酬と租税債権の優劣が実際上も問題となるわけである。

そこで、つぎに、財団債権としての管財人の報酬と租税債権との優先順位について、前述のように破産法の規定（四八条・五一条）だけからは必ずしも明確な結論を導き出すことができないという問題がある。かつて、明治二三年の旧法（旧商法一〇〇九条）は、「管財人ノ勤労ニ対スル報酬ハ財団ヨリ第一ニ之ヲ支払ヒ其額ハ破産裁判所之ヲ定ム」と規定して疑問をはさむ余地がなかった。破産法（大正一一年法律七一号）制定に際してこうした特別の規定を設けなかった事情は、必ずしも明らかではない。もっとも、破産法四七条・五一条の立法趣旨からは、制定当時の旧国税徴収法（四条ノ二）が国税は破産手続費用に先立って徴収しない旨を規定していたのを特に平等にする意図はうかがえず、ただ、四七条四号ないし七号の財団債権と国税とを平等順位にする趣旨があったといわれている（杉田・後掲解説参照）。いずれにしても、優先説の論拠として前述したように、共益費用については債権者間の公平の要請から最優先の先取特権を認めている民法上の原則（三〇六条・三〇七条・三二九条二項但書）は、破産法上も何ら排斥さるべき理由はない。破産財団の管理費用は、租税債権の徴収のためにも必要な経費であったといえるから、まず必要経費を支払うべきは事理の当然である。破産法は、共益費用としての管財人の報酬の優先弁済がこのように自明の理であるから特に規定を設ける必要を認めなかったともいえるし、かりに立法編纂上の過誤による法の欠缺であるとしても、一般的に妥当する公平の原則によって補充さるべきことになろう。本件最高裁判決が「自明のこと」としたのは、右の趣旨に解すべきである。

〔参考文献〕

松井正道「破産管財人の報酬と財団債権」判決タイムズ二一〇号（一九六七年）七〇頁
杉田洋一（本件解説）・法曹時報二三巻四号（一九七一年）八九七頁
志水義文（本件批評）・民商法雑誌六五巻二号（一九七一年）三三五頁
遠藤功「財団債権の意義と範囲」斎藤秀夫＝伊東乾編・演習破産法（青林書院新社、一九七三年）二五五頁
櫻田勝義「財団債権と優先的破産債権」同右二七四頁
柳川真佐夫ほか「破産手続の実態」とくに判例タイムズ一〇六号一二頁以下、一一一号（一九六一年）一七頁以下
（柳川真佐夫編・破産手続の実態〔判例タイムズ社、一九六二年〕所収）

（別冊ジュリスト倒産判例百選、一九七六年）

一三　民訴法二〇一条一項の「請求の目的物の所持者」に準じた者と確定判決の既判力

大阪高等裁判所昭和四六年四月八日判決（昭和四三年(ネ)六〇五号、登記手続請求控訴事件）判例時報六三三号七三頁

(1)　事　実

Xらは、訴外Aに対し、売買を原因として、土地所有権移転登記手続を請求する前訴を提起し、勝訴判決を得た。この請求認容判決は、Aによる控訴、上告を経て結局確定した。ところが、Aは右の第一審判決の言渡直前に本件土地につき、Yに対して、贈与を原因とする所有権移転登記をしていた。そこでXはYを相手に直接に所有権移転登記手続を請求したのが本件訴訟である。第一審において、XらはA・Y間の贈与の不存在もしくは虚偽表示を主張し、YはA・X間の売買の成立を争った。

第一審判決（神戸地裁尼崎支部昭和四三年三月二五日判決）は次の通り判断した。すなわち、A・X間の本件土地の売買は有効に成立し、すでにXにより代金も支払われている。他方、Aは、資金調達の便宜を図るため、前訴第一審判決言渡しの直前に、A会社の社長の長男であるYに対して形式的に所有権移転登記をしたにすぎず、A・Y間の本件土地に関する所有権移転の約定は通謀虚偽表示によるもので無効である。したがって、YはXに対して所有権移転登記手続の義務があるとして、Xの本件請求を認容した。

Yの控訴による第二審においても、Yは、X・A間の売買を争ったのに対し、Xは、A・Y間の贈与による所

有権移転登記は虚偽表示であると主張した。

第二審判決は次の通り判断した。すなわち、A・Y間の所有権移転登記について、これはAの資金調達の便宜のために、Aの社長の子であるYに形式的に登記名義が移されているにすぎず、贈与その他の有効な登記原因を伴わない通謀虚偽表示に該当する。Y自身もこのことを了承し、もっぱらAのために登記名義人になっているにすぎず、Y自身のため登記名義を保有すべきなんらの利益も理由もない。前訴の結果を甘受するつもりであったYが本訴において争っているのは、ひとえにAのためであって、本訴の実質上の被告はA自身であり、Aが自己に対して実体法上依存関係にあるYの名の下に応訴しているものと見るべきである。このような事情の下では、Yは民訴法二〇一条〔現一一五条一項四号〕の「目的物の所持人」に準じ、前訴判決の既判力を受け、前訴において唯一の争点として審理、判断された売買を争うことはできない、とした。

(2)　判　旨

「わが民事訴訟法第二〇一条第一項は、確定判決の効力が当事者以外に生ずる場合の一つとして、『請求ノ目的物ヲ所持スル者』を掲げている。ところで、『登記』を『所持』または『占有』に対比して考えることは、しばしば行なわれているところであり、現に同条項にいう『口頭弁論終結後ノ承継人』の範囲を画するにあたっては、『登記名義の移転』を『占有の承継』と同列に扱うことにつき異論を見ないのである。そうすると、本件の控訴人Yのように、たとい前訴の係属中に所有権移転登記が行なわれたにしても、単に前訴の当事者のために登記名義人になっているにすぎない者は、請求の目的物の所持者に準じ、これに既判力を及ぼす類推解釈が可能となる。これに対しては、本件のような移転登記請求の場合は、形式上の登記名義人を相手として別訴を提起しなければならず、承継執行（民訴四九七条ノ二）の観念を容れる余地のないことから、逆に右類推解釈を否定する立場も考えられる。しかし、別訴を要することは登記手続の技術的要請にすぎず、このために右類推解釈をしりぞけることはできないと解すべきである。

当裁判所は、右の理由により形式上の登記名義人に対しても実質的当事者の受けた確定判決の効力を拡張する法解釈も許されるものと考える。してみると、控訴人YがAと被控訴人Xとの売買を否定して本訴請求を拒んでいるのは、前訴の確定判決におけると異なった事実上および法律上の判断を求めることに帰着し、右判決の既判力に抵触するから、許さるべきでない。

右のとおりで、被控訴人Xらが……本件土地をAから買い受けてそれぞれその所有権を取得したことは、控訴人Yにおいてこれを争いえないことになったものといわなければならない。したがって、被控訴人Xらは、それぞれ取得した本件……土地につき、現在の登記名義人たる控訴人Yに対し直接に、所有権移転登記手続を請求できるものというべきである（「直接に」請求できることについては、最判昭和三四年二月一二日民集一三巻二号九一頁参照）。」

(3)　評　釈

判旨の結論に賛成するが、一部に疑問の点も残る。

(イ)　民事訴訟法二〇一条一項（現一一五条一項四号）にいわゆる「請求の目的物の所持人」とは、特定物の引渡しを目的とする請求において、この特定物をもっぱら当事者またはその承継人のために占有する者と解されている。本件のように、売買を原因とする所有権移転登記手続請求の訴訟係属中に、当該不動産につき虚偽表示による所有権移転登記を受け、当事者のために登記名義人となった者は、ここにいう「目的物の所持人」に準ずると解しうるであろうか。買主の所有権移転登記請求権の法的性質をいかに解するかについてはいろいろと議論の存するところであるが（舟橋諄一編・注釈民法(6)（有斐閣、一九六七年）一七七条Ⅱ(5)(ア)（徳本鎮執筆）参照）、一般的に登記請求権は、「物の引渡請求権と同じく実体法上の権利である」（舟橋諄一・物権法（有斐閣、一九六〇年）

一二一頁）と解されている。ただ直接的には、登記申請について登記義務者の協力を求める権利といわれるが、これは登記法上共同申請主義がとられているところからくる手続的な要請であって、実体法上は特定物引渡請求権と同様に、登記名義を移転することによって物権の完全な実現を図るための請求権であると解すべきであろう（前掲注釈民法⑹同条Ⅱ⑶参照）。買主の所有権移転登記請求権もまた、この意味で登記名義の移転を目的とする請求権であるとすれば（ここでは、さしあたり物権的請求権か債権的請求権かにかかわらず）、この請求の目的物は、当該不動産についての登記名義自体に他ならないとみることができる。こうして、登記請求権を物の引渡請求権と同様に解しうるとすれば、登記請求訴訟において、もっぱら当事者のために登記名義人となっている者を、特定物引渡訴訟における「目的物の所持人」に準じて解釈しようとする本判決の立論は、相当であるといえる。

(ロ)　このように、当事者のために形式的な登記名義を保持する者を「目的物の所持人」に準じ、これに対して確定判決の効力を及ぼすとする場合には、既判力の拡張と執行力の拡張が問題にされねばならない。第一に、Yは、「目的物の所持人」に準じて前訴判決の既判力を受けるが、これはどのような内容の拘束力であろうか。この点について、本件判決は、前訴における唯一の争点として審理され、売買を肯定する旨の事実上および法律上の判断を、Yが後訴において争うことは、既判力に抵触して許されない、と説示する。この説示内容からみて、このような拘束力は争点効理論に類した判決効の理解が前提となっているのではないか、との疑問を生むことになった（判例時報六三三号（一九七一年）七三頁のコメント参照）。たしかに、XのAに対する所有権移転登記請求権とYに対するそれとは厳密にいえば実体法上別個の権利であるし、前訴判決の既判力は、その主文中の登記請求権の判断に限られ、理由中の売買の判断には及ばないとされる。この前提に立つ限り、Yが自己との関係でX・A間の売買の判断を争いえないとするためには、争点効類似の拘束力を要するようにも見える（争点効の問題は後に再び論及するところを参照）。しかし、本判決においては、登記名義人Yは、当事者Aとの了解（合意）によって、実体法上も登記名義に関してAの処分に従うべき依存的な地位にあり、自己のために登記名義を保持すべき何らの利益もないことが認定されている。そこで、この場合の登記名義人は、「目的物の所持人」に準じて、前訴判決の効力を受け、既判力によって確定された移転登記請求権をそのまま自己に対する関係として認めなければならない。Ｙは実体法上登記名義についてのＡの処分に従うべき地位にある以上、右の前訴判決の効力をそのまま甘受するとしても何ら不当とはいえないからである。ＹがＸ・Ａ間の売買を争うことは、こうして確定された移転登記請求権を争うことに帰着して、既判力の効力として許されない。本件判決の説示は、要するに、既判力の遮断効の効果を説明するものと解すべきであって、既判力によって当事者に遮断される主張は、既判力拡張を受けるＹにも同様に遮断されて、許さるべきでない。

第二に、Ｙが右のような地位にあって、前訴判決の既判力を受けるとすれば、あたかも、特定物引渡訴訟において当事者のために目的物を所持する者に対すると同様に（この場合について、菊井維大＝村松俊夫・民事訴訟法コンメンタールⅠ〔日本評論社、一九五七年〕六七五頁参照）、Ｙに対する承継執行（民訴四九七条ノ二〔現民執法二三条三項〕）もまた可能ではないのか、との疑問を生ずる。本判決においては、移転登記請求の場合は、登記手続の技術的要請から、承継執行の許されないことが前提とされている。たしかに、物権変動に伴う登記請求については承継執行を否定する考え方が有力である（中務俊昌＝川村俊雄「口頭弁論終結後の承継人と判決の効力」実務民事訴訟講座(2)〔日本評論社、一九六九年〕六〇頁）。これは、登記制度が公示制度であるところから、登記請求権も実体関係の過程と態様に対応して生ずるものでなければならないとされ、原則として中間省略の登記が禁止されているためであると思われる。この立場に立てば、本件の事例においても、Ｘは、Ａ→Ｘの所有権移転登記を求めるとともに、Ａ→Ｙの所有権移転登記の抹消を請求しなければならない（舟橋諄一・前掲物権法一二四頁）。Ｘはすでに、Ａ→Ｘの所有権移転登記手続を命ずる確定判決を得ているが、この判決に基づいてＡ→Ｙの所有権移転登記の抹消登記の承継執行をするには、双方の登記内容が余りに異なっている。実質的審査権限をもたない登記官吏が、右の移転登記を命ずる確定判決に、Ｙに対する執行文を付与しただけで、判決主文とは全く内容の異なる抹消登記の承継執行をなす責任を負う、とすることは不当である。

ところが、判例は、この点に関連して、「真正なる不動産の所有者は、所有権に基き、登記簿上の所有名義人に対し、所有権移転登記を請求することができる」との立場を確立している（最判昭和三四年二月一二日民集一三巻二号四一頁）。この判例の立場によれば、Xは所有権に基づき、登記名義人Yに対して、直接に所有権移転登記を請求できる。他方、買主Xの売主Aに対する所有権移転登記請求権も、その法的性質について議論はあるが（ここでは、さしあたり物権的請求権と債権的請求権の競合を認める多数説を前提とする。前掲注釈民法(6)一七七条Ⅱ(5)(ア)(a)参照）、同様に所有権に基づく請求権と解することができる。そこで、この判例の立場を前提とする限り、XのAに対する請求とYに対するそれとは、全く請求の趣旨が同一であり、共にXのための所有権移転登記手続を求めている。したがって、Aに対して所有権移転登記手続を命じた確定判決に、登記名義人Yに対する執行文を付することにより、Y→Xの移転登記を登記官吏に行わせることは、あながち不当に重い責任を負わせたものとはいえない。これは、特定物引渡訴訟における「目的物の所持人」に対する承継執行の際の執行吏の判断と異ならない。したがって、本判決が、一方で、XのYに対する所有権移転登記請求を認める判例の立場に立ちながら、他方で、XのAに対する所有権移転登記請求を認めた確定判決のYに対する承継執行を否定するのは、はなはだ疑問である（兼子一・判例民事訴訟法〔弘文堂、一九五〇年〕四三〇頁参照。ここでは抹消登記についての承継執行が認められている）。こうして、もしA→Xの移転登記を命ずる確定判決に基づいてYに対して承継執行ができることになれば、XのYに対する本件請求は訴えの利益を欠くことになろう（兼子一「訴訟承継論」民事法研究一巻〔酒井書店、一九五〇年〕一頁、とくに七〇頁参照。もっとも、本件判決がこの理由により原審破棄、訴え却下をすべきであったかは疑問）。この場合、Yが当事者のための「目的物の所持人」に当るとして、これに対して承継執行ができるか否かの判断は、承継執行文付与手続（五一九条〔現民執法二七条二項〕、必要な場合は五二一条〔現民執法三三条・三四条〕）において行われることになろう。

(ハ)　本件における既判力や執行力のYに対する効力は、いずれもYがAのための「目的物の所持人」に準じた地位にあることから説明される。しかし、このような特別の事情が存在しない場合には、Yは当事者から「登記名義の移転」を受けた者としてどのような地位に立つのか。これはまた別個に検討すべき重要な問題である。ここでは、この点を詳細に論ずる余裕はない。ただ、本判決の説示自体、「口頭弁論終結後の承継人」の範囲を画するにあたって、「登記名義の移転」が「占有承継」と同列視されていることを指摘しているので、最後に、この点をめぐる若干の問題点につき、紙数制限の許す範囲で言及することにしたい。とりわけ、この場合にいわゆる「適格承継」を認めるとすれば、これがいかなる意味で訴訟承継や既判力拡張、さらには執行力拡張の根拠となるかは、再検討を迫られている問題である。

元来、適格承継を、いわゆるSachlegitimationつまり訴訟物として主張されている実体的権利関係の帰属性(Zugehörigkeit)の移転と見る実体法的理解によれば、既判力拡張の論拠は明確であった（実体的権利関係の承継人は前主のもつ以上の権利を承継せず、前主の服した負担に従う。既判力もその一つである）。登記請求訴訟の被告から登記名義の移転を受けた者は、このような意味での実体的義務の承継人であるといえるか。判例は従来、登記名義の移転により「所有権ヲ円満ナ状態ニ復セシムベキ義務」の承継があったとする構成を試みてきた（とくに、訴訟係属中の引受承継についての判例、大判昭和一一年九月二六日民集一五巻一七四一頁参照）。しかし、登記名義の移転だけで、実体法上の登記義務の承継ありとするのは、いささか困難である。そこで判例は、前主の義務と登記名義人の義務とが共に「所有権ノ行使ヲ妨ゲザル義務」という同一の目的をもつものであり、しかも、登記移転が目的不動産（所有権）の譲渡によって生じている点に、義務の承継を認める根拠があるとしてきた（前掲大判昭和一一年九月二六日、朝高判昭和一八年五月一四日評論三二巻民訴七三頁。占有承継の場合にも類似の構成がとられてきた。大判昭和五年八月六日民集九巻七七二頁、大判昭和七年七月一二日法学二巻三六七頁参照）。しかし、このような構成は、本件の場合のように、登記名義の移転自体が虚偽表示によって無効である場合には、何としても妥当しないであろう。

これに対して、わが国の通説は、訴訟物たる権利関係についての当事者の地位、本件に即していえば「物上請求権に対する侵害者の地位」の承継があるとして、これを訴訟状態上の利益・不利益を含めた実体法上の地位の承継として構成してきた（兼子・前掲民事法研究一巻、とくに四〇頁以下、同・前掲判例民事訴訟法三〇一頁・四二九頁参照）。そこでは、いわゆる当事者適格の承継という訴訟法的な観念（兼子・前掲民事法研究一巻五〇頁参照）と、生成中の既判力＝既判力により実在化される実体的権利関係の承継という実体法的側面とが、訴訟状態論を媒介として立体的に結合されている（吉村徳重「既判力拡張と執行力拡張」法政研究二七巻二～四合併号二一八頁〔同・民事判決効の理論㊦（信山社、二〇一〇年）所収〕が同様の評価をする）。この意味における実体法的関係の承継として適格承継が既判力拡張や執行力拡張の根拠とされてきた（山木戸克己「訴訟物たる実体法上の関係の承継」法学セミナー三〇号〔一九五八年〕四四頁）。本件のように虚偽表示による登記名義の移転であっても、この立場によれば、実体法上の関係の承継があることになろう。

しかし、いわゆる適格承継の概念が、訴訟物をなす実体法上の権利関係とは無関係に、訴訟法的に鈍化、拡大されるにつれ、この場合の訴訟承継や既判力拡張、さらには執行力拡張の根拠が再び問い直されねばならないことになった。特定物引渡訴訟や登記請求訴訟において、占有承継や登記名義の移転があれば、請求の実体法的視点にかかわらず適格承継を認めようとする立場がそうである。ここでは、さしあたり次の二つの典型的な事例を問題にすることにする。

第一は、家屋の賃借人Xが、賃貸人である家主Aに対して家屋引渡しを請求し、勝訴判決確定後に、この家屋を譲り受けあるいは賃借して占有を承継した第三者Yは、適格承継人として既判力拡張や執行力拡張を受けるか。いわゆる「交付請求権」による訴訟であって、債権的請求権だけが理由となりうる事例である（「交付請求権」と「引渡請求権」との区別については、三ヶ月章「特定物引渡訴訟における占有承継人の地位」民事訴訟法研究Ｉ〔有斐閣、一九六二年）二九五頁以下参照）。賃借権の対世効が認められない限り、Ｙは実体法上何らの引渡義務も負わず、義務者たる地位の承継ありとはいえない。所有権を背景とする、いわゆる「引渡請求権」に基づく場合は、これと異なり、実体法上も引渡義務者たる地位の承継ありと構成できるであろう（最判昭和四一年三月二二日民集二〇巻三号四八四頁は訴訟係属中の承継、東京高判昭和四一年四月一二日下民集一七巻三・四号二四六頁は口頭弁論終結後の承継につきこれを認める）。

第二は、いわゆる二重譲渡の事例である。買主Ｘの売主Ａに対する所有権移転登記請求を認容する判決確定後に、Ａから当該不動産を買い受け移転登記をしたＹは、適格承継人として既判力や執行力の拡張を受けるであろうか。この場合に、「登記名義の移転」を以て、登記義務者たる地位の承継ありとして適格承継を認めれば、既判力や執行力の拡張が認められそうである（京都地判昭和三八年二月二五日金融法務事情三四二号八頁は、この結論に達する）。しかし、これは実体法上の登記の対抗力を否定することになるので、判例は、登記名義人を承継人とは認めない（最判昭和四一年六月二日判例時報四六四号二五頁、大阪高判昭和三七年五月三一日下民集一三巻五号二四九頁など）。

学説は、このような事例に対処するため、適格承継と当事者の地位を区別し（小山昇「口頭弁論終結後の承継人について」北大法学会論集一〇巻（一九六〇年）二八頁〔同・判決効の研究（信山社、一九九〇年）所収〕）、あるいは訴訟上の承継人と実体法上の承継人を区別して（三ヶ月・前掲書三〇九頁以下）、少なくとも、実体法上義務を負わない第三者に対して、承継執行を防御できる地位を与えようとする。しかし、ここではまず、前述の二つの事例には相互に基本的な事情の差異があることを指摘する必要がある。

第一に、いわゆる交付請求の場合は、債権の実体法上の性質から、その目的物の占有を承継したＹが、実体法上の引渡義務を負担する可能性はなく、債務者Ａの引渡義務者としての地位を承継することもありえない（大阪高判昭和三九年一月三一日下民集一五巻一号一七二頁は、人的義務も債務名義上は公的義務となり、占有承継人はこの公的義務者としての地位を承継するという。しかし、本件は転借人の転貸人に対する実体法上の依存関係によって説明できる事例である。吉村・前掲論文二二〇頁参照)。しかも、Yのこのような立場は、その固有の権限によるのではなく、Yとの関係なしに、X・A間の請求自体から明らかなことである。したがって、Yを訴訟上の適格承継人として、一旦訴訟を引き受けさせ、あるいは承継執行文を付与したうえで、これに対する実体的な抗弁ないし異議申立てとして、Yの責任において右の地位を主張させるのは(三ヶ月・前掲書三一一〜三一三頁)、妥当とは思われない。けだし、Yの実体法上の地位は、X・A間の交付請求権とは何ら関係がないのであるから、Yが訴訟引受けを強制されて右の請求権の争いに関与することも、確定判決後その既判力を受けることも、ましてや承継執行文を付与されることも、何ら正当な理由がない。むしろ逆に、本来自由な取引活動の保障さるべき第三者に不要な訴訟関与を強制することとなって不当である。

第二に、いわゆる二重譲渡の場合の移転登記請求訴訟においては、「登記名義の移転」は二重の意味をもっている。一は、登記名義が登記請求権に対応する義務者たる地位を生じ、他は対抗要件としての意味をもつからである(特定不動産引渡請求においては、占有と登記が二つの機能を分担する)。登記請求訴訟における義務者としての地位は登記名義の移転とともに承継されることは前述したが、対抗要件としての登記の移転は、登記原因(売買や贈与)が有効な場合にのみ意味をもつことになる。したがって、この場合に「登記名義の移転」だけによって訴訟承継や既判力拡張を認めるべきかが問題となる。これを認めれば、Yはまず訴訟を引き受けさせられ、A・Y間の有効な登記原因の有無は、X・A間の請求とともに審理されるし、確定判決後は、X・A間の請求権の確定を自己との関係でも争いえないことになる。適格承継の通説的理解に従って、この結果を肯定すべきであると思う。けだし、X・A間の請求が否定されれば、A・Y間の有効な登記原因を立証するまでもなく、Yもまた勝訴することになり、この場合の訴訟承継や既判力拡張はYにとっても有利である。また、X・A間の請求が肯定されても、YはA・Y間の有効な登記原因による対抗要件を自己の固有の権限として主張することができる。結局、Yの地位がとくに不利になるとは思われないからである（承継執行文を付しうるのは、登記原因が無効な場合に限るべきであろう）。

右の既判力拡張の関係を、既判力は基準時における前訴当事者間の請求権確定の拘束力であり、Yはその後に生じた実体法上の権限を主張することを妨げない、と説明するのは、問題であると考える。前訴当事者間に一定内容の権利関係が確定されていることを認めるべきである、というのであれば、いわゆる一般的承継義務をいうにすぎない。しかし問題なのは、第三者たるYが、いかなる根拠によってこの権利関係の確定を自己の関係として承認しなければならないのかである。従来の通説は、物権的請求権（ないし「引渡請求権」）に対応する義務者たる地位の承継ありとして、その根拠を説明してきた。しかし、適格承継のもつ、このような実体法的な側面を否定して、いわゆる「交付請求」の場合も含めて、もっぱら「占有承継」や「登記名義の移転」によって適格承継を説明する立場からは、義務者としての地位の承継という視点も出てこない。既判力拡張の拘束力も、基準時における前訴当事者間の請求権確定の拘束力に止まる。二重譲渡の事例においては、虚偽表示により登記名義の移転を受けたYは、X・Y間の登記請求権を基準時後新たに生じたものとして争うことができる、ということになろう。したがって、その原因とされているXの所有権や売買を争うことを禁止するには、さらに別の積極的な根拠を要するように思われる（大阪高判昭和四五年五月一四日高民集二三巻二号二五九頁は、このような実体法上の移転登記請求権の承継がないことを理由に、前訴原告から口頭弁論終結後に所有権を取得した者は、勝訴判決の既判力を援用できない、とする）。

本件判決は、前述のように、前訴において唯一の争点として審理され、売買を肯定する旨の事実上および法律上の判断をYが後訴で争うことは、同一の争いのむしかえしになって許されない、と説示する。これがもし、右のような見解を前提にするものであれば、そこでは明らかに争点効的判決効が考えられているといわねばならない。争点効理論は、初め、同一当事者間に限って判決理由中の判断の拘束力を問題にしてきた。新たにその主観的範囲の拡張が主張された際にも、せいぜい第三者に有利な判断の拘束力を認めるにすぎなかった（新堂幸司「参加的効力の拡張と補助参加人の従属性」小山昇ほか編・裁判法の諸問題〔兼子博士還暦記念論文集〕(中)（有斐閣、一九六九年）四二七頁以下〔同・訴訟物と争点効(上)（有斐閣、一九八八年）所収〕参照）。これをいわゆる適格承継人にまで拡張しようというのであれば、第三者に不利な判断を含むことになり、従来の争点効理論を一歩出ることになる。新たな論拠づけが必要であるこというまでもない。

（本稿脱稿後、新堂「訴訟当事者から登記を得た者の地位(一)」判例時報六四〇号一〇八頁〔同・訴訟物と争点効(下)（有斐閣、一九八八年）所収〕を参照することができた。本稿が提起した問題点を新しい視点に立って正面から検討する力作である。残念ながら、その内容に立ち入って本稿を書き改める時間的余裕がなかった。他日を期したい。）

（原題「所有権移転登記手続請求の訴訟係属中に、被告から虚偽表示によって所有権移転登記をうけた者が、もっぱら被告のために登記名義人になっている場合には、民訴法二〇一条一項の請求の目的物の所持者に準じて、確定判決の既判力をうける」判例時報六四三号〔判例評論一五三号〕、一九七一年）

一四　交通事故被害者についての終身定期金賠償判決

札幌地方裁判所昭和四八年一月二三日判決（昭和四五年(ワ)一七七四号、交通事故に関する損害賠償事件）判例タイムズ二八九号一六三頁

(1)　事　実

本件は、タクシーが急にUターンしたために、追従してきた原付自転車と衝突して、これを運転していた被害者が重傷を負った事件である。被害者は事故当時二〇歳の健康な男の会社員であったが、この事故により頭蓋骨骨折、脳損傷などの傷害をうけ、手術治療の結果生命はとりとめたが、意識不明の状態は回復せず、昭和四四年一〇月一八日、事故発生以来二年三ヵ月を経過した本件口頭弁論終結時においても、半昏睡状態を続けており、いわゆる「植物性人間」の状態にある。被害者は現在でも摂食、排便等の自立行為ができず、二四時間の付添看護を必要とする。この状況は被害者が死ぬまで続くと思われるが、その死期を予測することはできず、通常人より短命を予想できるだけである。

このような状況の下で、右被害者とその両親が原告となって、タクシー会社に対して損害賠償を請求した。被害者には三、〇〇〇万円（付添看護費、入院費、逸失利益、慰謝料の合計三、六七四万円余の損害金の内金二、八九〇万円および弁護士費用一一〇万円の合計）、両親には慰謝料として各五〇万円の損害金の支払が求められた。このうち、付添看護費と逸失利益については、被害者の平均余命年数（四八・一七年）や勤務会社（札幌トヨペット株式会社）の昇給表により、ホフマン式計算による現在額を算定したうえでの請求であった。

裁判所は、これに対する被告の免責の抗弁を排斥したうえで、過失相殺を認め過失の割合を二分の一として損害額を算定した。その結果、(イ)付添看護費については、実際には母親が一人で無理をして看護しているとしても、前記症状からみて二人分の付添看護を要すると認めて、これを過失相殺して一日一〇〇〇円、(ロ)逸失利益については、勤務会社の昇給表により、事故当時の月給三万五、〇〇〇円から昭和八七年一月の月給五万三、〇〇〇円まで四段階の昇給を予想し、過失相殺によりその二分の一の損害額が認定された。この(イ)・(ロ)それぞれの損害を一月あたりの定期金として合計し、昭和四七年一月一日から同被害者の死亡に至るまで毎月末限りで支払うべきことを命じたのである。この外には、両親に対する慰謝料各二〇万円と弁護士費用一〇万円を認めただけで、他の請求は棄却した。自賠責保険がすでに三五〇万円支払われているので、昭和四六年末までの看護費、入院費、逸失利益および慰謝料相当額は、すでにこれによって塡補されたものとしたのである。

(2)　判　旨

(イ)「原告は、付添看護費用相当の損害および逸失利益を算定するにあたり、右のような最重篤の傷病にありながらも、なお同原告が平均余命を生存しうることを前提として、将来の回帰的費用相当の損害および逸失利益の現在額を中間利息を控除して算出し、一時払としてその賠償を求めている。」（中略）

「しかしながら、本件における原告X_1のごとく、脳損傷の傷害を受け、その回復の見込みがないばかりか、その余命の幾何とも知れない最重篤の傷病人がなお平均余命を生存しうるとすることは、既に認定した経験則に明らかに違反するところであって、このような事情にない通常の場合と同一に論じることはとうていできないところである。また、逆に、このような場合、原告X_1に対して向後生存しうる期間の立証を求め、本件においては、同原告の余命の幾何たるとも予測しがたく、その部分につき損害の立証がないものとしてその請求を棄却することは、一時払という賠償形式に固執する以上避けられないとはいえ、いかにも衡平に反する結果となる。」

(ロ)　(a)　「将来の回帰的費用や逸失利益より中間利息を控除して現在額を算出し、その一時払を命ずる通常の場合の賠償形式は、身体傷害それ自体あるいはそれによって損なわれた抽象的な労働能力そのものを既に発生した損害として把握し、ただ、将来予測される費用や得べかりし利益をその損害額の算定の資料として用いているものと理解される。しかし、身体傷害による損害の把握の仕方がこれに限られねばならない理由はなく、具体的に生じた各期毎の費用の支出や収入の減少そのものを損害として捉えることも可能である。そして、この場合の損害は各期末ごとに発生することになるが、これら損害と不法行為との間に因果関係があり、予めその発生時期と額を確定しうる場合には、民事訴訟法二二六条の要件を満す限り、いわゆる定期金賠償の形式を採ることも許されると解される。」

(b)　「本件においては、原告X_1は付添看護費用相当の損害および逸失利益につき一時払賠償を請求しており、一時払という賠償形式に固執する以上は、口頭弁論終結後の支出や収入の減少に相当する損害部分の請求を棄却するほかないことは既に述べた通りである。しかしながら、前記の損害把握の仕方のいかんは、もっぱら身体傷害による損害をどのようにとらえるかという法的評価の問題にすぎないから、そのいずれであるかによって請求を異にするものではなく、従って、一時払の請求に対して定期金給付の判決をすることは、あたかも現在給付の請求に対して履行期未到来の理由で将来給付の判決をする場合と同様、民事訴訟法一八六条に違反するものではないばかりか、右に述べた定期金賠償を命じうる要件を充す以上、その限度で請求を認容すべきである。」

(c)　「本件においては、後記のとおり、口頭弁論終結時において、付添看護費用相当の損害および逸失利益につき、各期毎の損害額算定の基礎たる事実関係は確定しており、ただ、損害の発生が継続的であってその終期を確定しえないために一時金賠償によることができないにすぎず、また、口頭弁論終結時に既に履行時にある不履行があるのであるから、将来の部分の履行も期待できないことが明らかであり、民事訴訟法二二六条の規定する要件に欠けるところはないから、右損害については定期金賠償を命じうる限度において原告X_1の請求を認容するることとするのが相当である。」

判旨に基本的に賛成であるが、若干の限定が必要であると考える。

(3) 評　釈

(イ) 本件は、交通事故による被害者が一時金賠償の請求をしてきたのに対し、初めて定期金給付を命じた判決として、注目に価する。つまり、交痛事故により、いわゆる「植物性人間」の状態となった被害者が、将来の付添看護費用および逸失利益について一時金賠償の請求をしたのに対して、裁判所は、判決後被害者死亡にいたるまでの定期金給付の判決をしたのである。

このような処理を認めるためには、①まず、逸失利益や付添看護費用のような将来も継続的に生ずる損害について、定期金給付による賠償方法が認められるかという、実体法上の問題を解決することが前提となろう。そのうえで、②一時金賠償の請求に対して終身の定期金給付の判決をするのは、民訴法一八六条〔現二四六条〕に違反しないのか、③さらに、この場合の定期金給付は将来の給付の訴えとして民訴法二二六条〔現一三五条〕の要件を備えているといえるのか、という訴訟法上の問題に答えねばならないことになる。本件判決は、前記判旨(ロ)の(a)・(b)・(c)の部分がこれらの論点のそれぞれに対応して説示しているように、いわゆる「植物性人間」の状態となった被害者についてこれらの問題をすべて肯定した初めての判決である。

本稿では以下において、判例・学説の状況を概観（ロ）したのち、右の論点に即して、①定期金賠償の根拠と要件（ハ・ニ）、②一時金請求に対する終身定期金判決の可否（ホ・ヘ）、③将来の給付の訴えとしての要件（ト）についての本件判決の判旨を論評する。

(ロ) わが判例実務は、不法行為に基づく損害賠償の方法としては、古くから一時金給付による賠償形式を慣行としてきた。不法行為による身体傷害の結果生ずる出費増や逸失利益のように、将来にわたって継続的に生ずる損害についても、ホフマン式計算によって中間利息を控除して現在額を算定し、不法行為時に既に発生したものとして一時金による支払を命ずる判例実務が定着してきた。

しかし、判例の中にも、大審院昭和三年三月一〇日判決（民集七巻一五二頁）は、傍論としてではあるが、「不法行為ニ依リ他人ノ労働能力ニ欠陥ヲ与ヘタル者ハ其ノ欠陥ノ存続スル間被害者ニ対シ定期金ヲ給付シ以テ労働能力ノ欠陥ヲ塡補スルハ損害賠償ノ方法トシテ最モ適当ナルモノニ属スル」として、逸失利益の損害賠償には定期金給付が最も適当な賠償方法であると推奨するものがあった。この判示は傍論であったため、実務に影響するところは少なかったが、近年、下級審の判例に、正面から定期金給付を命じた神戸地裁尼崎支部昭和三六年三月二六日判決（交通下民集昭和三六年度一六四頁）が現れた。これは、交通事故による父の死亡により扶養料を受けるべき利益を失った未成年の子が、定期金給付による損害賠償を請求したのに対し、「将来扶養を受けるべき利益の喪失による損害を、中間利息を控除して一時に請求するか、又は、年金式に請求するかは、権利者の選択にまかされていると解するのが相当であり、本来年金的利益なのであるから、これを年金式に請求するのを拒む理由は見出されない」として、一定期間にわたる定期金給付の判決を認めたのである。本件判決は、交通事故による被害者が、事故による逸失利益と増加出費の損害につき一時金賠償を請求したのに対して、終身にわたる定期金給付の判決をした点で、右の神戸地裁判決をさらに一歩進めて新しい判断を示したことになる。

学説の中には、ドイツ民法（八四三条・八四四条・八四五条）と同様に、人身事故による逸失利益や増加経費などの継続的な損害の賠償方法として、定期金給付を認めるものがかなりみられる。(1) いうまでもなくわが民法は、損害賠償の方法について金銭賠償によると規定する（七二二条）だけで、ドイツ民法におけるような定期金給付を認める規定をもたない。逆にいえば、定期金賠償を認めないとする規定もないわけであるが、従来の判例実務が一時金賠償の慣行を確立していたために、定期金賠償を認めるためには積極的な根拠が問題となった。倉田判事の「定期金賠償試論」はこの点につき初めて詳細な根拠づけを行い、その後の楠本・江藤論文はこれを補強した。そこで強調された定期金賠償論の根拠を要約すれば、①定期金賠償によれば、損害額認定における証明度の厳格さが回復できること、②判決後の事情変更に対応して判決内容の更正が容易であること、③被害者の救済、生活保障に適切であることなどであった。本件判決がこれらの学説の展開に触発されて生まれたことは容易に推測できる。

(ハ)　本件判決は、定期金賠償を許容できる根拠として、身体傷害による損害が「具体的に生じた各期毎の費用の支出や収入の減少そのもの」として把握できることを挙げる。これらの各期末ごとに生ずる損害について、予めその発生時期と額を確定できるならば、将来の給付の訴えとして民訴法二二六条〔現一三五条〕の要件を備えるかぎり、定期金賠償の形式をとることが許される、と判示した。

しかし、判例理論が従来から逸失利益として把握してきた損害も、まさに事故がなければ得べかりし具体的な所得の喪失そのものであり、事故により抽象的な労働能力は減退しても現に収入の減少がなければ損害はないとされてきた（最判昭和四二年一一月一〇日民集二一巻九号二三五二頁）。身体傷害による損害をこうした現実の「具体的損害」と捉える点では、本件判決の右の理解と異ならない。ただ、判例理論は、同時に、一時金賠償を慣行としてきたために、前述の通り、将来も継続的に生ずる「具体的損害」を、あらかじめ既発生のものとして現在額化する必要があった。そのために、平均余命表に基づき被害者の余命年数や就業可能年数を推認し、この期間に得べかりし利益から中間利息を控除して現在額を算出してきたのである。個々の被害者の余命年数を平均余命表によって算定するなどのいわゆる「抽象的算定方法」による「具体的損害」の認定が、単なる擬制にすぎず、証明度の厳格性を失うことになるのは避けられない。定期金賠償論は、定期金給付を認めれば平均余命表などの「抽象的算定方法」を用いる必要がなく、証明度の厳格性を回復できる、と主張した。本件判決が、身体障害による損害を各期末毎に生ずる具体的損害と捉えるならば、定期金賠償が許されるとして、平均余命表を利用できない「植物性人間」について定期金給付判決をしたのは、こうした学説の展開を前提にしているといえる。

しかし他方において、本件判決は一時金賠償の方式を否定するわけではない。定期金賠償論といえども、将来の継続的損害につき、一時金賠償を完全に排斥してきたわけではない。そしてまた、判例理論における証明度の問題点を解決するには、定期金賠償論のほかに、西原教授の提唱になる人身事故における損害額の定額化・類型化の方向があることも、しばしば指摘されてきた。(2)(3) 人身損害の定額化を主張する西原理論まで徹底しなくとも、判例理論におけるような「具体的損害」ではなく、「身体傷害それ自体あるいはそれによって損われた抽象的な労働能力そのものを既に発生した損害」として捉える、いわば「抽象的損害」論も唱えられていた。(4) これは大阪高裁昭和四〇年一〇月二六日判決（下民集一六巻一〇号一六三六頁）の採用するところでもあったし、本件判決はこの立場から一時金賠償方式を理解したのである。こうした「抽象的損害」であれば、「将来予測される費用や得べかりし利益をその損害額の算定の資料として用いるものと理解される」から、平均余命表などによる損害額の認定も「それなりに合理的なもの」として是認されるとしたのである。そうであれば、さらに一歩進めて、「植物性人間」となった本件被害者について、平均余命表は利用できなくとも、「抽象的損害」の額を決めることはできるのではないのか、との疑問を生ずる。ただ、統計表などの抽象的算定資料すらなしに「抽象的損害」を決めることになれば、これはもはや裁判の性質を離れた実質的な行政作用であって、裁判の予測可能性も失われよう。この点についての本件判決（判旨(イ)）の立場は、その限りで（問題が解決し尽くされたわけではないが）正当であろう。

(二)　いわゆる定期金賠償論が、なお一時金賠償を排除できない、より実質的な理由は、定期金賠償にも難点や限界があり、被害者にとって一時金賠償の方が好都合の場合も多いためである。(5) 定期金給付が被害者の災害補償ノイローゼを促進し易いという医学的難点を別としても（これは「植物性人間」にとっては問題にならない）、賠償義務者が将来無資力となったり倒産したりするおそれがある場合や、しばしば転居したり外国に移住したりして、定期金の取立てが困難になる可能性があれば、定期金給付は適当ではない。ドイツ民法が、重大な理由ある場合に定期金に代えて一時金による元本決済を請求できるとする（八四三条Ⅲ・八四四条Ⅱ・八四五条2）場合の「重大な理由」に当るのは、こうした事例であるといわれる。(6) また、定期金給付の履行確保のために担保の提供を請求できるとする規定（ド民八四三条Ⅱ・八四四条Ⅱ・八四五条2、民訴三二四条）も、この点の配慮に出ている。このような制度的な手当のないわが国において定期金賠償を認めるには、賠償義務者の将来における履行能力の安定性など、とくに定期金給付に適した条件の存することを要件とすべきであろう。本件判決がこの点を考慮したかどうかは判決文からは明らかでないが、「被告がタクシー会社で、経営上、資産上ある程度安心できる状態にあること」が前提とされているようにも見える。(7) しかし、これらの事情は、むしろ定期金給付の要件として判決理由において判断を示すことを要求すべきであろう。

さらに、定期金給付判決は、判決後の貨幣価値の変動、とくにインフレに対応できなければ、ほとんどその意味を失う。ドイツ民訴法上の変更の訴え（三二三条）においては、この場合をも定期金判決後の「重大な事情」にあたるとして判決の変更が認められる。(8) このような制度的方策を備えていないわが国でも、定期金賠償を認めれば、判決後に予測に反した損害の増減ある場合には、追加請求や請求異議を認め易く、(9) 貨幣価値の変動もその一場面にあたる、と説かれる。(10) 個々の定期金債権は具体的な損害に対応して各期末ごとに発生し履行期に達するものであるから、確定判決後の損害額の増減は、「口頭弁論終結後の事情に基づく損害賠償請求権の増減」にあたる、という理由による。本件判決はこの点の判断を示さないが、定期金判決を認める以上、このことを前提とする必要があろう。ただ、ドイツ法上、変更の訴えは確定判決の既判力を破る例外規定とされ、追加請求や請求異議は既判力に触れない場合（前訴請求が一部請求になる場合や、判決後に請求権の滅却・阻害事情の生じた場合など）にかぎり認めるのが一般である。(11) この種の規定なしに貨幣価値の変動をも含めた判決後の事情変更により広く追加請求や請求異議を認めるのは、定期金判決の既判力に触れないのか。この点についてはさらに立ち入った検討を要するが、ここではそのゆとりがない。

(ホ)　このように一方で定期金賠償を認めるとともに他方で一時金賠償をも否定しないとすれば、ついで、両請求はどのような関係に立つかが問題となる。とりわけ本件のように、一時金賠償の請求に対して定期金給付判決をすることは許されるのか、これは民訴法一八六条〔現二四六条〕に違反しないのかが問題となる。同条によれば、裁判所は原告の申立てと質的に異ならず量的にこれを超えない範囲においてのみ裁判することができると解されているからである。この点をめぐって二つの見解の対立がある。

第一説は、両請求を質的に同一であるとみて、一時払請求に対して定期金給付判決をすることは、請求の一部棄却として一八六条〔現二四六条〕に違反しない、という(12)。両請求は実体法上の請求権ないし訴訟物を同じくするとみるわけであるが、その根拠として倉田説は、逸失利益の総体が両請求で実質的に同一であることをあげる。末弘博士はかつて、損害賠償請求権の賠償方法として、賠償金額や支払条件を適当に定める権限を裁判所に認めるべきであると説明された。本件判決は、この点につき、身体傷害による損害をどのように把握するかは一時金賠償と定期金賠償で異なるが、これは法的評価の問題にすぎないから、そのいずれであるかによって請求を異にしない、とした。結局、賠償の方法として損害の内容やその賠償の条件をいかに評価するかを裁判官の判断に委ねることに帰着しよう。こうして、もし訴訟物が同一であると解しうれば、現在の給付請求につき履行期未到来を理由に将来の給付判決ができるのと同様に、一時金請求の一部棄却として定期金給付判決ができる、というのである。

しかしこの立場に対しては、まず、両請求は、損害の把握が異なり、発生時期を異にするから、質的に差異があり、実体権自体ないし訴訟物も異なるのではないか、との反論がある。ついで、かりに訴訟物を異にしないとしても、定期金給付が量的に一時金請求の範囲内に止まるかについては、後述のような疑問がある。

これに対して第二説は、両請求が質的に異なるから、裁判所は一時金給付の申立てに拘束され、定期金判決ができるのは、定期金給付が請求されている場合に限られる、という(13)。実体権ないし訴訟物を異にするとの理由のほかに、定期金判決は、賠償義務者の将来の支払能力が安定しているなどの特別の要件があることを前提とするから、債権者の選択ないし請求がある場合に限るべきである、という理由による。

しかし、定期金賠償を債権者の選択ないし請求にかからせるとはいかなる意味か、論者によって必ずしも明確ではない。(i)まず、実体法上の一種の選択債権を認め（民法四〇六条参照）、債権者に選択権を与えたものとみることもできよう。この立場では、本件のように一時金請求がなされている場合には、一時金給付選択の意思表示とみられるから（釈明による確認の余地はある）、定期金判決の余地はなくなる。しかし、定期金給付に適する条件を備えるかどうかをもっぱら債権者の実体法上の意思表示に委ねるのは形式的にすぎ、被害者救済に欠けるおそれもある。(ii)そこで、両請求権の競合的成立を認める立場とも考えられる。この立場では、請求内容を定期金給付の申立てと解しうれば、定期金判決ができることになる。ただ、請求を特定するために、一時金か定期金のいずれの申立てかを明確にすべきであると解すれば[14]、本件のように一時金給付の申立てがある場合には、定期金判決の余地はない。しかし、もしこの申立てが定期金給付の申立てを含むと解することができれば、定期金判決の余地も考えられる。けだし、この場合両請求は黙示的な選択的併合の関係に立つと見ることもできるからである。本判決が、一時金請求の認められないことを前提として、「定期金給付を命じうる要件を充す以上、この限度で請求を認容すべきである」とする結論は、この立場からも是認されよう。この立場では第一説との差異はわずかである。

(へ)　そこでつぎに、一体、定期金給付判決は量的に一時金給付申立ての範囲内に含まれるであろうか。あるいは、一時金給付申立ては量的にも定期金給付申立てを含むであろうか。

これを肯定する見解によれば、定期金給付は一時金給付の履行期の猶予を認めた場合に等しいから、一時金請求の量的な一部を棄却した判決と理解される。定期金給付は、たしかにその履行期を将来に延期するが、一時金給付の単なる分割払いではない。とりわけ、賠償すべき継続的損害の存続期間については、一時金賠償においては一定期間を区切って現在額の算定を要するのに対して、定期金賠償においては、給付期間に終期を付するとは限らない。本件のように、終期の未確定な終身定期金給付を認めれば、その給付の総額は、一時金給付の申立額とくらべて、これに及ばないこともあろうが、これをはるかに超えることも考えられる。(15)もっとも、本件の具体的事例では、「植物性人間」となった被害者は、経験則上平均余命期間を生存することは困難であり、通常人より短命であることが前提とされている。しかしこれは判決主文には示されていないから判決内容とはいえない。一八六条〔現二四六条〕の趣旨を貫けば、一時金給付の申し立てられた賠償総額の範囲内において（ここでは過失相殺によって二分の一だけが認められたことを度外視する）、定期金給付も認められる。具体的には、原告が一時金給付の申立てにおいて賠償総額算定の前提とした被害者の余命期間ないし就業可能期間の限度において、死亡に至るまでの定期金の給付判決をすることが許されることになろう。したがって本件判決が、このような制限なしに、一般的に、一時金請求に対して終身定期金給付の判決をすることは一八六条〔現二四六条〕に違反しないと判示するのは、不当である。

また、損害額の認定について裁判所の自由裁量を認めるべきことを強調して、当事者の申し立てた賠償金額は単なる提案にすぎず、裁判所はこれに拘束されない、とする見解もある。(16)しかし、かりに損害額や賠償条件の決定につき裁判所の自由裁量を認めるとしても、このことと、裁判所は当事者の申立ての範囲内において裁判できるする処分権主義の原則とは、区別して考えねばならない。(17)裁判所の裁量による損害額や給付内容の認定いかんにかかわらず、当事者は申立ての限度で裁判を求めているのであり、相手方もこの限度で防禦を尽くすべき対象を提示されているのである。これを超える判決は当事者双方にとって不意打ち判決となろう。民訴法一八六条〔現二四六条〕は、こうした機能を果す点において、なお意義を失ったとは考えられない。

(ト)　最後に、将来継続的に生ずる損害について個々の反復的な定期金給付を訴訟上予め請求するためは、将来の給付の訴えとして民訴法二二六条〔現一三五条〕の要件を備えねばならない。

まず、反復的給付義務についてもまだ履行期に達していない部分につき予め給付判決を得るためには、「予メ其ノ請求ヲ為ス必要アル場合」でなければならない。一般に、現在履行期にある部分が履行されていなければ将来の履行も期待できないから、あらかじめ請求の必要ありと解されている(18)。ドイツ民訴法においては、将来の反復的給付について訴えの繰返しを省くために将来の給付の訴えを認める特則（二五八条）があり、こうした一般的要件を要しないとされるが(19)、特則のないわが国ではこれを要求する見解が正当であろう。さらに、将来の個々の反復的給付義務についてはその基礎となる権利関係（全体としての請求権）がすでに成立しており、将来の個々の賠償額算定の基礎が十分に確定できる場合でなければならない(20)。本件判決はこのような要件をすべて認定している。

この点に関連して、終身定期金給付のように、反復的給付義務の終期が未確定の場合にも、将来の給付の訴えができるのか、が問題となる。請求内容が不明確であるため、裁判の対象を明確化できず、相手方の防御権を妨げることにならないのか、という疑問である。たしかに、ドイツ民訴法上は損害額の算定が裁判官に委ねられる（二八七条）ところから、損害額確定に十分な基礎を示せば、損害の金額を示した申立ての必要はない、とする見解が有力であり(21)、わが国でも同様の提唱がなされている(22)。しかしこの立場に立っても、相手方の防御権を保障するためには一応の損害額の提示が要求され、逸失利益の賠償請求として、被害者の完全な労働能力回復までの定期金給付の申立ては不明確にすぎるとして不適法とされた(23)。また、こうした給付期間の未確定な定期金賠償判決も認められない(24)。これに対して、終身定期金給付は、被害者がとくに老齢まで稼働能力をもつような「特別の事情」ある場合（たとえば弁護士など）に例外的に認められる(25)。こうした特別の事情ある場合の、被害者死亡を解除条件とする定期金給付であるから、相手方の防禦権の保障に欠けるところがなく、判決の効力としても解除条件が明確であってその安定性を害わないためであろう。本件判決は、終身定期金判決をするについて、これらの点の配慮が十分でない。ことに右の「特別の事情」が判断されていないし、これを認めることができなければ

（本件には右の特別の事情はないだろう）、推定稼働能力期間の限度内にかぎって定期金給付を命ずべきであったろう（民訴法一八六条〔現二四六条〕を度外視してもそうである）。

（1）　従来から、我妻栄・事務管理・不当利得・不法行為（新法学全集）（日本評論社、一九三七年）二〇六頁、末弘厳太郎「損害賠償の賦割払」民法雑記帳（下）（日本評論社、一九五三年）二二三頁、石田文次郎・債権各論（早稲田大学出版部、一九四七年）二八七頁、加藤一郎・不法行為（法律学全集）（有斐閣、一九五七年）二一六頁など。ことに近年の倉田卓次「定期金賠償試論」判例タイムズ一七九号（一九六五年）一九頁は、その根拠を詳細に検討し、楠本安雄「定期金賠償論の現代的意義」司法研修所創立二〇周年記念論文集一巻（一九六七年）一六二頁、同「定期金賠償」判例タイムズ二一二号（一九六七年）一三四頁、同「定期金賠償と生活保障」ジュリスト四三一号（一九六九年）二〇五頁、江藤价泰「判決において定期金賠償を命ずることの可否」実務民事訴訟講座三巻（日本評論社、一九六九年）二九一頁がこれを展開した。その他の肯定的文献として、山田晟＝来栖三郎「損害賠償の範囲および方法に関する日独両法の比較研究」損害賠償責任の研究（我妻栄先生還暦記念論文集）上（有斐閣、一九五七年）二二〇頁、植林弘「分割賠償の諸問題」ジュリスト三八一号（一九六七年）一一七頁、沢井裕・注釈民法⒆（有斐閣、一九六四年）七二二条Ⅱ⑶など。

（2）　西原道雄「幼児の死亡・傷害と損害賠償」判例評論七五号（一九六四年）三六頁、同「生命侵害、傷害における損害賠償」私法二七号（一九六五年）一〇七頁、同「損害賠償の法理」ジュリスト三八一号（一九六七年）一四八頁。

（3）　倉田・前掲注(1)論文二二頁（批判的）、楠本・前掲注(1)論文ジュリスト四三一号二〇七頁参照。

（4）　楠本安雄「逸失利益の算定」実務民事訴訟講座三巻（日本評論社、一九六九年）一五三頁は稼働能力の喪失を損害とし、野村好弘「交通事故における損害と損害額」判例タイムズ二一二号（一九六七年）二〇頁、吉岡進「交通事故訴訟の課題」実務民事訴訟講座三巻（日本評論社、一九六九年）三頁は人の死傷自体を損害とみる。

（5）　たとえば楠本・前掲注(1)論文ジュリスト四三一号二〇九頁以下参照。

（6）　山田＝来栖・前掲注(1)論文二一二頁。

（7）　判例タイムズ二八九号（一九七三年）一六四頁の本件判決解説参照。

（8）　Stein-Jonas-Schumann/Leipold, Kommentar zur Zivilprozessordnung, 19. Aufl. 1972, § 323 II 3(a); Rosenberg-

Schwab, Zivilprozessrecht, 10. Aufl. 1969, §159 VI 2.

(9) 倉田・前掲注(1)論文二三頁。最判昭和四二年七月一八日民集二一巻六号一五五九頁は、判決後の後遺症による増加費用につき追加請求を認め、最判昭和三七年五月二四日民集一六巻五号一一五七頁は、判決後の被害者の予想に反した稼働能力回復の事例で請求異議を認めた。一時金給付判決におけるこれらの判例理論の根拠づけの困難さ（吉村徳重「損害賠償請求」小山昇他編・演習民事訴訟法（上）〔青林書院、一九七三年〕二〇三頁参照）は、定期金判決を認めれば解決するという。なお、いわゆる代償請求においては、すでに同様問題があり、追加請求や請求異議を認めるとされてきた。吉村徳重「代償請求の性質」民事訴訟判例百選（有斐閣、一九六五年）五八頁（本書第五編一）参照。

(10) 楠本・前掲注(1)論文・判例タイムズ二一二号一三五頁、同・ジュリスト四三一号二〇九頁、江藤・前掲注(1)論文三〇四頁。

(11) たとえば、Rosenberg-Schwab, a.a.O. (Fn.8), §159 I, IV, V; Stein-Jonas-Schumann/Leipold, a.a.O. (Fn.8), §323 III 2（但し、この請求異議についての説明は一貫しない）など。これらの点については異論もある。変更の訴えが既判力を破るとは考えず、別に追加請求や請求異議をも認めようとするのである。たとえば、Bruns, Zivilprozessrecht, 1968, §45 II 1c 参照。

(12) 倉田・前掲注(1)論文二四頁、末弘・前掲注(1)論文二二五頁、石田・前掲注(1)書二八七頁。もっとも末弘論文では分割払いと明確に区別していない。

(13) 我妻・前掲注(1)書二〇六頁は「年金の形で請求することも許す」とし、加藤・前掲注(1)書二一六頁は「被害者の希望によってそれを認める」、楠本・前掲注(1)論文・判例タイムズ二一二号一三五頁は「実体法上、被害者が選択した場合のみ許される」とし、江藤・前掲注(1)論文三〇三頁はこれに従う。

(14) ドイツ民訴法では、一時金か定期金のいずれかを留保した申立ては、不明確にすぎるとして不適法とされる。Stein-Jonas-Schumann/Leipold, a.a.O. (Fn.8), §253 III 2 a α N.37.

(15) 倉田・前掲注(1)論文二五頁注(26)がこのことを認める。近似的同一性といわれる所以である。そして「民訴法一八六条違反に陥らぬためには、給付期間を『三〇年』（申立てられた余命年数）とするほかあるまい」とされる。

(16) 五十部豊久「損害賠償額算定における訴訟上の特殊性」法学協会雑誌七九巻六号（一九六二年）三一頁、とくに五〇頁参照。

(17) 同旨、Stein-Jonas-Schumann/Leipold, a. a. O. (Fn. 8), §308 I 1.

(18) たとえば、兼子一・民事訴訟法体系（酒井書店、一九五六年）一五五頁、三ヶ月章・民事訴訟法（法律学全集）（有斐閣、一九五九年）六三頁。

(19) Stein-Jonas-Schumann/Leipold, a. a. O. (Fn. 8), §258 II.

(20) ドイツ法上は、将来の変更の訴えを予定してこの点の不確実なままに定期金給付判決はできないとされる。Stein-Jonas-Schumann/Leipold, a. a. O. (Fn. 8), §258 II 3.

(21) Stein-Jonas-Schumann/Leipold, a. a. O. (Fn. 8), §253 III 2 a α N. 34; Rosenberg-Schwab, a. a. O. (Fn. 8), §98 II 3β (S. 477); A. Blomeyer, Zivilprozessrecht, 1963, §43 II 2b (S. 222) 参照。この判例通説に対しては反論も多い。たとえば、Bull, Der unbezifferte Klageantrag, JR 1958, 95ff. 参照。

(22) 五十部・前掲注(16)論文四一頁以下。これへの反論として、柏木邦良「訴訟物の特定」演習民事訴訟法（上）〔青林書院、一九七三年〕一八三頁、とくに一九三頁参照。

(23) Stein-Jonas-Schumann/Leipold, a. a. O. (Fn. 8), §253 III 2 a α N. 38.

(24) Staudinger-Schäfer, Recht der Schuldverhältnisse, 10./11. Aufl., 1967, §843 Anm. 130.

(25) Staudinger-Schäfer, a. a. O. (Fn. 24), §843 Anm. 133.

（判例タイムズ二九八号〔昭和四五年度民事主要判例解説〕一九七三年）

一五　保証人敗訴の判決確定後に主債務者勝訴の判決が確定した場合

最高裁判所昭和五一年一〇月二一日第一小法廷判決（昭和四九年(オ)九三七号、請求異議事件）民集三〇巻九号九〇三頁、判例時報八三六号四九頁

(1) 事　実

前の訴訟においてYは、亡Aに対し一五〇万円を貸与し、Xほか一名がその連帯保証をしたと主張して、Aの相続人BらおよびXを共同被告として、この貸金債務の支払を請求した。BらはYの請求原因事実を争ったが、Xはこれをすべて認めたので、裁判所はXに関する弁論を分離して、YのXに対する連帯保証債務の支払請求を認容する判決がなされ、確定した（昭和四一年一一月）。しかし、その後、YのBらに対する主たる債務の支払請求については、審理の結果、主たる債務が成立していないという理由で、請求を棄却する判決がなされた。Yが控訴したが、控訴審の口頭弁論期日に当事者双方が欠席したので、控訴が取り下げられたものとみなされ、判決は確定した（昭和四五年八月）。

ところが、Yは、その後、Xに対する連帯保証債務支払の確定判決に基づいて、X所有の山林の強制競売を申し立て、開始決定を得た（昭和四八年一一月）。そこでXは、Yに対して、本件の請求異議の訴えを提起し、YとBらの間の確定判決によって、主たる債務の不存在が確定されたのだから、連帯保証債務の附従性に基づいて、X・Y間の確定判決の執行力の排除を求めることができる、と主張した。

第一審（松山地裁大洲支部）判決は、Xの請求異議を認めて、つぎのような理由を述べた。「主たる債務者と債権者との間において判決の既判力により主たる債務の不存在が確定し、もはや主たる債務者が債権者に対して右債務を履行する必要がなくなった場合においては、保証人は、保証債務の附従性から、債権者に対し、主たる債務者が獲得した右勝訴判決を援用して、その保証債務の履行を拒絶しうべきものであり、そして、本件のように保証人が敗訴の確定判決を受けた場合においては、右履行拒絶の理由が右判決の基礎となった事実審の口頭弁論終結後に生じたものであるときは、右事由を原因とする請求異議の訴により、自己に対する右確定判決の執行力の排除を求め〔う〕るものと解するのが相当である。」この判決に対してYが控訴した。

控訴審判決（高松高裁判決昭和四九年七月二九日高民集二七巻三号三一九頁）は、第一審判決を取り消し、Xの請求を棄却した。まず、「債権者と主たる債務者との間において、主たる債務が存在しない旨の確定判決がなされても、これによって、……債権者と保証人との間においてまで、主たる債務の存在しないことが確定されるわけのものではない」としたうえで、つぎのように述べた。「もっとも、債権者の主たる債務者に対する請求訴訟において、主たる債務の存在が否定され、債務者勝訴の判決が確定した場合には、保証人が、その後右確定判決を援用して、自己の保証債務の履行を拒絶し得ることがあり得ようが、右は、債権者の保証人に対する給付の確定判決がない場合に限るのであって、既に保証人に対する給付の確定判決がある場合には、保証人は、その後になされた債権者と主たる債務者間の確定判決を援用して、自己の保証債務の履行を拒絶することはできないと解すべきである。」そうでないと、実質的には、保証人に対する確定判決と矛盾する判決をし、これを先の確定判決に優先させることになって不合理だからである。Xが上告した。

上告理由は二点に及ぶ。第一点は、主債務者の勝訴判決は、民訴法二〇一条二項〔現一一五条一項二号〕によって、保証人に既判力を生ずる、という解釈論による。主債務者は、債権者との訴訟において、保証人のためにも訴訟をしているといえるし、債権者もまた保証人に対する債務保全のためにも、債権の存在を主張して戦ったのであるから、その裁判を受ける権利を侵されない。また、そうしないと、保証人の主債務者に対する求償権の行使から主債務者の債権者に対する不当利得返還請求へと無用の訴訟の循環をもたらし、不合理であるからである。第二点は、民訴法二〇一条二項〔現一一五条一項二号〕の適用が認められなくとも、同条一項の趣旨から、既判力ないし反射効として、主債務者の勝訴判決の効力が保証人に及ぶ、とする。承継は実体法上の依存関係の一態様であるが、保証債務も主債務に附従し、依存関係が認められるからである。上告棄却。

(2)　判　旨

「一般に保証人が、債権者からの保証債務履行請求訴訟において、主債務者勝訴の確定判決を援用することにより保証人勝訴の判決を導きうると解せられるにしても、保証人がすでに保証人敗訴の確定判決を受けているときは、保証人敗訴の判決確定後に主債務者勝訴の判決が確定しても、同判決が保証人敗訴の確定判決の基礎となった事実審口頭弁論終結の時までに生じた事実を理由としてされている以上、保証人は右主債務者勝訴の確定判決を保証人敗訴の確定判決に対する請求異議の事由にする余地はないものと解すべきである。けだし、保証人が主債務者勝訴の確定判決を援用することが許されるにしても、これは、右確定判決の既判力が保証人に拡張されることに基づくものではないと解すべきであり、また、保証人は、保証人敗訴の確定判決の効力として、その判決の基礎となった事実審口頭弁論終結の時までに提出できたにもかかわらず提出しなかった事実に基づいてはもはや債権者の権利を争うことは許されないと解すべきところ、保証人敗訴判決の確定後において主債務者勝訴の確定判決があっても、その勝訴の理由が保証人敗訴判決の基礎となった事実審口頭弁論の終結後に生じた事由に基づくものでない限り、この主債務者勝訴判決を援用して、保証人敗訴の確定判決に対する請求異議事由とするのを認めることは、実質的には前記保証人敗訴の確定判決の効力により保証人が主張することのできない事実に基づいて再び債権者の権利を争うことを容認するのとなんら異なるところがないといえるからである。」

(3)　評　釈

判旨の結論は、場合を限定すれば妥当であるが、その理論的な根拠は明確ではない。

(イ)　本件は、従来から反射効の典型例とされてきたところの、主債務者・保証人の関係について、主債務者の勝訴判決に反射効を認めたうえで、保証人敗訴の確定判決との関係で、反射効の作用内容を限定したともとれる興味ある事例である。ただ、判旨の結論は、すでに債権者と保証人の間で保証人敗訴の確定判決があれば、その後に主債務者の勝訴判決が確定しても、その事由が保証人敗訴判決の事実審口頭弁論終結前に生じたものであれば、保証人がこれを援用して自己の敗訴判決に対する請求異議の事由とすることはできない、という点にある。だから、その前段において、一般に保証人が、債権者からの請求に対して、主債務者の勝訴判決を援用することができる、と述べ、また、すでに保証人の敗訴判決が確定していても、その基準時後の事由に基づいて主債務者が勝訴すれば、これを援用しうる余地を残しているのは、あくまで傍論にすぎない。しかし、そうであっても、最高裁判所の判例において、この種の確定判決の効力——これが講学上のいわゆる反射効を指すのか、単なる証明力を意味するのか不明のところもあるが——に好意的な判断を示したのは初めてである。これが本判決の第一の意義である。第二の意義は、保証人との間での反射効が、さきになされた保証人敗訴判決の既判力と衝突する場合の作用内容について判断を示したことである。そして第三の意義は、本件のように主債務者と保証人が共同して訴えられた場合に、こうした共同訴訟の審判上の取扱いの問題を提起していることである。本件の前の訴訟におけるように、保証人が主債務と保証債務を争わなければ、弁論を分離して個別判決を急ぐべきかどうか、そのことが保証人の反射効の作用に影響を与えるかどうか、という問題である。

(ロ)　確定判決の反射効ないし反射的作用についてふれた判例には、従来、債務者とその一般債権者（①名古屋地判昭和一四年八月二八日評論二九民訴六二）および土地賃借人と転借人（敷地上の家屋賃借人）の事例（②東京高判昭和二九年一月二三日下民集五巻一号六二頁、③大阪地昭和三〇年八月二四日下民集六巻八号一六九二頁、④最(二小)

判昭和三一年七月二〇日民集一〇巻八号九六五頁、⑤神戸地判昭和四七年一一月三〇日判例時報七〇二号九一頁）に関するものがあった。このうち、①〜④の判決では、いずれも第三者に不利な反射効が問題とされたのに対して、⑤の判決では、本件と同様に、第三者に有利な反射効が問題とされた。

まず、第三者に不利な反射効を認めた判例には、①〜③がある。①では、売主・買主間での不動産の売買契約の無効を確認して、買主の所有権を否定した確定判決は、その反射的作用として、不動産に対して仮差押えをしていた買主の債権者を拘束する、とされた。②では、土地所有者（X）が借地上の建物所有者（A）に対し、賃貸借契約の解除を理由として建物収去・土地明渡しを求めた訴えにおいて、原告勝訴の判決が確定すれば、前訴係属中の同建物の譲受人（Y_1）または賃借人（Y_2）は、前訴判決の反射効を受け、建物収去ないし退去を請求する土地所有者（X）に対して、土地使用権限を主張できない、とした（判例③もほぼ同旨）。Y_1・Y_2の土地の転借権ないし占有権限はAの土地賃借権ないし使用権限に依存していることを根拠として、反射的効果を認めたのである。

ところが、②の上告審であった④の最高裁判決は、「原審認定の如き事実関係の下にあるY_1・Y_2が原審認定にかかる確定判決によって当然に原判示の如き法律上の拘束を受けると解すべき法理上の根拠に乏しく……」として、この事例における反射効を否定した。しかし、この最高裁判決については、反射効を認める立場からは、判例（大判昭和九年三月七日民集一三巻八頁）や学説によれば、賃貸人と賃借人が合意解約しても転貸借によってすでに成立している転借権は消滅しないとされているから、そもそも反射効の問題となる事例ではなかった、と評されている（兼子一「判決の反射的効果」法学協会雑誌七四巻五・六号六五六頁（一九五八年）など）。すなわち、反射効理論によれば、確定判決の既判力はその標準時である口頭弁論終結時において当事者間で判決内容どおりに権利関係を認めた契約ないし処分をしたのと同様の効果を生ずるとみて、実体法上当事者間のこうした処分行為の効果を受ける関係（実体法上の依存関係）にある第三者は、当事者が判決内容に拘束されることを自己に不利に承認しなければならず、あるいは自己に有利に援用できる、とされてきた（依存関係説）。先例④におけるY_1・Y_2は、転借人の地位にあって、賃借人の賃貸借関係についての処分を当然に承認しなければならない依存関係にはないから、反射効を受けることはないことになる。この意味では、先例①においても、売買無効を確認して買主の所有権を否定した判決前に、すでに目的不動産につき仮差押の登記をしていた買主の債権者も、反射効を受けるべき地位にはなかったといえる。いずれにしても、先例④の最高裁判決が、こうした事例において反射効を否定しても、依存関係に立つ第三者について一般的に反射効を否定したことにはならない、といえるわけである。

他方、本件と同様に、第三者に有利な反射効を認めうるとした先例⑤においては、第三者に不利な反射効を認めた①～③の判決とは異なった理由づけがされている。事案は、②や③と同様に、借地上の建物所有者に対する土地所有者の建物収去・土地明渡請求において、賃貸借は終了しないとの理由で原告敗訴の判決が確定すれば、建物退去の請求を受けた建物の賃借人は、この判決の効力を自己に有利に援用することができる、と判示した。建物賃借人の土地占有権限が建物所有者の土地占有権限に依存する関係にあるという理由づけに加えて、「けだし、右のように解することにより、①建物所有者に対する土地明渡請求訴訟と建物居住者に対する訴訟とを判断に矛盾なく統一的に解決できるうえ、②一挙的に解決できるので重ねて審理する必要がなく訴訟経済にも合致し、③また右のように解しても、援用される確定判決の当事者はすでにその訴訟において十分攻撃防御の機会が与えられ訴訟手続上の保障が尽されていたのであるから訴訟法的には不利益はないからである。」

この度の本件判決も、第三者に有利な反射効の事例として、保証債務の附従性という依存関係のほかに、先例⑤と同様の利益状況のもとで、保証人は一般に主債務者の勝訴判決を援用できるとしたものと思われる。

(ハ)　一般に、主債務者の勝訴判決を保証人が援用できるとしても、これをどのような効力と解するかについては、見解が分かれている。単に証拠としての証明力を認める立場を別とすれば、反射効とみる（兼子一・民事訴訟法体系〔酒井書店、一九五六年〕三五三頁、斎藤秀夫・民事訴訟法概論〔有斐閣、一九六九年〕四一八頁、小山昇・民事訴訟法〔青林書院、一九六八年〕三七二頁など通説）か、既判力拡張とみる（鈴木正裕「判決の反射的効果」判例タイムズ二六一号〔一九七一年〕二頁、霜島甲一「既判力の相対性について」判例タイムズ三〇七号〔一九七四年〕三頁）かが争われているが（新堂幸司・民事訴訟法〔筑摩書房、一九七四年〕四四一頁は「その性質決定にどれだけの実益があるかは疑わしい」とするが、結局、既判力の拡張の一例とみる。同書四四四頁）、いずれにしても、何らかの法的拘束力を認めうる典型的事例であるとされている。

そして、伝統的な反射効理論は、保証債務の附従性により実体法上の依存関係があるとして、この種の判決効を根拠づけてきた（兼子・前掲書）。さらに、実体法上の依存関係による反射効といっても実質的には既判力と異なるところがないとして、既判力拡張を認める見解がある（鈴木・前掲論文）。この依存関係説に対しては、敗訴当事者である債権者の手続保障と紛争の蒸返しを避ける利益などの利益考量によって、反射効（上田徹一郎「判決効の主観的範囲拡大における法的安定と手続権保障との緊張関係と調和点」判例タイムズ二八一号〔一九七二年〕四七頁）や既判力拡張（新堂・前掲書）を根拠づける新しい見解（利益考量説）が主張され、さらには、主債務者は保証人のためにも訴訟追行をしたものとして、民訴法二〇一条二項（現一一五条一項二号）を適用できるとする見解（霜島・前掲論文）を生むに至っている（代位訴訟説）。本件の上告理由も、こうした学説の展開に触発されて、第一点においては代位訴訟説を、第二点においては依存関係説を論拠としたのである。

このような理論の展開を前提とすれば、保証人に有利な反射効を根拠づけるについても、単に実体法上の依存関係としての附従性によるだけではなく、さらにこれを一つの基準として実質的な利益考量がなされねばならない。ほかならぬ依存関係に基づく既判力拡張説も、もともと依存関係を基準とした利益考量を論拠とする見解であった（ことにベッターマンがそうである。吉村徳重「既判力拡張における依存関係(二)」法政研究二七巻一号〔一九六〇年〕四六頁参照〔同・民事判決効の理論(下)（信山社、二〇一〇年）所収〕）。かくて、とりわけ保証人のように反射効を第三者に有利に援用する場合と、反射効が第三者に不利に援用する場合とでは、考量すべき利益状況も根本的に異なってこざるをえない。つまり、反射効を第三者に有利に及ぼす場合には、第三者たる保証人の利益侵害が問題となることはなく、むしろ、前訴の敗訴当事者である債権者が、なぜ保証人との関係でもう一度主債務の存在を主張して審判を受ける機会を要求できないのか、が問われることになる。依存関係説は、保証債務の附従性を基準に、債権者のこの点の審判の蒸返しの利益を否定したものといえるし、利益考量説は、さらに、さまざまの諸利益を比較考量すべきだと主張しているといえる。

(二)　ところで、本件最高裁判決は、保証人が主債務者勝訴判決を援用できるとしても、これは既判力拡張ではない、と述べているから、判決の反射効を前提としているように思われる。かりに判決の反射効を前提としているとすれば、これがどのような場合にどのような作用をもつものであるかについて、いくつかの問題を提起している。なかでも、本件のように、主債務者勝訴判決の前にすでに保証人敗訴判決が確定している場合には、既判力と衝突する反射効はどのように作用するのかが問われることになる。

この点について、第一審は、あとで確定した主債務者勝訴判決の反射効を優位させたのに対して、原審は、さきの保証人敗訴判決の既判力を優位させ、反射効によって保証債務の履行を拒絶することはできないとした。依存関係説によつて、主債務者の勝訴判決をその基準時における主債務不存在の合意と同視できるものとすれば、これを援用して保証人敗訴判決に対する請求異議の事由とすることを認める第一審判決は、これを一般的に認めれば、実質的には保証人敗訴判決の既判力を覆すことになるとして、この既判力の標準時前に生じた事由が主債務者勝訴判決の理由となっている場合には、正当であるようにみえる。しかし、本件最高裁は、これを援用して請求異議の事由とすることはできないとした。しかし他方において、主債務者勝訴判決の理由が保証人敗訴判決の既判力の標準時後に生じた事由に基づくときには反射効の作用を認める余地を残していると解されるから、結局、本判決の立場によれば、判決の反射効は、判決理由中の事由によってその作用のしかたが異なり、これが既判力の遮断効と矛盾しないかぎりにおいて拘束力を生ずることになるものと思われる。

しかし、判決の反射効が判決理由となった事由によって左右されるというのは、どういう意味をもつのであろうか。まず第一に、反射効は従来から判決理由中の判断についても生ずるとされてきた（中田淳一「確定判決の反射的効果」判例評論五号〔一九五六年〕二頁、小室直人「判決の附随効」菊井維大編・民事訴訟法(上)〔青林書院、一九六〇年〕二五二頁、なお鈴木・前掲論文六頁参照）が、近時新たに、争点効を第三者にも及ぼす場合を反射効の一場面とみる見解が主張されている（新堂・前掲書四四四頁）。この争点効拡張説においては、結果的にも、もはや実体法上の依存関係の基準にかかわりなく反射効が拡げられることになる。たとえば、不動産が甲→乙→丙と転々譲渡されたのち、まず、甲が乙に対して無権代理による売買無効を主張して移転登記抹消を請求したが、有効な売買が認められて敗訴したあとで、今度は、甲が丙に対して所有権に基づく明渡請求をした後訴においては、甲・乙間の売買無効を主張しえない。

これは、アメリカ法におけるコラテラル・エストッペルの相対効からの離脱の傾向と軌を一にし、共通の配慮に支えられているものと思われる（吉村徳重「アメリカにおける既判力拡張の一側面」法政研究二九巻一＝三号〔一九六三年〕六三頁〔同・比較民事手続法（信山社、二〇一一年）所収〕、霜島・前掲論文参照）。アメリカ法では、コラテラル・エストッペル（争点の判断の拘束力）を第三者が有利に援用できる伝統的な法則として派生的・依存的責任法則があったが、判例はさらに在廷期日の法則（バーンハード原則）を展開した。この展開の根拠となった配慮はこうである。すなわち、前訴の敗訴当事者が共通の争点について「在廷期日」つまり「十分かつ公正に審判を受ける機会」をもった場合に、この点の判断の拘束力を第三者が自己に有利に援用できる。こうすれば、敗訴当事者のデュー・プロセスの保障を害することなしに、当事者間の公平をはかり、統一的かつ一挙の紛争解決をもたらすからである。もっとも、この立場ではこうした拘束力をどの範囲まで認めうるかが重大な問題となるし、また、本件における主債務者・保証人のような依存関係にある場合には、伝統的な派生的責任の法則によって判決効を援用できる典型的な事例であるから、あえてバーンハード原則を引合いに出す（本件上告理由の立場）

までもないわけである。事実、バーンハード原則に対しては相対的な手続保障がないとして批判的な者（Moore and Currier, Mutuality and Conclusiveness of Judgments, 35 Tul. L. Rev. 301（1961））も、保証人に有利な判決効には異論がない。これは、主債務者に責任がない以上保証人にも責任がないのだから、訴訟上も保証人だけに責任を問うのは公正でない、という理由による。

そこで第二に、依存関係を一つの基準として認められる反射効も、それが作用する場面においては、判決理由中の判断事由によって特定され限定された拘束力を生ずることがあるとする余地があるのではないか。すでに保証人敗訴判決がある場合に、その既判力と衝突する反射効の作用は、その一事例ではないだろうか。つまり、これは反射効の作用を具体化する一場面であって、反射効をこのように解すれば、依存関係を一基準として、前訴当事者と第三者間に実体的・手続的に公正な結果をもたらすように、作用内容を調整することができるのではなかろうか。

たしかに依存関係説は、判決の既判力をその標準時における当事者間の訴訟物についての処分と同視する視点を媒介としている。しかし、判決主文における訴訟物の判断は、訴訟過程における当事者間の攻防の結果であるところに、当事者間の処分と同視しうる根拠があるのであって、反射効の作用の現れ方についても、判決事由をめぐるこのような訴訟過程に遡って具体化することの方が、より適切に実体関係と手続関係とを照応させることになるものと思われるからである。このように解すれば、主債務者勝訴判決が、すでに保証人敗訴判決の基準時前に生じていた事由によって主債務の不存在を判断している場合には、保証人がこれを援用することは保証人敗訴判決の既判力に遮断されると解する本判決の立場は、本件の事実関係のもとでは、妥当な結論を示しているように思われる。

もっとも、このように解したからといって、本判決が一般的に判決理由中の判断に反射効の生ずることを認めたことにならないのはいうまでもない。したがって、これが前述した争点効拡張の立場にまで展開するかどうかも今後の課題である。ましてや、反射効の先例①～④の事例において、前訴判決がその判決理由中の判断（たとえば、②における賃料不払いによる賃貸借解除の判断）を基準時前に遡って確定し、この点について第三者の地位を左右する反射効を生ずることにはならない（とりわけ、①の判決が、買主は「売買契約ノ無効ナル結果本件不動産ニ付最初ヨリ何等ノ権利ヲモ取得セサリシコトトナリ、且斯カル関係ハ東一〔買主〕ノ所有ナルコトヲ前提トシテ仮差押ヲナシタル被告〔債権者〕ニ対シテ対抗シ得ヘキコト明瞭ナルヲ以テ……」と理由づけるのを正当化することにはならない）。けだし、これらの先例（①～④）では、何よりも第三者に不利な反射効が問題となっているのであって、本件判決のように、第三者に有利な反射効の場合とは基本的に利益状況を異にしている。のみならず、本件判決の事例においては、「既判力の標準時における訴訟物の処分」を基準として一般には認められる反射効を判決事由によって制約しようとする場合であるのに対して、先例①～④は、こうした基準によっても第三者が判決内容に服すべき立場にない場合であった。この場合にまであえて判決事由に遡って反射効を及ぼすことにすれば、第三者の既得の実体的地位を手続保障なしに侵害することになるからである。

㈹　判決の反射効が、判決事由によってその作用を異にすることがあるとしても、これは主債務者訴訟と保証人訴訟とがどのような過程をたどって審判されたかによって、さらに影響を受けるものと思われる。とりわけ、本件のように主債務者と保証人が共同被告とされたか、あるいは別個に訴えられたかによって、事情を異にすることになろう。けだし、それぞれの事情によって、主債務者勝訴判決を援用する保証人と相手方たる債権者との利害が調整され、双方の公平と統一的な紛争解決が図られねばならないからである。

まず、主債務者と保証人が別々に訴えられた場合には、①主債務者訴訟が先行する場合と、②保証人訴訟が先行する場合とが考えられる。①の場合に、保証人が、主債務者勝訴の判決を、後行する保証人訴訟において援用するのが、一般的に反射効の作用する事例である。保証人は、判決事由にかかわりなく、主債務者勝訴の本案判決を援用して債権者に対抗できる。保証債務の附従性によるだけでなく、債権者としては、はじめから保証人を共に訴えることもできたのだから、ふたたび保証人との間で主債務について審判をくり返す利益をもたない。②では、保証人は、保証人敗訴判決が確定したのちに、主債務者の勝訴判決を援用して請求異議の事由にできるかが問題となり、㈡で述べた既判力と反射効が衝突する典型的な事例となることがあろう。この場合には、保証人としても、保証人訴訟の係属中に、事情にくわしい主債務者に告知し、その参加を得て勝訴をみちびく機会がなかったとはいえない。しかし、アメリカ連邦民訴規則（一四条）におけるような引込み訴訟（impleader）を認めていないわが国では、保証人が主債務者を当然に参加させて統一的な解決を得る手段が保障されているわけではない。だから、保証人が告知をしても主債務者が参加しなければ、参加的効力（民訴法七〇条〔現四六条〕）によって事後的な求償権を確保できるだけである。むしろ債権者の方で、はじめから保証人・主債務者双方をともに訴えて統一的な解決を図りえたはずである。だから、この場合にも、保証人は、のちの主債務者勝訴判決が自己の敗訴判決の基準時前の事由を理由としているからといって、これを援用して再び債権者と争うことはできないといえるかは、なお疑問である。

ところが、ついで、本件においては、債権者ははじめから主債務者と保証人をともに訴えて統一的な解決を図っているのに、保証人の方で主債務および保証債務を認めたために、弁論が分離され、敗訴の判決を受けたのである。このような場合には、裁判所としても、(i)本件のように弁論を分離して個別判決を急ぐより、(ii)弁論を分離しても、争わない当事者の審理を進めず、争いある当事者の審判が熟するのを待って、再び併合して判決するか、(iii)あるいは、争わない当事者の弁論をあえて分離せず、争いある当事者と争点を共通に形成して、できるだけ「合一確定」を図る取扱いをする方法が考えられる（それぞれの利害得失については、霜島甲一〔本件原審判決評釈〕・判例タイムズ三二三号〔一九七五年〕九四頁にくわしい）。主債務と保証債務をめぐる紛争を一挙に統一的に解決するには、合一確定の必要を認める(iii)の方法が最も適切であるが、実体法上は保証債務は主債務とは別個の契約に基づく別個の債務であるから、保証人があえて自白をし請求を認諾することまでも否定することは困難である（鈴木・前掲論文一六頁参照）。しかし、保証人が争わないからといって、直ちに弁論を分離して個別判決を急ぐべきではなく、弁論を分離するためには当事者の意向を確かめるべきであろう（高橋宏志「必要的共同訴訟について」民事訴訟雑誌二三号（一九七七年）五〇頁）。保証人としては、いつまでも主債務者と共同の訴訟手続に拘束されたくないだけで、主債務者が勝訴するのを待ってこれを援用したい趣旨かもしれない。そうであれば(ii)の処置をとるべきであろう。保証人の意向が、主債務者訴訟の結果にかかわらず、保証債務はこれを認める趣旨であれば、(i)の処置が適切であり（最判昭和二七年一二月二五日民集六巻一二号一二五五頁は、保証人の弁論の分離判決を適法とした）、この場合には、本件最高裁判決の結論が正当となるものと思われる。けだし、保証人は、主債務者訴訟と統一的に解決できる機会をもったのに、あえて保証債務の請求原因事実を認めて敗訴した以上、その後に、既判力標準時前の事由によって主債務者が勝訴しても、これを援用してふたたび債権者と争うことは既判力に遮断されて許されない、と解した方が、当事者間の公平に合するからである。

（原題「保証人敗訴の判決確定後に主債務者勝訴の判決が確定した場合と保証人敗訴の確定判決に対する請求異議」判例時報八五〇号（判例評論二二一号）、一九七七年）

一六　訴訟承継と訴訟引受けの申立て

東京高等裁判所昭和五四年九月二八日民事第一六部決定（昭和五四年(ラ)七四二号、訴訟引受申立却下決定に対する抗告事件）判例時報九四八号五九頁、判例タイムズ四〇六号一二四頁

(1)　事実の概要

Xは Yに対し金五九三万円余の損害賠償請求訴訟を提起したが、訴訟係属後この債権を訴外Zに譲渡し、その旨をYに通知した。XはZに対して本件訴訟の引受けの申立て（民訴七四条〔現五〇条〕）をしたが、一審はこれを却下した。XはY・Zを相手方として抗告を申し立て、その理由として、Xに訴訟引受けの申立てをする義務があること、引受承継は参加承継（民訴七三条〔現四九条〕）より低額にすむことをあげて、訴訟引受けの申立ての許容されるべきことを主張した。抗告審はXの主張を排斥して、抗告を棄却した。

(2)　決定要旨

「抗告人は、訴訟の目的たる権利が譲渡された場合当該譲渡にかかる権利についての訴訟状態をその譲渡時の状態のままで譲受人に承継させるため譲渡人が訴訟引受の申立をすることは、譲渡人としての当然の義務であると主張する。しかしながら、権利の譲受人が当該権利についての既存の訴訟状態を承継することを欲する場合には、いつでもみずから民事訴訟法七三条〔現四九条〕、七一条〔現四七条〕に基づき訴訟参加の申出をすることに

よつてそれが可能であるから、譲受人に既存の訴訟状態を承継させるため訴訟引受の申立をすることが譲渡人の義務であると解することはできない。そして、このことは、譲受人が譲渡人の訴訟引受の申立により訴訟を承継することに同意し又はこれを望んでいる場合であつても異なるところはない。それゆえ、抗告人に右のような訴訟引受の申立をする義務のあることを前提として右申立をする利益があるということはできない。

もつとも、譲渡人に右のような訴訟引受の申立を許すことにすれば、譲渡人としては、相手方の承諾を得られる限り、訴訟より脱退することにより、敗訴判決を免れることができるわけであるが、右脱退についての相手方の承諾は必ず得られるとは限らないのであるから、この関係から前段の判断を動かすことはできない。

また、抗告人は、権利の譲受人が民事訴訟法七三条、七一条〔現四九条、四七条〕に基づき訴訟参加の申出をする場合には新訴の提起の場合と同様の印紙を貼用する必要があるから、譲渡人からの訴訟引受の申立により訴訟を承継したほうが譲受人にとつて利益である、と主張する。なるほど……譲受人としては、みずから訴訟参加の申出をするよりは、譲渡人からの訴訟引受の申立により訴訟を承継したほうが手数料の面で有利であることは否めない。しかしながら、このことをもつて、譲渡人に前記のような訴訟引受申立ての利益があるとすることはできないし、また、前記のような訴訟引受の申立を許さないことが訴訟経済に反するということもできない。」

(3)　解　説

(イ)　民訴法七四条〔現五〇条〕の規定する当事者の申立てによる訴訟引受けは、いわゆる係争物の譲渡における債務者側の地位の承継人だけでなく、本件のように債権者側の地位の承継人にも認められる。これは七三条〔現四九条〕の訴訟参加が、債権者側だけでなく債務者側にも認められること〔最判昭和三二年九月一七日民集一一巻九号一五四〇頁〕とあいまって、訴訟係属中の当事者の地位の承継人が既存の訴訟状態を維持利用するための訴訟承継を認めたものと解されている〔後掲参考文献①の功績により確立した通説〕。しかし、七四条〔現五〇条〕

の訴訟引受けの申立てをすることのできる在来の当事者が、被承継人の相手方にかぎるのか、あるいは被承継人をも含むのかについては、説が分かれている。判例はかつて、係争中の権利の譲渡人の申立てによって譲受人の訴訟引受けを認めた（東京高決昭和三四年一二月二二日下民集一〇巻一二号二六九一頁）が、本件は逆に、これを認めない判断を示した点で注目される。

(ロ)　第一説が、被承継人の相手方にかぎって引受承継の申立権を認める論拠は、次のとおりであろう（後掲①一三九頁、②三〇六九頁、斎藤秀夫編・注解民事訴訟法(一)〔第一法規、一九六八年〕四三四頁、三ヶ月章・民事訴訟法〔法律学全集〕〔有斐閣、一九五九年〕二三三頁、新堂幸司・民事訴訟法〔筑摩書房、一九七四年〕五三五頁など）。元来、七三条〔現四九条〕と七四条〔現五〇条〕は、訴訟係属中に訴訟物についての地位の承継があれば、新適格者である承継人や相手方に訴訟状態の有利・不利の判断を委ね、そのイニシアチブによって訴訟参加と訴訟引受けによる訴訟承継を認めたものである。だから、被承継人としては承継人の訴訟参加による訴訟承継を促せば足ることになる。そして引受申立てには申立人から引受人に対する請求を定立するものと解されている。ことに被告Yが訴訟物たる債権の譲受人Zに対して引受けの申立てをするには、債務不存在確認の請求を定立し、ZはYに対して反訴を申し立てるべきことになる。こうして適格者のイニシアチブによる申立主義を根拠とする訴訟引受けの構造が明らかになる。だから、被承継人は承継人の訴訟引受けの申立てをすることは認められないことになる。そうでないと、被承継人が承継人の相手方に対する請求を定立し、他人間の請求についての訴訟を始動させることになるからである。

これに対して第二説が、被承継人にも承継人の引受承継の申立てを許す論拠は、次のとおりである（菊井維大＝村松俊夫・全訂民事訴訟法I〔日本評論社、一九七八年〕四二二頁、後掲④二二頁、⑤一三六頁）。まず、相手方が引受承継の申立てをせず、承継人も参加の申立てをしない場合には、第一説では被承継人の申立ては認められないが、これでは被承継人の利益を保護する手段がないことになる。ことに債務者Yの承継人Zについては、Yは自己の地位をZに引き受けさせてその部分の債務を免れるために、Yにも申立権を認めるべきである。さらに、YのZに対する訴訟引受けの申立てには独自の請求をする必要はない（菊井＝村松・前掲書四二四頁）か、あるいはYがXのZに対する請求を定立しうる根拠を、次のように説明する（後掲④二一頁）。「この紛争形態がつねにYを含む三者間の紛争に発展する可能性をもち、それを三者間で一括して解決することが、Yの利益にかなうだけでなく、Yを含めた三者間の法律関係の安定のために必要、有益とみられるからである」と。

(ハ)　ところで、七四条（現五〇条）は「当事者ノ申立ニ因リ」と規定し、当事者をいずれとも限定していないように見える。しかし、その立法理由によれば、債権者Xが資力の乏しい債務者Yに対する訴訟中に、有力なZの債務引受けを承諾すれば敗訴するというのでは困るから、XにZの訴訟引受けを求める途を開き、その間の関係を確定して支払わせるという趣旨の説明がある（民事訴訟法改正法律案委員会速記録（抄）〔法曹会、一九二九年〕二三三頁）。また、旧民訴法（六二条）の指名参加の制度では、第三者Zのための物の占有者Yの申立てにより指名されたZの呼出しがなされるが、Zがこれを認めて引受参加をすればX・Z間の訴訟となるが、Zがこれを拒めばYがXの請求を認めてもZに対して免責されるにとどまる、とされていた（ドイツ民訴法七六条・七七条参照）。民訴法七一条（現四七条）ないし七四条（現五〇条）が、この指名参加の制度をも含みその適用範囲を拡大するものとして立法されたこと（前掲書二二九頁以下、民事訴訟法改正調査委員会速記録〔法曹会、一九二九年〕二三六頁以下参照）にかんがみれば、X・Z間の請求を審判の対象とするには、その適格者であるXの申立てか、あるいはZの参加のいずれかを前提とする趣旨と解される。債務承継の場合においては、前者が七四条（現五〇条）による引受承継であり、後者が七三条（現四九条）による参加承継となったものといえる。だから、この場合にYの申立てがあっても、Zの積極的参加がなければ、X・Z間の請求の審判は始動しないものと解されるのである。

これに対して、七四条（現五〇条）を「転嫁型」による当事者引込みとして位置づける立場（後掲④）によれば、X・Y間の訴訟係属中のYの申立てにより、Zを当事者として引き込むとともに、X・Z間の請求が定立され、そのためのXの申立てやZの参加は全く不要とされる。これは、新たなX・Z間の請求の適格者のイニシアチブを否定して、これをYの支配に委ねることを意味する点では、申立主義とは異質なものを持ち込んだことになり（同じ当事者引込みでも、追奪担保や求償義務者の引込理論〔後掲⑥〕は、なお請求の主体のイニシアチブを尊重した提唱である）、極めて大胆かつ斬新な発想として啓発されるところが多い。ただ、この見解が三者間の紛争の一括的解決の必要性というマジック・ワードによってその主張を根拠づけることによって、伝統理論が注意深く維持しようとしてきた権利・義務主体のイニシアチブないし自己決定（私的自治）の尊重という貴重な価値が無視されることにならないかを惧れざるをえない。

ついで、第二説のもう一つの論拠である被承継人の申立ての利益とは具体的に何かが問題となる。(a)Y側の承継人Z_2については、YはZ_2に引き受けさせて債務を免れる必要があるといわれる。しかし、YはZ_2に訴訟引受けをさせなくとも、X・Y間の訴訟でZの債務引受けを主張・立証すれば、請求棄却の判決により債務を免れることができる。(b)そこで、Yの利益としては、すでに形成された自己に有利な訴訟状態をZ_2に引き継がせ、Z_2もまた債務を負わないことを確定し、後にZ_2から求償請求をうけることを阻止したいという利益であると思われる。(c)X側の承継人Z_1についても、Xは自己に有利な訴訟状態をZ_1に承継させて勝訴すれば、後にZ_1から損害賠償の請求をうけることを阻止できるという利益をもつといえよう。そうであれば、いずれの場合にも、もはやZ_1・YやX・Z_2間の請求の新たな定立の問題ではなく、Z_1・XやZ_2・Y間の将来の損害賠償や求償請求を阻止する必要性の問題であって、これはXやYのZ_1やZ_2に対する訴訟告知によってカバーできないかが問われよう。訴訟告知によってZ_1やZ_2の訴訟参加の機会を保障しておけば、Z_1やZ_2が参加しない場合には、XやYはZ_1やZ_2に対する責任を免れる、と解する余地があるのではなかろうか（後述(ホ)参照）。

そうだとすれば、被承継人X（又はY）の申立てによって承継人Z_1（又はZ_2）の引受承継を認めようとする見解は、X（又はY）の利益のためというよりは、むしろ折角の訴訟状態を維持して、この機会にZ_1・Y（又はX・Z_2）間の請求をめぐる紛争についても新適格者ではなしに前主のイニシアチブによって訴訟を始動させる途を開いておこうとする趣旨であることが明らかである。この意味では、前主に承継人と相手方間の請求についての訴訟追行権を認めるところの当事者恒定主義は、この立場をさらに徹底したものと評することもできる。

(二)　現行法が当事者恒定主義を採用しなかったのは、すでに訴訟の結果につき関心を失った前主の訴訟追行の結果を承継人に及ぼすことに問題があると考えられたためである。しかし他方、訴訟承継主義にも限界があり、その対策が論じられていることは周知のとおりである（後掲⑦・⑧参照）。ことに、承継人や相手方が訴訟承継の申立てをすることができるだけでなく、訴訟係属や承継の事実を知っていた場合にはそれぞれに参加承継や引受承継の申立てをすることを期待されているとして、結果的には当事者恒定主義を採用したのと同様の判決効を及ぼしうるとする提案が注目される。しかし、承継人が訴訟係属の事実を知りながら係争の権利義務を承継した場合であっても、承継した側が相手方に承継の事実を隠して知らせないまま敗訴した後に再度審判を求めるというように、信義則違反を問われる場合は別として（吉村徳重「法人格否認と判決効」法学教室九号（一九八一年）一一九頁参照）、承継の事実を知っている相手方に有利な訴訟状態の利用は相手方のイニシアチブに委ねておけば足る。承継人が自己に不利な訴訟状態であるのにあえて参加承継をする義務を負うか、あるいは少なくとも「訴訟承継主義はそういうY（承継人）の行為を期待している制度である」といえるかは疑問である。他方、相手方が承継の事実を知り、承継人を引き込むことができた以上は、たとえ訴訟状態がこの相手方に不利であっても、「承継人に対して訴訟引受の申立てをしてA（承継人）を訴訟に引き込むべきであったし、訴訟承継主義はそれを期待している」といえるかは、甚だ疑問である。この場合にも、事情を知った承継人の方で自己に有利な訴訟状態を利用して、そのイニシアチブによって参加承継をするのを待てば足ることではないかと考えられる。

訴訟承継主義は、係争物の承継の場合に新たな紛争主体のイニシアチブを尊重しつつ、すでに形成された訴訟状態の維持利用を図る点において高く評価すべき制度である、とわたしは考える。もちろん、実体上の承継と訴訟の承継との間の時間的ズレをどのように解決するか、あるいは相手方が承継の事実を知らないまま訴訟を追行し判決がなされた場合をいかに救済するかなどの問題を含むことは、しばしば指摘されてきたとおりである。これはたとえば、承継の生じた当事者間に説明ないし告知義務を負わせ、これを懈怠した場合の事情を知った承継人の失権効と相手方の信頼利益の保護などによって個別的に解決を図るべき問題であろう。しかし、これを超えて一般的に、事情を知った承継人や相手方に訴訟承継の申立てをすることを義務づけ、あるいは期待するとして、結果的に当事者恒定主義に近い解釈を導き出すことは、訴訟承継主義からはやはり無理であると解される。

(ホ)　こうして、訴訟承継主義を前提とするかぎり、本件における権利譲渡人Xの申立てによって譲受人Zの訴訟引受けを認めることはできないと解される。譲受人Z自身が訴訟参加の申立てをして訴訟承継をすることができるのであって、譲渡人XにZの訴訟引受けの申立てをする義務がないことは、判決の説示するとおりである。ただ、判旨によれば、Z自身がXの申立てによる訴訟引受けを望んでいるようであり、そうであれば実質は、Zの訴訟参加の申立てをXが代理行使していると解しえなくはない。手数料の低額なことが引受申立てを選んだ理由と考えられるが、実質がZの参加の申立てであるとすれば、参加の手数料を支払ってもなおその意思があるのかを釈明すべきケースではなかったかと考えられる。

一般的にはXがZに訴訟告知をして、Zに有利な訴訟状態を利用するために参加承継をする機会を保障しておけば、Xは後にZから損害賠償の責任を追及されることを免れるのではないかと考える。もっとも、XのZに対する訴訟告知による参加的効力（民訴七八条〔現五三条四項〕・七〇条〔現四六条〕）がXの敗訴判決にかぎり生ずるものとすれば、これは、Xの債権が存在しなかったとの理由によるZのXに対する損害賠償請求を阻止する手段とはなりにくい。そこで、訴訟告知によりZの参加承継の機会を保障することにより、参加的効力のほかに信義則によるZの失権効を認める余地がないのかどうか、あるいはさらに、あらかじめXの方で、X・Y間の譲渡前の債権存在の確認を求める中間確認の訴えを提起し、これにZをも被告として引き込む利益が認められないのかどうかを検討すべきことになろう。この点の検討は別の機会に譲り、ここではこれ以上立ち入るゆとりがない。

〔参考文献〕

①兼子一「訴訟承継論」民事法研究一巻（酒井書店、一九五〇年）一頁
②山木戸克己「訴訟参加と訴訟承継」民事訴訟法講座一巻（有斐閣、一九五四年）二七三頁
③井上正三「参加承継と引受承継」民事訴訟法演習Ⅰ（有斐閣、一九六三年）九六頁
④霜島甲一「当事者引込みの理論」判例タイムズ二六一号（一九七一年）一八頁
⑤正亀慶介「参加承継と引受承継」民事訴訟法の争点（有斐閣、一九七九年）一三六頁
⑥井上治典「被告による第三者追加」甲南法学一一巻三号（一九七一年）二八五頁
⑦新堂幸司「訴訟承継主義の限界とその対策」判例タイムズ二九五号（一九七三年）六三頁
⑧高見進「訴訟承継主義の限界」民事訴訟法の争点（有斐閣、一九七九年）一三四頁
⑨上田徹一郎（本件評釈）・判例評論二五九号（判例時報九六九号）（一九八一年）一六九頁

（原題「権利の譲渡人が譲受人に訴訟承継させるために訴訟引受の申立をすることの許否」ジュリスト七四三号〔昭和五五年度重要判例解説〕、一九八一年）

一七　親子関係存否確認の訴えにおける被告適格者

最高裁判所昭和五六年一〇月一日第一小法廷判決（昭和五六年(オ)三六二号、親子関係不存在確認請求事件）民集三五巻七号一一一三頁、判例タイムズ四五六号九七頁、判例時報一〇二三号二頁

(1)　事　案

Ａ・Ｂ夫婦には長女Ｃと次女Ｘ（原告、被控訴人、被上告人）の二人の娘がいたが、Ａ・Ｂは男子の後継ぎを作るために、Ｃの子として生まれたＹ（被告、控訴人、上告人）を戸籍上Ａ・Ｂの嫡出子として届け出た。昭和一一年にＹが生まれて以来四〇年余り、ＹはＡの後継者として自他ともに許してきたし、このことを争う者もなかった。ところが最近になって、Ａ・Ｂが相次いで亡くなると、ＸとＣ・Ｙとの間で遺産をめぐって争いが起こり、現在、家庭裁判所に遺産分割の審判事件が係属中である。そこでＸはＹを相手どり、Ａ・ＢとＹとの間の親子関係不存在の確認を求める本訴を提起した。Ｙはこれに対して、不存在確認の求められている親子関係の一方の主体であるＡ・Ｂが死亡しているから、検察官を被告に加えるべきであるのに、Ｙだけを被告とする本訴は不適法である、などと主張した。一審・二審ともこのＹの主張を認めず、Ｘが勝訴した。

Ｙの上告理由は、第三者が両親Ａ・Ｂの死後にその子Ｙだけを相手に親子不存在確認の訴えを提起しても、Ｙには自己と両親のすべての地位を兼ねる当事者適格はない。だから、このような場合には、死亡した両親の代理または代表として検察官を被告に加えるべきである。検察官を被告に加えることなしに、戸籍上の子Ｙのみを被

告とした本訴は不適法である、というのである。本件判決はこの上告理由を斥け、上告を棄却した。

(2)　判　旨

「第三者が親子関係存否確認の訴を提起する場合において、親子の双方が死亡しているときには、第三者は検察官を相手方として右訴を提起することが必要であるが（最高裁昭和四三年(オ)第一七九号同四五年七月一五日大法廷判決・民集二四巻七号八六一頁）、親子のうちの一方のみが死亡し他方が生存しているときには、第三者は生存している者のみを相手方として右訴を提起すれば足り、死亡した者について検察官を相手方に加える必要はないものと解するのが相当である（人事訴訟手続法二条二項の類推適用）。」

(3)　解　説

(イ)　本件では、第三者が原告として親子関係存否確認の訴えを提起する場合において、親子のいずれか一方が死亡し他方が生存しているときには誰を被告としなければならないのかが問題となった。すなわち、第三者は、人訴法二条二項〔現一二条二項〕を類推適用して、親子の一方の生存者のみを被告として親子関係存否確認の訴えを提起できるか、あるいは、さらに他方の死亡者を代表するものとして検察官をも被告に加えて訴える必要があるのか。本件判決はこの争点に直接答えて、人訴法二条二項〔現一二条二項〕を類推適用し、「第三者は生存している者のみを相手方として右訴えを提起すれば足り、死亡した者について検察官を相手方に加える必要はない」と判示した。最高裁としては初めての判断であり、新しい先例を提供したことになる。

ところで、本件の具体的ケースは、戸籍簿上の両親Ａ・Ｂが双方とも死亡しその子Ｙだけが生存している事案であった。本件判決によれば、この事案では第三者ＸはＹだけを相手に親子関係不存在確認の訴えを提起することができる。しかし、両親Ａ・Ｂの一方のＡだけが死亡し他方のＢは生存しているケースでも、第三者ＸはやはりYだけを相手に親子関係不存在確認の訴えを提起できるか。それともさらにBも被告に加えて訴えを提起する必要があるのか。本件判決はこのもう一つの争点については直接の判断を示していない。

ところが最高裁は、本件に先立って、このようなケースについても判断を示した（参考判例⑩）。事案は、亡Aの先妻の子Xが、戸籍簿上Aとその後妻Bとの子となっているYおよびBを相手に、A・BとY間の嫡出親子関係の不存在確認の訴えを提起したものであった。このケースで最高裁は、原審（参考判例⑨）の次のような判断を維持した。つまり、嫡出親子関係不存在確認の訴えにおいては、父子関係と母子関係の各不存在を合一に確定する必要はなく、右訴訟の実質は父子関係と母子関係との併合訴訟である。そこで、一方、B・Y間の母子関係の不存在確認を求める訴えについては、訴えの利益を欠くとしてこれを却下し、他方、A・Y間の父子関係の不存在確認を求める訴えについては、XはYのみを相手方とすれば足り、Bを被告に加える必要はない、というのである。

こうして、この昭和五六年の二つの最高裁判決を綜合すれば、第三者Xが亡AとYとの間の親子関係存否確認の訴えを提起する場合には、Yのみを被告とすれば足り、亡Aの代りに検察官や生存する片親Bを被告に加える必要はない、ということになる（同旨、参考判例⑧）。

(ロ)　従来、第三者が原告として親子関係存否確認の訴えを提起する場合において、被告適格者とされてきたのは誰であるか。もともと親子関係存否の訴えは人事訴訟手続法に明文の規定を欠いているが、人事訴訟事件の一種として認められてきた[1]。そこで、人事訴訟の適格に関する規定（人訴法二条・二六条・三二条（現一二条））をどの範囲で類推適用できるかが問題となる。

まず、第三者が親子関係存否確認の訴えを提起する場合に、親子関係の主体が双方とも生存中であれば、人訴法二条二項（現一二条二項）を類推適用して、親子双方を共同被告とする必要があるとされてきた（参考判例①）。ことに、嫡出親子関係については、両親と子の三者間で合一に確定する必要があり、その存否確認の訴えは三者間の必要的共同訴訟とされてきた（参考判例②）。しかし、最高裁は、前述の通りこの先例を変更し（参考判例⑩）、学説もこれを支持する者が多い[3]。その結果、第三者の提起する親子関係存否確認の訴えは、嫡出か非嫡出かを問わず、父子関係と母子関係につきそれぞれ父子や母子の双方を共同被告とすべきことを意味することになった。

ついで、親子双方が死亡している場合に、第三者は検察官を相手方として親子関係存否確認の訴えを提起することができるか。最高裁はかつて、親子双方が死亡しておれば、「ひっきょう過去の法律関係の確認を求める不適法な訴であり、検察官を相手方となし得るものとする人訴二条三項〔現一二条三項〕を類推適用すべき根拠のないものである」とした（参考判例③）。しかし、この先例を変更した最高裁大法廷判決（参考判例⑥）の趣旨によれば、この場合にも人訴法二条三項〔現一二条三項〕を類推して、第三者は検察官を被告として訴えを提起できることになろう。下級審判例（参考判例⑦）と学説の支持するところである[4]。

それではさらに、親子のいずれか一方が死亡し他方が生存している場合には、第三者は誰を相手方として親子関係存否確認の訴えを提起すべきか。これが本件の直接の論点であり、この点をめぐって三つの見解が考えられる[5]。

第一は、親子のうちいずれか一方が死亡した場合、第三者は、生存者とともに、死亡者を代位すべき検察官を共同被告として、親子関係存否確認の訴えを提起すべきであるとする見解である。検察官に親子関係の一方の主体である死者を代位させ、その利益を代表させようとする趣旨であり、本件の上告理由もこの見解に立つものといえる。

第二は、生存者のほかに、最も密接な利害関係をもつ親族、ことに生存する片親をも被告に加えるべきであるとする見解である。つまり、父母の一方のみが死亡している場合には、第三者は、父子関係が確認の対象であれば母を、母子関係が確認の対象であれば父を準当事者あるいは亡父（亡母）の代位者として、生存する子とともに被告に加えるべきである、とするのである。検察官を被告に加えるよりはよほどよくこれらの者の利益を代表することになるからである。

第三は、親子のいずれか一方の生存者のみを相手方とすれば足り、他方の死者を代位する検察官や生存する片親を被告に加える必要はないとする見解である。これが従来の下級審判例（参考判例⑧・⑨）および多数説の立場であった。(6)

(ハ)　本件判決は、前述の通り、先例（参考判例⑩）を前提とすれば、第一説・第二説を斥け、第三説によったものと解される。まず、本件判決がその判旨からみて第一説を斥けたことは明らかである。第一説が、親子関係の一方の主体である死者を代位すべき検察官を被告に加えて生存者とともに共同被告とするのは、親子双方が生存する場合と同様に、親子関係の主体双方を当事者とするための一種の形式であって、実質的には余り意味がない。もともと人訴法二条三項〔現一二条三項〕が検察官を被告として訴えを提起できるとしたのは、本来被告となるべき者が死亡した場合にも、検察官を職務上の被告として訴訟を追行することを可能にし、公益上も重大な影響をもつ身分関係の存否の確定を図ったものといわれる。だから、職務上の当事者たる検察官は必ずしも死者の利益保護を目的とするものとはいえないし、現実にも検察官の訴訟活動の実情からみて、死者の利益保護を期待することはできない。(7)

つぎに、本件判決が第二説を排斥したかどうかは、具体的なケースの判断としてははっきりしない。しかし、もう一つの最高裁判決（参考判例⑩）を前提とすれば、第二説を排斥したことになる。たしかに第二説によれば、生存の子だけでなく片親も被告に加えることになるから、形式的に検察官を加えるよりはより充実した訴訟追行が期待され、その結果、片親自身はもちろん、これと利害を共通にする他の親族の利益を保護することにもなろう。しかし、本件のように父母Ａ・Ｂがともに死亡している場合には、さらに他の親族Cを被告に加えることが必要とされよう。もしそうであれば、一体共同被告とさるべき利害関係人の範囲をどこまで広げるのかが問題となり、判決の対世効を受けるべき者をすべて被告とすべきことにもなりかねない。これでは、第三者が親子関係存否確認の訴えを提起すること自体が事実上困難になってしまう。のみならず、人訴法二条二項〔現一二条二項〕は同様に親子関係事件に属する認知の訴えにも準用されているところから（人訴法三二条二項〔現一二条二項〕）、本件判決は、親子関係存否確認の訴えにもこれを類推して、第三者は生存者のみを相手に右の訴えを提起できるとする第三説を採用したものと思われる。

(二)　元来、人事訴訟事件の当事者適格者を誰にするかがとくに重要になるのは、婚姻関係や親子関係の対世的な確定を図るために判決に対世効が認められるからである（人訴法一八条一項・二六条・三二条〔現二四条一項〕）。親子関係存否確認の訴えを明文で規定する西ドイツ民訴法は、その適格者を親子関係の主体に限っている（ZPO六四〇条）。わが国でも、親子の一方が死亡した場合には、親子関係存否確認の訴えは人事訴訟としては認められないとする有力説があった(8)。これは、人事訴訟として親子関係の存否を対世的に確定するためには、親子関係の主体が双方とも当事者として手続に関与すべきであり、それができなければ通常の民事訴訟として相対的解決にとどめるべきである、と考えられたためである。最高裁もかつて、母子間で父子関係存否の確認を求めるケースにつき、人事訴訟としては不適法であり〔参考判例⑤〕、家事審判法二三条の審判には対世効を生じない〔参考判例④〕、としたことがあった(9)。

本件判決は、第三者が親子の一方の生存者だけを相手に親子関係不存在確認の訴えを提起できるとするのだから、一体第三者と一方の生存者だけで親子関係を対世的に確定するに足る適格者といえるかが問題となるのである。形式的に親子関係の主体双方が訴訟当事者として手続に関与していないことは別としても、実質的に第三者と一方生存者のみを当事者としただけでは必ずしも充実した訴訟追行を期待することができず、その結果、密接な利害関係をもつ訴外の親族の利益を害することにもなりかねないからである。たとえば、亡父Aとその婚姻外の子Yとの間の父子関係存在確認の訴えをYの子XがYだけを被告として提起した場合には、X・Y間の馴合いの結果、Aの配偶者Bやその子Cの利益を侵害するおそれがある。また、本件では親子関係の一方の主体である両親A・Bは双方とも死亡しているが、その子CはYの実母でもあるとされているから、AB・Y間の親子関係の不存在が対世的に確定すれば、Cやその子の利害に重大な影響を及ぼすことになる。

第二説はこれらの問題に対処するために、一方生存者とともに密接な利害関係をもつ親族をも被告に加える必要があるとしたのである。しかし、この説では、前述の難点のほかにも、密接な利害関係者を共同被告として訴えないかぎり、訴えは常に不適法として却下されることになろうが、これでは硬直にすぎる。親子の一方生存者を除く利害関係人の間では実質的に争いがなく、これを被告に加えなくとも、一方生存者さえ被告にすれば、十分に紛争解決の機能を果す場合も多いからである。

以上の考察からすれば、結局、第三者の提起する親子関係存否確認の訴えの被告適格者は、親子の一方が死亡したときは生存者だけで足る、とする本件判決の結論は妥当である。ただそのうえで、親子関係の対世的確定により利益を侵害されるおそれのある利害関係人の利益を保護するための手段を講ずる必要がある。そのための方策としては二つの方向が考えられる。(10) 一つは、確認の対象となる親子関係の存否につき密接な利害関係をもつ親族が自ら訴訟手続に参加して自己の利益を守る機会を保障されることである。そのためには西ドイツ民訴法六四〇条eのBeiladung（職権呼出し）が参考になるし、わが行訴法二二条の参加規定を類推する余地が考えられる。もう一つは、実質的に訴訟手続に関与する機会を保障されなかった密接な利害関係人については、一定の方法で判決の対世効を否定する途を開いておくことである。人訴法一八条二項〔現二四条二項〕はすでにこのような余地を認めているのであるから、その趣旨を類推できる。さらに、行訴法三四条の再審の訴えを類推する余地も考えられる。

（1）　兼子一「親子関係の確認」民事法研究Ⅰ（酒井書店、一九五〇年）三六三頁以下、山木戸克己・人事訴訟手続法（有斐閣、一九五八年）八二頁、斎藤秀夫「身分関係不存在確認の訴」家族法大系（中川善之助教授還暦記念）Ⅰ（有斐閣、一九五九年）一八九頁、林屋礼二「親子関係存否確認の訴」中川善之助ほか編・注釈民法(22)のⅠ（有斐閣、一九七一年）五七頁など。

（2）　第三者が提起するときは、父母と子の三者全部を相手方とすべきことになる。兼子・前掲注（1）三六〇頁、山木戸・前掲注（1）八七頁、斎藤・前掲注（1）一八七頁、岡垣学・人事訴訟手続法〔第一法規、一九八一年〕九六頁など。

（3）　参考判例⑩に関する後掲評釈はすべて支持説。

（4）　林屋・前掲注（1）六五頁、鈴木正裕「死者と親子関係存否確認の訴の拒否」民商法雑誌六四巻五号（一九七一年）八九八頁、渡瀬勲「親子関係存否確認」別冊ジュリスト・続判例展望（一九七三年）一四五頁、斎藤秀夫「親子関係の当事者の死亡と親子関係存否確認の訴」現代家族法大系3（有斐閣、一九七九年）四四頁以下、上田徹一郎・判例時報七九八号（一九七六年）一四〇頁など。なお、参考判例⑦のほかにも多数の下級審判例がある。大阪地判昭和五四年一月三一日判例タイムズ三八四号一五八頁など。

（5）　梶村太市「親子の一方死亡後他方生存者を相手方として第三者の提起する親子関係存否確認の訴と家事審判法二三条審判の適否（中）」ジュリスト五八六号（一九七五年）一四七頁以下、太田豊・法曹時報三五巻八号（一九八三年）一六七二頁。

（6）　山木戸・前掲注（1）八七頁、梶村・前掲注（5）一四八頁以下。なお、本件判決についての後掲評釈はすべて第三説を支持する。

（7）　鈴木忠一「非訟事件における検察官の地位」非訟・家事事件の研究（有斐閣、一九七一年）一二六頁、岡垣学「人事訴訟における検察官の地位」人事訴訟の研究（第一法規、一九八〇年）一〇八頁参照。

（8）　兼子・前掲注（1）三五九頁以下。

（9）　東北大民法研究会〔広中俊雄〕「合意に相当する審判の制度㊦」ジュリスト二七一号（一九六三年）一九頁以下も審判の対世効を否定する。

（10）　詳細には、吉村徳重「判決効の拡張と手続権保障」実体法と手続法の交錯（山木戸克己教授還暦記念論文集）㊦（有斐閣、一九七八年）一三四頁以下〔同・民事判決効の理論㊦〔信山社、二〇一〇年〕所収〕参照。

【参照条文】　民訴法二二五条〔現一三四条〕、人訴法二条二項〔現一二条二項〕、同法第二章　親子関係事件に関する手続〔現第三章　実親子関係訴訟の特例〕

【本件評釈】　坂原正夫・法学研究五五巻一一号（一九八三年）一三七五頁、鈴木正裕・民商法雑誌八六巻六号（一九八二年）九四二頁、太田豊・法曹時報三五巻八号（一九八三年）一六六九頁、
【参考判例と評釈】
①大判大正五年九月六日民録二二輯一六四一頁
②大判昭和一九年六月二八日民集二三巻一五号四〇一頁――小山昇・判例民事法昭和一九年度三〇事件、斎藤秀夫・民商法雑誌二三巻三号（一九四八年）一七五頁
③最判昭和三四年五月一二日民集一三巻五号五七六頁――北村良一・最判解説（民）昭和三四年度五四頁、山木戸克己・民商法雑誌四一巻四号（一九六〇年）六二七頁
④最判昭和三七年七月一二日民集一六巻八号一五〇一頁――田中永司・最判解説（民）昭和三七年度二六六頁、山木戸克己・民商法雑誌四八巻四号（一九六三年）五八五頁
⑤最判昭和四二年一月二六日民集二一巻一号三四頁――川崎義徳・最判解説（民）昭和四二年度七頁、加藤令造・民商法雑誌五七巻二号（一九六七年）二一八頁、新堂幸司・法学協会雑誌八五巻二号（一九六八年）二二五頁
⑥最大判昭和四五年七月一五日民集二四巻七号八六一頁――野田宏・最判解説（民）昭和四五年度六四三頁、鈴木正裕・民商法雑誌六四巻七号（一九七一年）八八七頁、伊東乾・続民事訴訟法判例百選（一九七二年）八八頁、上田徹一郎・家族法判例百選（新版、一九七三年）一二三頁
⑦東京地判昭和五〇年一月二四日下民二六巻一＝四号一一五頁――上田徹一郎・判例評論二〇四号（判例時報七九八号）（一九七六年）一三八頁
⑧東京高判昭和五〇年八月七日判例タイムズ三三二号二七一頁
⑨東京高判昭和五五年三月二四日高民三三巻一号六一頁――小山昇・判例評論二六三号（判例時報九八二号）（一九八一年）二〇〇頁
⑩最判昭和五六年六月一六日民集三五巻四号七九一頁――岡垣学・民商法雑誌八六巻二号（一九八二年）三一九頁、牧山市治・判例タイムズ四七二号（昭和五六年度民事主要判例解説）（一九八二年）一三四頁、細川潔・同上一三二頁

（原題「第三者が親子関係存否確認の訴えを提起する場合における被告適格者」判例タイムズ五〇五号〔昭和五七年度民事主要判例解説〕、一九八三年）

一八　破産財団の範囲

最高裁判所昭和六〇年一一月一五日第二小法廷判決（昭和五七年(オ)四二六号、保険金還付請求事件）民集三九巻七号一四八七頁

(1)　事実の概要

A会社は昭和四四年六月、郵政省簡易保険局長との間で簡易生命保険契約を締結した。その内容は、保険の種類：一〇年払込み一五年満期養老保険、保険金額：一五〇万円、被保険者：A会社の取締役B、保険金受取人：A会社、保険契約の効力発生の日：昭和四四年六月二一日というものであった。その後A会社は保険料を支払い続けたが、昭和五三年六月分の保険料の支払を怠ったため、右契約は同年九月二〇日に失効した。その結果、保険金受取人A会社は、簡易生命保険法（以下、簡保法と省略）三九条一項によって、還付金および剰余金から未払保険料を控除した残額一三五万一八〇〇円（本件還付金等）の請求権を取得することになった。ところが、昭和五三年八月一七日にいたり、A会社が破産宣告を受けることになったので、破産管財人に選任されたXがY（国）に対して本件還付金等の支払を求めたのが本件である。

第一審判決（大阪地判昭和五六年三月一六日下民集三二巻一～四号七三頁）は、Xの請求を認容した。その理由は、まず、破産者が法人である場合には、差押禁止財産を自由財産として破産者の最低生活を保障するという社会政策的考慮を必要としない、ついで、破産法人については、自然人の場合のように自由財産なるものが存しないということから、差押禁止物を含めて一切の財産をもって破産財団が構成され、破産法六条三項〔現三四条三項

二号）は適用されない、というものである。

これに対して、控訴審判決（大阪高判昭和五七年一月二九日民集三九巻七号一五〇三頁）は、一審判決を取り消し、請求を棄却した。その理由は次の通りである。まず、簡保法五〇条は明文上自然人と法人とをなんら区別していない。つぎに、簡易保険制度を利用する法人には零細な小規模企業が多く、加入の目的は役員に万一の場合があったときの事業の安定や役員等の退職金等を確保するためであることが多い。これは簡保法一条の趣旨にも合致するものであるから、還付金請求権を法人の自由財産とし、商法四一七条二項によって裁判所の選任した清算人がこれを行使すべきである。X上告。

(2)　判　旨

原判決破棄、Yの控訴棄却。

「法人を保険金受取人とする簡易生命保険契約において、法人が破産宣告を受けて解散した場合には、簡易生命保険法三九条の規定に基づく還付金請求権は破産財団に属するものと解するのが相当である。けだし、同法五〇条が還付金を受け取るべき権利は差し押さえることができないものとした趣旨は、これを保険金受取人の債権者の一般担保としないことによって、保険金受取人の最低生活を保障することにあると解されるところ、保険金受取人が破産宣告を受けた場合においては、それが自然人であるときには、その最低生活を保障するために破産法六条三項を適用して還付金請求権を自由財産として残すことが要請されるのに対し、保険金受取人が法人であり、破産宣告を受けて解散したときには、還付金請求権を破産財団から除外して破産法人の自由な管理処分に委ねるべき合理的根拠はもはや存在しないものといわざるをえないから、同規定は適用されないというべきである。」

また、剰余金の支払を求める部分については、簡保法四九条の規定との対比上、同法五〇条の規定の適用のないことは明らかであるとした。

還付金請求権に関しては、島谷六郎裁判官の反対意見が付されている。その趣旨とするところは、法人破産の場合に、還付金請求権を自由財産として保険金受取人である法人に留保しておくことは不合理であるが、簡保法五〇条、破産法六条三項〔現三四条三項二号〕の規定が存する以上、還付金請求権は破産財団に属するとはいえず、破産法六条三項但書を類推適用する余地もない、というにある。

(3) 解説

(イ) 簡易生命保険の保険金や還付金の請求権は、簡保法五〇条によって差押えが禁止されているから、破産法六条三項〔現三四条三項二号〕を適用して、破産財団に属しない自由財産として、破産者の自由な処分に委ねられることになるであろうか。本件判決は、法人破産の場合の還付金請求権につき、破産法六条三項〔現三四条三項二号〕の適用を否定する限定的解釈をすることによって、自由財産ではなく、破産財団に属するものとしたのである。これは、従来の簡易生命保険の実務が、法人破産の場合にも、保険金や還付金の請求権を破産財団に属しない自由財産であるとしてきた取扱い（簡易生命保険郵便年金審査会裁決昭和四七年七月三一日審一六六号、同昭和五五年一一月二八日審二八三号）を根本的に覆したものであって、破産実務に与える影響は大きいものと思われる。

(ロ) そこで、法人破産の場合に還付金請求権が自由財産とならず破産財団に属するとする根拠を何に求めるかが問題となる。
第一に、法人破産にはそもそも自由財産は存在しないとの一般論が考えられる。法人は破産によって当然に解散し、破産目的の範囲内でのみその人格も存続するにすぎないから、同時廃止などの例外的な場合を除いて、自由財産を認める必要はない、という考え方である（谷口・後掲⑧一三一頁、伊藤・後掲①四八頁）。本件一審判決はその立場に立っているが、最高裁判決はこの点に立ち入っていない。おそらく、法人破産の場合にも自由財産の存在は考えられるとする通説（小室＝中殿・後掲⑩六三頁）の立場を前提とするとしても、なお簡保法五〇条の差押禁止の実質的趣旨から還付金請求権を自由財産ではないと結論づけたものと思われる。

そこで第二に、簡保法五〇条の差押禁止の実質的趣旨は保険金受取人の最低生活の保障にあるから法人にはその必要性がないとする根拠が考えられる。本件最高裁判決の立場である。差押禁止による生活保障の必要性は自然人に限られるから、法人破産の場合には破産法六条三項〔現三四条三項二号〕を適用して、還付金請求権を自由財産とする合理的根拠はないというわけである。

しかし、簡易生命保険の実務が還付金請求権を破産財団に属しない自由財産として取り扱ってきたのは、簡保法五〇条の趣旨を、単に保険金受取人の生活保障のためだけでなく、本来の債権者に弁済するために差押えを禁止したものと解してきたためであった。すなわち、簡易生命保険制度は零細な小規模企業である法人によって利用されることが多く、その加入目的は法人の役員等に万一のことがある場合の事業の安定と退職金等の支払いを確保するためであるといわれる。簡保法五〇条もこの加入目的を尊重して、本来の債権者である役員等の退職金などを支払うために保険金や還付金請求権の差押えを禁止したものであり、法人破産の場合にも破産法六条三項〔現三四条三項二号〕によってこれを自由財産として留保すべきものと解してきたのである。第二審判決はまさにこのような実務の立場を支持したものである。

(ハ)　こうした従来の実務の取扱いに対してはすでに多くの批判がなされている。まず、保険金や還付金の請求権を破産法人の自由財産として破産債権者に対して任意弁済を認めることになれば、破産債権者間の平等を害う惧れがある（山木戸・後掲⑨三四頁）。また、最終的に残余財産として株主に分配することになれば、破産債権者を株主より優先させている破産法の理念に反する（伊藤・後掲①四九頁）。さらに、役員等の退職金の支払いにあてるとしても、従業員の賃金債権を優先的破産債権とする破産法（三九条〔現九八条〕、商法二九五条〔現会社法一二〇条〕）の趣旨を潜脱し、一般債権者との平等とも抵触することになる（松下・後掲④一一三頁、篠原・後掲⑥五五一頁、長谷部・後掲⑦一八八頁など）。そこで、役員や従業員の生活保障を確保するためには正面からこれらの者を保険金受取人に指定しておくべきであるというのである（長谷部・後掲⑦一八八頁、松下・後掲④一一三頁）。

たしかに、これらの論拠は管財人による破産債権者間の公正な財産分配を重視する点で合理的であり、法人破産の場合には、還付金請求権を自由財産でなく破産財団に属するとする本件判決の第三の根拠となるものと思われる。ただ、零細企業の役員等の生活保障という簡易生命保険制度の果たしている社会的機能を、法人破産の場合には全く無視してよいかについては、なお疑問が残る。ことに零細な個人企業の場合に、保険金受取人を個人としたか法人としたかという単なる指定の仕方だけによって、破産財団への帰属性が左右されることになるとすれば、やはり問題である。むしろ、保険金受取人の名義にかかわらず、実質的に役員等個人の最低生活の保障に必要な範囲にかぎって、自由財産を認める方向が探られるべきであろう（山下・後掲⑤二六九頁はその一つの試みといえる）。

㈡　簡易生命保険の保険金受取人が破産した自然人である場合には、保険金・還付金請求権は簡保法五〇条による差押禁止財産として自由財産となる筈である（破産法六条三項〔現三四条三項二号〕）。本件判決もそのことを前提としている。差押禁止財産を破産財団とするためには、民事執行法一三二条・一五三条により執行裁判所の許可が必要であると解される。しかし、現実の実務では、還付金請求権については、破産者の任意の提供をうけることによって、執行裁判所の許可なしに破産財団に組み入れられているといわれている（吉田・後掲⑪一五頁）。差押禁止の根拠とされる破産者の生活保障という社会政策的見地からはもちろん、破産者の更生のための免責の前提としても、この実務の取扱いには疑問がある（伊藤・後掲①四九頁）。

他方、民営の生命保険においては、簡保法五〇条のような差押禁止規定がないから、管財人が保険契約を解約して解約返戻金請求権を破産財団に組み入れることができると解されている（長野・後掲②一三三頁、篠原・後掲⑥五五二頁）。今日では、簡易生命保険もその事業内容においては民営保険と殆ど異なるところがないのに、差押禁止の規定が異なっているのは問題である。一方で、簡保法五〇条の再検討を要するとする本件反対意見のような立場があるのに、他方では、民間保険についても一定の範囲で保険金請求権等の差押えを禁止し自由財産を認めるべきだとの立法論も見られる所以である（伊藤・後掲①四九頁）。

〔参考文献〕

(1)　本判決の解説・批評として以下のものがある。
①伊藤眞・判例評論三三一号（判例時報一一九八号）（一九八六年）四六頁
②長野益三・昭和六〇年度重要判例解説（ジュリスト八六二号）（一九八六年）一三三頁
③宗田親彦＝花房博文・法学研究五九巻一〇号（一九八七年）一〇〇頁
④松下淳一・法学協会雑誌一〇四巻七号（一九八七年）一一〇九頁
⑤山下友信・生命保険判例百選〈増補版〉（別冊ジュリスト）（一九八八年）二六八頁
⑥篠原勝美・法曹時報四一巻二号（一九八九年）五四二頁
⑦長谷部由起子・ジュリスト八四二号（一九八五年）一八六頁（本件一審判決批評）
(2)　その他の引用文献として
⑧谷口安平・倒産処理法〈第二版〉（筑摩書房、一九八〇年）
⑨山木戸克己・破産法（青林書院、一九七四年）
⑩斎藤秀夫ほか編・注解破産法〔小室直人＝中殿政男執筆〕（青林書院、一九八三年）
⑪吉田孝夫「破産財産をめぐる問題点」自由と正義三六巻六号（一九八五年）一四頁

（別冊ジュリスト・新倒産判例百選、一九九〇年）

一九　死後認知判決に対する再審の訴えにおける亡父の子の原告適格

最高裁判所平成元年一一月一〇日第二小法廷判決（昭和五九年(オ)一一二二号、親子関係不存在確認等請求再審事件）民集四三巻一〇号一〇八五頁、判例タイムズ七一四号七一頁、判例時報一三三一号五五頁

(1)　判　旨

「検察官を相手方とする認知の訴えにおいて認知を求められた父の子は、右訴えの確定判決に対する再審の訴えの原告適格を有するものではないと解するのが相当である。

けだし、民訴法に規定する再審の訴えは、確定判決の取消し及び右確定判決に係る請求の再審理を目的とする一連の手続であって（民訴法四二七条・四二八条）、再審の訴えの原告は確定判決の本案についても訴訟行為をなしうることが前提となるところ、認知を求められた父の子は認知の訴えの当事者適格を有せず（人事訴訟手続法三二条二項・二条三項）、右訴えに補助参加をすることができるにすぎず、独立して訴訟行為をすることができないからである。なるほど、認知の訴えに関する判決の効力は認知を求められた父の子にも及ぶが（同法三二条一項・一八条一項）、父を相手方とする認知の訴えにおいて、その子が自己の責に帰することができない事由により訴訟に参加する機会を与えられなかったとしても、その故に認知請求を認容する判決が違法となり、又はその子が当然に再審の訴えの原告適格を有するものと解すべき理由はなく、この理は、父が死亡したために検察官が右

訴えの相手方となる場合においても変わるものではないのである。検察官が被告となる人事訴訟手続においては、真実の発見のために利害関係を有する者に補助参加の機会を与えることが望ましいことはいうまでもないが、右訴訟参加の機会を与えることなしにされた検察官の訴訟行為に瑕疵があることにはならず、前示当審判例は、第三者が再審の訴えの原告適格を有する余地のあることを判示したものと解すべきものではなく、さらに、行政事件訴訟とは対象とする法律関係を異にし、再審の訴えをもって不服申立をすることが許される第三者には共同訴訟参加に準じた訴訟参加を許す旨の行政事件訴訟法二二条のような特別の規定のない人事訴訟手続に、行政事件訴訟法三四条の第三者の再審の訴えに関する規定を類推適用することはできない。」

【参照条文】　民法七八七条、人事訴訟手続法二九条の二〔現一二条一項〕・三二条一・二項・二条三項〔現一二条三項〕・一八条一項〔現二四条一項〕、民事訴訟法四二〇条〔現三三八条〕

(2)　解　説

(イ)　事案の概要　　再審被告Y_1は、昭和五五年一〇月一五日、検察官である再審被告Y_2を相手として、Y_1の戸籍上の亡父母C・Dとの間に親子関係が存在しないことの確認とY_1が亡Aの子であることの認知を求める訴えを提起した。この前訴においてY_2は、答弁書をもってY_1の生年月日、同人の戸籍記載等は認めたが、Y_1とC・Dとの間の親子関係の存否、Y_1とAとの間の父子関係の存否等は不知と述べただけで、証拠調べの申立てはせず、口頭弁論にも出頭しなかった。裁判所はY_1の申請により、各戸籍謄本のほか証人E（Aの友人）、F（Cの弟）を取り調べたうえ、昭和五六年二月二六日、Y_1の請求を全部認容する判決を言い渡し、右判決は昭和五六年三月一六日に確定した。

その後、AB夫妻の実子X_1・X_2および養子X_3・X_4は、昭和五七年一月二七日、前訴の当事者Y_1・Y_2を共同被告として、右確定判決に対する再審の訴えを提起した。Aには九億七千五百万余円の遺産があり、右認知判決が有効であればY₁もAの相続人となって、Xらはその相続権を侵害されることになるから、再審の訴えの適格がある。また、Xらは、前訴係属中に右認知請求事件につき訴訟告知をうけたことも証人として取調べをうけたこともなく、また検察官から事情聴取をうけたこともないため、判決が確定するまでは訴訟係属を知らなかったところから、本件確定判決が判決効をうけるXらに審問の機会を与えることなしになされた点で、民訴法四二〇条一項三号〔現三三八条一項三号〕の類推適用による再審事由がある、と主張した。

この再審の訴えの一審である福岡地判昭和五八年一二月一日は、Xらに再審原告適格を認めたものの、民訴法四二〇条一項三号〔現三三八条一項三号〕を類推適用して再審事由を認めることはできないとして、再審請求を棄却した。その理由として、利害関係ある第三者に訴訟係属を知らせて訴訟に関与する機会を与えなかったとしても、人訴法の規定する第三者保護のための手続的保障があるから、民訴法四二〇条一項三号〔現三三八条一項三号〕の当事者の訴訟追行に障害があった場合と同視することはできない、と判示した。

これに対して、原審である福岡高判昭和五七年六月一九日は、一審判決のうち一部（認知の部分）を取り消し差し戻すとともに、一部（親子関係不存在確認の部分）についての控訴を棄却した。まず、認知判決に対するXらの再審原告適格について、本件認知確定判決のXらに及ぼす効果は、単に財産権の範囲にとどまらず、身分関係にも及ぶことになるから、行訴法二二条や三四条の趣旨を類推して、責めに帰すべき事由なしに訴訟係属を知らず訴訟に関与する機会の与えられなかったXらには、四二〇条の再審事由が容認される限り再審の原告適格を認めるとした。ついで、再審事由についても、Xらは責めに帰すべき事由なしに認知訴訟に参加して訴訟活動をする機会を奪われ、自己に効力の及ぶ確定をうけてしまったのであるから、実質的に裁判をうける権利を奪われたという意味で、民訴法四二〇条一項三号〔現三三八条一項三号〕、四二五条〔現三四二条三項〕の類推適用による再審事由があると認めるのが相当である、とした。Y₁上告。

(ロ)　問題の所在

(a)　身分関係訴訟における判決効は、当事者でない第三者にも及ぶとされている（人訴法一八条・三二条〔現二四条〕）。そこで、本件のような死後認知訴訟における認知判決が確定すればその結果につき重大な利害関係をもつ亡父の子でも、もはや認知判決の効力を争いえないことになり、認知訴訟に関与する機会の与えられなかった第三者の手続保障を害することにならないかが問題になる。たしかに人事訴訟法は、処分権主義、弁論主義の制限、職権探知主義の導入、公益の代表者としての検察官の関与、充実した訴訟追行の期待できる適格当事者の選定などによって、第三者の利益保護を図り、身分判決の対世効を正当化しようとしている。しかし、これらの諸方策は現実には必ずしも期待された機能を果たしていないのみならず、そもそも判決効によって自己固有の権利・利益につき影響をうける第三者は自ら訴訟手続に関与する機会を保障されるべきであって、この第三者の手続関与権はこれらの諸方策によって代替しうるものではない。したがって、判決の対世効につき重大な利害関係をもつ第三者には、必要的呼出しや訴訟告知によって訴訟手続に関与する機会を保障すべきであって、これを欠くときはこの第三者に判決効は及ばず、場合によっては再審の訴えによって判決の取消しと再審理を求めうる途を開くべきである。私はかつてこのような第三者の手続保障を強調する見解を述べたことがあった（文献①）が、この見解は大筋において次第にその支持者の層を展げていったといえよう（文献②〜④）。

本件再審の訴えが、Xらに認知の訴えに参加する機会が与えられなかったことを理由として提起されたのは、このような学説の展開を背景としているものといえる。しかも、本件再審訴訟の一審では、人訴法が職権探知や検察官の協力によって第三者の利益保護を図っていることを理由に再審事由を否定したのに対し、原審は、Xらが認知訴訟に関与する機会を与えられなかったことを理由に再審事由を認めたために、この点についての最高裁判所の判断が注目されたのである。

(b)　しかし本最高裁判決は、再審事由の有無の判断に立ち入ることなしに、再審手続の構造から、本案請求である認知の訴えについて当事者適格を欠くXらには再審原告適格を認めることはできないとして、訴えを却下したのである。つまり、再審の訴えは確定判決の取消しと本案請求の復活再審理という複合的な目的構造をもっているから、再審の訴訟物については争いのあるところであるが（文献⑤・⑥参照）、本案請求の再審理が再審手続の対象となることについては疑いを容れない。そこで、Xらが原告として再審の訴えを提起するには、確定判決の取消しにつき固有の利益をもつだけではなく、本案請求についても当事者適格をもち、独立して訴訟追行をなしうることが前提となるというわけである。

しかし、第三者が提起する再審の訴えにおいても、当事者による再審の訴えと同様に、つねに本案請求についての独自の当事者適格を必要とするかは、疑問である。というのは、第三者による再審の場合は、当事者適格者間で一旦係属中の本案請求を復活再審理することを求めているのであるから、適格者間の本案請求の再審理に参加して訴訟行為をする適格があれば足るからである。

事実、学説は、第三者による再審の訴えの形態として、独立参加（七一条〔現四七条〕）と補助参加（六四条〔現四二条〕）による途を認めてきた（兼子一・民事訴訟法体系〔酒井書店、一九五六年〕四八五頁、新堂幸司・民事訴訟法〔筑摩書房、一九七四年〕五八七頁、兼子ほか・条解民事訴訟法〔弘文堂、一九八六年〕一二六四頁など）。本判決も、判決効の及ぶXらに共同訴訟的補助参加による再審の途のあることを否定したわけではない（文献⑦）。本案につき当事者適格のない第三者は（共同訴訟的）補助参加しかできないとする見解もある（文献⑧）。

たしかに、従来の通説・判例が判決効の及ぶ第三者に七一条〔現四七条〕参加の形式による再審適格を認めてきたのは、判決取消しにつき固有の利益を有することを根拠としていた（兼子・前掲体系、後掲判例②）。再審の訴えが、確定判決の再審事由を審判の対象とするところから、七一条〔現四七条〕参加により前訴当事者との間でこれを合一確定する必要があると考えられたものと思われる（文献⑦）。しかしそれ以上に、この第三者が判決取消後の本案請求の再審理につき、どのような地位に立って訴訟行為をするのかは、必ずしも明らかではなかった。もし、七一条〔現四七条〕参加による再審原告が前訴当事者双方に対して独自の請求を定立しておれば、本案請求について当事者適格はなくとも、自己の請求につき訴訟追行してこれと矛盾する本案請求を阻止するという独立参加の適格が肯定できる〔判例④参照〕。しかし本件においては、Xらが検察官Y_2に対して独自の請求を立てることは考えにくいし、現に定立してもいない。そうして通説もまた、七一条〔現四七条〕参加の形式による再審原告に本案についての独自の請求を定立することまで要求しているとは考えられない〔文献⑦・⑨〕。

(c)　ところで、本件の原審は、七一条〔現四七条〕参加ではなしに、行訴法三四条の趣旨を類推して、責めに帰すべき事由なしに認知訴訟に参加する機会の与えられなかった第三者に、再審の原告適格を認めた。最高裁判決がいうように、規律対象を異にする行訴法の規定の類推適用は問題が多い。しかしそうであっても、訴訟手続に関与する機会のないまま、判決効によって重大な影響をうける第三者に、およそ再審適格がないとする最高裁判決には、賛成し難い。

たしかに、判決効の及ぶ第三者に七一条〔現四七条〕参加の形式による再審適格を認める通説の立場は、実質的に第三者再審の途を開くものと評価されよう〔文献②〕。しかし、旧民訴法〔四八三条以下〕の詐害再審が七一条〔現四七条〕参加の新設によって不要となったという理由で削除されたのであるとすれば、訴訟係属中に七一条〔現四七条〕の詐害防止のための参加の機会を与えられなかった第三者には、七一条〔現四七条〕参加の再審によって再び訴訟を復活して詐害防止のために審理に参加する途を開くべきではなかろうか〔文献⑩〕。

七一条〔現四七条〕の詐害防止参加をするためには、必ずしも当事者の詐害意思を必要とせず、客観的に当事者の訴訟追行の態様から十分な訴訟活動が期待できない状況があれば十分である〔新堂・前掲書五一三頁〕。検察官を相手とする死後認知の訴えの現状はまさにこれに当るといえよう。さらに、判決効によって重大な権利侵害をうける第三者については、訴訟告知などによって参加の機会が与えられない場合には、詐害防止参加による再審適格を認められることが多いと思われる。

(d)　最後に、認知判決に対する第三者再審の認められる利害関係人の範囲をいかに限定すべきかが問題となる。

認知判決に対する再審は認知の無効または取消しの訴えに類するから、「子その他の利害関係人」（民法七八六条）として、認知を求められた父の妻や子に、認知請求の適格者の外に再審適格を認めることができると解する（判例③。判例①は亡夫の妻に再審の余地ありとした）。さらには、このような利害関係人は認知請求自体につき当事者適格をもたないが、第三者再審によって再開された認知請求については、適格者に準じて訴訟追行をする適格を認めるべきであろう（文献⑨参照）。

〔参考文献〕

①吉村徳重「判決効の拡張と手続権保障」実体法と手続法の交錯（山木戸克己教授還暦記念論文集）(下)（有斐閣、一九五八年）（民事判決効の理論(下)〔信山社、二〇一〇年〕所収）
②池尻郁夫「人事訴訟についてなされる判決の第三者に対する効力(一)(二)」愛媛法学会雑誌一二巻一号、愛媛法学一八号（一九八五年）
③本間靖規「身分訴訟の判決効と手続権保障」龍谷法学一九巻二号（一九八六年）
④高田裕成「身分訴訟における対世効論のゆくえ」法学教室六六号（一九八六年）
⑤上村明広「再審訴訟の訴訟物構成に関する一問題」神戸法学雑誌一九巻一・二合併号（一九六九年）
⑥斎藤和夫「再審手続の訴訟物」法学研究四七巻七〜九号（一九七四年）、同「再審訴訟の訴訟物」民事訴訟法の争点〔新版〕（ジュリスト増刊）（一九八八年）
⑦富越和厚「時の判例」ジュリスト九五一号（一九九〇年）
⑧三谷忠之〔本件評釈〕・判例タイムズ七二二号（一九九〇年）、同〔原審判例評釈〕・判例評論三一七号（判例時報一二五一号）（一九八五年）
⑨原強〔本件解説〕・平成元年重要判例解説（ジュリスト増刊）（一九九〇年）
⑩鈴木正裕「判決の反射的効力」判例タイムズ二六一号（一九七一年）

〔参考判例〕

①最判昭和二八年六月二六日民集七巻六号七八七頁

②千葉地判昭和三五年一月三〇日下民集一一巻一号一七六頁

③東京高判昭和四三年二月二七日下民集一九巻一一＝一二号七四八頁

④名古屋地判昭和三九年三月六日下民集一五巻三号四八八頁

（判例タイムズ七三五号〔平成元年度主要民事判例解説〕、一九九〇年）

二〇　別訴において訴訟物となっている債権を自働債権とする相殺の抗弁

最高裁判所平成三年一二月一七日第三小法廷判決（昭和六二年(オ)一三八五号、契約金等請求事件）民集四五巻九号一四三五頁

〔判決のポイント〕　係属中の別訴において訴訟物となっている債権を自働債権として他の訴訟において相殺の抗弁を主張することは許されないとする先例に従った判示をして、従来の判例の立場を確立することになった。

(1)　事　案

本件は、X（原告・被控訴人・被上告人）がY（被告・控訴人・上告人）に対して、XY間の継続的取引契約に基づく商品代金等の残額支払を求めた事件である。本件第一審は、Xの請求の一部を認容し、YはXに対し金二〇七万余円および遅延損害金を支払えとの判決をした。Yの控訴により本件訴訟が控訴審に係属中に、Yは別訴においてXに対して訴求している売買代金債権を自働債権として相殺を主張した。しかも、この相殺の抗弁は、別訴につきYの請求を認容する第一審判決に対してXが控訴し、控訴審係属中の同じ裁判所において両訴訟が併合され、併合審理中の第一一回口頭弁論期日においてなされたものであった。その後弁論が分離された後、本件控訴審は、既に係属中の別訴において訴訟物となっている債権を他の訴訟において自働債権として相殺の抗弁を提出する場合にも、民訴法二三一条〔現一四二条〕を類推適用するのが相当であるから、Yの相殺の抗弁は理由が

ないとして、控訴を棄却した。これに対してYは、原判決には判決に影響を及ぼすことが明らかな民訴法二三一条（現一四二条）の解釈・適用の違背があるとして上告した。

(2)　判　旨

「係属中の別訴において訴訟物となっている債権を自働債権として他の訴訟において相殺の抗弁を主張することは許されないと解するのが相当である（最高裁昭和五八年(オ)第一四〇六号同六三年三月一五日第三小法廷判決・民集四二巻三号一七〇頁参照）。すなわち、民訴法二三一条が重複起訴を禁止する理由は、審理の重複による無駄を避けるためと複数の判決において互いに矛盾した既判力ある判断がされるのを防止するためであるが、相殺の抗弁が提出された自働債権の存在又は不存在の判断が相殺をもって対抗した額について既判力を有するとされていること（同法一九九条二項）、相殺の抗弁の場合にも自働債権の存否について矛盾する判決が生じ法的安定性を害しないようにする必要があるけれども理論上も実際上もこれを防止することが困難であること、等の点を考えると、同法二三一条の趣旨は、同一債権について重複して訴が係属した場合のみならず、既に係属中の別訴において訴訟物となっている債権を他の訴訟において自働債権として相殺の抗弁を提出する場合にも同様に妥当するものであり、このことは右抗弁が控訴審の段階で初めて主張され、両事件が併合審理された場合についても同様である。」

(3)　先例・学説

(イ)　先例　相殺の抗弁と重複訴訟禁止の原則（民訴法二三一条（現一四二条））との関連については、下級審判決を含めると比較的多くの先例があるが、これは次の二つのグループに大別することができる（河野正憲・当事者行為の法的構造〔弘文堂、一九八八年〕七七頁参照）。①既に係属中の訴訟において相殺の抗弁により自働債権として主張している債権を別訴によって訴求する場合（抗弁先行型）と、②既に別訴で訴求している債権を他の訴訟において自働債権として相殺の抗弁を提出する場合（抗弁後行型）である。

まず、①の抗弁先行型については、民訴法二三一条〔現一四二条〕にいう訴訟係属は、訴えまたは反訴によって審判を申し立てた特定の請求に限り生じ、単なる攻撃防御方法としての相殺の抗弁によって主張された債権には生じないから、重複訴訟禁止の原則に反しないとする（東京地判昭和三二年七月二五日下民集八巻七号一三三七頁、東京高判昭和五九年一一月二九日判例時報一一四〇号九〇頁）。

これに対して、②の抗弁後行型については、相殺の抗弁は重複訴訟禁止の趣旨に反するとするのが先例の大勢である（東京地判昭和三三年二月二七日下民集八巻二号三五七頁、大阪高判昭和三三年五月一九日下民集九巻五号八五九頁、大阪地判昭和四九年七月一九日判例タイムズ三一五号二三四頁、福岡高判昭和六一年九月三〇日判例タイムズ六二二号二二九頁ほか）。これらの②の裁判例は、相殺の抗弁を許すと、自働債権の存否の判断につき既判力の矛盾をきたし（民訴法一九九条二項〔現一一四条二項〕）かつ審理の重複をもたらすおそれがあるところから、これらの阻止を図る民訴法二三一条〔現一四二条〕の趣旨に鑑み、同条を適用ないし類推適用すべきであるとしている。さらに、本件判旨が引用する最高裁昭和六三年三月一五日判決は（梅本吉彦・民事訴訟法判例百選Ⅰ（一九九二年）一六二頁参照）、賃金の仮払いを命ずる仮処分の執行に係る仮払金の返還請求訴訟において、仮処分債権者が本案訴訟で訴求中の賃金債権を自働債権とする相殺の抗弁を提出することは許されないとした。その際に、訴訟不経済と判断抵触の防止のほかに、受働債権が仮払金返還請求権という早期の原状回復を要する債権である等の特殊事情をもその根拠とした（そのために、この判決の射程距離につき、見解が分かれる。河野正憲・判例時報一三一五号（一九八九年）二一二頁参照）。

本件判決は、こうした②の抗弁後行型についての先例に従って、別訴で訴求されている債権を自働債権として相殺の抗弁を提出することは許されないとする立場をとった。ことに、先の最判が受働債権の特性等をも根拠としたのに比べて、本判決は、より一般的に、後行型の相殺の抗弁には重複審理と矛盾判断防止のための重複訴訟禁止の原則が適用されることを最高裁として明確にした点で重要である（高田昌宏・法学教室一四二号（一九九二年）九九頁）。しかもこれは、相殺の抗弁が控訴審の段階で初めて主張され、両事件が併合審理された場合についても同様であるという一歩踏み込んだ判断を示していることが注目される。

(ロ)　学説　裁判例が①と②の場合で異なった取扱いをするのに対して、学説の多くはこれを区別せず、いずれの場合にも重複訴訟禁止の原則（民訴法二三一条（現一四二条））に反しないとする適法説（中野貞一郎・訴訟関係と訴訟行為〔弘文堂、一九六一年〕一二一頁、兼子一ほか・条解民事訴訟法〔弘文堂、一九八六年〕八四四頁〔竹下守夫〕ほか）と、その趣旨に反して許されないとする不適法説（斎藤秀夫編・注解民事訴訟法(4)〔第一法規、一九九一年〕一三五頁、住吉博・民事訴訟法論集(一)〔法学書院、一九七八年〕二九四頁、梅本吉彦・新実務民事訴訟講座Ⅰ〔日本評論社、一九八一年〕三八五頁、河野・前掲書一一三頁、加藤哲夫・新版民事訴訟法演習Ⅰ〔有斐閣、一九八三年〕一五〇頁、高田・前掲九九頁ほか）に大きく分かれている。また、裁判例と同様に、抗弁先行型の場合には別訴を適法とし、抗弁後行型の場合には相殺の抗弁を不適法とする見解（菊井維大＝村松俊夫・全訂民事訴訟法Ⅱ〔日本評論社、一九八九年〕一五七頁、流矢大士「二重訴訟と相殺の抗弁」民事訴訟の理論と実践〔伊藤乾教授古希記念論集〕〔慶應義塾大学出版会、一九九一年〕四六五頁）や、逆に、抗弁後行型の相殺の抗弁は適法だが、抗弁先行型の場合の後訴は反訴によるべきで別訴は不適法とする見解（中野貞一郎ほか編・民事訴訟法講義〔有斐閣、一九七六年〕一八五頁〔坂口裕英〕）もみられる。

学説がこのように分かれるのは、相殺の抗弁の性格をどのように解するかによるところが大きい。適法説によれば、相殺の抗弁は、防御方法にすぎず、訴えの場合とは異なり判決において斟酌されるかどうかは不確実であるから、訴えや反訴と同様に重複訴訟禁止に準ずる制限を設けるのは疑問であるとする。そこから、①の抗弁先行型の場合には、自働債権についての確実な判断を求める別訴を適法とすべきことになる。また、相殺の抗弁は、自働債権の判断を求めるというだけではなく、さらに、相手方の請求を排斥するために、訴求債権に対して自働債権を対抗させ両者を同時に消滅させるために提出される。もし、②の抗弁後行型の場合に相殺の抗弁を重複訴訟に準ずるとして排斥することになれば、相殺の抗弁のこのような意義を無視して、被告の防御の自由を害する結果となる。

これに対して不適法説は、相殺の抗弁が通常の防御方法とは異なった特徴をもつことを強調する（河野・前掲書一一五頁）。つまり、相殺の抗弁は、訴求債権の消滅原因を主張して、当面の請求を阻止するという防御的機能をもつだけでなく、これによって自働債権の貫徹・実現を図るという貫徹機能を持つ。これを訴訟手続上も保障するために審判の順序が強制され、自働債権の存在・不存在の判断にも既判力を生ずるところから、相殺の抗弁には自働債権による予備的反訴と同様の追行機能が認められる。その結果、別訴と相殺の抗弁が競合する場合には、①・②いずれの場合にも、自働債権の存否についての判断矛盾の危険性や、両方の訴訟で自働債権の存在が肯定されることによる二重の勝訴判決の可能性が認められるから、重複訴訟禁止の原則に触れることになるとする（梅本・前掲三八五頁、加藤・前掲一五〇頁、高田・前掲九九頁）。

(4)　評　論

(イ)　検討の視点　　このような学説や裁判例を検討するについて、次の三つの視点が重要であると考える。第一は、相殺の抗弁の機能をどのように把握し、かつこれをいかに重視するかである。第二は、これとの関連において重複訴訟禁止の原則（民訴法二三一条（現一四二条））の趣旨にどの程度の力点を置くかということである。第三に、訴求債権相殺の抗弁の機能重視と重複審理や矛盾判断防止の要請とは必ずしも調和しないからである。第三に、訴求債権と反対債権（自働債権）をそれぞれ別個の訴訟によって効率的に追行するという要請をどの限度で認めるかということである。この要請は第一や第二のいずれの要請とも矛盾することがあろうからである。そこで、主として第一の視点から学説や判例を検討するとともに、これが第二・第三の視点といかに関連するか考えてみたい。

(ロ)　相殺の抗弁の機能からの検討　　相殺の抗弁が防御的機能だけでなく、自働債権の実現を図る貫徹機能を持つことは疑いない。したがって、適法説が相殺の抗弁を防御方法にすぎないとして、これが予備的反訴に類した追行機能をもち、重複訴訟禁止の要請と関わることを軽視した点は、問題である。ことに、①の抗弁先行型において、自働債権についての訴えを反訴としてではなく別訴として提起することを許すとすれば、直接、重複訴訟禁止の視点と衝突することになる。かりに適法説の説くように適切な訴訟指揮によって矛盾判断を避けることはできるとしても、重複審理による訴訟不経済は避けがたい。別訴ではなく反訴を提起すれば重複訴訟禁止の要請には反しないことになるのであるから、敢えて別訴を提起する利益を認める必要はないであろう。ただ、前訴において先行する相殺の抗弁がなかなか審判をうけるに至らず、かえって自働債権の早期確定を要するような状況があるとすれば、例外的に、別個の訴えを提起する利益を認める必要がある場合もあろう。抗弁先行型の場合に自働債権につき別訴の提起を適法とした裁判例はこうした事案であったといえる（河野・前掲書八六頁参照）。

他方、相殺の抗弁の貫徹機能というとき、これは、自働債権を抗弁によって主張し確定するという訴訟追行機能にとどまらず、訴求債権に対抗する自働債権が相殺によって共に満足のうえで消滅するという執行代替的機能をも意味する（吉村徳重「相殺の抗弁と既判力」法政研究四六巻一＝四号（一九八〇年）六一〇頁（同・民事判決効の理論(上)（信山社、二〇一〇年）所収）参照）。もし相殺の抗弁のこのような機能を重視するならば、不適法説のように、これを単に予備的反訴と同じ追行機能をもつとするだけでは、不十分である。その意味では、適法説が相殺の抗弁のこうした機能を強調し、②の抗弁後行型において、後行する相殺の抗弁を適法とするのは、十分に説得力のある立場であるといえる。相殺の抗弁の追行機能の視点だけからこれを重複訴訟に当たるとして排斥すれば、相殺による自働債権の満足機能を実現することはできないからである。ただ、後行する相殺の抗弁を許すとすれば、まず第一に、同じ自働債権について別訴と相殺の抗弁とが競合して、重複訴訟禁止の趣旨に反することにな

る。裁判例がこの場合の相殺の抗弁を不適法として排斥するのは、相殺の抗弁の機能よりは重複訴訟禁止の要請を優先させたためであろうが、それでは、相殺の抗弁の執行代替的機能を全く切り捨ててしまい、相殺を主張する被告の利益を害うことになる。そこで、問題は相殺の抗弁の執行代替的機能と重複訴訟禁止の要請とをいかに調整すべきかというところにあり、そのためになんらかの工夫をすることが望ましい。たとえば、一旦相殺の抗弁を許したうえで、別訴との併合審理をしたり、あるいは、別訴の審判の決着がつくまで相殺の抗弁の審理手続を中止することなどが考えられる。ただ、そうすると、第二に、訴求債権についての本訴請求の審理が相殺の抗弁を許すことによって遷延し、これを自働債権とは切り離して迅速に確定するという利益が害われることになる。先の最高裁判決が訴求債権を早期に確定する必要性のあることなどの特殊事情をも考慮して相殺の抗弁を排斥したのは、このような配慮によるものであったと思われる。

(ハ)　本件判決の評価

(a)　本件判決がいわゆる後行型の相殺の抗弁を一般的に不適法であるとしたことは、判例の一般ルールとしても、また具体的な事件の処理としても疑問があると考える。まず、一般的な判例ルールとしては、相殺の抗弁を提出する被告が別訴で自働債権を訴求しているということだけによって、一律に、相殺の抗弁を重複訴訟禁止の趣旨に反し不適法であるとして却下すべきではない。前述したように相殺の抗弁は、予備的反訴に類するというだけではなく、自働債権の満足的実現をめざす機能をもっているのであって、これは別訴の追行によっては実現できない。かりに本訴被告が別訴で勝訴したとしても、相手方に財産がなければ自働債権の満足を得るには至らないのに対して、本訴被告が本訴において相殺の抗弁を却下されたために敗訴すれば、訴求債権の執行をうけることになって、片手落ちの結果になる。もちろん、相殺を事由とする請求異議の訴えによって執行を阻止することは考えられるが、別訴が係属中であればこれも後行型の相殺の主張として不適法ということになろう（札幌高判昭和五五年一二月一七日判例タイムズ四三七号一三三頁）。自働債権についての重複審理や矛盾判断を阻止する必

要がある点では、後行型の相殺の抗弁と異なるところがないからである。この場合に別訴判決の確定を待って請求異議の訴えの当否を判断するというのであれば、本訴係属中の相殺の抗弁において同様の処理をした方が却って二重の手間を省くことになって優れているともいえる。したがって、本訴被告が別訴で訴求している自働債権による相殺の抗弁を提出した場合、これを一律に不適法として却下すべきでないとすれば、次の二つの選択肢が考えられることになろう。すなわち、①いったんは相殺の抗弁を適法としたうえで、前述のような別訴との調整を図るか、あるいは、②状況によっては相殺の抗弁を却下して、訴求債権と自働債権とをそれぞれ別個の訴訟によって追行することを認め、その存否の判断が確定した後に、可能な限りで相殺を事由とする請求異議の訴えによる事後的な調整を図るか、のいずれかである。相殺の抗弁を提出して自働債権の満足的実現を目ざしている本訴被告の利益を考慮すれば、本訴原告がこれによって不当に訴訟遅延などの不利益をうけない限りで、①の処理を原則とすべきであると私は考える。したがって、逆に、相殺の抗弁によって本訴請求の審理が不当に遷延するなどの特別の事情がある場合には、②の処理によるべきであろう。本件判決が、そのような事情を説示することなしに、後行型の相殺の抗弁は重複訴訟禁止の趣旨に反するとしてこれを一般的に不適法とするのは、やはり問題である。その意味では、先の最高裁判決の説示の方が一般的な判例ルールとしてはより柔軟で優れていたと評せざるをえない。

(b)　つぎに、本件はその具体的な審理経過をみると、それぞれ別個に訴えられた本訴請求と別訴請求が控訴審段階において併合され、この併合審理中に本訴被告が別訴の訴訟物である自働債権による相殺の抗弁を提出したケースである。本件判決はこれをうけ、民訴法二三一条〔現一四二条〕の重複訴訟禁止の趣旨が後行型の相殺の抗弁についても妥当することは、「右抗弁が控訴審の段階で始めて主張され、両事件が併合審理された場合についても同様である」と判示した。しかし、「両事件が併合審理された場合に」提出された相殺の抗弁がなぜ重複訴訟禁止の趣旨に反することになるのかは、全く理解することができない。両事件が同一裁判所において併合審

理されれば、重複訴訟禁止の根拠である重複審理の不経済や矛盾判断の危険を生ずることは考えられないからである。したがって、併合審理中に提出された相殺の抗弁が重複訴訟禁止の趣旨に反するとして不適法とされる理由はない（同旨、高田・前掲九九頁、加藤哲夫・法学セミナー四五一号〔一九九二年〕一三八頁、流矢・前掲四八一頁、大阪地判昭和六一年一〇月三一日判例タイムズ六三四号一七四頁）。

ただ、本件においては、その後弁論を分離したのちに相殺の抗弁を却下しているが、そもそも併合された両事件が相殺の抗弁によってより密接に関連づけられた後に弁論を分離することが妥当であったかは甚だ疑問である。おそらく本訴請求の審理が相殺の抗弁によってさらに複雑化して遅延することをおそれたために、弁論を分離し、相殺の抗弁を不適法として却下したものと推測される。「右抗弁が控訴審の段階で始めて主張され」たことは、本訴請求の審理を控訴審の段階に至ってさらに遷延させることになるとのおそれを増幅したものと思われる。しかし、もしそうであるとすれば、相殺の抗弁が重複訴訟禁止の趣旨に反するためではなく、本訴請求の審理を複雑化して遅延することを理由としてこれを却下する（民訴法一三九条〔現一五七条〕）旨を明示すべきであろう。さもないと、後行型の相殺の抗弁は重複訴訟禁止の趣旨に反して不適法であるという一般的命題がひとり歩きして、相殺の抗弁を却下した真の根拠を覆い隠すことになるのではないかをおそれるからである。

（原題「別訴において訴訟物となっている債権を自動債権とする相殺の抗弁は許されない」法律時報別冊・私法判例リマークス六号、一九九三年）

と思われる。

二二　執行文付与の訴え——請求異議の抗弁の適否

最高裁昭和五二年一一月二四日第一小法廷判決（昭和五一年(オ)一二〇二号、執行文付与の訴事件）民集三一巻六号九四三頁

(1)　事実の概要

Xは、Yらの先代Aに対して約束手形金請求につき勝訴判決を有していたが、判決確定後Aが死亡したので、Aの共同相続人であるYらに対して強制執行をするために、承継執行文の付与を求めて本訴を提起した。本訴を提起したのは、A・Yらが外国人であるため、相続人資格や相続分を証明書で証明することが困難であったため

Yらは、本訴において、被告の一部の相続人資格や各被告の相続分を争ったほか、抗弁として、X主張の債権につき、Xによる債権の放棄、別の反対債権による相殺、一部弁済によって消滅したと主張した。そこで、このような債務名義に表示された請求権の実体法上の消滅事由を、請求異議の訴えによることなしに、執行文付与の訴えにおいて抗弁として主張することができるかが問題となった。

第一審は、この問題を積極に解して、執行文付与の訴えにおいて請求異議事由にあたる事実を抗弁として主張できるとしたが、事案については、Yらの相続人資格や相続分についてのXの主張を認め、Yらの抗弁は理由がないとして、結局、Xの本訴請求を認容した。

第二審は、確定判決で認められた請求権についての実体的債権消滅事由は請求異議の訴えを提起して主張すべ

きものであって、執行文付与の訴えにおいて抗弁として主張することは許されないとして、Yらの抗弁については実質的な判断をせずに、相続人資格や相続分については第一審同様Xの主張を正当として、控訴を棄却した。Yら上告。

(2)　判　旨

「民訴法五二一条所定の執行文付与の訴は、債務名義に表示された給付義務の履行が条件にかかるものとされてその条件が成就した場合及び債務名義に表示された当事者に承継があった場合に、執行債権者において右条件の成就又は承継の事実を同法五一八条二項又は五一九条所定の証明書をもって証明することができないとき、右訴を提起し、その認容判決をもって同法五二〇条所定の裁判長の命令に代えようとするものであるから、右訴における審理の対象は条件の成就又は承継の事実の存否のみに限られるものと解するのが相当であり、他方また、同法五四五条は、請求に関する異議の事由を主張するには訴の方法によるべく、数個の異議の事由はこれを同時に主張すべきものと定めているのである。してみれば、執行文付与の訴において執行債務者が請求に関する異議の事由を反訴としてではなく単に抗弁として主張することは、民訴法が右両訴をそれぞれ認めた趣旨に反するものであって、許されないと解するのが相当である。」

(3)　解　説

(イ)　執行文付与の訴え（民執三三条（民訴旧五二一条））において、被告たる債務者が債務名義に表示された請求権に関する実体上の異議事由を、請求異議の訴え（民執三五条（民訴旧五四五条））によることなしに、抗弁として主張することができるかについては、従来から見解の対立があった。本判決は、この点について、最高裁判所として初めて判断を示し、消極説に立つことを明らかにした判例である。これは、民事執行法の制定前に民訴旧規定の下で言い渡されたものであるが、民事執行法のもとでも重要な意義をもつものと思われる。民事執行法はこの問題につき特別の規定を設けることなく、旧規定をそのままに引き継いでいるからである。

(ロ)　積極説と消極説の論拠

(a)　執行文付与の訴えにおいて、債務名義にかかる請求についての条件成就や承継関係(民執二七条参照)の攻防だけでなしに、実体上の異議事由をも抗弁として主張できるかについて、積極説(後掲文献①〜⑧)と消極説(⑨〜⑮)が対立する基本的な論拠は、次の二点であるということができる。第一は、理論的にみて、執行文付与の訴えの機能目的と審判の対象が条件成就や承継関係の争点の確定にあるとするのか、あるいは、債務名義に表示された請求権の存在を保障するために請求権の存否自体にも及ぶとするのかという点である。第二は、執行手続の実際的な視点からみて、執行文付与の訴えにおいて請求異議事由を抗弁として審理したほうが適切であるか否かという点である(⑧参照)。以下、本件で問題となった承継人に対する承継執行文付与を求める訴えに焦点をあてて論ずることにする。

(b)　積極説(とくに⑦)は、第一に、執行文付与の訴えの使命は承継人に対する請求権の存在を保障することにあり、審判の対象も請求権の存否に及ぶと解すべきであるとする。執行文付与機関が裁判所書記官である略式手続では(民執二七条)、その手続的制約のために、債務名義の執行力を前提とした承継関係の判断にかぎられるが、受訴裁判所による判決手続である執行文付与の訴えでは(民執三三条)、審判の対象をこの点に限定する必要はない。むしろ、前主に対する債務名義による承継執行の許否を判断するためには、承継人に対する請求権の存否についても審理をすべきであり、請求異議事由の抗弁も許容されることになる。

第二に、実際的にも、執行文付与の訴えにおいて請求異議事由の抗弁を認めて、一個の手続で解決したほうが合目的的である。これを認めずに承継人による請求異議の後訴と執行停止の仮処分が求められることになれば、却って手続を複雑・遅延化することになる。また、請求異議事由があって執行が実体上是認されないときにも執行を許す結果になるのは不当である。反訴の形式をとらなければ考慮しないというのも、形式的にすぎ、債務者に無用の負担を課することになる。

さらに積極説は、執行文付与の本訴終了後に、その口頭弁論終結前の事由を主張して請求異議の後訴を提起できるかについて、本訴の審理経過にかかわらず請求異議の訴えを失権させる失権肯定説（①⑥⑦）、失権させない失権否定説（③）、および本訴で何らかの異議事由を主張した場合には失権を認める折衷説（②）に分かれる。そして、最も有力な失権肯定説の立場からも、執行文付与の訴えにおいて債務者に請求異議事由の提出を期待できないときには、失権効は及ばないとすればよい、と説かれている（⑦）。

(c)　これに対して消極説（とくに⑩⑪）は、第一に、執行文付与の訴えは、強制執行の実体的要件に関し債務名義と執行文という二段階の構成がとられていることに対応して、請求権の存在とは別個に承継関係が争われる場合にこれを確定するための争点訴訟であるという。承継執行文は、債務名義の承継人の対する執行力を公証するものであって、請求権の消滅などの請求異議事由が発生しても、当然に債務名義の執行力を失わせるものではなく、請求異議の訴えによる消極名義の形成までは、執行文の付与を妨げない。

第二に、実際的にも、執行文付与の訴えにおいて請求異議の抗弁を認めると、審判の対象を肥大化させ訴訟遅延をもたらすだけでなく、承継人は担保を立てて執行停止の仮処分を求める必要なしに債権者による執行開始を遅らせることができる。また、承継人に実体上の異議事由があれば請求異議の反訴を提起できるし、裁判所もその旨の釈明をすることができるというのである。

(ハ)　承継執行の許容根拠と私見

(a)　積極説と消極説は、その理論的根拠をめぐる議論の展開のなかで、それぞれに異なった承継執行の許容根拠に立脚することが明らかになった。積極説は、承継執行文付与手続によって、承継人に対する請求権の存在を保障する要件を確定することに承継執行の許容根拠を求めた（権利確認説、⑤⑥⑦参照）。これに対して、消極説は、承継執行文の付与手続によって、承継人に請求異議の訴えを提起する責任を転換する程度の要件、つまり承継人に対する請求の有理性を確定すれば足るとした（起訴責任転換説、⑯⑰）。その結果、執行文付与の訴えにおける審判の対象も異なることになり、両説は相互に相容れないようにみえる。しかし他方、その実際上の取扱いは、執行文付与の訴えにおいて承継人が請求異議事由を主張する形式を抗弁とするか反訴とするかの差異にすぎないともいえる。

(b)　ところで、民事執行法が、強制執行の実体的要件について債務名義と執行文の二段階構成をとっていることに対応して、執行文付与手続（民執二七条・三二条・三三条・三四条）と請求異議の訴え（民執三五条）とを区別して規定していることは否定できない。そして、簡易な手続によって承継執行文が付与された場合には（民執二七条二項）、債務名義に係る請求の異議事由を主張する訴えの起訴責任が承継人に転換することについては、両説において異論はない。ただ、執行文付与に関する訴訟（民執三三条・三四条）が提起された場合の審判の対象について見解が分かれることになるのである。

(c)　しかし、元来、権利確認説（⑱⑲）も、前主に対する債務名義の執行力を前提として、前主の実体的地位を承継人が受け継いだところに、承継人に対する執行を許容する根拠を求めたものと解すべきである。そのかぎりでは、承継執行文付与手続が略式手続であるか訴訟手続であるかによって異なるところはないはずである。そこで、執行文付与の訴えも、債務名義の執行力を前提とし、実体的な承継関係を確定することによって、前主に対する債務名義の執行力を承継人に拡張することを認めるための手続と解されるのである（⑳も結果同旨）。

この場合には、債務名義に係る請求に関する異議の訴えの提起責任が承継人に転換されることになるが、起訴責任転換説のように、執行文付与の訴えでは承継人に対する請求の有理性の証明だけで足り、他のすべての事由は請求異議の事由にあたるとして、その起訴責任を承継人に転換することを正当化することはできないと考える（詳細には⑲参照、㉑も同旨）。法は承継執行文付与手続について、略式手続（民執二七条二項）、これに対する異議申立て（民執三二条）、さらに執行文付与訴訟（民執三三条・三四条）を認めているが、これは、承継人に固有の防御方法を含めた実体的な承継関係を確定するための手続の起動責任を債権者と承継人の間で衡平に分担することを配慮したものであり、単に請求の有理性だけを争うための手続とは考えにくい（㉒㉓も同旨か）。法はそのうえでさらに、債務名義に係る請求に関する異議事由については請求異議の訴え（民執三五条）を認めて、その起訴責任を承継人に分担させることにしたものと解されるのである。

㈡　そこで、本件のような執行文付与の訴えにおいて、Yらが例えば相続の放棄など承継関係を争う防御方法を主張する場合には抗弁によることになるが、債務名義に係る請求権についての権利放棄、相殺、弁済などの異議事由を提出するには請求異議の反訴によるべきことになる。つまり、Yらは、請求異議事由については反訴によってこれを主張するか、請求異議の別訴に留保するかを選択できることとなる。ただ、本件のように、Yらが抗弁として主張する請求異議事由につきすでに攻防が展開されているときには、裁判所の釈明によってこれを反訴として取り扱うべき場合があるのではないかと考える。

〔参考文献〕

①兼子一・強制執行法（増補版）（酒井書店、一九五一年）一一五頁
②菊井維大・強制執行法（総論）（有斐閣、一九七六年）一五三頁
③板倉松太郎・強制執行法義海（巖松堂、一九一六年）二八〇頁
④嶋田敬介＝上北武男「執行文付与に関する訴訟の諸問題」鈴木忠一＝三ヶ月章監修・実務民事訴訟講座⑽（日本評論社、一九七〇年）三九頁
⑤新堂幸司「訴訟当事者から登記を得た者の地位㈡」判例評論一五三号（一九七一年）九頁（訴訟物と争点効上〔有斐閣、一九八八年〕所収）
⑥同「弁論終結後の承継人」三ヶ月章＝中野貞一郎＝竹下守夫編・新版民事訴訟法演習2（有斐閣、一九八三年）九三

頁〔訴訟物と争点効下（有斐閣、一九九一年）所収〕

⑦竹下守夫・本件判批・民商法雑誌七九巻三号（一九七八年）一一六頁

⑧鈴木正裕「執行文付与の訴え」新堂幸司＝竹下守夫編・基本判例から見た民事執行法（有斐閣、一九八三年）六五頁

⑨西山俊彦「執行文付与をめぐる訴における実体的請求権についての主張」司法研修所一〇周年記念論集(上)（一九五八年）一六九頁

⑩中野貞一郎「執行文付与にかんする訴訟と請求異議」強制執行・破産の研究（有斐閣、一九七一年）五六頁

⑪同・民事執行法（二版）（青林書院、一九九一年）二五〇頁

⑫三ヶ月章「執行に対する救済」民事訴訟法研究二巻（有斐閣、一九六二年）六四頁

⑬石川明「執行法における救済体系」強制執行法研究（酒井書店、一九七七年）七三頁

⑭岡垣学（本件判批）・昭和五二年度重要判例解説（ジュリスト六六六号）（一九七八年）一三〇頁

⑮栂善夫（本件判批）・判例タイムズ三六七号（一九七八年）八五頁

⑯中野貞一郎「執行力の客観的範囲」実体法と手続法の交錯（山木戸還暦論集(下)）（有斐閣、一九七八年）二八八頁

⑰伊藤眞・法学セミナー一九八三年三月号一一一頁（井上治典＝伊藤眞＝佐上善和・これからの民事訴訟法〔日本評論社、一九八四年〕所収）

⑱吉村徳重「既判力拡張と執行力拡張」法政研究二七巻二～四号二一五頁（民事判決効の理論(下)〔信山社、二〇一〇年〕所収）

⑲同「執行力の主観的範囲と執行文」竹下守夫＝鈴木正裕編・民事執行法の基本構造（西神田編集室、一九八一年）一三一頁（民事判決効の理論(下)〔信山社、二〇一〇年〕所収）

⑳石川明＝小島武司＝佐藤歳二編・注解民事執行法（野村秀敏）（青林書院、一九九一年）三一五頁

㉑吉野衛＝三宅弘人編・注釈民事執行法(2)（宇佐見隆男）（きんざい、一九八五年）三三三頁

㉒河野正憲「判決効の主観的範囲」林屋礼二＝小島武司編・民事訴訟法ゼミナール（有斐閣、一九八五年）三一〇頁

㉓同「口頭弁論終結後の承継人――執行力の拡張」小山昇＝中野貞一郎＝松浦馨＝竹下守夫編・演習民訴法（青林書院、一九八七年）五九九頁

（別冊・ジュリスト民事執行法判例百選、一九九四年）

〈著者紹介〉

吉 村 徳 重（よしむら・とくしげ）

1931年　福岡県に生まれる
1954年　九州大学法学部卒業
1958年　九州大学法学部助教授
1970年　九州大学法学部教授
1995年　西南学院大学法学部教授
2004年　広島修道大学法科大学院教授
現　在　九州大学名誉教授，弁護士

〈主要著作〉

『民事訴訟法』（1982年，有斐閣，共著）
『講義民事訴訟法』（1982年，青林書院，共編著）
『演習民事訴訟法』（1982年，有斐閣，共著）
『講座民事訴訟⑹——裁判』（1984年，弘文堂，共編著）
『注解人事訴訟手続法』（1987年，青林書院，共編著）
『民事訴訟法入門』（1999年，有斐閣，共著）
『講義民事訴訟法』（2001年，青林書院，共編著）
『民事判決効の理論㊤』（2010年，信山社）
『民事判決効の理論㊦』（2010年，信山社）
『比較民事手続法』（2011年，信山社）

学術選書
44
民事訴訟法

民事紛争処理手続

2011年(平成23年) 5月20日　第1版第1刷発行
5444-0:P480　¥13000E-012-040-025

著　者　吉　村　徳　重
発行者　今井　貴　渡辺左近
発行所　株式会社　信 山 社
〒113-0033　東京都文京区本郷 6-2-9-102
Tel. 03-3818-1019　Fax. 03-3818-0344
henshu@shinzansha.co.jp
笠間才木支店　〒309-1611　茨城県笠間市笠間 515-3
笠間来栖支店　〒309-1625　茨城県笠間市来栖 2345-1
Tel. 0296-71-0215　Fax. 0296-72-5410
出版契約 2011-5444-6-01010　Printed in Japan

印刷・製本／松澤印刷・渋谷文泉閣
ISBN978-4-7972-5444-0 C3332　分類327.100-a124 民事訴訟法
5444-0101:012-040-025

◇塙浩　西洋法史研究著作集◇

1　ランゴバルド部族法典
2　ボマノワール「ボヴェジ慣習法書」
3　ゲヴェーレの理念と現実
4　フランス・ドイツ刑事法史
5　フランス中世領主領序論
6　フランス民事訴訟法史
7　ヨーロッパ商法史
8　アユルツ「古典期ローマ私法」
9　西洋諸国法史（上）
10　西洋諸国法史（下）
11　西欧における法認識の歴史
12　カースト他「ラテンアメリカ法史」
　　クルソン「イスラム法史」
13　シャヴァヌ「フランス近代公法史」
14　フランス憲法関係史料選
15　フランス債務法史
16　ビザンツ法史断片
17　続・ヨーロッパ商法史
18　続・フランス民事手続法史
19　フランス刑事法史
20　ヨーロッパ私法史
21　索　引　未刊

日本立法資料全集

松本博之＝徳田和幸 編著

民事訴訟法〔明治編〕1　テヒョー草案Ⅰ　40,000円
民事訴訟法〔明治編〕2　テヒョー草案Ⅱ　55,000円
民事訴訟法〔明治編〕3　テヒョー草案Ⅲ　65,000円

松本博之＝河野正憲＝徳田和幸 編著

民事訴訟法［明治36年草案］(1)　37,864円
民事訴訟法［明治36年草案］(2)　33,010円
民事訴訟法［明治36年草案］(3)　34,951円
民事訴訟法［明治36年草案］(4)　43,689円

松本博之＝河野正憲＝徳田和幸 編著

民事訴訟法［大正改正編］(1)　48,544円
民事訴訟法［大正改正編］(2)　48,544円
民事訴訟法［大正改正編］(3)　34,951円
民事訴訟法［大正改正編］(4)　38,835円
民事訴訟法［大正改正編］(5)　36,893円
民事訴訟法［大正改正編］索引　2,913円

IIP研究論集（知的財産研究所）

松本重敏・大瀬戸豪志 編著

1　比較特許侵害判決例の研究

本体 8,000 円

鎌田　薫 編

2　知的財産担保の理論と実務〈第 2 刷〉

本体 6,000 円

サミュエルソン, パメラ 著
知的財産研究所 訳

3　情報化社会の未来と著作権の役割

本体 6,000 円

財団法人知的財産研究所 編

4　特許クレーム解釈の研究

本体 12,500 円

法律学の森シリーズ

新　正幸　**憲法訴訟論〔第2版〕**

大村敦志　**フランス民法**

潮見佳男　**債権総論Ⅰ〔第2版〕**

潮見佳男　**債権総論Ⅱ〔第3版〕**

潮見佳男　**契約各論Ⅰ**

潮見佳男　**契約各論Ⅱ**　（続刊）

潮見佳男　**不法行為法Ⅰ〔第2版〕**

潮見佳男　**不法行為法Ⅱ〔第2版〕**

潮見佳男　**不法行為法Ⅲ〔第2版〕**　（続刊）

藤原正則　**不当利得法**

青竹正一　**新会社法〔第3版〕**

泉田栄一　**会社法論**

小宮文人　**イギリス労働法**

高　翔龍　**韓国法〔第2版〕**

信山社